Bärbel Barzel, Stephan Hußmann, Timo Leuders (Hrsg.)

Computer, Internet & Co.
im Mathematik-Unterricht

Neue Medien
im Fachunterrricht

Inhaltsverzeichnis

Vorwort

Der Einsatz des Computers in der Schule wird immer wieder unter der Frage „Heilsbringer oder Teufelszeug" diskutiert. Häufig genug nutzen beide Seiten ganz grundsätzliche und ähnlich pauschale Argumente. Dabei wird aber übersehen, dass es keine grundlegende Entscheidung für oder wider Computer, Internet & Co. im Klassenraum geben kann. Die vielen unterrichtlichen Computeranwendungen, die oft unter dem Stichwort „Neue Medien" zusammengefasst werden, müssen sich vielmehr im Einzelfall bewähren. Der Mehrwert elektronischer Werkzeuge und Medien beweist sich (oder wird widerlegt) in jedem einzelnen Unterrichtsbeispiel, denn entscheidend ist die stimmige Einbindung der Medien in ein gesamtes Lernarrangement und welche Prozesse des Lernens im Fachunterricht initiiert und gefördert werden.

Diese Prozesse sind vielfältig: Schülerinnen und Schüler modellieren, lösen Probleme, kommunizieren, begründen und beweisen, bilden neue Begriffe usw. Auch wenn manche dieser Prozesse über die Grenzen des einzelnen Faches hinausweisen, wie etwa das Problemlösen oder das Kommunizieren, so ist es doch ihre fachspezifische Ausprägung, die für alle Überlegungen zum Medieneinsatz relevant ist. Und hier liegt auch die Rechtfertigung für den besonderen Aufbau dieses Buches.

Dass es geschrieben wurde, entspringt der Überzeugung aller Beteiligten, dass der heutige Mathematikunterricht in besonderem Maße vom Einsatz neuer Medien profitieren kann, und zwar nicht nur in Form einer Anreicherung, sondern dadurch, dass die Medien die Reformen im Mathematikunterricht, die schon seit Jahrzehnten gefordert werden, mittragen.

Wie es geschrieben wurde, d. h. insbesondere, dass es die Prozesse mathematischen Denkens und Arbeitens in den Mittelpunkt rückt und als Gliederungsprinzip verwendet, begründet sich darin, dass wir es für zentral halten, dass jede mediale Neuerung daraufhin befragt werden muss, welche Bedeutung sie für die genuinen mathematischen Tätigkeiten wie das Argumentieren, das Probemlösen oder das Begriffsbilden haben können.

Das Buch gliedert sich in zwei Teile und ist so aufgebaut, dass man es beinahe beliebig quer lesen kann.

In Teil I findet man – in komprimierter Form – die wesentlichen Grundfragen zum Einsatz Neuer Medien im Mathematikunterricht. Strukturierende Leitidee ist dabei der Gedanke, die Trias „Mathematik – Lernen & Lehren – Computer" in verschiedenen Facetten zu beleuchten. Wer hier einsteigt, findet eine Orientierung im Dschungel der Gedanken und Argumente.

Teil II bietet dann eine ganze Reihe von erprobten Praxisbeispielen. Diese sind danach geordnet, welcher Prozess in ihnen am stärksten zum Tragen kommt. Als Grobstruktur dienen die Kompetenzbereiche **Kommunizieren, Problemlösen** und **Begriffsbilden.** Die einzelnen Beispiele sind natürlich auch für sich alleine als Anregungen für konkreten Unterricht zu lesen. Insgesamt liefert dieser Teil des Buches einen Überblick darüber, wie Neue Medien eingesetzt werden, um zentrale Prozesse des Mathematiklernens und Mathematiktreibens zu unterstützen. Mit dieser besonderen Perspektive auf die Rolle der Neuen Medien versteht sich das Buch als Ergänzung zu anderen, bereits verfügbaren Darstellungen zum Thema Computereinsatz im Mathematikunterricht (HOLE 1998, WEIGAND/ WETH 2002).

Viele der Gedanken, Ideen und Beispiele wären nicht entstanden ohne den Mut vieler Lehrpersonen, neue Wege in ihrem Unterricht zu versuchen und ihre Erfahrungen im Kreise Interessierter auszutauschen und zu diskutieren. Deshalb sei all diesen Kolleginnen und Kollegen – insbesondere im Rahmen der Fortbildungsarbeit von T[3] – ganz herzlich Dank gesagt.

Bärbel Barzel, Stephan Hußmann, Timo Leuders
Essen, Karlsruhe, Freiburg im August 2005

Teil I
Grundfragen

Bärbel Barzel, Stephan Hußmann, Timo Leuders

„Mathematik lernen und lehren mit Computer, Internet & Co." ist ein komplexes Thema zwischen Theorie und Praxis. Damit man sich nicht im Exemplarischen verliert, ist es nötig, die wesentlichen allgemeinen Argumente und Kriterien zum Computereinsatz zu betrachten. Dabei wollen wir drei Bezugspunkte wählen und sie jeweils einzeln und in ihren Beziehungen untereinander beleuchten:

▓ Eine zeitgemäße Vorstellung vom Lernen und Lehren.

▓ Ein tragfähiges Bild von Mathematik als Wissenschaft und als Teil der Allgemeinbildung.

▓ Eine funktionale Sicht des Computers als Medium und Werkzeug in Wissenschaft, Gesellschaft und Schule.

Damit diese vielfach vernetzten Überlegungen sich nicht in einem argumentativen Wust zusammenballen, aber auch, damit Sie als Leser schnell und „sortiert" auf die wichtigsten Argumentationszusammenhänge zurückgreifen können, möchten wir Ihnen das folgende Orientierungsschema anbieten:

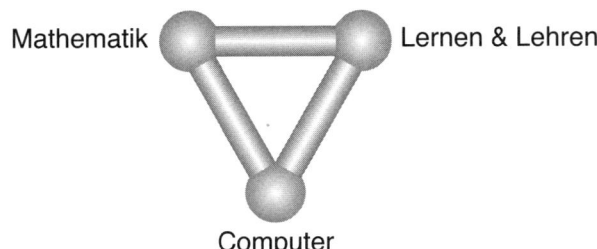

Für jede dieser drei Ecken und für jede Kombination werden Sie im Folgenden die wichtigsten Argumente dargestellt finden.

Wie
lernt man
Mathematik?
Wie

Was soll man Welches
ist Mathematik? sie lehren? Menschenbild,
Welche Rolle welches Bild vom
hat sie Lehren und Lernen
in der Gesellschaft? legen wir
zugrunde?

Mathematik 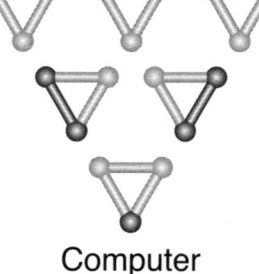 **Lernen & Lehren**

Welche Wie verändert
Bedeutung Computer,
haben Computer Internet & Co.
für die das
Mathematik? Lehren und Lernen?

Computer

Welche
Veränderungen bringen
Computer,
Internet & Co.?

1 Mathematik

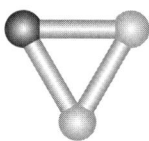

Eine Wissenschaft mit vielen Facetten

Will man Mathematik in der Schule unterrichten, noch dazu mit dem Computer, so muss man sich Rechenschaft ablegen über die Besonderheiten dieses Faches. Die Grundfrage „Was ist Mathematik?" lässt sich in wenigen Zeilen nicht tiefgehend, wohl aber grundsätzlich beleuchten. Für eine, auch aus didaktischer Perspektive tragfähige Darstellung gibt es berufene und beredte Gewährsleute (DAVIS/HERSH 1995, LAKATOS 1976, BARROW 1992).

Mathematik als Prozess und Produkt

Die Mathematik hat (wie auch andere Wissenschaften) zwei komplementäre Seiten, sie ist *Prozess* und *Produkt* zugleich.

Aus der *Prozessperspektive* ist die Mathematik gekennzeichnet durch eigenständige Denk- und Arbeitsweisen, in denen sich eine spezifische Sicht auf die Welt und ihre Probleme widerspiegelt. Diese Weltsicht ist geprägt von der Überzeugung, dass sich sowohl Phänomene der Umwelt als auch viele geistige Phänomene (Ideen, Vorstellungen) als abstrakte Strukturen verstehen lassen, deren wiederkehrende Muster der gedanklichen Analyse zugänglich sind. Das Erkunden und Erforschen solcher universeller Muster und das Entwickeln universeller Methoden im Umgang mit diesen Mustern kann man auch als die jedem „Mathematiktreiben" zugrunde liegenden Tätigkeiten identifizieren (vgl. DEVLIN 2000, STEWART 2001). Diese Tätigkeiten entfalten sich in verschiedenen, für die Mathematik kennzeichnenden Formen des Begriffsbildens, des Problemlösens und des Argumentierens. Diese Prozesse finden in der mathematischen Grundlagenforschung und in der technischen Anwendung von Mathematik ebenso statt wie beim schulischen Mathematiklernen.

Aus der *Produktperspektive* begegnet uns die Mathematik als logisch kohärentes geistiges Gebäude, materialisiert in symbolisch festgehaltenen Definitionen, Sätzen und Beweisen, wie sie in Lehrbüchern und Forschungsberichten niedergelegt sind. Als solche stellt die Mathematik einen wesentlichen Teil unseres kulturellen Erbes dar. Viele Produkte der Mathematik begegnen uns aber auch tagein, tagaus, ohne dass wir es bemerken, denn die Mathematik ist die Technologie hinter der Technik, die unser Leben in vielen Bereichen bestimmt (vgl. AIGNER/BEHRENDS 2002).

Mathematik hat viele Facetten

Mathematik vollzieht den Übergang vom Prozess zum Produkt in einem vielschichtigen, sozial bestimmten Prozess des Erkenntnisgewinns. In den spezifischen Qualitäten dieses Erkenntnisgewinns nimmt die Mathematik als Wissenschaft einen besonderen Platz ein. Dabei zeigen sich komplementäre Facetten der Mathematik als Wissenschaft:

■ Mathematik als Bereich schöpferischen Wirkens und sozialen Aushandelns

Mathematische Zusammenhänge werden in der Regel nicht einfach nur abgeleitet oder bewiesen, sondern haben eine verzweigte Entstehungsgeschichte. Mathematiker stellen aufgrund von Beispielen, Erfahrungen oder von nicht unbedingt präzisierbaren Intuitionen Hypothesen auf. „Mathematische Begriffe und Denksysteme haben einen theoretischen Charakter. Sie gehen so, wie sie entstanden sind, nicht zwingend aus der Wirklichkeit hervor; vielmehr handelt es sich um gedankliche Entwürfe und Konstruktionen, mit denen man die Wirklichkeit deuten, erforschen und gestalten kann" (HEFENDEHL-HEBEKER 2005). Man spricht wegen der Analogie zu den Naturwissenschaften auch vom quasi-empirischen Vorgehen. Dies ist ein oft nur schwer fassbarer, kreativer Prozess, in dem sich Begriffe und Ideen in einem Wechselspiel von Vermuten und Überprüfen („Validieren") weiterentwickeln. Eine wichtige Rolle spielt dabei auch die Kommunikation zwischen Menschen. Ob sich ein Begriff durchsetzt, hängt auch davon ab, ob er in der Kommunität der Mathematiker überzeugen kann. Dieser Prozess ist charakterisiert durch eine zunehmende Präzisierung der mathematischen Begriffe, wodurch die Gefahr von Missverständnissen vermindert und die Grundlage für eine soziale Konsensfindung gebildet wird.

■ Mathematik als deduzierende und logisch ordnende Wissenschaft

Die Mathematik hat, wie jede andere Wissenschaft, einen eigenen Gegenstandsbereich. Dieser ist zwar vielfältig mit Gegenständen der realen Welt verknüpft, besteht aber wesentlich aus abstrakten Objekten und Zusammenhängen. Zum Ausbau dieser Struktur und zur Überprüfung von Vermutungen stehen den Mathematikern die mächtigen Werkzeuge streng logischen Schließens zur Verfügung. Auch wenn viele Ideen der Mathematik ihre Wurzeln in der Anschauung haben, ihre Absicherung vollzieht sich in einem Verfahren strengster logischer Prüfung, welches uns den Eindruck gibt, hier absolute Gewissheiten zu erreichen. Alle Gegenstände, die sich diesem Zugang nicht erschließen, werden ausgeschlossen, so dass die Mathematik als eine Welt mit hoher Beständigkeit entsteht. (Leider hat dieses schöne logische Gebäude, der Traum absoluter Gewissheit, seit den Arbeiten von GÖDEL u. a. Risse bekommen.)

▓ Mathematik als Anwendungswissenschaft

Schließlich befasst sich die Mathematik nicht nur mit sich selbst, sondern bietet ein breites Repertoire von Beschreibungen („Modellen") für Phänomene der Natur, der technischen und sogar der gesellschaftlichen Umwelt. Eine strikte Trennung in angewandte und reine Mathematik würde die historischen Zusammenhänge verkennen: Anwendung und Theorie haben sich immer gegenseitig bedingt und befruchtet, z. B. in direkter Wechselwirkung, wie bei der Entwicklung der Infinitesimalrechnung, der Wahrscheinlichkeitsrechnung oder, um ein neueres Beispiel zu nennen, in der Spieltheorie und ihren Anwendungen in der Wirtschaft. Selbst bei Themen, die sich anwendungsfern entwickelt haben, werden immer wieder Anwendungsbezüge entdeckt wie z. B. bei der Knotentheorie.

Mathematik denkt über Mathematik nach

Über die Frage, wie der mathematische Erkenntnisgewinn im Wechselspiel zwischen Intuition und strenger Prüfung einzuschätzen sei, herrscht keineswegs Einmütigkeit. In der so genannten Mathematikphilosophie gibt es verschiedene Positionen:

1. Die *Platonisten* sehen in der Mathematik die fortschreitende Entdeckung eines „Himmels voller Ideen". Diese Ideen existieren unabhängig vom einzelnen Menschen.

2. Die *Physikalisten* sehen das Fundament der Mathematik fest verankert in den Gesetzmäßigkeiten unserer physikalischen Welt. Alle Begriffe sind damit Abstraktionen unserer Anschauungen und nur so ist die Nützlichkeit von Mathematik als Modell für die Beschreibung unserer Welt zu erklären.

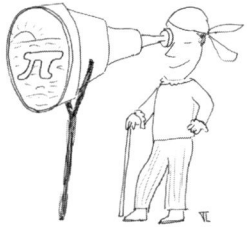 

Der Platonist Die Physikalistin

3. Die *Konstruktivisten* beschreiben mathematischen Erkenntnisgewinn als individuellen und sozialen Konstruktionsprozess. Mathematische Begriffe sind keine absoluten Gebilde, sondern menschliche Erfindungen, die im Dialog entwickelt werden. Sie könnten demnach auch „kontingent" sein, d. h. ganz anders aussehen.

4. Den *Formalisten* ist es gleichgültig, welche Bedeutung mathematische Begriffe in der Wirklichkeit haben. Sie sehen Mathematik als Spiel mit Symbolen und Regeln, in dem man aus einem Satz beliebiger, nicht widersprüchlicher Ausgangsannahmen (Axiome) durch ein klar abgegrenztes System von Schlussweisen zu neuen Aussagen gelangt.

Der Konstruktivist   Die Formalistin

Dass diese Sichtweisen nebeneinander bestehen können, zeugt davon, dass die Mathematik komplementäre Aspekte in sich vereinigt und dass die Diskussion über den Charakter von Mathematik wohl nie in einer absoluten Gewissheit enden wird.

Mathematik für jeden

Bis hierhin wurde wesentlich über die Mathematik als praktizierende und über sich selbst reflektierende Wissenschaft gesprochen. Die Mathematik ist damit ein Kulturgut, eine gesellschaftliche Errungenschaft, die aber nicht nur im Elfenbeinturm entwickelt und weitergereicht wird, sondern Bestandteil unserer Alltagskultur und unserer täglichen Verrichtungen ist. Hier entfaltet sich die Perspektive einer mathematischen Allgemeinbildung. Zu dieser gehören, um den aktuellen Konsens auf einige kurze Formeln zu bringen: Mathematische Grundbildung (international ist der Term „mathematical literacy" im Sinne von mathematischem Alphabetismus geläufig) soll – ähnlich der Lesefähigkeit – jeden und jede zur gesellschaftlichen Partizipation auf einem grundlegenden Niveau befähigen, z. B. durch Beherrschung so genannter mathematischer Kulturtechniken. Darüber hinaus hat mathematische Bildung aber auch emanzipatorischen Charakter: Der Einzelne soll als kritischer und reflektierter Bürger Entscheidungen treffen und benötigt dazu sowohl Kenntnisse über das Wirken von Mathematik als auch Strategien der Überprüfung von Information sowie die Fähigkeit, mit „Experten" zu kommunizieren.

Jenseits dieser *funktionalen* Sicht auf Mathematik soll auch zur Allgemeinbildung die Mathematik mit ihrer spezifischen Weise der Weltaneignung, als Werkzeug zum Erfassen von Phänomenen der Welt, als die Technologie hinter den Technologien und als bedeutsamer Teil unserer Kultur und Geschichte gehören. WINTER (1995) fordert daher, dass jeder Mensch bezüglich der Mathematik die folgenden drei Grunderfahrungen machen sollte:

- (G1) Mathematik als Instrument des Erfassens von Erscheinungen der Welt um uns,
- (G2) als deduktiv geordnete Welt eigener Art und als
- (G3) Handlungsfeld für Problemlösefähigkeiten.

Die Stärke und breite Akzeptanz dieser Kategorien liegt wohl vor allem darin, dass sie fachwissenschaftliche und didaktische Perspektive vereint, wie ein Vergleich mit den drei Facetten der Mathematik als Wissenschaft (s. o.) zeigt. WITTMANN (1981) stellt fest, dass „Mathematik ein umfassendes gesellschaftliches Phänomen ist, das sich aus vielen Quellen speist, eine Fülle von Bezügen zu Naturwissenschaft, Technik, Wirtschaft, Kunst und Lebenspraxis aufweist und von der spezialisierten Universitätsmathematik auch nicht annähernd repräsentiert wird."

2 Lernen & Lehren

Zeitgemäße Konzepte und Prinzipien

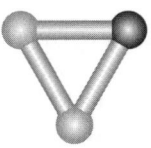

Damit die Mathematik zu den Schülern und Schülerinnen gelangt, muss man sich darüber klar werden, wie Lernen funktioniert. Ging man lange davon aus, dass erfolgreiches Lernen allein vom richtigen Erklären und Weitergeben abhängt, weiß man heute, dass Lernen nicht die rezeptive Übernahme der von außen herangetragenen Informationen ist. Statt der unmittelbaren Übernahme des Wissens anderer muss das Wissen von jedem einzelnen Subjekt aktiv errungen und aufgebaut, man sagt „konstruiert" werden.

Eine solche Sicht ist getragen von den Ideen einer konstruktivistischen Erkenntnistheorie. Die pädagogischen gemäßigten Interpretationen dieser Theorie kommen in dem kleinsten Nenner überein, dass Wissen nur über Handeln gewonnen werden kann (z. B. AEBLI 1994). Die radikalen Varianten trennen konsequent zwischen Außenwelt, die durch Instruktion gestaltet wird, und der jeweiligen Erfahrungswelt des Schülers, auf deren Grundlage er individuell den von ihm erlebten Phänomenen Bedeutung und Sinn zuschreibt (GLASERSFELD 1995, RUSCH 1999). Nach dieser Sicht kann Wissen nicht von einem Menschen zum anderen gleich einer Substanz übertragen werden, jede Erkenntnis ist Erkenntnis *eines* Menschen. Solche stark die Konstruktionsleistungen des Individuums hervorhebenden Sichtweisen werden auch gestützt durch die zunehmend differenziertere Kenntnis von Struktur und Funktion unseres Gehirns. Dieses ist nämlich keineswegs, wie es lange gesehen wurde, ein „Supercomputer", der die aufgenommenen Sinnesinformationen verarbeitet, sondern ein überwiegend auf sich selbst bezogenes hochvernetztes und selbstorganisierendes System (MATURANA & VARELA 1987). Die moderne Neurobiologie weist außerdem auf die bedeutsame Mitsteuerung emotionaler Aspekte des Lernens hin (ROTH 1997).

Lernt jeder nur für sich?

Bedeutet das etwa, dass jeder Schüler einen anderen, ausschließlich individuell konstruierten Standpunkt, beispielsweise zum Funktionsbegriff, einnimmt? Besteht bei dieser Sicht nicht die Gefahr der Beliebigkeit von Lernprozessen, wenn alles in die Konstruktionsleistung eines Individuums gelegt wird? Beide Fragen sind zu verneinen. Neues Wissen entsteht niemals isoliert ohne eine Verknüpfung zu vorhandenem Wissen. Es muss vom Lernenden kohärent und logisch stringent in die bei ihm vorhandenen Wissensstrukturen integriert werden. Und dies vollzieht sich nicht allein im Kopf des Individuums, sondern basiert auf Interaktionen mit anderen und der Auseinandersetzung mit der Umwelt. Der Zweck von Lernen ist auf die Herstellung eines Gleichgewichtszustandes zwischen erlebter Wirklichkeit und den kognitiven Strukturen gerichtet (vgl. PIAGET 1977). Lernerfolg richtet sich nach der erfolgreichen Anwendung dieser Strukturen in der Wirklichkeit. Damit können aber auch Lernprozesse nicht beliebig verlaufen.

Diese Sicht ist eine tragfähige Arbeitshypothese für die pädagogische Praxis: Die Vorstellungen jedes einzelnen Menschen sind individuell. Was ein anderer denkt, kann nur vor dem Hintergrund der eigenen Erfahrungen und Vorstellungen rekonstruiert werden. Die Zuschreibung von Bedeutung zu dem, was wir von anderen wahrnehmen, sei es durch Sprache, durch Schrift oder durch Gesten, ist immer eine Interpretation.

Lässt sich dann noch lehren?

Versteht man Lernen so wie beschrieben, so hat das Auswirkungen auf die Gestaltung von Lehrprozessen. Lehren, das sich als reine Informationsvermittlung versteht, verbietet sich von selbst. Vielmehr bedeutet Lehren das Bereitstellen von geeigneten Angeboten zum Lernen. Das können und müssen auch Angebote in Form von Informationen sein, insofern dürfen wir auch weiterhin unser Wissen an andere herantragen. Es darf nur nicht unterstellt werden, dass dieses Wissen auch unverändert zum Lernenden gelangt.

Vielmehr müssen die geschaffenen Lernarrangements zur aktiven Auseinandersetzung mit dem Lerngegenstand herausfordern. Der Lernende muss diesen für sich als relevant erkennen und ihm Sinn und Bedeutung in seiner individuellen Erfahrungswelt zuschreiben. Damit er aber mit dieser Wissenskonstruktion wirksam in seiner Umwelt umgehen kann, ist es notwendig, dass er auch einen Zugang zu den gesellschaftlich gewachsenen Begriffen und Ideen des Faches erhält. Daraus erwachsen dialektisch aufeinander bezogene, grundlegende Anforderungen an ein Lernarrangement:

▨ „Einerseits muss *Offenheit für individuelle Lernwege* eingeräumt werden, andererseits aber müssen *klare, herausfordernde Zielvorgaben und begleitende Orientierungen* durch Informationen auf inhaltlicher wie metakognitiver Ebene das Lehr-Lerngeschehen effektiv steuern." (HEFENDEHL-HEBEKER 2005).

Konstruktion und Instruktion

Im traditionellen Unterricht dominiert häufig der zweite Aspekt in Gestalt eines eng gesteuerten fragend-entwickelnden Unterrichts. In dieser Unterrichtsform müssen die Lernenden in kurzer Folge Fragen verstehen, d. h. diese in ihre Erfahrungswelt integrieren, was je nach Passung bei jedem Schüler unterschiedlich schnell oder gar nicht geschieht. Wird der Unterricht hingegen sehr offen gestaltet, so kann es sein, dass er zu vage und zu wenig zielführend ist, dass er das Themenfeld zu unstrukturiert vorstellt, so dass Schülerinnen und Schüler überfordert sind, da sie ihre Erfahrungen nicht angemessen aktivieren können. Bei beiden geschilderten Unterrichtsformen passt die angebotene Instruktion nur zur Konstruktion von vielleicht einigen wenigen Schülerinnen und Schülern. Die Mehrheit der Lernenden wird sich – auch wenn man es nicht immer sieht – anderen Dingen zuwenden.

Ein Mittelweg der Unterrichtsgestaltung erfordert zuerst einmal das Wahrnehmen der Bedürfnisse, Interessen und Fähigkeiten der Lernenden. Gerade weil die Lernenden nur aus ihrer Erfahrungswelt schöpfen können, ist es wichtig, dass das Lernarrangement, also alles, was die Lernenden von außen instruiert, möglichst gut dieser Erfahrungswelt angepasst ist. Diese Passung wird jedoch nicht erreicht durch eine optimale Lehrstrategie – diese kann weder für alle Schülerinnen und Schüler die gleiche sein, noch ist sie pragmatisch für jeden einzelnen ermittelbar –, sondern durch die Reichhaltigkeit der Angebote, aus der auch sehr unterschiedliche Individuen produktiv ihren Nutzen ziehen können. Die Passung von Instruktion und Konstruktion kann also nicht einem allgemein gültigen didaktischen Rezept folgend erreicht werden, sie muss immer wieder neu in der praktischen Arbeit hergestellt werden.

Trotzdem gibt es günstige Bedingungen für eine gelungene Balance von Instruktion und Konstruktion: Wenn man als Zielperspektive die aktive und selbst gesteuerte Wissenskonstruktion des Lerners besitzt, so ist zentrale Voraussetzung dafür das Zutrauen in die Wirkkraft des Lernenden. „Das Gefühl des ‚Ich kann das' gedeiht umso besser, je mehr das Gefühl ‚Mir wird das auch zugetraut' existiert." (HUßMANN 2004). Auch wenn ein Schüler nach einer viertel Stunde angestrengter Auseinandersetzung mit dem Lerngegenstand noch kein Ergebnis erzielt hat, bedeutet das nicht, dass er nicht in der Lage ist, selbst gesteuert zu arbeiten. Hier ist adaptive Instruktion notwendig, d. h., die Lehrperson stellt sich auf die individuelle Situation des Schülers ein und bemüht sich, im Dialog seine Schwierigkeiten zu verstehen. Danach kann sie beraten und neue Ziele und Orientierungen eröffnen – das ist keineswegs nur eine „Moderationsfunktion", wie es oft gefordert wird, sondern eine instruierende Begleitung.

Die empirische Unterrichtsforschung, die die Wirkungen eines Unterrichts zwischen Instruktion und Konstruktion verfolgt und empirisch an den Lernergebnissen und an Merkmalen des Unterrichtsprozesses misst, kommt in der Gegenüberstellung von Instruktion und Konstruktion zu einem ähnlichen Schluss: Erfolgreicher Unterricht, gemessen in den Lernergebnissen, enthält immer eine Balance von Elementen der Lenkung und Elementen der Offenheit.

Bei der Untersuchung von erfolgreichen Klassen zeigt sich vor allem, dass es eine große Vielfalt in den Ausprägungen von Unterrichtsmerkmalen, wie Klarheit, Methodenvielfalt oder Motivierung, geben kann. Zur Erklärung dieser Situation dient oft das Angebots-Nutzungs-Modell (HELMKE 2003, S. 41 f.), das feststellt, dass die Wirkungen von Unterricht von den Eingangsvoraussetzungen der Schülerinnen und Schüler und deren Nutzung der Lernangebote abhängen.

Kommt man überein, dass das Ziel nicht allein das fachliche Lernen, sondern die Entfaltung der produktiven Kräfte des Schülers insgesamt ist, so lassen sich als Voraussetzungen für das Lehrerhandeln (und ebenso für das Schülerhandeln) formulieren:

- die Bereitschaft, sich in die Perspektive des Gegenübers einzufühlen,
- das Anliegen, die Position des anderen zu verstehen, die eigenen Argumente transparent zu machen, so dass beiderseitig maximales Verständnis erreicht wird,
- der Wunsch nach einer gemeinsam ausgehandelten Position und das Bemühen, diese ohne Ausübung von Zwang zu erreichen (vgl. auch HEFENDEHL-HEBEKER 2004).

Diese Anforderungen an einen Dialog zwischen Lehrenden und Lernenden stehen für das so genannte Prinzip des **dialogischen Lernens** (vgl. auch GALLIN & RUF 1999 und Kap. 3.7). Dies will einen Beitrag zur Entfaltung einer Lernkultur leisten, die das natürliche Potenzial von Lernenden wie von Lehrenden gleichermaßen freisetzt, gemäß dem Programm ‚Die Menschen stärken, die Sachen klären' (v. HENTIG 1995).

3 Computer, Internet & Co.

Funktionen in einer sich wandelnden Gesellschaft

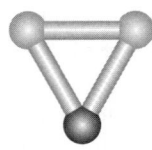

Der Computer als Medium und Werkzeug (zur Unterscheidung dieser beiden Begriffe kommen wir in Kap. 7) hat unsere Lebens- und Arbeitswelt massiv erobert und verändert. In der kapitalistisch orientierten Arbeitswelt hat er teil an der andauernden Rationalisierung der Produktion: Während die Maschine die repetitiven Arbeitsprozesse übernehmen kann, werden alle repetitiven Kalkulationen an Computer delegiert. Mit Computerhilfe kann ein einzelner Arbeiter umfangreiche Produktionsprozesse steuern und kontrollieren (*„computer integrated manufacturing"*). Es werden nur noch weniger, dafür aber besser ausgebildete Arbeitskräfte benötigt. Noch stärker ist der rationalisierende Einfluss des Computers auf den Umgang mit Information. Die Globalisierung der Wirtschafts- und Kapitalsysteme gründet auf der weltweiten Vernetzung der Informationsflüsse. Kein modernes Großunternehmen kann mehr ohne Computerunterstützung agieren. Auch im privaten Sektor schaffen und befriedigen Computer und Internet immer neue Informations-, Kommunikations- und Freizeitbedürfnisse. Wer hätte vor fünfzehn Jahren den durchschlagenden Erfolg von Suchmaschinen und Internetauktionen vorhergesagt?

Dabei tritt der Computer als physisches Gerät gar nicht mehr unbedingt in Erscheinung. Ein Computer ist im Wesentlichen eine universelle Maschine für die Speicherung, Verarbeitung, Übermittlung und Darstellung digitaler Daten. Computer verarbeiten immer mehr Daten immer schneller und sind immer mehr miteinander vernetzt. Insbesondere führt dies dazu, dass die digital verfügbaren Informationsquellen immer zugänglicher werden und die Integration der Darstellungsformen (Bild, Ton, Text) bei allen Geräten immer selbstverständlicher.

Die Einschätzungen zur Rolle des Computers in unserer Gesellschaft, die Analyse der Veränderungen, die er bewirkt, sowie deren Bewertung sind in hohem Maße uneinheitlich. Vom ungebremsten Medienenthusiasmus bis zum apokalyptischen Schwarzsehen findet man alle Positionen. Zwei der Konsequenzen für das Individuum in der so genannten Informationsgesellschaft lassen sich so zusammenfassen:

Qualität von Wissen und Bildung

Die massenhafte Speicherung und Verarbeitung von Daten verändert vor allem den Umgang mit Wissen. Wissen hat sich durch die Erfindung der schriftlichen Aufzeichnung, letztlich aber erst durch den Buchdruck von seinem menschlichen Träger losgelöst und ist in seiner Gesamtheit auch schon lange nicht mehr durch den Einzelnen zu überblicken. Durch die massenhafte Speicherung und die Abrufbarkeit von Information, etwa über das Internet, wird solches Wissen nun (prinzipiell) breit zugänglich – oft angemahnt wird in dieser Situation die Verwechslung von Wissen mit Bildung. „Die Reduktion von Wissen auf Information, die man einfach übernimmt oder übermittelt [...] löst [...] die Erwartung [auf], es müsse etwas verstanden werden, was nur das Subjekt kann. [...] Wissen ist nicht mehr, was eine Person verändert." (VON HENTIG 1993, S. 43). Die Herausforderung für unsere durch Computer beeinflusste Gesellschaft besteht somit darin, dem Individuum eine Bildung zu ermöglichen, die einen verantwortlichen und emanzipatorischen Umgang mit den neuen Formen des Wissens möglich macht. Dazu gehört u. a., den Zugang zu Information gerecht zu gestalten und die Reflexions- und die Beurteilungskompetenz zu vermitteln, damit kein sozialer Riss durch die Informationsgesellschaft geht.

Interaktion mit dem Computer

Die Verarbeitungskapazität von Computern und die Universalität ihrer Software ermöglicht es, dass Nutzeraktionen sofort in Reaktionen der Maschine umgesetzt werden. Es ist das Ziel der Forschung zur Künstlichen Intelligenz, diese Interaktion so intelligent und natürlich wie möglich zu gestalten.

In dieser Unmittelbarkeit von Rückmeldungen werden große Chancen von Computern als Partner in Anwendungs- und in Lernsituationen gesehen (übrigens schon seit 30 Jahren). Individuelle Differenzierung und entdeckendes Lernen mit Computern scheinen auf der Hand zu liegen, gute Beispiele sind aber rar. Insbesondere droht immer wieder die Gefahr der einseitigen Machbarkeitsideologie, die übersehen lässt, was der Computer nicht leistet oder was er unterschlägt. Kritiker sehen vor allem, dass der Computer zwischen die Menschen tritt, zu einer Mediatisierung und Vereinsamung führt. Zum anderen ist die Gefahr der Auslieferung des Individuums an die Maschine in Produktion und Verwaltung groß, wenn der Mensch sich an den Computer anpassen muss, und nicht umgekehrt. Vergessen darf man darüber aber nicht die Produktivitätssteigerungen, die ein kreativer Umgang mit den Möglichkeiten des Computers bietet – z. B. in den Ingenieurwissenschaften.

Schließlich sei noch ein weiteres Risiko erwähnt, das u. a. WEIZENBAUM (1977) anspricht. Die Anthropomorphisierung des Computers und das schiefe Modell vom menschlichen Denken, das der algorithmisch arbeitende Computer suggeriert, haben problematische Einflüsse auf unser Welt- und Menschenbild.

VON HENTIG sieht daher im Bildungsauftrag von Schule hinsichtlich neuer Medien eher den kompensatorischen als den ausbildenden: In „Der technischen Zivilisation gewachsen bleiben" schreibt er: „Wir brauchen für eine Welt, in der es Computer gibt, vor allem etwas, was wir an Computern gerade nicht lernen können – das offene, dialogische, zweifelnde, entwerfende, bewertende, philosophische Denken" (VON HENTIG 2002, S. 73).

4 Mathematik lernen & lehren

Konzepte und Prinzipien des Mathematikunterrichts

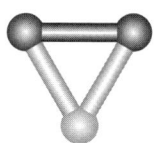

Mathematische Begriffe und Denkweisen entstehen durch Erfahrungen mit Phänomenen der Wirklichkeit einerseits und durch deren theoretische Durchdringung andererseits. Dieses Spannungsfeld kennzeichnet sowohl den Erkenntnisgewinn in der Mathematik als Wissenschaft wie das Mathematiklernen in der Schule.

Die „theoretische Durchdringung" ist gekennzeichnet durch Prozesse des Strukturierens, des Ordnens, des Vernetzens, des Idealisierens, des Anwendens usw. Mathematiklernen als individueller Erkenntnisgewinn im sozialen Austausch ist also eine aktive, konstruktive und kommunikative Tätigkeit, wie sie in Kapitel 2 beschrieben wurde.

Diese fundamentale Sicht auf das Mathematiklernen geht weit über das hinaus, was noch im vorletzten Jahrhundert als angemessen für einen Mathematikunterricht angesehen wurde: Der praktizierte „Rechenunterricht" diente dem Einschleifen bürgerlicher Rechentechniken und nicht etwa dem Verstehen mathematischer Zusammenhänge und des Wesens der Mathematik. Seitdem hat es viele Reformen gegeben, die Sicht auf das Mathematiklernen hat sich immer wieder verändert. In den Meraner Vorschlägen von 1905 werden die Weichen für eine moderne Sicht gestellt, indem gefordert wird, „... unter voller Anerkennung des formalen Bildungswertes der Mathematik auf alle einseitigen und praktisch bedeutungslosen Spezialkenntnisse zu verzichten, dagegen die Fähigkeit der mathematischen Betrachtung der uns umgebenden Erscheinungswelt zu möglichster Entwicklung zu bringen" (GUTZMER 1908).

Aus dieser Zeit – lange bevor konstruktivistische Ideen unter diesem Namen die Pädagogik und Didaktiken eroberten – stammen auch die ersten Prinzipien eines so genannten genetischen Mathematikunterrichts, in dem die mathematischen Begriffe nicht als fertige Produkte mitgeteilt, sondern von den Lernenden aktiv erarbeitet und in ihrer Entstehung erlebt werden. Die kurze Phase, in der unter dem Namen „Neue Mathematik" formalistische Tendenzen über die Schulen hinwegzogen (unvergessen bleibt hier wohl die Diskussion um die Mengenlehre), haben die Vertreter des genetischen Ansatzes unbeschadet überstanden.

Während die „Neue Mathematik" die über Jahrhunderte entwickelten, „fertigen" mathematischen Begriffe („Menge", „Funktion" „Vektor") als geeigneten Ausgangspunkt des Lernens ansah, orientiert sich ein genetischer Unterricht an der (Wieder)-Entstehung dieser Begriffe im Klassenraum, bei dem Mathematik „in statu nascendi" erlebt wird (FREUDENTHAL 1973). Die präzise formu-

lierten Begriffe stehen dabei erst am Ende eines komplexen Begriffsbildungsprozesses.

Auf FREUDENTHAL (1973) geht die Idee zurück, für das Lernen von Mathematik Stufen der Abstraktion zu formulieren, die bei praktischen Erfahrungen
beginnen und Stufe für Stufe zur theoretischen Abstraktion dieser Erfahrungen
aufsteigen (vgl. auch WINTER 1983, HEFENDEHL-HEBEKER 2003 und Kapitel 3.1
in diesem Buch).

◼ Auf der untersten Stufe werden Erfahrungen im praktischen und handelnden Umgang mit Materialien und Phänomenen in der Erfahrungswelt der
Lernenden gemacht, die den Begriff als Möglichkeit in sich tragen. So können beispielsweise symmetrische Figuren handelnd durch Zeichnen oder
durch Falten hergestellt werden. Auch lassen sich Gegenstände in der Umwelt beschreiben, bei denen das Merkmal zweier gleicher Hälften als
wiederkehrende Struktur zu beobachten ist.

◼ Auf den nächsten Stufen werden die praktischen Erfahrungen nach bestimmten Merkmalen geordnet und begrifflich präzisiert, so dass mehr und
mehr die theoretische Natur der Begriffe sichtbar wird. So lässt sich zum
Beispiel entdecken, dass Spielkarten eine andere Symmetrie besitzen als
Schmetterlinge. Weitere Gegenstände mit entsprechenden Eigenschaften
werden den beiden Klassen zugeordnet. Erste Versuche, das Typische zu beschreiben, finden statt.

◼ Auf den obersten Stufen werden die einzelnen den Begriff charakterisieren-
den Eigenschaften zueinander in Beziehung gesetzt, die logische Struktur
des Begriffsnetzes wird entfaltet. So kann gezeigt werden, dass die Punkt-
symmetrie eine besondere Form der Drehsymmetrie ist.

Auf diese Weise können die Lernenden die theoretische Welt der Mathematik
selbst entfalten und dabei die Mathematik als Instrument zum Erfassen der
Phänomene in unserer Umwelt erfahren. Gelingt es, den Schülerinnen und
Schülern gehaltvolle Problemkontexte zur Verfügung zu stellen, die einen Ausgangspunkt zur Auseinandersetzung mit Phänomenen der Wirklichkeit bilden,
können die Lernenden zusätzlich allgemeine Kompetenzen entwickeln, die es
ihnen gestatten, auch in anderen Situationen erfolgreich zu handeln.

Den hier geschilderten Ansatz hat die Bewegung der „realistic math education" (RME) weiterentwickelt und international in vielen Beispielen konkreti-
siert (s. a. DE LANGE 1996 oder die Homepage des FREUDENTHAL-Instituts:
www.fi.uu.nl). Die RME postuliert, dass eine solche genetische Begriffsentwicklung in allen Jahrgangsstufen und in allen Themenbereichen möglich und
verfolgenswert ist. Die dazu nötigen reichhaltigen Problemkontexte werden „realistisch"[1] genannt, nicht etwa, weil sie alle anwendungsbezogen sein müssten.

---

1 Das Wort „realistisch" kommt vom holländischen „zich realisieren" für „sich vorstellen" (HEU-
VEL-PANHUIZEN 2000)

Auch rein innermathematische Probleme („Welche Zahlen haben eigentlich genau 2, 3 oder 4 Teiler?") sind in diesem Sinne realistisch, sie repräsentieren authentisches mathematisches Denken und Arbeiten und werden „real" in den Gedanken der Schülerinnen und Schüler.

Ein Unterricht, der Begriffsbildungen aus solchen Problemen heraus entwickelt, wird auch als problemorientiert bezeichnet.

Weitere didaktische Prinzipien

Die vorangehende Argumentation sieht das Mathematiklernen von Schülerinnen und Schüler sowie den mathematischen Erkenntnisprozess im Allgemeinen aus derselben Perspektive. Man kann ihr vorwerfen, dass sie die Spezifika des Lernens von Kindern und jungen Menschen nicht ausreichend berücksichtigt. In den vergangenen Jahrzehnten wurde eine ganze Reihe von theoretischen Grundvorstellungen zum (Mathematik)lernen entwickelt, die einen noch stärkeren Bezug zur Psychologie der Lernprozesse haben. Hieraus sollen im Folgenden noch einige ergänzende Sichtweisen exemplarisch dargestellt werden – soweit sie später mit Blick auf die Computernutzung wieder aufgenommen werden.

Oft münden Theorien des Lernens und Lehrens in so genannte didaktische Prinzipien. Das sind gleichsam auf wesentliche Aspekte reduzierte Grundaussagen, die sich rezeptartig in der Praxis anwenden lassen. Rezepte werden dabei gesehen als zwar theoriebasierte, aber nicht pauschal gültige Handlungsregeln, die im Einzelfall kritisch reflektiert werden müssen. Sie entlasten die Lehrperson bei der täglichen Arbeit und schaffen kreative Gestaltungsspielräume. Das begriffsgenetische Prinzip ist oben bereits ausführlich erläutert worden.

Das operative Prinzip geht auf die Feststellung von AEBLI (1994) „Denken ist Ordnen des Tuns" zurück und fordert, jedes Lernen abstrakter Begriffe im konkreten Handeln zu verankern. Dies ist gleichsam die lernpsychologische Seite der reformpädagogischen Forderung nach Handlungsorientierung. In den oben geschilderten FREUDENTHAL'schen Stufen ist das Prinzip bereits berücksichtigt.

Verwandt, aber nicht damit zu identifizieren, ist das Prinzip der auf BRUNER zurückgehenden multiplen Repräsentation, nach dem Inhalte möglichst auf verschiedenen Repräsentationsformen angeboten werden sollen: handlungsmäßig (enaktiv), bildhaft-analog (ikonisch) und sprachlich-symbolisch. Hierbei geht es weniger um eine Stufenfolge des Lernens als um ein Vernetzen unterschiedlicher Wahrnehmungskanäle. Insbesondere für die Mathematik enthält es die Forderung, die herrschende Dominanz des Sprachlich-symbolischen zu brechen und wo immer möglich andere Repräsentationsformen zu nutzen.

Die Beachtung und die Verknüpfung der genannten Prinzipien kann Ausgangspunkt für einen fachlich fundierten und zugleich schülergerechten mathematischen Lernprozess sein.

5 Mathematik mit Computer, Internet & Co.

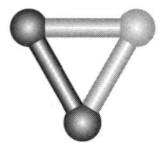

Mathematik treibt die Computer – Computer verändern die Mathematik

Computer, wie wir sie heute kennen, sind ohne Mathematik undenkbar – sie wären ohne Mathematik nicht entstanden und könnten ohne Mathematik auch nicht weiterentwickelt werden. Allerdings ist die umgekehrte Richtung „Mathematik ohne Computer" sehr wohl denkbar. Die grundlegenden mathematischen Aktivitäten sind – auch heute noch – ohne Rechnerunterstützung möglich. Einen Beweis führt man in Gedanken und bannt ihn auf Papier, mathematische Strukturen erkennt man primär kraft geistiger Anstrengung und geeignete mathematische Modelle findet man durch Reichtum an Ideen und Kenntnissen. So gibt es nicht wenige Mathematikerinnen und Mathematiker, die dem Computereinsatz innerhalb der Mathematik kritisch gegenüberstehen und als Mathematik nur das akzeptieren wollen, was alleine durch Denken und allenfalls unter Zuhilfenahme von Papier und Bleistift zu erreichen ist.

Im Allgemeinen wird die Rolle des Computers in der heutigen Mathematik aber differenzierter gesehen:

Für diejenigen, die Mathematik hauptsächlich als **Anwendungswissenschaft** betreiben, sind die vielfältigen Möglichkeiten eines Rechners unentbehrlich geworden: Komplexe Simulationsmodelle werden numerisch ausgewertet, wo eine exakte Berechnung aussichtslos und eine reale Durchführung undurchführbar wäre. Daten werden erfasst und nach Mustern durchsucht. Das Lösen solcher Anwendungsprobleme „erfordert einige Erfahrung, hin und wieder muss man sich mit guten Näherungen begnügen, und fast immer steht man heute ohne Computerhilfe auf verlorenem Posten" (BEHRENDS 2004).

Für die Mathematik als **deduzierende Wissenschaft** hat der Computer eine ganz andere Bedeutung. Im Rahmen der Formalisierungsbestrebungen des letzten Jahrhunderts kam u. a. die Frage auf, inwieweit ein Computer den Mathematikern Arbeit abnehmen könne. Die theoretischen Fragen nach Leistung und Grenzen realer und virtueller Rechenmaschinen, die mit formalen Sprachen arbeiten, führten zur Entwicklung vieler neuer Wissenschaftszweige, wie etwa der Berechenbarkeitstheorie und der Künstlichen Intelligenz und schließlich auch zur noch jungen Disziplin der (theoretischen) Informatik. In der Mathematik selbst wurden die ersten „Computerbeweise" kontrovers diskutiert, wie z. B. 1979 der Beweis der Vierfarbenvermutung durch APPEL und HAKEN. War ein Beweis, der darauf basierte, dass ein oder mehrere Computer viele Stunden alle (zuvor von Hand ermittelten) relevanten Fälle durchrechneten, überhaupt ein akzeptabler Beweis? Wer sollte die Myriaden Rechenschritte prüfen? Die Diskussion lebt bis heute fort: Die einen sehen die Mathematik durch die Anerkennung solcher Beweise bedroht, die anderen fordern ein neues Beweisverständnis, nach dem auch den quasi experimentell ermittelten Resultaten ein Beweiswert zuerkannt werden sollte. Wenn für die so genannte Zetafunktion mit Computerhilfe bestätigt wurde, dass die ersten 10.000.000.000.000 Nullstellen alle auf einer Geraden liegen (GOURDON 2004), ist dann die RIEMANN'sche Hypothese, dass nämlich *alle* Nullstellen dort liegen, bewiesen? Warum soll man sich nicht „vorläufig" auf sie verlassen – viele Sätze der heutigen Mathematik beginnen ohnehin mit „Angenommen, die Riemannhypothese ist wahr...." (vgl. DU SAUTOY 2004).

Dieser erkenntnistheoretische Disput verdeckt allerdings, dass die Bedeutung des Computers in der Mathematik weniger in der Funktion als reine Rechenmaschine besteht, sondern sich vor allen Dingen im Bereich **schöpferischen Tuns** entfaltet. Der Computer dient vielen „reinen" Mathematikern heutzutage als kreatives und heuristisches Werkzeug: „Die Interaktion mit dem Computer lehrte sie unerwarteterweise neue Dinge über ihr Problem. Der Computer nahm eher die Rolle eines beinahe menschlichen Mitarbeiters denn eines Rechenwerkzeugs an. Er war eine Erweiterung ihrer Intuition" (BARROW 1992, S. 230).

Vor der Deduktion stand in der Mathematik nämlich immer schon das schöpferische Denken, das Erkunden und Erforschen von Strukturen und Zusammenhängen. Bei dieser Tätigkeit liegt das Schwergewicht immer noch auf der kreativen Leistung des Einzelnen, während der Computer ein kognitives Werkzeug, eine Erweiterung vor allem der kalkülmäßigen Fähigkeiten des Mathematikers darstellt: „Computer sind für die Mathematik das, was Fernrohre und Mikroskope für die Naturwissenschaft darstellen. Sie haben die Sammlung der Muster, die mathematische Forscher untersuchen, um ein Millionenfaches erhöht" (STEEN zitiert nach HEINTZ 2000, S.157).

Unter den in der Mathematik entwickelten computerbasierten Werkzeugen lassen sich verschiedene Typen ausmachen.

▓ Zum einen werden für viele mathematische Probleme spezielle Programme geschrieben und auf eine Zielperspektive optimiert – das erwähnte Programm zum Beweis des Vierfarbensatzes zählt dazu.

▓ Daneben gibt es Software, die einen generellen Einsatz in vielen Gebieten der Mathematik gestattet. Hierzu gehören wissenschaftliche Computer-Algebra-Systeme (wie etwa MATHEMATICA, MAPLE oder das deutsche MUPAD), in die inzwischen aberhunderte Funktionen und Verfahren für die symbolische und numerische Arbeit implementiert sind.

▓ Schließlich müssen auch die „weichen Werkzeuge" erwähnt werden, zu denen etwa jegliche Art von Visualisierungssystemen zählt. Das ganzheitliche Betrachten und interaktive Manipulieren grafischer Darstellungen ist ein gewichtiges Hilfsmittel bei der Problemfindung und -lösung. (Abb.1 zeigt ein Beispiel aus einer Datenbank mit drehbaren geometrischen Objekten. Vgl. auch den Beitrag zu *Ray-Tracing*-Software von LEUDERS auf S. 199)

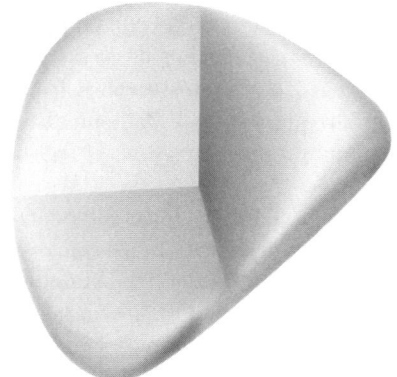

„We shall first show that the heptahedron is topologically equivalent to a Möbius band joined along its boundary to the boundary of a disc. To visualize this, we cut a small portion of the surface along the z-axis … "

Bildbeispiel und Textausschnitt von der Seite „Heptaedron and Roman Surface" aus: electronic geometry models (www.eg-models.de/)

Mit *javaview* dargestelltes Modell der STEINER'schen Römer-Fläche

Nicht unerwähnt bleiben soll abschließend auch noch die Auswirkung des Internets auf die Entwicklungen in der Mathematik. Als globale Plattform des wissenschaftlichen Austausches haben sich Internet, E-Mail und Co. wohl in allen Wissenschaftszweigen bewährt. Ursprünglich ist das Internet in seiner öffentlichen Form aus eben diesem Kommunikationsbedürfnis in der Wissenschaft (am Forschungsinstitut CERN in der Schweiz) entstanden. Auch die wissenschaftlichen Publikationsgewohnheiten verändert es bereits: THOMAS HALES hat seinen Beweis der KEPLER-Vermutung über die dichteste Packung von Kugeln zuerst im Internet publiziert (www.math.pitt.edu/~thales/kepler98/).

Er stellt den 250-seitigen Beweis und alle verwendete Software der Allgemeinheit zur Überprüfung zur Verfügung und merkt an: *„Mathematica has been used extensively throughout this project for experimentation and exploration. Some of the most useful functions have been posted here … "* (ebd.).

Die Zukunft des Internets in der Wissenschaft liegt wohl im kollektiven und demokratischen Aufbau einer vernetzten Wissensbasis, an der alle teilhaben können. Schon jetzt geben die so genannten WIKIs einen Vorgeschmack auf die Zukunft. WIKIs sind Webseiten, die von den Benutzern nicht nur gelesen, sondern auch von allen Benutzern online geändert werden können. So kann jeder am Aufbau einer Wissensbasis teilnehmen. Diese auf den ersten Blick als „anarchisch" empfundene Struktur führt erstaunlicherweise zu Webseiten mit hoher Qualität (s. z. B. (http://de.wikipedia.org/wiki/Mathematik). WIKIs, deren Name sich übrigens vom hawaiianischen „wikiwiki" für „schnell" ableitet) sind auch in der Schule einsetzbar.

6 Lernen & Lehren mit dem Computer

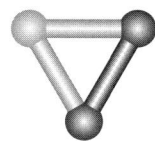

Herausforderungen und Chancen

Digitale Medien – oft wird hier gleichsam pars pro toto der Computer genannt – verändern und erweitern die Interaktions- und Kommunikationsformen in unserer Gesellschaft: Das Beschaffen von Informationen über das Internet, das Kommunizieren mit anderen über E-Mails und Chats, das Schreiben mit Textverarbeitungen, das Präsentieren mit digitalen Folien und im Internet – alle diese Tätigkeiten zeigen grundlegende Veränderungen gegenüber traditionellen Kommunikationsformen. Durch die Qualitätssteigerung digitaler Medien hinsichtlich Ortsunabhängigkeit, Verfügbarkeit und Vernetzung wird ein immer schnellerer Austausch und ein immer umfangreicherer Zugriff auf Information möglich. Vor diesem Hintergrund ist es nicht verwunderlich, dass solche technischen Entwicklungen unweigerlich auch Einfluss auf Bildungsprozesse nehmen, denn Lernen und Lehren findet immer auch auf der Ebene von Interaktion und Kommunikation statt. Schon aus diesem Grunde ist es plausibel, warum dem Computer heutzutage so viel Hoffnung als Lerninstrument entgegengebracht wird.

Den „digitalen Lernwelten" begegnen die einen mit Euphorie, andere aber auch mit Kritik und Zweifel. Da gibt es diejenigen, die das lehrerfreie Klassenzimmer herbeisehnen, und andere wie etwa VON HENTIG (2002, S. 38), die warnen: „Wer hofft, die Einführung der IK-Technologien und interaktiver Software [...] mache uns der ‚Informationsgesellschaft' gewachsen, hat die Aufgabe mit der Lösung verwechselt."

Die Hoffnung (oder Befürchtung), Neue Medien veränderten die Kommunikation und damit auch die Lesegewohnheiten grundsätzlich, ist inzwischen einer Ernüchterung gewichen: Digitale Medien verdrängen das gedruckte Wort nicht, die „Gutenberg-Galaxis" ist vielleicht doch nicht in Gefahr. Digitale Medien zeigen ihre Wirkung auf das Buch nicht im Verdrängen sondern in der Ergänzung und Erweiterung. Dies gilt gleichermaßen für den Bildungsbereich: „Medien haben keine primäre Rolle beim Lernen zu erfüllen und sollen didaktisch qualifizierte Lehrkräfte nicht ersetzen. Medien – ob digital oder analog – sind eine sinnvolle didaktische Hilfe" (KLIMSA 2002, S. 16).

Die Ausgestaltung des Einsatzes digitaler Medien beim Lernen weist eine große Vielfalt auf, daher ist ein Überblick – erst recht eine pauschale Bewertung – hier weder möglich noch sinnvoll. Man muss – wie bei jedem Medium – im Einzelfall nach den spezifischen Leistungen des Computers fragen: Welche Tätigkeiten regt er an? Welche Kompetenzen können erworben werden? Was setzt er voraus? Welche Wirkungen und Nebenwirkungen gilt es zu bedenken?

Um wenigstens einen groben Überblick zu erhalten, bietet sich eine Klassifizierung nach den Funktionen des Mediums an. Hier kann grob unterschieden werden zwischen **Lernumgebungen** und **Werkzeugen**.

▨ Lernumgebungen (im weiten Sinne) sind im Grunde alles, was den Lernenden von außen instruiert. Dazu gehören Inhalte, Ziele, Kommunikationsformen u. a., die durch die Lehrperson oder die Lernenden vorstrukturiert bzw. festgelegt sind und die den Rahmen bieten für die Lernprozesse der Einzelnen oder der Gruppe.

▨ Werkzeuge sind dagegen (in Grenzen) universell einsetzbare Hilfsmittel zur Bearbeitung einer breiten Klasse von Problemen, wie etwa Textverarbeitungs- oder Computer-Algebra-Systeme.

Digitale Lernumgebungen umfassen den medial aufbereiteten Teil einer Lernumgebung. Dabei handelt es sich in erster Linie um die zur Verfügung gestellten Problemstellungen und Informationen, die von den Lernenden je nach Interessen, Fähigkeiten und Fertigkeiten mit Ergebnissen und Erfahrungen genutzt und erweitert werden können. Zu einer digitalen Lernumgebung gehören aber oft auch Bereiche für die Kommunikation via Internet, Hinweise über weitergehende Quellen, computerbasierte Tests u. a. Als Teil von Lernumgebungen (im weiten Sinne) können digitale Lernumgebungen somit sehr unterschiedlich aussehen, sie können recht eng gefasst sein, z. B. in Form eines digitalen Arbeitsblattes, sie können aber auch recht offen sein, wenn nicht nur die Problemkontexte digitalisiert und ein spezielles Programm zur Verfügung stehen, sondern wenn es daneben auch eine Vielzahl (digitaler) Werkzeuge zur Problembearbeitung gibt.

Digitale Lernumgebungen können unter anderem unterschieden werden nach dem Grad ihrer Offenheit:

▨ mit offenen Aufgabenstellungen (z. B. HUßMANN, Kap. 3.7; MERSCH, Kap. 1.2; LEUDERS, Kap. 2.8)

▨ über teilweise geleitete Aufgabenbearbeitungen (z. B. KNIPPING/REID, Kap. 2.5 bzw. BESCHERER, Kap. 1.7)

▨ über klar begrenzte, vorgefertigte Arbeitsblätter (z. B. ELSCHENBROICH, Kap. 1.3) und Lerneinheiten (z. B. www.matheprisma.de)

▨ bis hin zu eng geführten Lern- und Übungsprogrammen, die keinerlei Nutzersteuerung erlauben und zur programmierten Unterweisung zu zählen sind.

Je offener die Lernumgebungen sind, desto stärker wird vom Lerner erwartet, dass er die zur Verfügung stehenden digitalen Werkzeuge selbstständig auswählt und nutzt.

Da die letztgenannten rechnergesteuerten Trainingsprogramme kein nachhaltiges Lernen unterstützen, engt KERRES (2001) in Anlehnung an SEEL & DÖRR (1997) den Begriff „Lernumgebung" deutlich ein und nennt zusätzliche Kriterien für Lernumgebungen. Sie sollen

- motivierend sein,
- selbstgesteuertes Lernen unterstützen,
- zur Entwicklung von Kooperationsfähigkeit beitragen,
- Rückmeldung ermöglichen.

Zusätzlich zu den Kriterien von KERRES hat JONASSEN (1993) für Lernumgebungen die Authentizität gefordert, dass die zu lernenden Sachverhalte in Alltagskontexte eingebettet werden können. Zum anderen sollen Lernumgebungen verschiedene Perspektiven desselben Sachverhalts bieten, um die kognitive Flexibilität zu fördern.

Der Kommunikation und Kooperation zwischen den Lernenden wird in der Diskussion um die Qualität von digitalen Lernumgebungen offensichtlich eine große Bedeutung zugemessen. Die Kommunikation vis-à-vis im Klassenraum bedarf dann einer virtuellen Erweiterung. Dies gilt insbesondere für Angebote im Sinne eines „distance learning", bei dem sich Lehrende und Lernende an verschiedenen Orten befinden und die Kommunikation ausschließlich virtuell ablaufen muss – etwa aus ökonomischen oder organisatorischen Gründen. Hierfür werden dann gezielt technische Möglichkeiten für die synchrone oder asynchrone Kommunikation zwischen allen Beteiligten geschaffen, wie z. B. „virtual classrooms", „newsgroups" und „workspaces". Der Surrogatcharakter dieser Kommunikation wird – schon aufgrund des Wegfallens nonverbaler Anteile – wahrgenommen und die fehlende Vis-à-vis-Kommunikation wird von allen Teilnehmern solcher Kommunikationsformen als empfindlicher Mangel beschrieben.

Viele auf dem Markt verfügbare Lernprogramme jedoch sind in diesem Sinne nicht als geeignete Lernumgebungen anzusehen, auch wenn sie Bezeichnungen wie „konstruktivistisch" oder „selbstständigkeitsfördernd" tragen. Hier gilt es, kritisch zu unterscheiden und zu prüfen, welche Tätigkeiten wirklich angeregt werden und welche nicht. Übungsprogramme für den Unterricht sollten sich stets durch die Einbindung in offene Lernsituationen auszeichnen und Varianz erlauben hinsichtlich der Aufgabenstellung, der Art des Lösungsweges und des Ergebnisses. Nur wenn für Schülerinnen und Schüler bei solchen Problemen ein Spiel- und Gestaltungsraum an Tätigkeiten bleibt, kann die geistige Beweglichkeit der Lernenden gefördert und kumulatives und intelligentes Üben im Sinne echter Interaktivität ermöglicht werden.

Zu den **digitalen Werkzeugen** gehören alle Instrumente, ob nun software- oder hardwarebasiert, die flexibel für eine Vielzahl von Fragen und Problemen einsetzbar sind. Der Nutzer legt hier selbst fest, welche der vielen Funktionen er zu welchem Zweck nutzt, und bestimmt damit seinen Lernweg weitgehend autonom.

Zu diesen Werkzeugen gehören zum einen nicht-fachspezifische, wie Text- und Bildverarbeitungsprogramme, Visualisierungs- und Präsentationsmedien, Simulationsprogramme, Medien zur Erfassung, Bearbeitung und Darstellung von Mess- oder Realdaten, Programme zur strukturierten Recherche sowie Programme zur Kommunikation und Kooperation im Intra- und Internet. Mit solchen Werkzeugen lassen sich für die Schule ganz neue Wege der Interaktion und Kommunikation beschreiten. Lerntagebücher und Forschungshefte können digital verfasst und so stets verändert und angepasst werden. Präsentationen beschränken sich nicht mehr nur auf Tafel und Overheadfolie, sondern können dynamisch gestaltet werden, z. B. in Form interaktiver Visualisierungen. Die Kommunikation muss wegen der Möglichkeiten des Internets nicht mehr auf den Klassenraum beschränkt werden, sondern wird auch grenzüberschreitend möglich und eröffnet so neue Kommunikationsräume.

Neben diesen allgemeinen digitalen Werkzeugen gibt es spezielle, die jeweils eine besondere Relevanz haben für einzelne Fächer. Gerade für das Fach Mathematik ist das Spektrum der praktikablen und in der Praxis genutzten spezifischen Werkzeuge, wie z. B. Dynamische Geometriesoftware oder Computer-Algebra-Systeme, besonders breit (Näheres hierzu im Kapitel 7, S. 34).

Solche digitalen Werkzeuge laufen schon aufgrund ihrer offenen Anlage weniger Gefahr, das Lernen zur programmierten Unterweisung zu degradieren. Sie bleiben ein kognitives Hilfsmittel und entmündigen den Nutzer nicht, sondern dienen lediglich als Plattform, die jeweilige Problemstellung zu erfassen, darzustellen oder zu bearbeiten. Das Arbeiten mit digitalen Werkzeugen muss dazu so angelegt werden, dass es die mentalen Modelle der Lernenden, die den Lernprozess in erster Linie steuern und entwickeln, unterstützt, aber nicht einengt.

Nicht: Anything goes – aber: Manches geht besser

Einige der Hoffnungen, die mit dem Einsatz digitaler Medien im Bildungsbereich verbunden waren und sind, scheinen sich zu erfüllen, sofern man die Chancen der Neuen Medien für das Lernen umsichtig nutzt:

■ Kommunikation kann ortsunabhängig werden und damit Lernen auch für Menschen ermöglichen, die nicht gezwungenermaßen an einem Ort zusammenkommen wie Schülerinnen und Schüler in der Schule. Die Lernangebote können so auch von Erwachsenen zur gezielten Aus- und Weiterbildung genutzt werden. In diesem Bereich eröffnen Formen des *distance learning* ganz neue Möglichkeiten, da die physische Trennung (z. B. Flächenbesiedlung, Spezialkurse, Zweiter Bildungsweg) keinen Hinderungsgrund mehr darstellt, gemeinsam zu lernen. Lernkonzepte können via Internet adressatengerecht zur Verfügung gestellt werden, was sicherlich einen Baustein für lebenslanges Lernen darstellt.

▨ Unterrichtsmaterial, das den Lehrenden im Netz zur Verfügung steht, ist flexibler und schneller neuen Gegebenheiten anzupassen. Dadurch können Lehrpersonen leichter über aktuelles Lernmaterial für ihren Unterricht verfügen. Sie können auch an Veröffentlichungen partizipieren, indem sie ihre Materialien und Erfahrungen in geschlossenen oder offenen Bereichen zur Verfügung stellen (z. B. www.lo-net.de, vgl. auch LEUDERS 2002).

▨ Mit dem Einsatz digitaler Medien beim Lernen und Lehren – so ein häufiges Argument – soll eine Voraussetzung dafür geschaffen werden, dass Medienkompetenz ein Teil der Allgemeinbildung wird. Hierbei zählt zur Medienkompetenz z. B. die Fähigkeit, Medien auszuwählen, problemgerecht zu verwenden und kritisch zu reflektieren. Diese Kompetenz erwirbt man aber keineswegs „nebenbei", sondern nur in einem eigens darauf orientierten Fachunterricht. Dieser sollte also neben der Gestaltung von Lernprozessen mit Neuen Medien (Mediendidaktik) und der Vermittlung von Kenntnissen zur Handhabung Neuer Medien (Medienkunde) auch die Erziehung zu einem kritischen und verantwortungsvollen Umgang mit den Medien (Medienerziehung) im Blick haben („integrative Medienpädagogik", HISCHER 2002; vgl. auch den Beitrag von LAMBERT, Kap. 3.6).

▨ Digitale Medien im Bildungsbereich zu integrieren war immer schon mit der allgemeinen Hoffnung auf Erneuerung in den herrschenden Lern- und Lehrformen verbunden. Den bei einer solchen Argumentation aufgezählten Vorteilen des Medieneinsatzes (emotionale Neutralität, individuelle Lerntempi, spezifische Rückmeldungen u. a.) stehen aber ebenso gewichtige Nachteile gegenüber (unangemessene Reduktion der Kommunikation, Ersetzen von Lehrerhandlungen durch algorithmische Systeme, Vernachlässigen emotionaler und sozialer Aspekte des Lernens u. a.).

Letztlich muss bei der Diskussion um die Qualität eines Lernarrangements die Güte der gesamten Lernumgebung und nicht nur die des medial umgesetzten Teils beachtet werden. Nicht das Medium verändert den Unterricht, macht ihn innovativer, sondern die didaktischen Entscheidungen der Lehrperson. Eine Unterrichtskultur, die nicht darum bemüht ist, Selbstständigkeit zu fördern, Anonymität zu verhindern und Kreativität zu unterstützen, wird auch durch einen noch so progressiven Medieneinsatz keinen dauerhaften Lernerfolg zeigen. Das Medium dient lediglich der Umsetzung didaktischer Zielsetzungen. Sind diese Ziele einem reinen Instruktionsunterricht verpflichtet, können Medien ihr Potential im Sinne eines stärker konstruktivistisch orientierten, die Autonomie des Einzelnen verpflichteten Lernens nicht entfalten.

7 Mathematik lernen & lehren mit Computer, Internet & Co.

Neue Wege im Mathematikunterricht

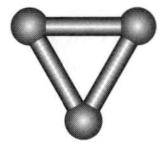

Beschreitet der Mathematikunterricht mit den elektronischen Werkzeugen und digitalen Lernumgebungen wirklich neue Wege? Und sind diese Wege auch die erwünschten?

Diese Fragen stellen sich gleichermaßen in allen Fächern, für das Fach Mathematik macht sich jedoch die besondere Affinität des Computers zu den Inhalten und Methoden des Faches bemerkbar. Viele typische Arbeitsweisen des Faches, wie z. B. das Umgehen mit symbolischem Kalkül, erhalten durch die Verfügbarkeit des Rechners eine neue Qualität. Daten und Zahlen, als typische Objekte des Mathematikunterrichts, können zahlreich und schnell verarbeitet werden. Aus diesem Grunde betreffen die Veränderungen, die sich durch die Verfügbarkeit eines Computers ergeben, das mathematische Tun im Mathematikunterricht in seiner Wurzel.

Bei der Diskussion um den Rechnereinsatz fallen immer wieder verschiedene Vokabeln, die sich nur schwer trennen und klar definieren lassen. Wir haben in diesem Buch nicht versucht, präzise Definitionen zu treffen und uns damit gegen eine nicht normierbare Praxis zu stemmen. An dieser Stelle wollen wir aber wenigstens versuchen, zu skizzieren, welche Aspekte in Bezug auf den Mathematikunterricht mit den jeweiligen Bezeichnungen fokussiert werden.

Wenn von „**Neuen Medien**" (in Großschreibung) die Rede ist, meint man natürlich eine ganze Vielfalt von Entwicklungen: auch Beamer, interaktive Tafeln und Multimedia-DVDs, die ihre Verwendung in der Schule finden. Für den Mathematikunterricht aber steht im Zentrum der **Computer** (ob als Tisch-PC, Laptop oder Handheld). Die Bezeichnung **Medium** trägt der Computer, weil er als Träger und Übermittler von Informationen fungiert. Da er Bild-, Ton und Textinformation integriert und zudem einen interaktiven Umgang erlaubt, kann man ihn als *das* universelle Medium für die so genannte **Multimedia**-Anwendungen ansehen. Dies führt dann zu weiteren Anwendungen als Lernumgebungen, wie sie in Kap. 6 angedeutet wurden.

Im Mathematikunterricht ist die Funktion des Computers noch eine andere, und dies ist wohl seine zentrale Funktion. Als **Werkzeug** wird er zum Hilfsmittel für das Mathematiktreiben. Der Lerner zieht den Computer heran, um mit seiner Hilfe genuin mathematische Tätigkeiten effektiver auszuführen, nämlich, um Probleme zu lösen, Modellierungen auszuführen oder Argumente für mathematische Zusammenhänge zu finden. Der Computer übernimmt einen großen Teil des repetitiven Kalküls, bietet grafische Darstellungen an, bietet aber auch ganz neue, bisher im Mathematikunterricht nicht verfügbare interaktive Darstellungsformen, wie etwa den Zugmodus beim DGS, an. Sein Werkzeugcharakter wird vor allem darin deutlich, dass es der Nutzer ist, der den Lernprozess steuert und entscheidet, wann und wozu er den Computer als Werkzeug hinzuzieht. Ist dieses Werkzeug somit für Schüler und Schülerinnen im Unterricht und zu Hause ständig verfügbar und ist der Umgang mit ihm selbstverständlich, so bedeutet dies in der Regel einen beträchtlichen Innovationsschub für den Mathematikunterricht.

Vorbehalte in der Praxis

Die Einführung des Computers in den Mathematikunterricht ist ebenso umstritten wie zwanzig Jahre zuvor die des Taschenrechners. Einige der Argumente gleichen sich dabei aufs Haar: Werden nicht grundlegende mathematische Fähigkeiten vernachlässigt, wenn sie durch die Maschine (hier setze man nach Belieben: „Taschenrechner" oder „Computer" ein) übernommen werden? Sind nicht ganze Inhalte des Faches bedroht, wenn die Maschine die Tätigkeiten in Sekundenschnelle abarbeitet? Gibt nicht umgekehrt die Entlastung vom technischen Einerlei durch die Maschine den Weg frei für inhaltliche Arbeit?

Hier kann man schon einige Anlässe für eine Kontroverse erkennen: Wenn die für den Mathematikunterricht verfügbaren Technologien den Schülerinnen und Schülern viele der traditionell zentralen Tätigkeiten des unterrichtlichen Geschehens abnehmen (Terme umformen, Formeln anwenden, Gleichungen lösen, Funktionsgraphen zeichnen, Konstruktionen durchführen u. a.), wenn all dies quasi per Knopfdruck vom Computer erledigt wird, müssen neue Aufgabenstellungen, ja gänzlich neue Ziele an die Stelle treten.

Dann gibt es noch das ökonomische Argument, dass Rechner für alle Schülerinnen und Schüler wegen des Preises eine Unzumutbarkeit darstellen. Dies wollen wir hier aber außer Acht lassen, da es sich hier wohl angesichts der technischen Entwicklung nur um ein zeitlich begrenztes Problem handelt.

Gegenüber der Einführung des Taschenrechners besitzt die Einführung des Computers jedoch eine gänzlich neue Qualität: Da ist die explosionsartige Zunahme der Verwendungsmöglichkeiten zu nennen. Während der klassische Taschenrechner eine arithmetische und damit spezialisierte Maschine war und ist, lässt sich der Computer gleichsam universell einsetzen. Er übernimmt geometrische Konstruktionen, überprüft Beweise, nimmt Umformungen vor, zeichnet Graphen, arbeitet Such- und Optimierungsalgorithmen ab u. v. m. Mit fast jeder neuen Funktion, die hinzukommt, steigt auch die Qualität dessen, was man mit dem Rechner machen kann: Geometrische Konstruktionen werden interaktiv manipulierbar, Zufallsprozesse simulierbar, dynamische Prozesse visualisierbar usw. Wer will das noch alles überschauen? Doch es zeichnet sich in diesem Kosmos der Möglichkeiten zwischenzeitlich eine Orientierung ab.

Die großen Drei – nur ein Interregnum?

Unter den vielen Werkzeugen für den Mathematikunterricht zeichnet sich seit einigen Jahren eine Trias ab, die in den klassischen Themenbereichen alle zurzeit wesentlich erscheinenden Funktionen übernehmen können. An dieser Stelle machen wir zunächst keine Unterscheidungen zwischen verschiedenen auf dem Markt befindlichen Produkten. Die wohl zentralen drei Systeme (man könnte auch sagen: Programmtypen) sind:

▪ Tabellenkalkulationen (TK),
▪ Computer-Algebra-System (CAS) – einschließlich Funktionenplotter,
▪ Dynamische Geomtriesoftware (DGS).

Die drei Systeme verkörpern zugleich verschiedene Darstellungsarten, in denen mathematische Objekte repräsentiert sind:

▪ die **numerisch-tabellarische** Darstellung in der Tabellenkalkulation,
▪ die **algebraisch-symbolische** Darstellung, die bei CAS vorrangig ist,
▪ die **graphisch-visuelle** Darstellung, die bei DGS dominiert.

Trotz dieser Zuordnung sind die einzelnen Programmtypen keineswegs auf eine einzige Darstellungsart beschränkt. Vielmehr gestatten sie häufig sogar einen direkten Wechsel zwischen parallelen Darstellungen eines Objektes. Manche neuen Programme (z. B. FELIX, GEOGEBRA) vereinen die einzelnen Programmtypen systematisch unter einem Dach und nutzen dabei einen gemeinsamen Grafikbereich. Hier deutet sich ein Zusammenwachsen der Systeme im didaktischen Bereich an. Es ist zu erwarten, dass irgendwann (und vielleicht nicht einmal in ferner Zukunft) „Alles-aus-einer-Hand"-Lösungen die Vielfalt der Einzelsysteme ablösen.

Neben diesen drei zentralen mathematischen Werkzeugen gibt es noch weitere (relativ offene) Werkzeuge, die allerdings nur in einem engen Bereich von Problemstellungen einsetzbar sind. Das sind einmal Simulationsprogramme (wie z. B. DYNASYS, s. Abb. auf S. 131), die die Möglichkeit bieten, dynamische Systeme und Prozesse grafisch zu modellieren und dann zu simulieren.

Im Zusammenhang mit dem Werkzeugcharakter ist ebenfalls programmierfähige Software zu nennen. Zum Ersten gibt es solche Entwicklungen aus dem Grenzbereich zwischen Mathematik- und Informatikunterricht. Sie sind in anderen Ländern außerhalb Deutschlands durchaus verbreitet (z. B. die Logo-Programmierung in Großbritannien).

Doch auch im Rahmen der Verwendung von TK, CAS und DGS kann man bereits von Programmieren sprechen, etwa wenn mit CAS oder TK komplexe Formeln erstellt werden. Weiterhin stellen die so genannten Makros intuitive Programmiermöglichkeiten dar. Mit ihnen kann man Handlungsfolgen aufzeichnen und später in analogen Situationen nachahmen (z. B. beim DGS ein Makro „gleichseitiges Dreieck").

Für CAS und neuerdings auch für DGS muss man auf die Möglichkeit des eigenen Programmierens neuer, komplexer Funktionen und interaktiver Prozeduren mittels beigefügter Skriptsprachen hinweisen. Dies kann die Lehrperson für eine individuelle Erweiterung des vorgegebenen Funktionsumfangs verwenden.

Wie sieht so ein Computer eigentlich aus?

Die Bezeichnung „Computer" lässt oft das Bild des standardmausgrauen Kastengerätes mit gleichfarbigem Bildschirm und Tastatur aufscheinen. Eine solche platzgebundene Ausstattung ist aus der Tradition der Informatikräume im Schulalltag auch noch die Regel. Nun drängen jedoch immer mehr andere Fächer an die Rechnerplätze. Neue Lösungen, z. B. in Form von Laptopsätzen als mobiler Rechnerraum oder als Schülergerät, werden erprobt („Laptopklassen"). Diese Form hat den Vorteil, dass jedem (ggf. auch zu Hause) im Prinzip die neueste mathematische Software (auch anderer Fächer!) zur Verfügung steht, ökonomisch ist dies als flächendeckendes Modell aber noch in weiter Ferne.

Für den Mathematikunterricht sieht die Situation aber ganz anders aus. Taschencomputer (so genannte Handhelds, z. B. TI-89, V-200 von TEXAS INSTRUMENTS oder das CLASSPAD von CASIO) vereinigen die drei zentralen Programmtypen in sich und liegen im Vergleich zu Computern und Laptops preislich beträchtlich niedriger. Zudem erfüllen sie den didaktisch wichtigen Vorteil der ständigen Verfügbarkeit. Sie haben im Gegensatz zum dominanten Tischcomputer echten Werkzeugcharakter: Schülerinnen und Schüler können sie wie einen Rechenschieber oder Taschenrechner dann herausholen, wenn sie sie brauchen, und ansonsten schnell wieder verstauen. Es sind dann die Schülerinnen und Schüler selbst, die entscheiden, ob sie ein mathematisches Werkzeug benutzen wollen und welches das gerade passende für die Aufgabe und für den jeweils individuellen Zugang zu der Aufgabe ist. Nur wenn Lernende dazu Gelegenheit haben, können sie Medienkompetenz entwickeln – Medienkompetenz im Sinne eines flexiblen, souveränen und selbstbestimmten Umgangs mit verschiedenen Medien.

Chancen und Risiken des Computereinsatzes

Welchen Beitrag liefert der Rechner zur Erreichung der Ziele des Mathematikunterrichts? Diese Frage ist in zahlreichen theoretischen und empirischen Arbeiten unter unterschiedlichen Perspektiven untersucht worden (z. B.: DRIJVERS 2003, HEUGL 1996, WEIGAND 1999, HUßMANN 2002, BARZEL 2005, NOSS/ HOYLES 1996, GUIN/RUTHVEN/TROUCHE 2004). Einige der Argumente möchten wir im Folgenden überblicksartig (und keineswegs vollständig) zusammenfassen:

Ob nun CAS, TK oder DGS, unabhängig von der konkreten Software lassen sich die Chancen des Rechnereinsatzes im Mathematikunterricht in wenigen Punkten zusammenfassen. Ihnen gegenübergestellt sind die Risiken und Gefahren, die mit den einziehenden Veränderungen unauflösbar verbunden sind und die es zu berücksichtigen gilt, wenn man den Computereinsatz plant.

Diese stark komprimierte Argumentation soll in den folgenden Kapiteln entfaltet werden: einmal an den zentralen Tätigkeiten des Mathematiktreibens, zum zweiten an einer großen Zahl konkreter Beispiele aus der Praxis.

Chancen und Hoffnungen	Risiken und Abhilfe
Entlastung von Kalkül und Algorithmen Durch die Abgabe komplexer Rechnungen und Zeichnungen werden ganz neue Aufgabenformate denkbar, insbesondere können Realdaten viel stärker einbezogen und komplexe Modellierungen durchgeführt werden, ohne sich in aufwändigem Kalkül zu verlieren. Kalkülorientierte Aufgabenformate (z. B. Funktionsdiskussion) werden sinnlos, Freiräume für inhaltliches Argumentieren und authentisches Problemlösen werden geschaffen.	**Weniger Verständnis für die Funktion dieser Algorithmen** Werden bestimmte Algorithmen (z. B. Differenzieren, Integrieren) nur noch vom Rechner ausgeführt, da sie lediglich im Kontext komplexer Aufgaben vorkommen, können händische Fertigkeiten verloren gehen. Hier gilt es, gezielt auch solche Aufgabenformate einzubeziehen, die das Verständnis für die verwendeten Algorithmen erfordern. Dass schwachen Schülern ein Kalkül fehlt, an dem sie sich auch ohne Verstehen festhalten können, ist kein Argument gegen den Computer, sondern für eine Umorientierung des Unterrichts.

Chancen und Hoffnungen	Risiken und Abhilfe
Interaktivität und „Dynamik" Der Computer reagiert unmittelbar auf Nutzereingaben: Veränderungen in einem Bereich ziehen unmittelbar Veränderungen in einem anderen nach sich. Wird zum Beispiel ein Term verändert, verändert sich die Grafik direkt mit. Die Auswirkungen des eigenen Handelns können so direkt erlebt werden, funktionales Denken wird durchgehend gestärkt, erkundendes Arbeiten unterstützt.	**Beschleunigung** Die technische Beschleunigung der Prozesse birgt die Gefahr, dass zu wenig Raum und Zeit bleibt, neue Erkenntnisse zu verarbeiten. Schnelles Verändern verhindert Reflexion und leistet Versuch-und-Irrtums-Strategien Vorschub. Die Unmittelbarkeit des Erlebens kann Reflexion blockieren. Um dem entgegenzuwirken, können Reflexionsprozesse systematisch eingefordert werden (z. B. Lerntagebücher, Protokolle), die prinzipiell möglichen Funktionen des Computers müssen nicht ausgenutzt, sondern können stattdessen „entschleunigt" werden.
Visualisierung Die statischen und dynamischen Visualisierungsmöglichkeiten bieten eine Vielfalt zusätzlicher Veranschaulichungsmöglichkeiten. Der Lernende kann zudem Darstellungsformen wählen und Wechselbeziehungen zwischen ihnen erleben.	**Bilderflut** In Zeiten medialer Überflutung besteht die Gefahr des Abstumpfens, des nur oberflächlichen Wahrnehmens von Bildern. Visualisierungen sollten nicht gefällige methodische Tricks des Lehrers sein, sondern als Werkzeug des Denkens vom Schüler genutzt werden. Sie dürfen auch nicht als virtuelles Surrogat echte handelnde und begreifende Lernsituationen verdrängen. Zudem muss der kritisch-distanzierte Umgang mit Bildern gefördert werden.

Chancen und Hoffnungen	Risiken und Abhilfe
Beispielgenerator Mit Computern können Lernende selbstständig eine Vielzahl an Beispielen als Ausgangspunkt für Begriffsbildungen, Problemlösungen oder Vermutungs- und Begründungsfindungen erzeugen. Das fördert das erkundende und problemlösende Arbeiten an offenen Problemen sowie das experimentelle, explorierende Arbeiten, das induktive Schließen und das funktionale Denken.	**Unübersichtlichkeit** Die Vielzahl zugänglicher Beispiele kann unübersichtlich und chaotisch werden. Das beliebige Erzeugen von Beispielen kann das gezielte und systematische Arbeiten verhindern, Quantität kann Qualität überwuchern. Die visuelle oder empirische Evidenz kann Begründungen überflüssig erscheinen lassen. Das reflektierte und systematische Arbeiten mit Beispielen (die bislang im Mathematikunterricht nicht so leicht zur Verfügung standen) muss gefördert und eigens geübt werden.
Wissenschaftspropädeutik Die mathematische Software und der Umgang mit ihr sind eng verwandt mit der Qualität der Nutzung in der Wissenschaft. Unterricht, insbesondere das vermittelte Mathematikbild gewinnt an Authentizität, der Übergang von der Schulmathematik zur Nutzung von Mathematik in vielen Hochschulfächern kann organischer vonstatten gehen.	**Überforderung durch Komplexität** Bedienungsumgebungen, die nicht unter dem Primat der didaktischen Anwendung konzipiert sind, können den Lernenden in ihrer Komplexität überfordern (z. B. der Funktionensatz und die Eingabeformate bei CAS). Didaktische „Interfaces" (konfigurierbare Panels, didaktische Makros usw.) können dies abmildern.
Medienkompetenz Das selbstständige Wählen geeigneter Medien und Werkzeuge kann das reflektierte Umgehen mit Medien stärken.	**Medienabhängigkeit** Medien und ihre Darstellungen beeinflussen auch das Denken, Begriffe können sich durch die Mediennutzung verändern. Hier ist im Einzelfall didaktisches Feingefühl der Lehrperson gefragt.

Teil II
Mathematische Tätigkeiten und Praxisbeispiele

Bärbel Barzel, Stephan Hußmann, Timo Leuders

In Darstellungen zum Mathematikunterricht mit dem Computer erscheint es zunächst plausibel, nach den verschiedenen Systemen zu gliedern: Tabellenkalkulation (TK), Dynamische Geometrie (DGS), Grafikplotter, Computeralgebra (CAS), Internet usw. Es ist jedoch zu verzeichnen, dass die Systeme sich in ihrer Bedienung immer weiter annähern und auf der Ebene von Software und Hardware zusammenwachsen. Insbesondere die zentralen Anwendungen CAS, DGS und TK finden sich in vielen Geräten und Anwendungen bereits integriert. Für den Mathematikunterricht führt das zu der zusätzlichen interessanten Entwicklung, dass der Nutzer zwischen verschiedenen Darstellungsformen, z. B. zwischen Term, Graph und Tabelle, wechseln kann. Mit solchen integrierten Systemen können und sollen Schülerinnen und Schüler je nach mathematischem Problem das angemessene Werkzeug selbst auswählen, ein Aspekt von Medienkompetenz, der im Fach Mathematik damit eine besondere Ausprägung erfährt. Die geschilderte Integration führt auch zu einer verstärkten Vernetzung zwischen den mathematischen Themengebieten, Probleme lassen sich etwa parallel geometrisch, numerisch oder algebraisch darstellen und bearbeiten.

Aus diesem Grund möchten wir dem Hauptteil des Buches, in dem zahlreiche Praxisbeispiele zu Wort kommen, auch ein Gliederungsprinzip zu Grunde legen, von dem wir hoffen, dass es eine neue und anregende Sicht auf das mathematische Arbeiten mit Computer, Internet & Co. bietet. Wir möchten im Folgenden mathematische Tätigkeiten, so genannte Prozesse, in den Vordergrund stellen und entlang dieser Prozesse fragen: Welche Bedeutung haben die Neuen Medien für diese Prozesse, welche neuen Qualitäten können sie gewinnen, wie kann der Erwerb mathematischer Kompetenzen von Neuen Medien profitieren?

Diese Fragen können wir natürlich nicht umfassend bearbeiten oder klären. Sie dienen eher als Anregung, die in diesem Buch gesammelten Beispiele kritisch mit Blick auf die Verwendbarkeit im Unterricht zu reflektieren. Insofern versteht sich das Buch auch als Sammlung von Anregungen für die Unterrichtspraxis und die Lehrerausbildung und nicht als Theoriekompendium. Welches sind die „Prozesse", von denen hier die Rede ist? Man findet sie immer häufiger in den neuen Lehrplanformaten (ob sie nun Kerncurriculum oder Bildungsstandards heißen). Dort wird formuliert, welche Kompetenzen, d. h. Fähigkeiten und Bereitschaften, von Schülerinnen und Schülern am Ende einer Lernepoche erwartet werden. Die Erwartungen jenseits der konkreten Inhalte werden auch als „allgemeine Kompetenzen" bzw. „prozessbezogene Kompetenzen" bezeichnet und in Form von Schülertätigkeiten beschrieben. Die mathematischen Tätigkeiten, die im Folgenden zur Gliederung dienen, lauten:

- **Kommunizieren,** darunter u. a. Lesen, Präsentieren, Argumentieren,
- **Problemlösen,** darunter u. a. Erkunden, Recherchieren, Modellieren,
- **Begriffsbilden,** darunter u. a. Systematisieren, Vernetzen, Reflektieren.

Eine strikte Kategorisierung ist hier nicht möglich, daher ist die folgende Darstellung als „Begriffsraum" oder „Begriffsnetz" zu bevorzugen:

Diese Darstellung ist keineswegs als systematisches und absolutes Referenzsystem zu verstehen. Sie beschreibt eine subjektiv gefärbte Sicht auf die Prozesse im Mathematikunterricht. Es gibt vielfältige Zusammenhänge und Widersprüche zwischen diesen Prozessen, die nicht verschwiegen werden sollen. Vielleicht bilden Sie nach der Lektüre dieses Abschnitts oder des Buchteils ein eigenes Begriffsnetz mit anderen, Ihnen bedeutsamer erscheinenden Begriffen. Dann ergeben sich vielleicht noch andere Zusammenhänge oder Hierarchien, die hier nicht zur Geltung kommen.

    Ein solches Begriffsnetz kann als analytisches Instrument dazu dienen, bei der Gestaltung von Unterricht die verschiedenen Prozesse zu sehen und die

Funktion der jeweiligen Medien und Systeme zu überschauen. Eine solche Funktion hat das abgebildete Netz auch innerhalb dieses Kapitels. Jeder Teil beleuchtet einen mathematischen Prozess und seine Aspekte mit mehreren Unterrichtsbeispielen. Er wird von einem Übersichtsteil eingeleitet, der die wesentlichen Aspekte des jeweils behandelten Prozesses und die Rolle des Computereinsatzes an kurzen Beispielen illustriert.

Die in diesem Buch als zentral ausgewiesenen Prozesse „Kommunizieren", „Problemlösen" und „Begriffe bilden" sind nicht trennscharf und noch weniger selbsterklärend. Auch können die Praxisbeispiele niemals allein für nur einen Prozess stehen. Aus diesem Grund wird in der nachfolgenden Übersicht ein kurzer Überblick über die zentralen Prozesse und ihre Vernetzungen gegeben. Diejenigen, die neugierig auf die Praxisbeispiele sind, können diesen Abschnitt gefahrlos überschlagen und am Schluss der Lektüre wieder aufsuchen.

Kommunizieren

Kommunizieren findet auf vielfältige Weise im Unterricht statt und sollte ein breites Spektrum zwischen informeller Alltagssprache und formalisierter Fachsprache abdecken. Das informelle Sprechen über Mathematik zwischen Lernenden sollte einen angemessenen Raum im Unterricht einnehmen, damit Schülerinnen und Schüler ihre Assoziationen und erste unvollständige Ideen frei äußern können – ohne unmittelbare Bewertung und Korrektur. Dabei lernen sie Mathematik in Worte zu fassen, Zusammenhänge zwischen eigenen und fremden Gedanken herzustellen, Unterschiede herauszufinden, Schwierigkeiten zu benennen und gegebenenfalls zu erklären. Neben der informellen Sprache soll Mathematikunterricht zunehmend mehr die Schönheit und den Nutzen mathematischer Fachsprache erlebbar machen.

Kommunizieren tritt im Rahmen des Mathematikunterrichts in verschiedenen Facetten auf, von denen drei stellvertretend hier genannt werden:

▓ Das **Lesen** als das Aufnehmen fremder Gedanken zu Mathematik gehört zu den grundlegenden Tätigkeiten beim Mathematiktreiben. Dabei ist das Lesen nicht nur auf das geschriebene Wort beschränkt, sondern bezieht sich auch auf das Lesen von Bild und Tabelle. Eng verbunden mit dem Lesen ist das **Interpretieren**, da es eigentlich immer darum geht, eigene Deutungen und Erklärungsversuche aus einer mathematikhaltigen Dokumentation zu ziehen. Kommunikation ist stets ein Wechselspiel zwischen Senden und Empfangen. In diesem Sinne gehört zum Lesen als Pendant das eigene Verfassen von Text, Bild und Tabelle – das **Dokumentieren.**

▓ Das **Präsentieren** von Lernprozessen und Lernergebnissen zur Weitergabe von Information wie zum Austausch findet sowohl im Klassenraum wie auf der Plattform einer größeren Öffentlichkeit (z. B. Internet) statt. Dabei sollten die verschiedenen Darstellungsarten von Mathematik flexibel genutzt werden können.

▓ Unterricht muss ein breites Spektrum von möglichen Formen des **Argumentierens** und Begründens zulassen, dazu gehören erste intuitiv und spontan formulierte Vermutungen und Begründungen ebenso wie das Aufstellen von logisch reflektierten Argumentationsketten mit symbolischen mathematischen Mitteln.

Problemlösen

Problemlösen im Mathematikunterricht findet immer dann statt, wenn Schülerinnen und Schüler kein passendes Lösungsverfahren zur Hand haben, um ein (vom Lehrer oder selbst) gestecktes Ziel zu erreichen. Beim Problemlösen lassen sich verschiedene Phasen mit unterschiedlichen Tätigkeiten unterscheiden. Anstelle der unerschöpflichen Zahl unterschiedlicher Phasenmodelle des Problemlösens (vgl. S. 128) wollen wir nur vereinfachend drei Phasen unterscheiden, die nicht unbedingt chronologisch ablaufen müssen:

1. Das **Erkunden** einer Situation, um relevante Probleme zu finden und zu präzisieren. Handelt es sich um außermathematische Situationen, so müssen diese erst mathematisch zugänglich gemacht, also durch ein mathematisches Modell beschrieben werden. Fehlen Informationen zur Lösung, so müssen diese recherchiert werden.
2. Das **Bearbeiten** eines mathematisch klar umrissenen Problems. Hierbei können sich ganz unterschiedliche Tätigkeiten und Strategien entfalten, wie z. B.:
   ▓ das Erkunden des Problems durch Sammeln und Untersuchen von Beispielen,
   ▓ das systematische Vorwärts- oder Rückwärtsarbeiten,
   ▓ das Auswählen geeigneter Darstellungen für das Problem.
3. Das **Reflektieren** einer durchgeführten Problembearbeitung und der Ergebnisse. Ist man von einer außermathematischen Situation ausgegangen, so müssen die Ergebnisse interpretiert und das gewählte Modell bewertet werden.

In diesem Verständnis von Problemlösen ist das Modellieren von Realsituationen (z. B. Modellierung einer Epidemie einer Exponentialfunktion) und das Lösen eines rein innermathematischen Problems (z. B. die Bestimmung aller Zahlen mit einer ungeraden Zahl von Teilern) zusammengefasst.

Manche Quellen (so z. B. viele neue Lehrpläne) unterscheiden hier anders: Sie sehen das Modellieren als eigenen Prozess und heben ihn vom Problemlösen ab. Andere Sichtweisen sehen sogar umgekehrt das Modellieren als die übergeordnete Kategorie (so z. B. die PISA-Rahmentexte) und erachten die Unterscheidung nach inner- und außermathematischen Situationen als sekundär.

Begriffsbilden

Das Begriffsbilden findet im Unterricht eigentlich fortwährend statt. Dabei geht es aber nicht darum, nur die Begriffsnamen zu lernen bzw. zu kennen, sondern man sollte mit den dahinterliegenden Ideen, Vorstellungen und Konzepten verständlich in unterschiedlichen Situationen kompetent umgehen können.

Ein Begriff basiert auf Alltagsvorstellungen, die jeder Schüler und jede Schülerin individuell mit in den Unterricht bringt. In der Auseinandersetzung mit konkreten Materialien werden diese Vorstellungen aktiviert und auf ihrer Grundlage werden die untersuchten Objekte nach bestimmten Merkmalen geordnet. Darauf aufbauend werden bestimmte Eigenschaften in Beziehung gesetzt, wobei immer mehr Wert auf die logische Schlüssigkeit gelegt wird. Schritt für Schritt entstehen mathematische Vorstellungen, die in das bereits bestehende individuelle Wissensnetz integriert werden. Am Ende dieses Prozesses stehen dann die sprachlichen Beschreibungen, die im Sinne von Verständlichkeit, logischer Stringenz und begrifflicher Präzision formalisiert werden. Aber auch Beschreibungen in der eigenen Sprache sind sinnvoll und dienen dazu, die unterrichtlich aufgebauten Begriffe im Alltag zur Anwendung zu bringen.

Da die Begriffe sich über Handlungen entwickeln, stellt sich die Frage nach typischen Tätigkeiten. Die folgende Unterteilung ist natürlich nur eine von vielen und wurde gewählt, da in ihr der Umgang mit dem Medium systematisch reflektiert werden kann.

1. Das **Systematisieren** von Gegenständen, Objekten oder Sachverhalten dient dazu, Eigenschaften von Begriffen zu finden. So lassen sich die Objekte sortieren, die alle dieselbe Eigenschaft besitzen. Aus ihnen gewinnt man dann wiederum besondere Beispiele als Vertreter einer Objektklasse, sprich: eines Begriffs.

2. Das **Vernetzen** von Begriffen meint sowohl die Integration in vorhandene Begriffsnetze als auch das lokale Ordnen, die Verknüpfung von Begriffen durch logische Schlussfolgerungen.

3. Das **Reflektieren** ist eine zentrale Tätigkeit, um die aufgebauten Begriffe auf ihre Tragfähigkeit zu überprüfen. Darunter fällt die Rückschau auf den Begriffsbildungsprozess, auf die zuvor vorhandenen Vorstellungen und verwendeten Strategien, genauso wie die Anwendung auf neue unbekannte Situationen. Das Reflektieren ist Grundlage, um die Begriffe sprachlich zu formulieren.

Überschneidungen

Eine solche Kategorisierung kann allenfalls eine orientierende Funktion haben, sie ist alles andere als eindeutig oder gar disjunkt. Problemlösen und Begriffsbilden finden im Klassenraum beispielsweise nie ohne Kommunizieren statt. Begriffsbilden kommt nicht ohne Argumente aus und mit jedem diskutierten Argument entwickelt sich mindestens ein Begriff weiter. Und Problemlösen kann darin bestehen, eine gefundene Vermutung zu begründen. Insbesondere reine Mathematiker tendieren sogar dazu, das Auffinden von Zusammenhängen und das Beweisen mit dem Begriff „Problemlösen" zu identifizieren. Dagegen interessieren sich anwendende Mathematiker oder Ingenieure mehr für bestimmte Berechnungen oder Konstruktionen, also für das Problemlösen und weniger für stichhaltige Begründungen. Auch in der Schule gibt es viele Problemkontexte, bei denen es auf das Ergebnis und weniger auf die Begründung ankommt. Solcher Art sind beispielsweise Konstruktionsaufgaben mit DGS, bei denen man sich am Ergebnis, d. h. an der konstruierten Figur, durch Ziehen der unabhängigen Punkte Gewissheit über die Gültigkeit der Lösung verschaffen kann, ohne sie sauber begründen zu müssen.

Auch zwischen Problemlösen und Begriffsbilden gibt es viele Wechselbeziehungen. Beim Problemlösen können bekannte mathematische Begriffe angewendet und so in ihrer Tragweite ausgelotet werden nach dem Motto: Ein Begriff ist das, was man mit ihm machen kann. Umgekehrt kann aber auch ein Begriff das Ergebnis eines Problemlöseprozesses darstellen. Das bedeutet, dass man, um ein bestimmtes Problem zu lösen, einen mathematischen Begriff entwickeln muss, wie z. B. bei der Aufgabenstellung „Apfelbäume" von GAW-LICK (in diesem Buch): Wenn jeder Apfel am Boden dem nächststehenden Baum zugeordnet wird, wo liegen dann die Äpfel zweier benachbarter Bäume? Dieses Problem führt ebenso zwanglos wie unerbittlich auf die Begriffsbildung „Mittelsenkrechte".

Trotz dieser Überschneidungen werden bei bestimmten Aufgabenstellungen bestimmte Prozesse besonders stark angeregt und lässt sich an diesen Prozessen die Rolle der Neuen Medien exemplarisch erläutern. Dies ist Aufgabe der nun folgenden drei Kapitel.

1 Kommunizieren

1.1 Einführung

Bärbel Barzel, Stephan Hußmann, Timo Leuders

MATHE IST, WIE WENN MAN EINE FREMDSPRACHE LERNT, MARCIE... EGAL WAS DU SAGST, ES WIRD DOCH FALSCH SEIN!

„Kai ist nicht so gut in Sprachen, er sollte lieber Mathe wählen!" – „Zum Glück brauche ich in Mathe keine Aufsätze zu korrigieren!" – „Mathematiker sind doch weltfremde Eigenbrödler, die den Mund nicht aufkriegen!"

Mathematik und Sprache – sind es wirklich zwei so getrennte Welten, wie diese Äußerungen vermuten lassen? Viele Vorurteile gegenüber der Mathematik sind verständlich, wenn man die tägliche Praxis des mathematischen Arbeitens in der Schule betrachtet: Als besonders wertvoll erachtet werden mitunter diejenigen Darstellungen und Tätigkeiten, die die Alltagssprache ausgrenzen, wie z. B. formale Beweise. Selbst bei den viel gescholtenen „Textaufgaben" liegt der Schwerpunkt oft mehr auf der formalen Lösung der Aufgabe als auf dem sprachlichen Interpretieren und Reflektieren. So verwundert es nicht, dass sich im Alltag bei vielen Menschen festgesetzt hat, dass kommunikative und sprachliche Anforderungen für die Mathematik und im Mathematikunterricht von geringer Bedeutung sind. Diese Wort- und Sprachlosigkeit ist zu bedauern, geht es doch in Mathematik genauso wie in anderen Fächern um Verstehensprozesse, um ein sprachliches Aushandeln von Begriffen und ein gegenseitiges Erklären und Veranschaulichen von Ideen. Die mathematische Symbolisierungsfähigkeit ist eng verbunden mit der Fähigkeit, Sprache zu verwenden. (Dies wird auch durch neurobiologische Erkenntnisse untermauert, die die Verknüpfung zwischen Sprachzentrum und Zahlensinn herstellen, vgl. DEVLIN 2000.)

Angesichts dieser Situation finden Ansätze, die die sprachlichen Aspekte des Mathematiklernens hervorheben und ihnen eine wichtige Rolle im Lernprozess zuschreiben, immer größere Beachtung. Ihr Ansatzpunkt ist: Nur über Sprache kann die Brücke geschlagen werden zwischen den individuellen Vorstellungen der Lernenden und den konsolidierten Begriffen der Mathematik. Ihre Vorstellungswelt stellen Schülerinnen und Schüler vorrangig über ihre Alltagssprache dar und die Welt der „fertigen Mathematik" vornehmlich in ihrer Fachsprache. Hier gilt es zu vermitteln und zu verbinden, um die Basis dafür zu schaffen, dass Lernende Mathematik aus ihren eigenen Vorstellungen heraus aufbauen. Der Begriff „dialogisches Lernen" (vgl. z. B. RUF/GALLIN 1999) weist darauf in besonderer Weise hin. Er bezieht auch den Dialog zwischen Mensch und Stoff ein, der bewirkt, dass es nicht zu einer Entfremdung zwischen dem Lernenden und der Mathematik kommt.

Damit die Kluft zwischen Alltags- und Fachsprache im Unterricht überwunden werden kann, muss die Sprache im Mathematikunterricht die große Bandbreite zwischen informeller Alltagssprache einerseits und formalisierter Mitteilung in mathematischer Fachsprache andererseits ausschöpfen. Die Sprachen dürfen dabei nicht nach ihrer Strenge hierarchisiert oder gar gewertet werden, Umgangssprache wie Fachsprache müssen ihren natürlichen Platz im Unterricht haben. Einerseits ist es wichtig, dass Schülerinnen und Schüler angstfrei und ungehemmt Ideen und Vorstellungen äußern können, und andererseits sollen sie die Effizienz und Klarheit mathematischer Fachsprache kennen und schätzen lernen.

Damit diese Balance sich einstellen kann, braucht es einen Raum für informelle Kommunikation ohne sofortige implizite Bewertung oder explizite Zensur. In diesem Raum können Schülerinnen und Schüler ihren individuellen Beitrag bei der Suche nach der Lösung einer Aufgabe, der Optimierung einer Formulierung oder der Klärung eines mathematischen Sachverhalts erleben. In diesem Rahmen müssen auch unfertige, ungenaue, vage Gedanken geäußert werden können, die zunächst durchaus auch fachlich Falsches beinhalten können. Fehler müssen dabei genutzt und besprochen werden, um aus ihnen lernen zu können. Bei einem freien Äußern von Assoziationen und ersten unvollständigen Ideen lernen Schüler und Schülerinnen, sich auf andere einzulassen, deren Ideen zuzuhören und so fremde und vielleicht ungewohnte Gedankengänge nachzuvollziehen und mit den eigenen zu verknüpfen. Dabei können Zusammenhänge und Gemeinsamkeiten zwischen verschiedenen Gedankengängen gefunden, Unterschiede pointiert und Schwierigkeiten geklärt werden. Auf diese Weise geschieht Lernen und die Mathematik wird in ihrem Entstehen erfahrbar. Es erfolgt ein Vernetzen zwischen den eigenen Gedanken und denen anderer Schülerinnen und Schüler ebenso wie ein Vernetzen der eigenen Sprache mit Begriffen der Fachsprache, die durch Fachtexte oder Lehrerantworten einbezogen werden. So kann die zunächst informelle Alltagssprache zunehmend durch Fachsprache angereichert werden.

Lerntagebücher als Medium für Sprache im Mathematikunterricht

Für den hier beschriebenen „dialogischen Umgang" mit Mathematik gibt es verschiedene Medien und Verfahren, die Bewertungsaufschub schaffen und Vorläufigkeit und Individualität unterstützen. Fragend entwickelnder Unterricht ist in dieser Hinsicht erfahrungsgemäß ungeeignet. Die wohl meisten Erfahrungen wurden in den letzten Jahren in der Arbeit mit Lerntagebüchern oder verwandten Formen (Reisetagebücher, Logbücher, Forschungshefte, vgl.

RUF/GALLIN 1999, HUßMANN 2003) gemacht. Der Kern dieses Vorgehens ist: Schülerinnen und Schüler dokumentieren ihren Lernprozess schriftlich und in ihrer eigenen Sprache. Sie halten alle Arbeitsschritte, Ideen und Aha-Erlebnisse und ebenso alle Umwege und Frustrationen bei der Arbeit mit einem Problem schriftlich fest und ermöglichen so einen weitgehenden Einblick in individuelle Prozesse des Lernens, des Reflektierens, des Argumentierens und der Entwicklung von Begriffen. Auch wenn es für Lehrpersonen nicht unaufwändig ist, die Kultur der sehr „textlastigen" Lerntagebücher im Unterricht einzuführen, so liegt doch darin für sie die große Chance, die Gedanken der Schülerinnen und Schüler mit allen Höhepunkten und Schwierigkeiten besser erfassen zu können. Dies zeigen zum Beispiel die Auszüge aus Lerntagebüchern, wie sie in den Beiträgen von RICHTER/HUßMANN (S. 224) oder PINKERNELL (S. 234) in diesem Buch zu finden sind. Hat man gelernt, Mathematik, auch wenn sie erst im Entstehen ist, in eigene Worte zu fassen, bedeutet das auch, dass Schwierigkeiten und Probleme mit Mathematik leichter verbalisiert und damit ausgetauscht werden können – und dies ist eine wichtige Voraussetzung für das Überwinden von Schwierigkeiten.

Mit Medien kommunizieren

Das lateinische *communicare* bedeutet u. a. „teilen, mitteilen, teilnehmen lassen, gemeinsam machen, vereinigen", bezeichnet also grundsätzlich den wechselseitigen Austausch von Gedanken in Sprache, Schrift oder Bild. Dabei ist Kommunikation stets ein Wechselspiel zwischen Senden und Empfangen von Botschaften (RETTER 2002).

Welche Rolle können dabei die Neuen Medien spielen? Warum sollten sie und wie können sie die Kommunikation von Angesicht zu Angesicht sinnvoll ersetzen oder ergänzen? Dies lässt sich besser diskutieren, wenn man verschiedene Teilaspekte des Kommunizierens betrachtet und mit typischen Unterrichtssituationen in Verbindung bringt.

- **Lesen** als das Aufnehmen schriftlicher Informationen, das immer mit dem Verstehen und dem **Interpretieren,** also dem individuellen Deuten dieser Information verbunden ist.
- **Dokumentieren** als das schriftliche Niederlegen von Gedanken, Ideen und Argumenten kann als Teil eines Lernprozesses verstanden werden (z. B. bei Lerntagebüchern) oder als ein nach systematischen Gesichtspunkten erstelltes Produkt (z. B. bei ausgearbeiteten Referaten).
- **Recherchieren** meint das an einem Ziel (z. B. dem Lösen eines Problems) orientierte und somit gezielte Suchen nach Information.
- **Darstellen** lässt sich auch als ein Teilprozess des Dokumentierens verstehen, ist hier aber getrennt aufgeführt, da hiermit eine Vielfalt von Auswahlentscheidungen verbunden ist. In der Mathematik spielen die Wahl und der

Wechsel von Darstellungen (verbal, numerisch, grafisch, symbolisch) eine wichtige Rolle.

▪ **Argumentieren** ist sprachliches Begründen, mit dem man einen anderen oder sich selbst von etwas überzeugen möchte. In der Mathematik gibt es hier eine ganz besondere Abstufung vom plausiblen informellen Begründen bis zum strengen Beweisen.

Diese Unterteilung ist pragmatisch getroffen und hat daher viele Überschneidungen. Jedoch lässt sich an ihr gut beschreiben, welche Rolle Neue Medien für das Kommunizieren einnehmen. Dies soll im Anschluss an eine überblicksartige Darstellung anhand einiger typischer Unterrichtsbeispiele geschehen.

Lesen und Interpretieren

Bei diesen Tätigkeiten denkt man zunächst eher an geisteswissenschaftliche Fächer und viel weniger an den Mathematikunterricht. Wenn man jedoch eigene Erfahrungen mit Mathematik reflektiert, wird die Bedeutung des Lesens und Interpretierens als mathematische Tätigkeit schnell deutlich. Jedes mathematische Arbeiten – ob in der Wissenschaft oder in der Schule – erfolgt auch durch Auseinandersetzung mit bereits veröffentlichter Mathematik und diese liegt in Form unterschiedlicher Medien vor: Lehrbücher und Lexika, Schulbücher und Formelsammlungen und immer stärker auch als Seiten im Internet.

Des Weiteren ist eine wesentliche Eigenschaft jeder Wissenschaft, dass ihre Fachsprache immer wieder in der Kommunikation abgeglichen werden muss, damit man einander verstehen kann.

Bei alledem wird ganz elementar die Tätigkeit des Lesens und Interpretierens gefordert. Es geht um das Erfassen von Text und Bild, um das Verstehen, Nachvollziehen, „Empfangen" von vorgegebenen Texten, Darstellungen, Grafiken. Darüber hinaus muss die gesuchte Information herausgefiltert und hinsichtlich der eigenen Fragen und Gedanken gedeutet bzw. im Kontext interpretiert werden. Diese Fertigkeiten sind von allen gefordert, die Mathematik auf den unterschiedlichsten Ebenen treiben oder verwenden, von Schülerinnen und Schülern bis hin zu Wissenschaftlerinnen und Wissenschaftlern. Sie sind ebenso im Alltag gefordert, denn mathematikhaltige Texte und Bilder finden sich in großer Zahl beispielsweise in Zeitungen und Zeitschriften. Da ist es oft wichtig, eine Grafik richtig interpretieren zu können und sich nicht von übertriebenen Darstellungen blenden zu lassen. HERGET/MALITTE/RICHTER (S. 101) zeigen in ihrem Beitrag in diesem Buch, wie mit dem Einsatz von Funktionenplottern (hier: grafikfähige Taschenrechner) Lernende für die Problematik um manipulierte Grafiken sensibilisiert werden können. Das Medium wird dabei auch zum aktiven Produzieren genutzt, um so ein höheres Maß an Kritikfähigkeit zu erlangen.

Recherchieren

Recherchieren beschränkte sich im Mathematikunterricht bislang eher auf das Suchen und gezielte Nachlesen im Schulbuch oder Formelsammlungen, selten auch in Lexika oder in Quellen, die die Lehrperson – z. B. zu mathematikhistorischen Aspekten – angegeben hat. Durch das Einbeziehen des Internets öffnet sich hier ein weites Feld für die Vielfalt von Quellen, die nun unmittelbar zugänglich werden. Damit hier aber die Flut der Informationen insbesondere Schülerinnen und Schüler nicht erschlägt und das Mehr ein Weniger wird, ist es wichtig, das Recherchieren im Internet vorsichtig einzuführen. BESCHERER zeigt in ihrem Beitrag (S. 107), wie mit „WebQuests" ein sinnvoller Rahmen für die Einführung recherchierenden Arbeitens im Internet gegeben werden kann.

Abb.1: Ergebnis einer möglichen Schülerrecherche zur „Parabel". Wie Nützliches von Abseitigem unterscheiden? Wie die Qualität der Funde beurteilen?

Dokumentieren/Präsentieren

Das Lesen und Interpretieren ist nur eine Richtung der Kommunikation über Texte und Bilder, die andere ist das selbstständige Verfassen und Erstellen von Text und Bild – das **Dokumentieren**. Wie bereits oben angedeutet, beschränkt sich das Dokumentieren im Rahmen des Mathematikunterrichts nicht auf das Festhalten von Tafelbildern, das Aufschreiben von Aufgaben und Lösungen im Heft oder das Führen von Regelheften. Die neue, sprachintensivere Form des Lerntagebuchs oder Forschungsheftes ist gerade für offene Aufgaben- und Problemstellungen geeignet. Hier ist es möglich, den Lösungsprozess vielfältiger zu dokumentieren als bloß über eine Rechnung und ein Ergebnis. Hier sind oft weitere Erklärungen, Darstellen von Beweggründen und Abwägen von Alternativen wichtig, um den Lösungsprozess für spätere Leser verständlich zu machen.

Neben dem Heft gibt es noch andere Dokumentationsformen, die nicht nur für den Einzelnen, sondern für eine größere Öffentlichkeit gedacht sind. Natürlich wird dabei noch mehr Wert auf Inhalt und Form der Dokumentation gelegt. Dies kann zu einer Intensivierung der Reflexionsprozesse führen („Warum nehme ich dieses Beispiel auf ...?", „Wie stelle ich es am besten dar ...?") oder auch bei einer kooperativ angelegten Dokumentation zu stärkeren Argumentationsprozessen. Solche produktorientierten Dokumentationen sind in ihrer klassischen Form bereits bekannt als Referate oder Facharbeiten, in diesem Buch geben wir Beispiele für weitere Formen, die das Internet als Dokumentationsforum verwenden, wie etwa Gutachteraufgaben (MERSCH, s. S. 62) oder „Weltweites Publizieren" im Internet (PALLACK, s. S. 117). Beim „Weltweiten Publizieren" wird besonderer Wert darauf gelegt, dass die Ergebnisse nicht nur im Netz veröffentlicht werden, sondern dass gezielt um Reaktionen und Kritik gebeten wird, um so zu einem Austausch über die Sache zu gelangen.

Bei der Dokumentation eines Produkts geht es also immer auch um das reflektierte und überzeugenwollende Mitteilen der Ergebnisse an andere, das Präsentieren.

Beim Einbeziehen elektronischer Medien in Dokumentationsprozesse sind insbesondere zwei Aspekte maßgeblich:
1. Ein elektronisches Dokument ist leicht veränderbar. Man kann es sukzessive aufbauen und so an einen „präsentablen" Stand heranbringen. Es können jederzeit und an jeder Stelle neue Beispiele und Aspekte ergänzt werden. Die Veränderbarkeit ist vor allem für solche Schülerinnen und Schüler von großem Vorteil, die sich erst schrittweise an eine zufrieden stellende Gestaltung herantasten wollen.
   Die Veränderbarkeit des elektronischen Dokumentierens kann aber auch Nachteile bringen, nämlich dann, wenn Lernprozesse in elektronischen Lerntagebüchern im Nachhinein „geschönt" werden, Umwege eliminiert werden.
2. Elektronische Dokumentationen erlauben eine immer einfachere Integration verschiedener Darstellungsformen („Multimedia"). Schnell sind Bilder gefunden (z. B. aus dem Internet) oder Grafiken erstellt (mit TK, CAS oder

DGS) und in die Präsentation eingebunden. Man muss aber auch einräumen, dass die Art und der Umfang verfügbarer Darstellungen das Produkt, vielleicht sogar den Inhalt maßgeblich beeinflussen können. Hier ist vor allem auch der Bedienungsaufwand zu bedenken, der von Schülerinnen und Schülern erwartet wird. So kann z. B. die Notwendigkeit, eine eigene computertaugliche Formelsprache zu erlernen, um formelmäßige Ergebnisse darzustellen, erhebliche Probleme beim Dokumentieren hervorbringen. Leider ist dies derzeit noch bei vielen professionellen Systemen der Fall. Hier kann man nur nutzerfreundlichere Lösungen abwarten.

Das Dokumentieren auf elektronischem Weg ermöglicht noch eine gänzlich andere Strukturierung eines Dokumentes als die Papiervariante, die stets linear ist und eine Seite auf die andere folgen lässt. Ein elektronisches Dokument kann im Rechner netzartig (ähnlich wie im Internet) strukturiert werden, man spricht dann von „Hypertext". Hier ergeben sich vielfältige neue Herausforderungen, sowohl an den Dokumentersteller als auch an die Lehrperson. Eine Nutzungsmöglichkeit ist beispielsweise, dass bei einer kooperativ organisierten Dokumentation die Teilnehmer zuerst eine gemeinsame Struktur vereinbaren müssen. Dies zwingt dazu, zunächst das Thema klar zu strukturieren.

Darstellen

Wie schon angedeutet, ist es ein Spezifikum von Mathematik, dass hier oft verschiedene, sich gegenseitig ergänzende Darstellungsformen zur Wahl stehen. Will man zum Beispiel jemandem erklären, was eine Funktion ist, so gibt es dafür prinzipiell verschiedene Wege:

Eine **Situation:** Man könnte eine Funktion zunächst anhand einer Situation erklären: „Wenn du mit dem Fahrrad bergab fährst, ohne zu bremsen, wirst du zuerst immer schneller, aber dann erreichst du irgendwann eine Höchstgeschwindigkeit. Wenn es steiler ist, dann ist auch die Höchstgeschwindigkeit größer."

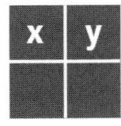

Eine **Tabelle:** Man könnte auch Tabellen zu Hilfe nehmen und die Abhängigkeit zweier Größen mit Hilfe verschiedener Zahlenpaare zeigen, also hier z. B. durch eine Gegenüberstellung von Zeit und Weg oder Zeit und Geschwindigkeit, von Steigungswinkel und Höchstgeschwindigkeit.

Ein **Graph:** Auch ein Funktionsgraph wäre eine Möglichkeit, einen funktionalen Zusammenhang darzustellen. Hier kann man sowohl quantitative Graphen verwenden (aus denen sich Zahlenwerte ablesen lassen) oder auch nur solche, die den Zusammenhang qualitativ wiedergeben.

 Ein **Term:** Bisweilen (viel seltener, als der Mathematikunterricht suggeriert) lässt sich ein Zusammenhang auch symbolisch-algebraisch als Funktionsterm darstellen: $s(t)$, $v(t)$ oder $v_{max}(\alpha)$.

Durch die Verwendung und Reflexion verschiedener Darstellungsformen entsteht ein vertieftes Verständnis für mathematische Begriffe und für die Sprache der Mathematik schlechthin: Eine analoge Vielfalt in den vier Bereichen *verbal, grafisch, numerisch, symbolisch* existiert z. B. auch für Brüche, für Zufallsversuche, für Beweise u. v. a. m. Die Darstellungsformen sind nicht nur didaktische Hilfsmittel, sondern sollen von Schülerinnen und Schüler aktiv und gezielt gewählt und verwendet werden, z. B. als Strategie zur Lösung von Problemen (vgl. z. B. den Beitrag von LEUDERS, S. 199) oder als Mittel der Argumentation in einer Präsentation. Damit gewinnen sie einen Variantenreichtum für ihre Dokumentationen und Präsentationen und sie können so Grenzen und Nutzen der verschiedenen Darstellungen erleben.

Neue Medien ermöglichen diese flexible Verwendung von Darstellungen in besonderer Weise. Viele elektronische Werkzeuge fokussieren zunächst auf eine Darstellungsform:

So geht die Tabellenkalkulation von einem numerischen Zugang aus. Daten können zunächst einmal nur numerisch erfasst, dann numerisch weiterverarbeitet und schließlich auch grafisch angezeigt werden. Computeralgebra dagegen unterstützt stärker einen algebraisch-symbolischen Zugang, da zum Beispiel Zeichnungen nur über die Eingabe eines Terms möglich sind. Stehen innerhalb eines Programms oder innerhalb eines Rechners verschiedene Werkzeuge bereit, so ist ein paralleler Blick auf verschiedene Darstellungen möglich, so dass zum Beispiel auch Abhängigkeiten dazwischen leichter zu erkennen sind. HEUGL u. a. (1996) nennen dies im Rahmen von Computeralgebra das „Window-Shuttle-Prinzip" und bezeichnen damit das Einbeziehen eines flexiblen Wechsels und die Zusammenschau von Grafik- und Algebrafenster. Im Beitrag von HUßMANN/RICHTER (S. 224) wird die Bedeutung dieses Prinzips deutlich, da Schülerinnen und Schüler diesen Wechsel ausnutzen, um die Bedeutung der Parameter eines Funktionsterms für den Verlauf des Graphen zu erkunden. Künftig werden die Werkzeuge die Zugänge über verschiedene Darstellungsformen noch stärker integriert anbieten, was zu einer konsequenteren Nutzung im Mathematikunterricht führen kann (vgl. den Beitrag von HUßMANN, S. 268).

Das Darstellen kann durch die Wahl des entsprechenden Werkzeugs auch Auswirkungen auf die Art der Lösung haben, wie das Beispiel von LAAKMANN (S. 86) zeigt. Die drei dargestellten Wege – mit DGS, mit TK oder mit CAS – führen alle zu einer überzeugenden Lösung des Problems, sind aber grundsätzlich sehr unterschiedlich.

Die Gefahr ist stets groß, dass die jeweilige Lehrperson das persönlich bevorzugte Werkzeug und damit einen bestimmten Zugang zu stark fokussiert – nach dem Motto: „Damit bekomme ich alles hin!" Im Rahmen eines Forschungsprojektes in Norwegen (FUGLESTAD 2006) wurde untersucht, welche digitalen Werkzeuge Schülerinnen und Schüler benutzen, wenn alle drei Programmarten zur Verfügung stehen, und welche Gründe sie für die Wahl des Werkzeugs anführen. Die Aufgaben waren so konzipiert, dass grundsätzlich sowohl Tabellenkalkulation wie auch Geometriesoftware als auch ein Funktionenplotter hilfreich sein konnten. Die Schülerinnen und Schüler hatten alle Programmarten zur Verfügung und konnten selber entscheiden, ob sie sie und welche sie benutzen. Ein wichtiges Ergebnis war, dass die Schülerinnen und Schüler in der Regel nachvollziehbare und fundierte Gründe anführen können, warum sie welche Programme benutzen und welches Programm am besten zu ihrer Lösungsidee passt. Es kamen auch bei den meisten Aufgaben alle Programmarten vor. Auffallend war eine Klasse, bei der jeweils ein Programm stark bevorzugt wurde im Gegensatz zur Nutzung in den anderen Klassen, was deutlich auf den Einfluss der Lehrperson zurückzuführen ist und anscheinend nicht in der Aufgabe bedingt liegt.

Präsentieren

Beim Präsentieren geht es um die bewusste Weitergabe von Ideen und Ergebnissen an andere. Häufig werden dabei die Ergebnisse von Kommunikation, z. B. gefundene Argumente und Lösungen mit dem Ziel des Erklärens und Überzeugens dargestellt. Um die Überzeugungskraft erhöhen zu können, ist es wichtig, sich auf das Wesentliche zu konzentrieren und geeignete Darstellungsformen und Vortragsvisualisierungen zu finden, die viele ansprechen und den Kern der Aussage pointieren.

Dabei spielen neben den Mathematikprogrammen allgemeine Medien zur Bildbearbeitung und Präsentation auch für den Mathematikunterricht eine wichtige Rolle. Die Gefahr der Reizüberflutung durch zu viele Bilder und zu viele Animationen muss mit Schülerinnen und Schülern thematisiert und reflektiert werden, um aufgrund dieser Erfahrungen Kriterien der Optimierung von elektronisch unterstützten Präsentationen zu erarbeiten. Ein grundsätzliches Kriterium ist hierbei, dass eine Vortragsfolie niemals ganze Textpassagen umfassen darf, sondern nur eine Unterstützung des gesprochenen Wortes ist. Dies geschieht umso effizienter, je klarer die Konzentration auf das Wesentliche erfolgt ist. Gerade in diesem Vorgehen liegt einer der besonderen Vorteile solcher Medien: Sie zwingen zur Strukturierung und Reduktion auf das Wesentliche. Zudem erlauben sie das Einbeziehen verschiedener Visualisierungsstrategien. So sind grafische Veranschaulichungen wie Mind Maps, Strukturdiagramme, Prozessdiagramme u. a. leicht möglich, der eigenen Phantasie keine Grenzen gesetzt und deren Realisierung leicht möglich. Ein weiterer Vorteil solcher Präsentationsprogramme liegt darin, dass sie beim Reden eine größere Freiheit gewähren, da zum Beispiel die Seiten oder Folien einer Präsentation nicht nur zur Visualisierung für die Zuhörerschaft dienen, sondern auch als Stichwortgeber für die Vortragenden selbst. Darin liegen sicher entscheidende Vorteile gegenüber klassischen Präsentationsmedien (Tafel, Folie). Bezogen auf die Mathematik sei noch ein weiterer Vorteil genannt: Jegliche mathematische Darstellungen, die mit Hilfe anderer Programme erzeugt wurden, lassen sich leicht statisch oder dynamisch in solche Vortragsvisualisierungen einbinden.

Argumentieren: Begründen und Beweisen

Das Argumentieren ist eine besondere Form des Kommunizierens (RETTER 2002). Jeder Sachverhalt in der Kommunikation, der im Streit der Meinungen steht, beinhaltet ein Argumentieren. Dies beginnt beim bloßen Nachfragen auf etwas Unverstandenes und endet beim expliziten Austausch gefestigter Meinungen. Jedes Äußern von Lösungsideen und -ansätzen kann ein Nachfragen, Korrigieren, Erklären bis hin zum Verifizieren oder Falsifizieren nach sich ziehen und löst damit einen Akt des Argumentierens aus. Dies äußert sich zum Beispiel in einer kritischen Fragehaltung („Ist das wirklich so?", „Warum ist das so?"), die von Anfang an ein maßgebliches Ziel der Kommunikation im Mathematikunterricht sein sollte. Auch dies kann nur geschehen, wenn Mathematikunterricht nicht nur von formeller Sprache, sondern auch von informeller Sprache geprägt ist, damit Fragen nicht aus Angst vor ungenauen Formulierungen erst gar nicht gestellt werden.

Deshalb muss Unterricht ein breites Spektrum von möglichen Formen des Argumentierens und Begründens zulassen – von der ersten intuitiv und spontan formulierten Begründung bis hin zum Aufstellen von logisch reflektierten Argumentationsketten mit symbolischen mathematischen Mitteln.

Argumentieren heißt nicht nur, eine fachsystematische, korrekte Abfolge von Begründungsschritten zu liefern, sondern es heißt auch, im informellen Raum Wege und Stellungnahmen frei auszuhandeln. Der Nutzen der Exaktheit sollte erlebt werden – zum Beispiel, wenn es darum geht, etwas klar und deutlich zu erklären, zu veranschaulichen oder gute Gründe für die eigene Sicht der Dinge zu liefern. Im Gespräch kann nur derjenige wirklich überzeugen, der seine Gedanken und Argumente klar und explizit zu formulieren weiß. Dies führt zur Erkenntnis, dass der besondere Wert und der Sinn mathematischer Fachsprache in der Klarheit und Effizienz liegen. Schärfe und Präzision werden so zu Gütesiegel und Unterscheidungskriterien von Argumentationen. Damit ist der beste Nährboden geschaffen, auf dem mathematisch korrekte Begründungen und formale Beweise wachsen können. Bei aller Wertschätzung des Formalen sollte man aber auch bewusst machen, dass das Minimalistische der formalen Darstellung auch Unklarheit erzeugen kann – schon alleine, weil das formale Festhalten einer Beweisidee oft in entgegengesetzter Reihenfolge geschieht wie die Beweisidee selbst.

Unterricht muss deshalb alle unterschiedlichen Grade und Niveaus von Argumentation zulassen, anregen und bewusst unterstützen, damit Lernende Argumentieren als Kompetenz erwerben können. MERSCH (S. 62) zeigt mit seinen Gutacher-Aufgabe einen überzeugenden Weg, wie Argumentieren im Mathematikunterricht kultiviert werden kann und welche Rolle die neuen Medien bei der Präsentation von solchen Gutachten spielen.

Es lassen sich spezielle Funktionen der Neuen Medien ausmachen, die auf das Begründen und Beweisen Einfluss nehmen können. Dazu zunächst ein Beispiel nach einer Idee des israelischen Kollegen GIORA MANN.

Welche Kurve umhüllt die Funktionenschar mit $f_a(x) = \frac{1}{2}(x-a)^2 + a^2$; $a \in \mathbb{R}$ am engsten? Finden Sie die Kurve und beweisen Sie, dass sie die optimale gefunden haben!

Und Gedanken zur Lösung:

Die Aufgabenstellung legt es nahe, ein CAS zu benutzen, mit dessen Hilfe man Graphen zu dieser Funktionenschar betrachten kann.

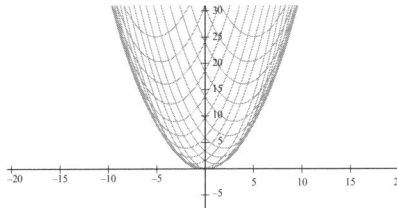

Durch gezieltes Probieren kann man nun zu einer ersten Vermutung $g_b(x) = b \cdot x^2$ oder sogar $g(x) = \frac{1}{3} x^2$ kommen. Doch warum ist das richtig? Es lässt sich zwar zeigen, dass: $g(x) < f_a(x)$ richtig ist, aber offen bleibt, ob $g(x)$ wirklich die engste Umhüllung darstellt. Hier könnte, als Bedingung für optimales Anschmiegen einer Parabel an die Schar, die Lösung des Gleichungssystems $[f_a(x) = g_b(x)$ und $f'_a(x) = g'_b(x)]$ weiterhelfen. Ein anderer Weg wäre das Optimieren von a in $f_a(x)$: Man leitet $f_a(x)$ nach a ab, setzt diesen Term null und erhält $a = \frac{x}{3}$. Für dieses a nimmt die Schar für gegebenes x ihren kleinsten Wert an, so dass man durch Einsetzen in $f_a(x)$ die Lösung $g(x)$ erhält.

Beim Beweis der Vermutung wie auch bei der Herleitung des entsprechenden Terms kann das CAS genutzt werden, um die algebraischen Umformungen zu vollziehen, zum Beispiel beim Lösen des Gleichungssystems:

solve $\left(\frac{1}{2}(x-a)^2 + a^2 = b \cdot x^2 \text{ and } x - a = 2b \cdot x, \{a,b\} \right)$

$\left(a = \frac{x}{3} \wedge b = \frac{1}{3} \right) \vee \left(a = 0 \wedge b = \frac{1}{2} \right) \vee (a = 0 \wedge b = 0)$

Bei diesem Problem ist zunächst eine Menge Gesprächsanlass geschaffen über die vermuteten Eigenschaften der gesuchten Parabel. Damit sind typische Handlungen des Begründens und Beweisens ausgelöst und es lässt sich hieran die Funktion digitaler Medien beim Beweisen verdeutlichen. Es geht zunächst um das Erkennen eines speziellen Musters, von bestimmten Eigenschaften und das Aufstellen von Vermutungen. Zur Lösung gibt es hier – wie oft – zwei prinzipiell verschiedene Wege – entweder man beweist die Vermutung oder aber man versucht eine Herleitung.

Was ist aber die Rolle des digitalen Werkzeugs bei diesen Aktivitäten? Zunächst verhilft das CAS zur einer hilfreichen Visualisierung: Der Sachverhalt wird deutlich und regt zu ersten Vermutungen über die gesuchte Parabel an. Entsprechende Terme können eingegeben werden und durch die schnelle Verfügbarkeit des Graphen kann überprüft werden, ob der jeweilige Graph passt. Diese unmittelbare Rückmeldung durch das Bild erlaubt ein gezieltes Verändern und Verbessern des Terms. Zum anderen können in der graphischen Veranschaulichung der Funktionenschar gezielt Eigenschaften untersucht werden – z. B. kann die Vermutung, dass die gesuchte Parabel die Parabeln der Schar berührt, durch Hineinzoomen erhärtet werden. Dadurch können Ideen entstehen, wie die Parabel explizit bestimmt werden kann.

Das CAS erfüllt also hier unterschiedliche Funktionen: Zur Visualisierung, zum Überprüfen von Vermutungen, zum Generieren von Beispielen im Rahmen einer gezielten Suche nach dem passenden Term, zum Übernehmen von algebraischen Umformungen.

Diese Funktionen lassen sich auch auf andere Beispiele und insbesondere die anderen digitalen Mathematik-Werkzeuge übertragen:

- DGS und CAS können im Rahmen der Ideengewinnung zum **Generieren von Beispielen** genutzt werden, um so Vermutungen zu überprüfen, Muster und Strukturen zu erkennen und auf Verallgemeinerungen zu schließen.
- DGS, TK und CAS helfen beim **Visualisieren,** um damit Begründungen zu vertiefen oder Zusammenhänge zu erklären, indem zum Beispiel Spezialfälle sehr leicht dargestellt werden können und insbesondere durch das Dynamisieren auf Verallgemeinerungen geschlossen werden kann.
- CAS kann beim Begründen nützlich sein, um Regeln in allgemeiner Form zu **überprüfen,** da die Äquivalenz von Termen leicht überprüft werden kann. (Zum Beispiel, wenn es um das Finden von Rechengesetzen aufgrund verschiedener Rechnungen geht, können erste Ideen für Gesetzmäßigkeiten in allgemeiner Form mit Variablen eingegeben und überprüft werden.)

Im Beitrag von ELSCHENBROICH (S. 76) werden die spezifischen Möglichkeiten von DGS zum Argumentieren und Beweisen illustriert. Durch die Dynamisierung von geometrischen Konstruktionen sind gerade im Bereich Geometrie ganz neue Wege des Argumentierens möglich, da das Durchspielen verschiedener Fälle durch das interaktive Verändern von Figuren Verallgemeinerungen nahe legt. Ebenso unterstützt DGS weitere heuristische Strategien für das Finden oder Beweisen einer Vermutung, wie etwa das Erweitern der Figur mit Hilfslinien oder das Einbeziehen von Ortskurven, um Spezifika der Konstruktion zu verdeutlichen. Jedoch – wie auch bei ELSCHENBROICH ausgeführt – ist gerade mit der Dynamisierung die Gefahr verbunden, dass das Sehen und Durchspielen der Fälle auf dem Bildschirm schnell zu einem „Das ist doch immer so!" verleitet („Empirische Evidenz").

(Virtuell) Kommunizieren

Das Internet kann im Mathematikunterricht zunächst einmal genauso genutzt werden wie in anderen Fächern – zum Recherchieren und Präsentieren wie zum Austauschen auch über Grenzen hinweg. Doch ist dies bislang Theorie! Chats über Matheinhalte gibt es nur selten. Sie werden dort interessant, wo Nutzer ohnehin die Kommunikation in solchen Foren pflegen und wo ein unmittelbares Bedürfnis thematisch zu kommunizieren und zu argumentieren entsteht:

Im Folgenden wird ein Auszug aus einem solchen Diskussionsforum wiedergegeben, das eine gelungene mathematische Argumentationssituation (außerhalb) von Schule darstellt: matheplanet.com/matheplanet/nuke/html/article. php?sid=363

Was genau macht ein Trapez aus?
von Anonymous am Sa. 01. Februar 2003 17:45:42

In der Sendung „Wer wird Millionär" vom 31. Januar 2003 lautete die 8000-Euro-Frage:
Jedes Rechteck ist
(a) ein Rhombus,   (b) ein Quadrat,
(c) ein Trapez,   (d) ein Parallelogramm?
Entweder mache ich einen schrecklichen Denkfehler, über den ich mich gleich mächtig schämen werde, wenn er mir erklärt wird, oder es sind – entgegen dem allgemeinen Prinzip dieser Show – ZWEI Antworten zutreffend, nämlich (c) UND (d).

Re: Was genau macht ein Trapez aus?
von Fabi am Sa. 01. Februar 2003 17:54:44

Meiner Meinung nach sind beide Antworten zutreffend, das ist kein Denkfehler. Das ist schlecht recherchiert von RTL.
Gruß, Fabi

Re: Was genau macht ein Trapez aus?
von Zocki am Sa. 01. Februar 2003 18:28:35

Ja, ein Parallelogramm ist ein spezielles Trapez.
Da ein Rechteck ein Parallelogramm ist, ist es damit auch ein Trapez.

Re: Was genau macht ein Trapez aus?
von Anonymous am Mo. 03. Februar 2003 20:14:44

Ein Parallelogramm ist glaub ich kein spezielles Trapez; ein Parallelogramm ist nur dann ein Trapez, wenn es sich um ein Rechteck handelt. Aber das interessiert die von RTL ja eh nicht ...

Re: Was genau macht ein Trapez aus?
von Anonymous am Di. 04. Februar 2003 21:57:20

Ich hatte noch in der gleichen Nacht eine entsprechende Kurznachricht an RTL geschickt.
Im Folgenden die Antwort von RTL
Hallo!
Vielen Dank für Ihr Interesse an unserer Sendung 'Wer wird Millionär?'.
[...] Wie immer wurde auch diese Frage anhand zuverlässigster Quellen erstellt und wurde vor der Ausstrahlung nochmals auf ihre Richtigkeit geprüft. Als Reaktion auf die Kritik sind wir der Sache noch mal auf den Grund gegangen und haben festgestellt, dass sich die Problematik daraus ergibt, dass der Begriff „Trapez" unterschiedlich definiert wird. Nach der Definition unserer Quellen haben wir Recht: Laut „Brockhaus" ist ein Trapez „ein ebenes Viereck mit zwei parallelen, aber nicht gleich langen Seiten". Das mit den „nicht gleich langen Seiten" ist entscheidend – denn dann kann ein Trapez auf keinen Fall ein Rechteck sein, weil es dann maximal 2 rechte Winkel haben kann – aber eben nicht 4, was für die Definition des Rechtecks entscheidend ist. Diese Definition des Trapezes findet sich auch in der Microsoft Encarta Professional 2002 „... eine vielseitige Figur mit zwei parallelen Seiten unterschiedlicher Länge ..." und im Meyers Taschenlexikon. Auch die Uni Gießen gibt uns Recht: „Man kann (muss aber nicht) auch noch Rechtecke zu den gleichschenkligen Trapezen zählen" (http://www.uni-giessen.de/math-didaktik/did/klausur/doc/klausur_1.doc).
Mit freundlichen Grüßen aus Köln
Webmaster

> **Re: Was genau macht ein Trapez aus?**
> von Anonymous am Di. 04. Februar 2003 22:00:02
>
> Danke an alle. Vor allem bin ich froh, mich nicht blamiert zu haben. [...]
> Bei der Diskussion über das Thema kam übrigens eine andere, wie ich finde inter-
> essante Überlegung auf, nämlich die: Ist ein N-Eck zugleich auch ein (N + 1)-Eck?
> (Was natürlich rekursiv anwendbar ist.)
> Anders ausgedrückt: Gibt es eine Restriktion, die besagt, bei einem allgemeinen
> N-Eck MUSS jeder Winkel UNGLEICH 180 Grad sein? [...]
> Dass ich mich an Schule und Uni näher mit Mathe beschäftigt habe, ist leider
> schon über 20 Jahre her, aber ich denke, es wäre durchaus sinnvoll, jedes N-Eck als
> Spezialfall eines (N + 1)-Ecks anzusehen, denn sicher werden ja viele Aussagen, die
> für ein (N + 1)-Eck, nicht deshalb ungültig, weil einer der Eckwinkel „zufällig" 180
> Grad beträgt.

In existierenden Mathe-Chats (z. B. beim „Mathe-Treff" der Bezirksregierung
Düsseldorf) findet man eher einen Austausch *über* den Mathematikunterricht,
der Austausch zwischen Schülerinnen und Schülern über Inhalte des Unterrichts ist die absolute Ausnahme.

Bewährt hat sich das Internet als Forum für Mathematikwettbewerbe. Mittlerweile wäre ohne die erleichterten Austauschmöglichkeiten im Internet die
organisatorische Arbeit solcher Wettbewerbe regional wie überregional nicht
zu bewältigen wie zum Beispiel der internationale Känguruh-Wettbewerb, der
von der Humboldt-Universität in Berlin aus für Deutschland organisiert wird
(http://www-iam.mathematik.hu-berlin.de/~mnoack/kaenguru/kaenguru-
start.html).

Könnte so die Zukunft aussehen ...?

Ein Austausch über Mathematik zwischen Schülerinnen und Schülern über
Grenzen hinweg wird im Rahmen eines europäischen Unterrichtsprojektes realisiert (www.weblabs.eu.com), bei dem 6 europäische Länder beteiligt sind.
Hier wird eine Internet-Plattform zum Lernen unterschiedlicher mathematischer Themengebiete zur Verfügung gestellt, die von Schülerinnen und Schülern weltweit genutzt werden können. Dabei werden Aufgaben entwickelt, die
über das Netz anderen Mitschülerinnen und -schülern gestellt werden. Über einen eigenen Arbeitsbereich im Netz besteht zudem die Möglichkeit, miteinander Kontakt aufzunehmen und über Ideen und Lösungen zu den Aufgaben zu
diskutieren. Dies wird vielfältig genutzt. Eine Aufgabe unter vielen ist zum Beispiel: „Guess my robot!". Die Schülerinnen und Schüler entwickeln im Rahmen
eines vorgefertigten Programms (ToonTalk) einen „Roboter", der eine bestimmte mathematische Funktion ausübt (Abb. 2).

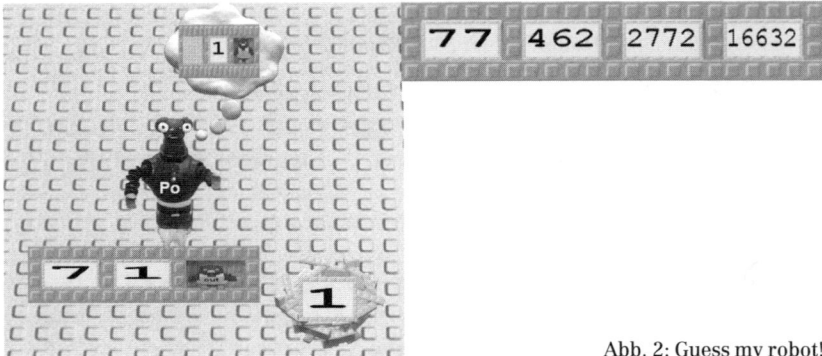

Abb. 2: Guess my robot!

Über das Netz werden nun den anderen Mitschülerinnen und -schülern die „Produkte" des jeweiligen Roboters vorgestellt, aufgrund deren nun Rückschlüsse auf die Arbeitsweise – also die mathematische Funktion – gezogen werden müssen. Dabei kann es durchaus unterschiedliche Funktionen geben, die die gleichen Ergebnisse zeigen. Es verwundert nicht, dass es für Lernende motivierend ist, wenn die eigenen Aufgaben von Schülerinnen und Schülern aus anderen Ländern aufgegriffen und gelöst werden und dabei noch ein direkter Kontakt entsteht. Die begleitende Forschergruppe bei diesem Projekt weiß von interessanten Diskussionen zwischen Schülerinnen und Schülern verschiedener Länder zu berichten, bei denen es zum Beispiel darum geht, die Gleichwertigkeit verschiedener Funktionen bzw. Roboter herauszufinden (MOUSOULIDE/PHILIPPOU 2006).

Die Beispiele dieses Abschnitts haben gezeigt, dass der Nutzen eines Einsatzes digitaler Medien im Sinne eines Kommunizierens sehr vielfältig sein kann. Die ganze Fülle an unterschiedlichen Möglichkeiten lässt sich vielleicht in einem Gedanken zusammenfassen: Der Rechnereinsatz im Mathematikunterricht ermöglicht unterschiedlichste Gesprächsanlässe mit und über Mathematik, die es zu nutzen gilt.

1.2 Mit Gutachteraufgaben mathematisch argumentieren

Berthold Mersch

Gutachterinnen oder Gutachter nennt man Männer oder Frauen, die über eine besondere Sachkunde auf einem bestimmten Gebiet verfügen und damit nach gebräuchlicher Auffassung in der Lage sind, eine Stellungnahme – das Gutachten – zu einem Problem oder Sachverhalt mit überdurchschnittlichem Fachwissen abzugeben. Gutachten werden sowohl bei privaten Meinungsverschiedenheiten als auch bei Rechtsstreitigkeiten in Auftrag gegeben. Hintergrund ist die Erwartung, dass die überzeugende Argumentation für ein bestimmtes Ergebnis die Auseinandersetzung beendet oder Klarheit über das weitere Vorgehen schafft.

Eine gute Argumentation finden, ein Problem strukturieren, Klarheit verschaffen über Wichtiges und Unwichtiges – ganz Ähnliches erwartet man von Beraterinnen oder Beratern, die vor einer „großen" Entscheidung zu Rate gezogen werden. Das Honorar für das Gutachten oder den Rat hängt einerseits ganz entscheidend von dem Schwierigkeitsgrad des Problems ab, andererseits von der Reputation der Gutachterin oder des Gutachters. Aber genau diese Tätigkeiten gehören auch zu den Zielen von Mathematikunterricht, weshalb dieses Aufgabenformat sich gut für den Unterricht eignet. Notwendig sind dazu Problemstellungen, die hinreichend offen gestaltet sind und eine Lösung nicht unmittelbar nahe legen. Zudem sollten Schülerinnen und Schüler Computer zur Verfügung haben, denn Gutachter-Aufgaben bekommen erst durch den Rechnereinsatz einen realistischen Rahmen. Dabei kommen zum einen die spezifischen mathematischen Werkzeuge wie TK, CAS oder DGS zur Geltung, um komplexe Modellrechnungen durchführen, Zusammenhänge gut visualisieren (vgl. Abb.3) oder exakte Berechnungen vollziehen zu können. Vor allem aber sind Gutachteraufgaben ein Anlass, allgemeine Medien wie Textverarbeitung oder Präsentationssoftware einzusetzen. Mit ihrer Hilfe werden Präsentationen der Gutachtenergebnisse ansprechend und überzeugend gestaltet. Zugleich können die Schülerinnen und Schüler über Nutzen und Grenzen dieser Programme reflektieren.

Diese kurze Darstellung offenbart zentrale Kompetenzen, die zur Erstellung eines Gutachtens unbedingt benötigt werden: Fachwissen besitzen und anwenden, Analysieren, Argumentieren, die Fähigkeit zur kritischen Auseinandersetzung und zur überzeugenden Präsentation sowie digitale Medien kennen und angemessen anwenden – sowohl allgemeine als auch mathematikspezifische.

Nicht zufällig stimmt diese Kompetenzenliste zum Teil mit derjenigen überein, die zu vermitteln der Mathematikunterricht sich in besonderem Maße zum Ziel gesetzt hat. Es liegt deshalb nahe, dass Schülerinnen und Schüler in die Rolle von Gutachtern oder Gutachterteams schlüpfen, von denen ein Gutachten über einen dargelegten Sachverhalt angefordert wird, dessen Ergebnisse sie nicht nur überzeugend herleiten, sondern auch noch ebenso überzeugend darstellen oder präsentieren müssen. Der Typ „Gutachter-Aufgabe" ist geboren. Er soll an einem Beispiel erläutert werden.

Ein Beispiel für eine Gutachter-Aufgabe

Das Problem ist:

Die Johannes-Kepler AG produziert die absolut perfekte Jonglierkeule.

Die Kosten für die Herstellung solcher Keulen kann jeder Zahlenjongleur mit Hilfe der folgenden Funktion $k1$ berechnen:

$k1 := x \longrightarrow 0.9\,x^3 - 15\,x^2 + 78\,x + 30$

Der Marktpreis dieser Superkeule hat einen kleinen Nachteil: er schwankt! Normalerweise beträgt er 30 € pro Stück, aber unter ungünstigen Umständen nur 25 € und bestenfalls wird ein Preis von 35 € pro Stück erreicht. Die Produktionsmöglichkeiten der Johannes-Kepler AG sind beschränkt: Pro Stunde können in der Garagenwerkstatt leider nur 5 Stück der begehrten Keulen hergestellt werden. Ein Zustand, der die Unternehmensleitung sehr betrübt, weil er die Ursache für die miserable Ertragslage der Firma zu sein scheint! Abhilfe wird diskutiert.

Eine mögliche Investition – finanziert aus den kümmerlichen Rücklagen des Unternehmens – könnte die Produktion auf maximal 13 Stück pro Stunde steigern. Der Kalkulator der jungen Firma hat seinen Computer bemüht und die neue Formel für die Produktionskosten $k2$ nach dieser Investition ermittelt:

$k2 := x \longrightarrow x^3 - 15.3\,x^2 + 78\,x + 30$

Die Geschäftsleitung testet gerade die neuen Keulen im Dauertest und ist deshalb nicht in der Lage, sich neben drei Keulen auch noch mit Berechnungen zu beschäftigen, die ihr erlauben, zu entscheiden, ob sich diese Investition wohl lohnt!

Die Aufgabe ist:

Erstelle für die Johannes-Kepler AG ein Wirtschaftsgutachten, in dem die derzeitige Situation analysiert und das Investitionsvorhaben kritisch untersucht wird. Die entscheidende Frage ist einfach gestellt: Wie viele Keulen bringen unter welchen Bedingungen den maximalen Gewinn?

Diese Kurzfassung ist das Rohmaterial[1] für eine Gutachter-Aufgabe, die mittlerweile mehrmals geändert wurde und sich häufig auf das aktuelle Geschehen in der Schule bezogen hat.

Auf den ersten Blick sieht diese Aufgabe aus wie viele andere. Bei „Rohmaterial" ist das nicht verwunderlich, denn erst die entsprechende Gestaltung, die auch die Anforderungen an die Lösung formuliert, macht daraus eine für Schülerinnen und Schüler interessante Aufgabe.

Welche Gestaltungsmöglichkeiten sorgen für Interesse?

---

[1] Das Rohmaterial ist nach einer Idee „Rote Zahlen bei der Firma Dagobert" von HENNING HESKE (Dinslaken) „gestrickt"!

- „Die Lösung der Aufgabe ist ein Brief an die Johannes-Kepler AG mit einer kurz formulierten Empfehlung. Die ausführliche Begründung der Empfehlung ist als Anlage zum Schreiben als umfangreiches Gutachten beizulegen."
- „Es dürfen beliebige Hilfsmittel und Quellen benutzt werden. Die Funktion der Hilfsmittel und/oder Quellen ist nachvollziehbar zu erläutern."
- „Die Hinzuziehung weiterer Experten ist erlaubt, wenn diese benannt werden."
- „Bei Unklarheiten können Rückfragen an die Johannes-Kepler AG in schriftlicher Form gestellt werden. Die Antworten erfolgen grundsätzlich schriftlich und sind dem Gutachten als Quellen beizufügen."
- „Die Verwendung bestimmter mathematischer Methoden zur Lösung ist nicht vorgegeben!"
- „Empfehlung und deren Begründung sind in der Gesellschafterversammlung zu präsentieren (Projektionsfolien, Powerpoint, Präsentationsmappe)."
- „Die Johannes-Kepler AG will das Gutachten auf dem hausinternen Web-Server ihren Mitarbeiterinnen und Mitarbeitern zugänglich machen. Eine weitgehende Unterstützung dieses Vorhabens durch den Gutachter wird erwartet."
- „Teams von bis zu drei Schülerinnen oder Schülern sind erlaubt. Die anfallenden Aufgaben wie Lösungswege ausprobieren, Argumentationsketten aufschreiben, Präsentation vorbereiten, können arbeitsteilig erledigt werden."

Für Schülerinnen und Schüler wird die Aufgabe durch das „Drumherum" erst interessant. Der besondere Reiz kann durchaus individuell verschiedene Ursachen haben, von denen hier einige aufgezählt werden sollen:

- das Verhalten eines professionellen Gutachters üben,
- die Herausforderung, eine Argumentation abzuliefern, die mit Grundkenntnissen in Mathematik noch nachzuvollziehen ist,
- die Erarbeitung einer überzeugenden Präsentation etwa mit einer Präsentationssoftware,
- die Erarbeitung einer Publikation im Internet,
- das Ausprobieren von Lösungsansätzen, die bisher im Unterricht nicht so gepflegt wurden (Tabellenkalkulation),
- im Team arbeiten zu dürfen – „... bei der Mathematik kann ich nicht so glänzen, aber zur Präsentation fällt mir immer etwas Originelles ein ..."
- ...

Ganz wichtig ist: Ein Erfolg bei der Lösung hat jede/r schon im ersten Versuch, weil eine mit dem Taschenrechner erstellte Zahlentabelle den Weg zur Lösung weist.

Ein solcher Anfangserfolg motiviert, sich weiter mit dem Problem auseinander zu setzen. Im Folgenden sollen wesentliche Erfahrungen mit dieser Aufgabe beschrieben werden, insbesondere was den Einsatz der verfügbaren Medien angeht. Die Wahl der Werkzeuge war gänzlich den Schülergruppen überlassen. Die angestrebte Qualität des Gutachtens machte natürlich Überlegungen darüber nötig, welches das günstigste Werkzeug sei.

Wie argumentierten Schülerinnen und Schüler?

1. Tabellarische Darstellungen diskreter Werte, weil Keulen ja nicht teilbar sind, sind die Favoriten bei der Argumentation (siehe Abb. 1).

2. Grafische Darstellungen sind sehr überzeugend, kosten aber wesentlich mehr Mühe und setzen viel Know-how zur Herstellung voraus (s. Abb. 2).

3. Analytische Lösungen mit Extremwertbetrachtungen über Ableitungen sind seltener, weil das Problem von vornherein als diskret und sehr eingeschränkt betrachtet wird. Jedoch wurden analytische Lösungen in jedem Kurs vorgetragen.

Erst eine kritische Auseinandersetzung mit der Aufgabenstellung führt zu weiter reichenden Ideen und der Notwendigkeit, etwas „mehr Mathematik" in die Lösung zu stecken. Zwei Versuche von Schülergruppen sollen hier exemplarisch geschildert werden.

Verschiedene Schülergruppen haben die Angabe „pro Stunde" etwas großzügiger interpretiert und daraus „pro Tag", „pro Woche" oder „pro Monat" gemacht, was auch das Rechnen mit nicht ganzzahligen Werten sinnvoll macht. Meistens bezogen sich Rückfragen an „die Firma" auf die genauen Einzelheiten der Produktion.

Andere Schülergruppen haben den Verkaufspreis als Intervall aufgefasst und versucht, eine Funktion (auch „Ideallinie" genannt) zu ermitteln, die zu jedem Verkaufspreis im Intervall die gewinnmaximierende Produktionsmenge liefert (s. Abb. 3).

Abb. 1: Auszug aus einer Schülerlösung (1)

Mit diesen Gewinnfunktionen kann man jetzt Wertetabellen erstellen, um herauszufinden, bei welcher Funktion, d. h. bei welcher Produktion der Gewinn vor bzw. nach der Investition maximal ist. Für x wird immer die Anzahl der Keulen eingesetzt. Dabei müssen die Produktionsmöglichkeiten beachtet werden; vor der Investition ist ja nur eine Produktion von 5 Keulen pro Stunde, danach von 13 Keulen pro Stunde maximal möglich.

Vor der Investition

Keulenanzahl	25 € Marktwert	30 € Marktwert	35 € Marktwert
1	− 68,9	− 63,9	− 58,9
2	− 83,2	− 73,2	− 63,2
3	− 78,3	− 63,3	− 48,3
4	− 59,6	− 39,6	− 19,6
5	− 32,5	− 7,5	17,5

Deutlich zu erkennen ist hier: Im Moment wird nur dann Gewinn gemacht, wenn die Produktion voll ausgelastet ist, d. h. 5 Keulen in der Stunde produziert werden und der Marktpreis bei 35 € liegt. Liegt der Marktpreis darunter oder wird die Produktion nicht ausgelastet, ist Verlust nicht zu vermeiden.

Nach der Investition

Keulenanzahl	25 € Marktwert	30 € Marktwert	35 € Marktwert
1	− 68,7	− 63,7	− 58,7
2	− 82,8	− 72,8	− 62,8
3	− 78,3	− 63,3	− 48,3
4	− 61,2	− 41,2	− 21,2
5	− 37,5	− 12,5	12,5
6	− 13,2	16,8	46,8
7	5,7	40,7	75,7
8	13,2	53,2	93,2
9	3,3	48,3	93,3
10	− 30	20	70
11	− 92,7	− 37,7	17,3
12	− 190,8	− 130,8	− 70,8
13	− 330,3	− 265,3	− 200,3

Deutlich zu erkennen ist hier: Nach der Investition wird bei einer Produktion zwischen 7 und 9 Keulen pro Stunde bei allen drei Marktpreismöglichkeiten Gewinn gemacht; am meisten dabei bei einer Produktion von 8 Keulen pro Stunde. Dann bringen nämlich alle drei Marktwertmöglichkeiten den maximalen Gewinn. Nach der Investition dürfte die Produktion allerdings nicht voll ausgelastet werden. Ab einer Produktion von 10 Keulen brächte das nämlich Verluste; ab einer Produktion von 12 Keulen auch beim maximalen Marktpreis von 35 €.

Abb. 2: Auszug aus einer Schülerlösung (2)

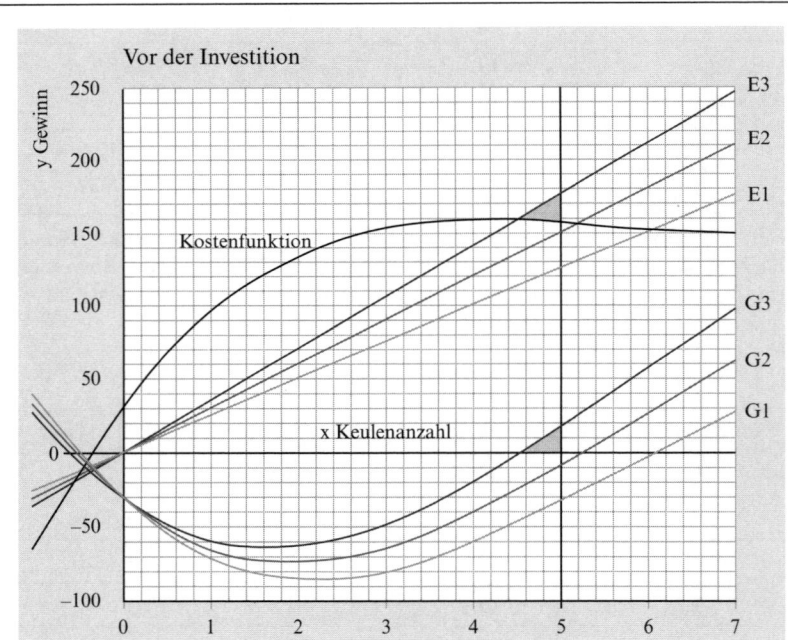

Die schwarz markierten Flächen stellen den Nettogewinn dar, E 1 bis E 3 die Erlösfunktionen, also den Bruttogewinn, und G 1 bis G 3 die Gewinnfunktionen. Gewinn wird nur erzielt, wenn die Erlöse über die Kostenfunktion gelangen, und das vor dem x-Wert 5 (Linie), da ja nicht mehr als 5 Keulen produziert werden können.

Bei den Gewinnfunktionen kann man deutlich erkennen, dass Gewinn nur erzielt wird, wenn 5 Keulen zu je 35 € produziert werden können. Nur die Funktion G 3 gelangt in den positiven Gewinn-Bereich (positiver y-Bereich).

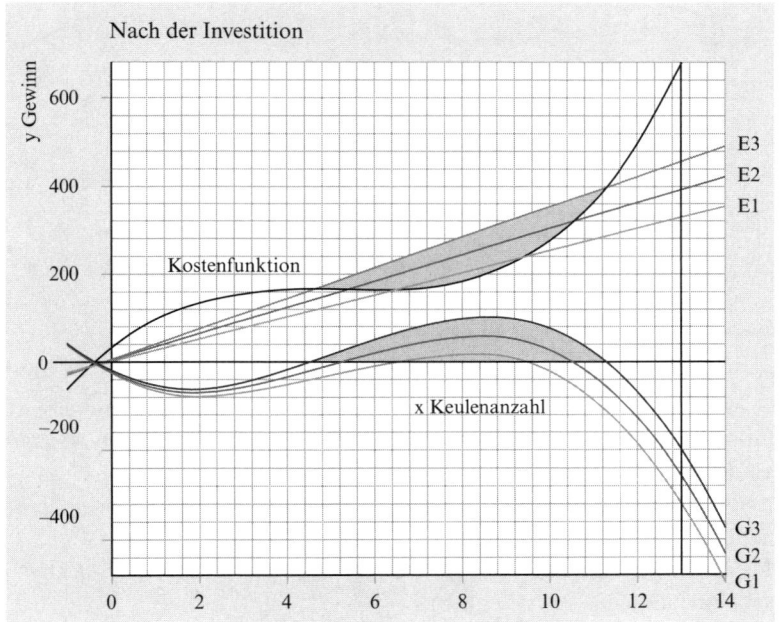

Die schwarz markierten Flächen stellen den Nettogewinn dar, E 1 bis E 3 die Erlösfunktionen, also den Bruttogewinn und G 1 bis G 3 die Gewinnfunktionen.
Hier sieht man deutlich, dass mehr Gewinn bei jeder Schwankung des Marktes erzielt wird, vorausgesetzt, die Keulenproduktion wird nicht voll ausgelastet, sondern bleibt zwischen 7 und 9 Keulen pro Stunde. Steigt die Produktion, steigen auch die Kosten und die Produktion lohnt sich nicht mehr.

Abb. 3: Auszug aus einer Schülerpräsentation

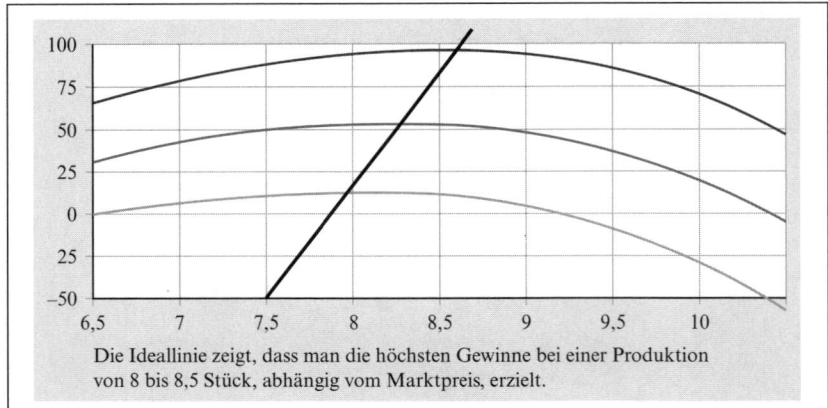

Die Ideallinie zeigt, dass man die höchsten Gewinne bei einer Produktion von 8 bis 8,5 Stück, abhängig vom Marktpreis, erzielt.

Wie konstruiert man Gutachter-Aufgaben?

Bevor einige weitere Beispiele von Rohmaterialien für Gutachter-Aufgaben angeführt werden, sollen die wesentlichen Anforderungen an diesen Aufgabentyp aufgelistet werden:

- Der Lösungsweg darf nicht auf den „ersten Blick" für Schülerinnen oder Schüler sichtbar sein.
- Ein Anfangserfolg durch Ausprobieren muss das Problem als lösbar erscheinen lassen.
- Das Problem sollte nach Möglichkeit mit verschiedenen mathematischen Vorgehensweisen lösbar sein.
- Es ist günstig, wenn eine Entscheidung zwischen verschiedenen Alternativen begründet werden muss.
- Es wird eine professionelle Ausarbeitung des Gutachtens oder eine professionelle Präsentation des Ergebnisses erwartet.
- Die verschiedenen für das „Gesamtergebnis" notwendigen Kompetenzen müssen angemessen berücksichtigt werden können (in der Bewertung der Leistung!).
- Es ist günstig, wenn die Aufgabenstellung Interpretationen oder Präzisierungen zulässt bzw. herausfordert. Das heißt, die Aufgabenstellung muss entweder in der Zielformulierung „diffuse" Begriffe aus der „Alltagssprache" wie optimal, günstig, gerecht, vernünftig, am besten, langfristig usw. zur Beschreibung verwenden, die dann mit Hilfe von Mathematik präzisiert werden. Oder die Aufgabenstellung muss eine klare, einfache (siehe oben) Zielformulierung haben, die durch eine wenig präzise oder mehrdeutige Beschreibung der Ausgangssituation zum Nachdenken anregt und die Möglichkeit zur Präzisierung der Annahmen bietet.

▦ Die Aufgabenstellung muss eine Bewertung ermöglichen in dem Sinne, dass die Entscheidung für die Anforderungen an die mathematische Eindeutigkeit bzw. Genauigkeit der Lösung einem begründbaren Ermessensspielraum unterliegt. (Also etwa in der Art: „Für den in der Realität zu erwartenden unerheblichen Mehrgewinn von maximal 20 Cent lohnt sich der Aufwand weiterer Berechnungen nicht!")

▦ Bei schwierigeren Aufgaben ist es günstig, wenn man schwächeren Schülerinnen oder Schülern Teillösungen oder Tipps zum „Kauf" anbieten kann.

Hier nun weitere Beispiele für Gutachter-Aufgaben:
Beispiel 2: „Merry ChristMATH" [1]

Das Problem des Weihnachtsmanns

Die Santa Claus Present Delivery GmbH & Co KG hat ein Problem. Der Geschäftsführer kann zwar hervorragend Rentierschlitten steuern, ist aber ein mathematischer Geisterfahrer. Vielleicht kannst du helfen.

Seine Firma muss 14 Orte beliefern, deren Koordinaten aus der folgenden Karte abgelesen werden können. Der Abstand der Gitterlinien ist jeweils 10 km. Auf Straßenangaben kann die Firma verzichten, da Rentierschlitten ja geradlinig durch die Luft fahren können.

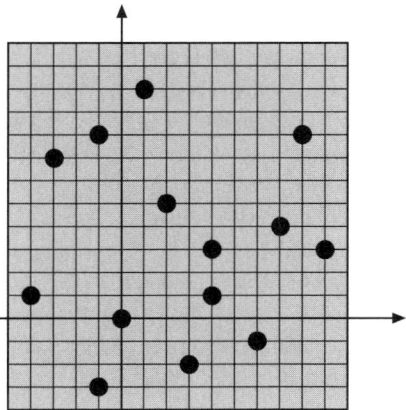

Dieses Jahr muss der Rentierschlittenfuhrpark erneuert werden. Dazu hat der Geschäftsführer sich Angebote eingeholt. Es stehen drei verschiedene Schlittentypen zur Auswahl:

---

1 Die Aufgabe stammt von STEFANIE DÖLLING (Steinfurt).

Modell	maximale Auslieferentfernung	Preis
Rendeers Dream	30 km	20.000,00 €
Santas Smartsled	50 km	35.000,00 €
Rudolfs Cargolifter	70 km	45.000,00 €

1. Die Schlitten sollen in einigen der Orten auf der Karte stationiert werden um von dort auszuliefern. Mache einen Vorschlag, wie viele Schlitten die Firma von welchem Typ kaufen muss, und wo sie stationiert werden müssen. Dabei sollen die Investitionskosten möglichst gering sein. Weise durch Rechnung für jeden der Orte auf der Karte nach, dass er von einem der Schlitten erreicht werden kann. Beschreibe, wie du diesen Vorschlag entwickelt hast, und warum du ihn für besonders günstig hältst.

2. Die Geschenke-Zulieferungsfirma hat eine Versorgungsroute ihrer Lieferschlitten eingerichtet, die geradlinig durch die Orte A(0|0) und B(9|3) verläuft. Berechne, durch welche der Ausliefergebiete die Versorgungsroute läuft. Über diesen Gebieten kann der Zulieferer die benötigten Geschenke direkt abwerfen. Dafür benötigt er von dir allerdings die Koordinaten der Punkte, zwischen denen er die Lieferungen abwerfen kann.

Bearbeite von den folgenden Aufgaben mindestens eine:

3. (Zusatzaufgabe) Die Ausliefergebiete, die nicht von der Versorgungsroute durchquert werden, müssen auch mit Geschenken versorgt werden. Ihre Geschenke sollen an dem Punkt der Versorgungsroute abgeworfen werden, die den geringsten Abstand zu dem Ausliefergebiet haben. Die Zulieferfirma benötigt die Koordinaten dieser Punkte. Den Weitertransport zu den Ausliefergebieten übernimmt der Subunternehmer Knecht Ruprecht.

4. (Zusatzaufgabe) Gib eine Gleichung für eine alternative Flugroute der Zulieferschlitten an, die alle Ausliefergebiete schneidet.

Wir wünschen ein frohes Fest und einen guten Rutsch

Die Aufgabe wurde am letzten Schultag vor Weihnachten in einer „weihnachtlichen" Mathematikveranstaltung für die gesamte Jahrgangsstufe 11 (ca. 95 Schüler/innen) in der Aula gestellt.

Die aufwändige, kurzweilige „Inszenierung" wurde von den Schülerinnen und Schülern mit ebenso aufwändig und engagiert gestalteten Lösungen honoriert.

Zu den Schülerlösungen:

1. Beeindruckend war eine Lösung mit DYNAGEO (EUKLID), in der alle Kreise eingezeichnet waren. Sukzessives Ausblenden führte eindrucksvoll und überzeugend zum Ergebnis.
2. EXCEL-Tabellen mit Abständen wie in Entfernungstabellen mancher Kalender oder Autoatlanten führen zur Lösung.
3. „Liegt in"-Tabellen schließen „teurere" Lösungen aus.

Beispiel 3: „Der Fischteich"

Der Fischteich

Ein Gestüt hat umfangreiche Wiesen, auf denen viele schöne Pferde weiden. Durch die Wiesen verläuft ein klarer Bach, der den Pferden auch als Tränke dient. In einer Senke weitet sich der Bach zu einem kleinen See aus. In diesem See hat die Gutsfrau einige Forellen ausgesetzt, die sich prächtig vermehren.

Ein Hobbyreiter auf diesem Gestüt hat das wohlwollend beobachtet und eine Hochrechnung über die Vermehrung der Forellen angestellt. Nach zwei Jahren fleißigen Beobachtens und Rechnens hat er endlich die ultimative Formel für die Vermehrung der Forellen gefunden.

Die Gutsfrau hat ihm erzählt, dass sie 50 Forellen in dem Teich ausgesetzt hat. Diesen Anfangsbestand an Forellen bezeichnet unser Mathematiker mit $F_1 := 50$.

Für den nächsten Monat kann er den neuen Fischbestand nach folgender Formel berechnen:

$$F_{n+1} = F_n + 18\,F_n \left(1 - \frac{F_n}{3500}\right)$$

Unser reitender Hobbymathematiker ist sehr stolz auf seine Formel und präsentiert sie der Gutsfrau. Diese nimmt ihren Taschenrechner und rechnet einige Werte aus. Die Forellen haben sich in den zwei Jahren offensichtlich rasant vermehrt. Die Gutsfrau wittert einen guten Nebenverdienst, denn frische und geräucherte Forellen sind bei Reiterinnen und Reitern sehr beliebt. Auch so manches Grillfest auf dem Gut ließe sich dadurch kulinarisch aufwerten. „So eine frische Forelle lässt sich unter der Hand leicht für 1,95 Euro an die Frau bringen", denkt sie.

Aus der Pferdezucht aber weiß sie, dass man nur so viele Tiere verkaufen kann, wie man hat. Und wenn man alle verkauft, gibt es keinen Nachwuchs mehr! Maximale Gewinne erzielt man mit einer optimalen Bestandspflege.

Mit Pferden kennt sie sich aus, aber Fische …?

Beim nächsten Ausritt fragt sie den reitenden Formelfinder um Rat: „Wann darf ich wie viele Forellen angeln, damit ich langfristig …" – Bauersfrauen denken an ihre Kinder und deshalb nachhaltig – „… einen möglichst großen Gewinn erziele?" ist ihre Frage.

Einige kurze Hinweise zur Aufgabenstellung:

- Im Kurs sind Folgen nie behandelt worden!
- Das Problem der Überfischung ist durchaus sehr realitätsnah und aktuell, wenn die Anrainer der Nordsee Fangquoten vereinbaren und dadurch Arbeitsplätze gefährdet werden. Können Fangquoten langfristig Arbeitsplätze sichern?
- Ist die Formel überhaupt vernünftig?
- TIPP: Was ist „logistisches Wachstum"?
- TIPP: Betrachte die Differenzen!
- TIPP: Betrachte die Differenzen der Differenzen!

Beispiel 4: Roboter

Die im Folgenden abgedruckte „Roboteraufgabe" ist ein Ansatz für vielfältige Gutachter-Aufgaben, die den Unterricht in der Jahrgangsstufe 11 besonders bereichern können. Die angegebene Formulierung ist noch nicht „reif" für eine Gutachter-Aufgabe, sondern eher eine Vorversion, die auf „echte" Gutachter-Aufgaben hinarbeitet, weil noch sehr viele Teilprobleme vorgegeben sind.[3]

Wir haben am Kepler-Gymnasium Schülerinnen und Schüler mit „fiktiven" Zeitungsmeldungen konfrontiert, die auf hohe Schäden durch nicht „richtig" funktionierende Roboter abhoben.

Fragen:

1. Ist eine Situation denkbar, in der der dargestellte Roboter sich durchaus nach der ihm einprogrammierten Strategie verhält, sich aber trotzdem „nicht wirklich" von „der Stelle" bewegt?
2. Wie kann ein Roboter feststellen, dass er sich „nicht wirklich" von „der Stelle" bewegt?
3. Kann in der letztgenannten Situation ein vorübergehender „Strategiewechsel" helfen? Wann ist „vorübergehend" beendet (Kriterium?)?

„Ein Roboter heißt *vorsichtig,* wenn er nach der Strategie programmiert wurde, zu allen ihn umgebenden Gegenständen einen immer möglichst gleich großen minimalen Abstand zu halten."

Er wird eingeschaltet in einer leeren Halle in der Nähe einer Wand und einer schlanken Säule. Auf welcher Bahn bewegt sich der Roboter, wenn sein Ziel zwischen Wand und Säule liegt?

---

3 Die Idee der Roboter-Aufgabe ist mir zum ersten Mal vor mehr als 10 Jahren durch HELMUT ACHILLES bekannt geworden.

Mathematik 11 – Anwendungen der Koordinatengeometrie

In einer Lagerhalle werden Roboter des abgebildeten Typs getestet. Sie verschieben angelieferte Container auf Lagerplätze und bei Bedarf wieder zur Ausgabe.

Diese Roboter beanspruchen für ihre Bewegungen einen kreisrunden Arbeitsbereich von 1m Durchmesser zum Rangieren. Das heißt, dass sie von jedem für sie erkennbaren Gegenstand einen Abstand von mindestens 50 cm halten.

Ihr „Auge" ist ein Laser, der die Umgebung laufend abtastet und Abstände misst.

Die Abbildung rechts (nicht maßstabsgetreu) gibt einen ungefähren Überblick über den für das folgende Problem relevanten Teil der Halle. Die rechteckigen Flächen markieren durch Wände unpassierbare Gebiete. Die Kreise geben Start- und Zielposition des Roboters an.

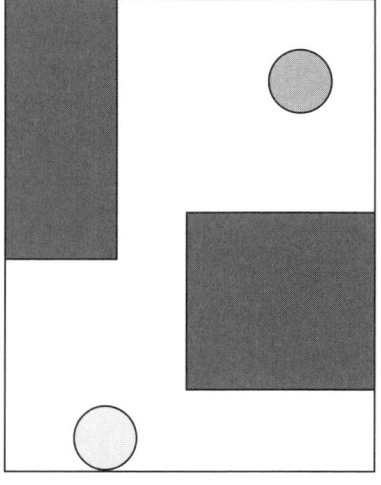

Startposition: $S(25|40)$
Zielposition: $Z(5|10)$
Sperrgebiet A: $0 \leq x \leq 6$ und $24 \leq y \leq 50$
Sperrgebiet B: $12 \leq x \leq 31$ und $0 \leq y \leq 32$
(alle Angaben in Metern)

Die Decke der Halle ist mit einem Muster versehen, so dass der Roboter mit Hilfe eines nach oben gerichteten Lasers jederzeit seine genaue Position in der Halle (10 cm Raster) bestimmen kann. Seine Fahrtrichtung erhält er von einem eingebauten Kompass. Der Roboter ist so programmiert, dass er am Start die Richtung seines Ziels bestimmt und sich in dieser Richtung in Bewegung setzt. Stellt sich ein Hindernis in den Weg, wird die neue Richtung fortlaufend so berechnet und korrigiert, dass er seinem Ziel näher kommt und wenn möglich den direkten Weg auf das Ziel zu einschlägt! Dabei hält er von jedem Hindernis einen Abstand von mindestens 50 cm.

a) Bestimme koordinatengeometrisch die Strecke für den direkten Start-Ziel-Weg und deren Länge.

b) Bestimme aus der Steigung der Geradengleichung die Himmelsrichtung seines Kurses unter der Annahme, dass die y-Achse von Süd nach Nord verläuft.

c) An welcher Stelle muss er wegen eines Hindernisses einen neuen Kurs einschlagen? (Rechnung mit Begründung)

d) Bestimme möglichst viele weitere Wegabschnitte bis zum Ziel und beschreibe sie wie in a)! Erläutere deine Vorgehensweise und eventuell dabei auftretende Probleme mit geeigneten Skizzen.

e) Welchen Weg legt der Roboter insgesamt zurück?

f) Ergibt sich ein anderes Ergebnis, wenn der Roboter darauf programmiert ist, immer zuerst den Abstand zur Ideallinie zu minimieren, und, wenn der Abstand größer werden muss, versucht, die Differenz zwischen tatsächlichem Kurs und Idealkurs zu minimieren. (Es reicht eine begründete grafische Veranschaulichung.)

1.3 Mit dynamischer Geometrie argumentieren und beweisen

Hans-Jürgen Elschenbroich

> „Die Strenge der Beweise ist nicht für kleine Knaben."
>
> HERBART

Auf die klassische Frage *‚Wie lernt jemand das Beweisen?'* gibt es meist die klassische Antwort *‚Indem man ihn Beweise lehrt'* – „und sie ist, wie man weiß, untauglich" (FREUDENTHAL 1979). Mathematikdidaktiker weisen schon lange darauf hin, dass in der Klasse 7/8 „ein im mathematischen Sinne ‚strenger Beweis' auch nicht annähernd geführt werden kann" (HANDSCHEL 1988) und dass die Schüler und Schülerinnen in dieser Altersstufe „zum exakten Folgern noch nicht in der Lage sind" (SCHWARTZE 1990).

In der Mathematik-Didaktik der letzten Jahrzehnte gibt es diverse Ansätze zu einem weniger formalen Vorgehen (s. ELSCHENBROICH 2002):

- WINTER (1991): ‚Siehe'-Beweise
- STRUNZ (1968): Evidenzerlebnisse
- POLYA (1949): Plausibles Schließen
- BENDER (1989): anschauliche Beweise
- MALLE (1984): Tätigkeitsbeweise
- WITTMANN/MÜLLER (1988): inhaltlich-anschauliche Beweise
- BLUM/KIRSCH (1989): handlungsbezogene Beweise; präformale Beweise.

Während formale Beweise zeilenweise in einer symbolischen Form erfolgen, erfolgen präformale Beweise in einer enaktiven oder ikonischen Form, sie entsprechen somit den Konzepten, die man unter dem Stichwort Handlungsorientierung zusammenfasst.

Bildungsstandards und neue Lehrpläne formulieren *mathematisches Argumentieren* als eigenen Kompetenzbereich. Dabei wird das *Begründen* als Teilaspekt aufgeführt und in den Formulierungen der einzelnen Kompetenzen werden vielfach präformale, anschauliche Formen des Begründens und Beweisens angesprochen.

Der Einsatz Dynamischer Geometrie-Software (DGS) unterstützt diese Formen des Begründens, da damit nicht mehr nur ein einzelnes, starres Bild zur Verfügung steht, sondern dynamische, kontinuierliche Bildfolgen interaktiv erzeugt und verändert werden können. Charakteristisch für DGS sind der *Zugmodus,* der es ermöglicht, freie Punkte auf dem Bildschirm mit der Maus zu ziehen, so dass davon abhängig konstruierte Objekte entsprechend mitwandern, und *Ortslinien,* die abhängige Punkte dabei zeichnen können.

Durch den Zugmodus können die Lernenden

▨ Vermutungen einfacher und schneller überprüfen,
▨ viele mögliche Fälle betrachten,
▨ Spezialfälle gezielt erzeugen, ggf. auch Gegenbeispiele finden,
▨ Invarianzen oder funktionale Abhängigkeiten erkennen sowie
▨ Ortslinien untersuchen.

Die Handlungen, die vordem an realen Objekten tatsächlich vorgenommen wurden oder aber nur in der Vorstellung abliefen, finden jetzt interaktiv auf dem Bildschirm statt. Dies ermöglicht eine Zwischenstufe zwischen den oft nur eingeschränkt durchführbaren Handlungen an realen Objekten und den abstrakten, nur vor dem geistigen Auge ablaufenden Handlungen. Die Lernenden können jetzt aufgrund ihrer eigenen Aktionen am Bildschirm solche inneren Bilder besser und konkreter aufbauen.

Dabei zeigt das Dynamische einen entscheidenden Vorteil gegenüber einem starren Einzelbild. Ein Einzelbild kann jetzt paradigmatisch werden, es wird als prototypischer Schnappschuss einer Figur gesehen und verstanden. Einzelbilder beziehen sich stets auf eine zufällige Einzellage, die dazu verleiten kann, dass Lernende zufällige Umstände für wesentliche halten. Dies tritt beim dynamischen Arbeiten mit DGS nicht auf, da die Figuren von den Lernenden variiert werden können, nach Belieben im Zeitraffer oder in der Zeitlupe. Sie können bei Bedarf den Ausgangszustand wiederherstellen, Sonderfälle erzeugen, Zufälligkeiten sofort als solche erkennen und Vermutungen einfach und schnell überprüfen.

Dadurch bekommen Beweise im Bereich der Geometrie eine neue Qualität. Sie sind „visuell-dynamische Beweise":

■ *visuell:* anschaulich, auf eine Zeichnung bezogen,

■ *dynamisch:* keine einzelne, starre Zeichnung, sondern eine ideale Zeichnung, eine Figur, lebendig geworden durch den Zugmodus von DGS,

■ *Beweis:* eine nicht durch rationale Argumentationen zu erschütternde Antwort auf die Frage nach dem ‚Warum‘. (ELSCHENBROICH 1999).

Auf diese Weise können klassische Beweise ‚zum Leben erweckt‘ und Geometrie ‚beweglich‘ gemacht werden. Solche Konstruktionen am Computer gehen über die passive Wahrnehmung einer Abfolge von Zeichnungen oder einer Vorführung von beweglichen Modellen weit hinaus, da die Lernenden jetzt eine (inter-)aktive Rolle im Lernprozess einnehmen.

Es sei noch angemerkt, dass für einen ausgebildeten Mathematiker in manchen Beispielen die *dynamische* Fassung gar nicht nötig ist, ihm reicht eine typische Zeichnung. Lernende verfügen aber in der Regel noch nicht über die Fähigkeit, im Besonderen das Allgemeine und anhand einer einzelnen Zeichnung im Kopf eine Zugfigur zu sehen, sie müssen dies durch entsprechende eigene Erfahrungen erst aufbauen.

Beispiele für den Einsatz von DGS beim Begründen und Beweisen

„Überhaupt sollte der Geometrieunterricht von der ‚*Hand*‘ ausgehen, zu *visuell* erfassbaren Gebilden führen und erst zum Schluss in *sprachliche Formulierungen* ausmünden" (POLYA 1964). Gegen diese alte heuristische und lernpsychologische Weisheit wurde im Geometrieunterricht lange und oft verstoßen, indem formale Beweise verfrüht gelehrt wurden und das Verstehen hintenan gestellt wurde. Die Entwicklung der Dynamischen Geometrie-Software mit Zugmodus und Ortslinien stellte einen Wendepunkt dar. Dabei ist für den Einsatz im Unterricht noch zu betonen, dass Beobachtungen beim Arbeiten mit DGS nicht automatisch zu Wissen werden. Es ist wichtig, dass die Lernenden das Beobachtete formulieren, dokumentieren und präsentieren und ihre meist präformalen Begründungen mit Lehrerhilfe stückweise formalisieren.

Dynamik durch den Zugmodus

Der Zugmodus macht die Geometrie beweglich und setzt das um, was in der Heuristik *dynamische Erkundung* genannt wird: „Die dynamische Erkundung eines Problems oder einer Figur ... erfolgt in der Weise, dass das Problem bzw. die Figur ... stetig variiert wird" (POLYA 1964).

Beispiel: Inkreis

Zu jedem Punkt auf einer Winkelhalbierenden eines Dreiecks kann aus Symmetriegründen ein Kreis so konstruiert werden, dass er die Dreiecksseiten (bzw. deren Verlängerung) berührt. Wird im Zugmodus der Kreismittelpunkt auf der Winkelhalbierenden variiert, so wandert der Kreis aus dem Inneren des

Dreiecks heraus und hat dabei genau eine Position, in der er auch die dritte Seite berührt [1], also Inkreis ist.

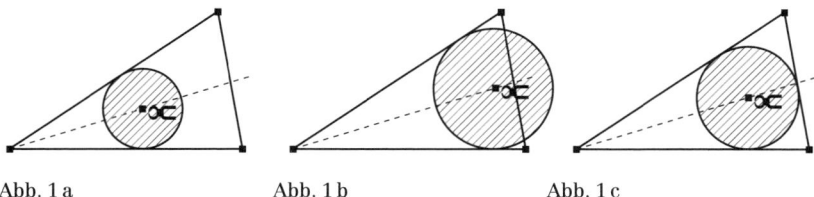

Abb. 1 a   Abb. 1 b   Abb. 1 c

Dies bietet eine dynamische Sichtweise auf einen Sachverhalt, der sonst in statischer Weise formuliert wird *(„In jedem Dreieck schneiden sich … ")*. Man erhält so zunächst einen visuell-dynamischen Existenzbeweis. Wird das Vorgehen mit den anderen Winkelhalbierenden wiederholt, liefert das auch eine Idee für die Konstruktion des Inkreismittelpunktes (BENDER 1989, ELSCHENBROICH/ SEEBACH 2002).

Beispiel: PYTHAGORAS/Stuhl der Braut
Der Zugmodus ermöglicht es auf einfache Weise, zahlreiche ‚falsche' Ansätze zu betrachten und in der Variation den einen ‚richtigen' Ansatz zu entdecken. Die bekannte Figur ‚Stuhl der Braut' zur Addition zweier Quadrate (Abb. 2 a) liefert einen statischen ‚Siehe'-Beweis des Satzes von PYTHAGORAS (nach CLAIRAUT 1773, siehe BAPTIST 1997), der aber die eigentliche Schwierigkeit verbirgt.

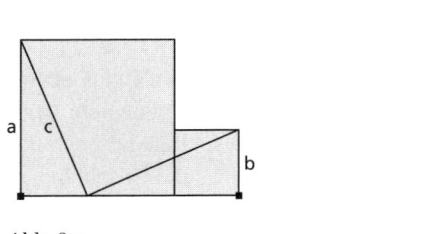 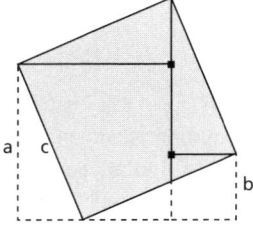

Abb. 2 a   Abb. 2 b

Sollen Schüler diese Zerteilung selber durchführen, wissen sie nämlich nicht, *wie* sie die Quadrate zerschneiden sollen. Durch eine geeignete Dynamisierung (Abb. 2 c) erhält man viele Fälle, in denen die neue Figur je nach Lage des Teilpunktes *T* kein Quadrat ist.

---

[1] Dabei wird ein Zwischenwertargument intuitiv und implizit genutzt, ohne schon Stetigkeit zu thematisieren.

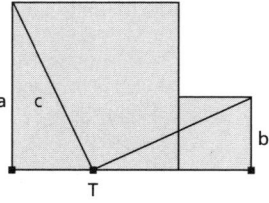

Abb. 2 c

Je nachdem, wie T auf der Grundlinie positioniert wird, ist mal der rechte Teil, mal der linke Teil der neu entstandenen Figur „höher" (Abb. 2 d). Aber offensichtlich gibt es dabei eine Lage von T, in der die linken und rechten Teile „gleich hoch" sind und „zusammenpassen". Durch dynamische Messungen und geeignete Überlegungen können die Lernenden entdecken, dass dies genau dann der Fall ist, wenn der Abstand von T zum linken Eckpunkt gleich b ist. Die ‚Höhe' des neu entstandenen Vielecks ist dann $a + b$.

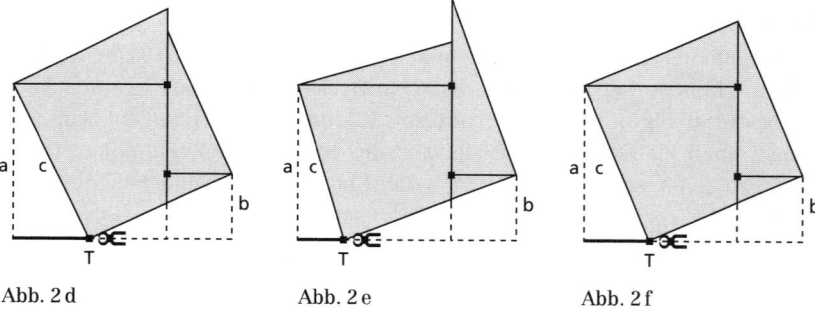

Abb. 2 d   Abb. 2 e   Abb. 2 f

Diese Idee lässt sich mit DGS besonders gut umsetzen[1] und ermöglicht es den Lernenden, im Zugmodus *selber* einen Lösungsansatz für die geeignete Lage des Teilpunktes T zu finden. Zu einem Beweis gehört abschließend noch die Überlegung, *warum* das so erhaltene Viereck in der Tat ein Quadrat sein muss.

Beispiel: Winkelsumme
Durch eine Dynamisierung können klassische Ansätze aus ihrer Starre gelöst werden und ermöglichen ein tieferes Verständnis, so z. B. bei der ARNHEIM'-schen Dynamisierung des Winkelsummen-Beweises von EUKLID. ARNHEIM ersetzt dabei (lange vor Aufkommen von Dynamischer Geometriesoftware) die starren Dreiecksseiten (Abb. 3 a) durch bewegliche Strahlen (Abb. 3 b).

---

1 Hier sei darauf hingewiesen, dass solche Konstruktionen trickreich und zeitaufwendig sind und in der Regel nicht von den Lernenden selbst geleistet werden können. Hier empfiehlt es sich, vorbereitete elektronische Arbeitsblätter einzusetzen, siehe z. B. ELSCHENBROICH/SEE-BACH, Dynamisch Geometrie entdecken, Klasse 9 (2002).

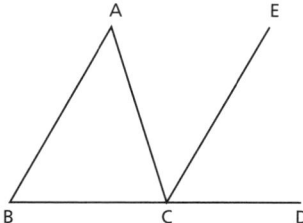

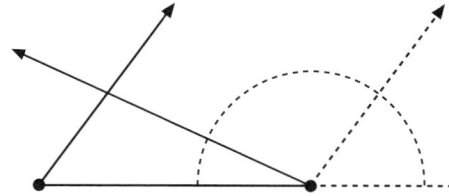

Abb. 3 a nach EUKLID   Abb. 3 b nach ARNHEIM

„Vergrößert sich einer der Winkel, so wird sein Nachbar automatisch kleiner. Bei diesem Verfahren wird also von der Winkelgröße nicht abgesehen ..., denn damit entginge uns alles wirklich anschauliche Verständnis der Situation; vielmehr überblicken wir diese jetzt in ihrem ganzen Ausmaß. Wir haben einen statischen Begriff durch einen dynamischen ersetzt. Der Lehrsatz ist nicht mehr nur allgemein gemeint, sondern nun auch als allgemein verstanden" (ARNHEIM 1972). Dieser Gedankengang erfordert aber in der ursprünglichen Printversion, dass sich die Lernenden die Beweglichkeit der Figur und den gegenseitigen Zusammenhang der Winkel vor ihrem geistigen Auge vorstellen, was eine nicht zu unterschätzende Hürde ist. Mit DGS können die Lernenden nun die Figur selber variieren und bei Bedarf auch noch die Messfunktion für Winkel zu Hilfe nehmen. Sie können den beschriebenen Zusammenhang der Winkel durch ihre eigenen Handlungen entdecken.

Ortslinien auf der Spur
DGS ermöglicht es nicht nur, im Zugmodus Konstruktionen zu variieren, man kann dabei auch bestimmte Punkte, eine Spur, eine Ortslinie, zeichnen lassen. Das können je nach Programm und Voreinstellung isolierte Punkte sein oder kontinuierlich gezeichnete Kurven. Auf diese Weise werden Abhängigkeiten von Punkten verdeutlicht und man erhält manchmal auch eine andere, dynamische Sicht von bekannten Sachverhalten oder auch eine Lösungsidee.

Beispiel: Schnittpunkt der Mittelsenkrechten
Ortslinien können eine dynamische Sicht auf Inzidenzprobleme geben und zu einer anderen Formulierung von Sätzen führen. Der bekannte Satz *„Die drei Mittelsenkrechten eines Dreiecks schneiden sich immer in einem Punkt."* ist aus einer statischen Sicht formuliert. Betrachtet man dagegen zunächst den Schnittpunkt von zwei Mittelsenkrechten (beispielsweise m_a und m_b), der trivialerweise existieren muss, und variiert dann die Ecke des Dreiecks, die der Seite ohne eingezeichnete Mittelsenkrechte gegenüberliegt, so erhält man als Ortslinie eine Gerade, die sich leicht als die dritte Mittelsenkrechte identifizieren lässt. Damit ergibt sich als dynamische Version:

„Der Schnittpunkt zweier Mittelsenkrechten eines Dreiecks liegt immer auf der dritten Mittelsenkrechten. "

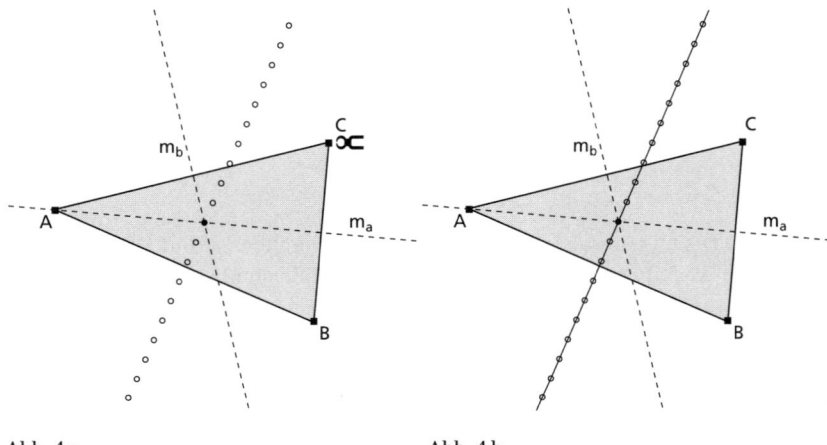

Abb. 4 a   Abb. 4 b

Für einen mathematisch strengen Beweis fehlt hier natürlich noch eine Begründung, warum die gezeichnete Ortslinie tatsächlich eine Gerade ist. Mit einer DGS wie EUKLID-DYNAGEO ist es möglich, die vermutete Mittelsenkrechte zu konstruieren und im Zugmodus experimentell zu verifizieren, dass Ortslinie und Gerade zusammenfallen. DGS wie CABRI II und CINDERELLA bieten mit integriertem Eigenschafts-Check/stochastischem Beweiser noch zusätzlich die Möglichkeit, abzufragen, ob der die Ortslinie erzeugende Punkt auch tatsächlich auf der nachträglich konstruierten Linie liegt, und sie bieten sogar die Möglichkeit, die Gleichung dieser Geraden anzugeben.

Beispiel: Die fehlende Ecke eines gleichseitigen Dreiecks
Gelegentlich ist es erforderlich, eine starre Konstruktion durch Weglassen von Bedingungen erst mal **„beweglich"** zu machen.

Sind beispielsweise drei parallele Geraden gegeben, so erweist sich die direkte Konstruktion eines gleichseitigen Dreiecks mit je einer Ecke auf einer der Geraden als schwierig. Durch das Weglassen einer der drei Bedingungen (z. B. für *C*) erhält man eine bewegliche Konstruktion, bei der man die dritte Ecke eine Ortslinie zeichnen lassen kann, wenn eine der beiden anderen Ecken (z. B. *B*) auf der zugehörigen Geraden variiert. Ist diese Ortslinie erst einmal zu sehen, so springt der Lösungsansatz sofort ins Auge: Die Ortslinie ist eine Gerade und ihr Schnittpunkt mit der dritten Parallelen liefert die gesuchte Lage von *C* (Abb. 5 b).

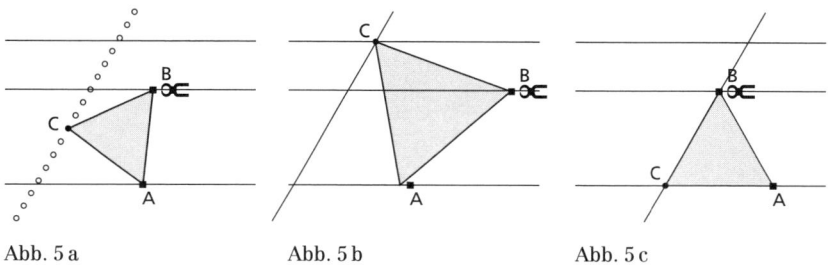

Abb. 5 a   Abb. 5 b   Abb. 5 c

Die noch offene Frage, wie denn diese Gerade zu konstruieren ist, ergibt sich aus einer besonderen Lage des Dreiecks. Wird *B* so variiert, dass *C* auf der zu *A* gehörigen Geraden liegt, so zeigt sich, dass diese Gerade durch *C* den Steigungswinkel 60° hat (Abb. 5 c).

Hilfslinien als heuristische Idee

Das Einzeichnen von Hilfslinien und das Erzeugen von Teilfiguren sind bekannte heuristische Strategien (POLYA 1949). Im Zugmodus lässt sich dies oft effektiv einsetzen, weil bestimmte Zusammenhänge dabei besonders deutlich sichtbar werden.

Beispiel: Lotsumme im gleichseitigen Dreieck

Addiert man in einem gleichseitigen Dreieck die Abstände eines Punktes *P* im Inneren zu den Dreiecksseiten, so kann man zwar im Zugmodus dynamisch die Abstände messen und mit der Termberechnung feststellen, dass diese Lotsumme konstant ist (Abb. 6 a), ein tieferes Verständnis erzielt man dadurch aber (noch) nicht.

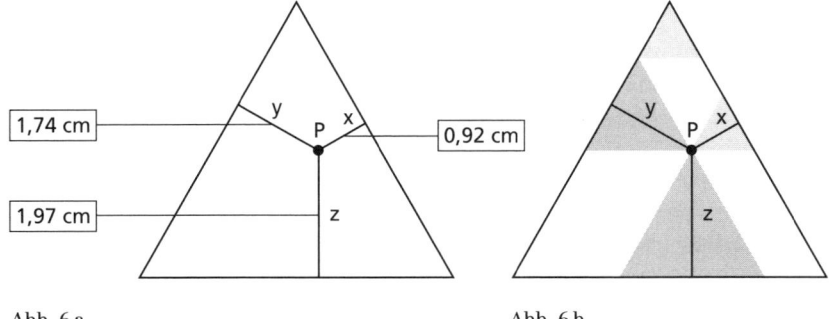

Abb. 6 a   Abb. 6 b

Parallelen zu den Dreiecksseiten durch *P* lassen aber gleichseitige Teildreiecke entstehen, in denen *x, y, z* Höhen sind (Abb. 6 b).

Da im gleichseitigen Dreieck alle Höhen gleich lang sind, kann man auch statt *y* die gestrichelt eingezeichnete Höhe wählen, die zu *z* parallel ist (Abb. 6 c).

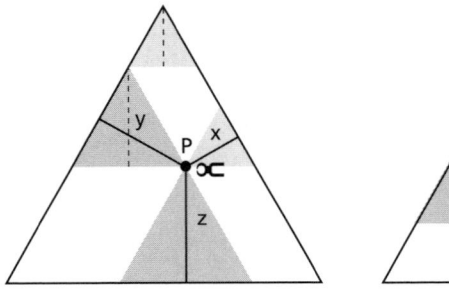

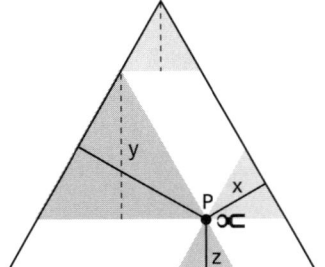

Abb. 6 c   Abb. 6 d

Das Teildreieck, das x enthält, taucht in einer kongruenten Kopie auch an der Spitze des großen Dreiecks auf. Wird dort ebenfalls eine zu z parallele Höhe eingezeichnet (Abb. 6 c), so wird nicht nur offensichtlich, dass die Summe der Lote $x + y + z$ konstant sein muss, sondern auch noch, dass sie gleich der Höhe des Dreiecks ist.

Grenzen des Argumentierens und Begründens mit DGS

Der Geometrieunterricht hat durch DGS neue Impulse und Möglichkeiten bekommen. Der Einsatz von DGS bietet aber nicht nur Vorteile, sondern birgt auch Gefahren und Probleme:

■ Das Arbeiten mit DGS bedeutet eine Beschränkung auf experimentelles Arbeiten. Das kann dazu führen, dass lediglich Invarianzen konstatiert werden und das Fragen nach dem „Warum" ausbleibt.

■ Die bei einigen DGS im Hintergrund laufenden „Beweiser/Eigenschafts-Checker" verschärfen noch die Gefahr, dass die Frage nach dem „Warum?" ausbleibt, da die Frage nach dem „Ob?" orakelgleich mit einem „Ja" oder „Nein" beantwortet wird.

■ Easy-Paradoxon: In perfekt visualisierenden Arbeitsmaterialien liegt die Gefahr, dass Lernende irrtümlich meinen, sie hätten alles verstanden, weil es im Zugmodus so einfach geht und einsichtig ist *(„ist doch easy")*. Die hinter den Arbeitsmaterialien liegende Mathematik verändert sich durch die Visualisierung nicht und bleibt möglicherweise durch Unterschätzung und Steckenbleiben an der Oberfläche verborgen und unzugänglich.

■ Eine dynamische Visualisierung ist nicht generell einer Präsentation mit statischen Bildern überlegen. Zum einen können Lernende durch eine Flut animierter Bilder in ihrer selbstständigen kognitiven Tätigkeit behindert werden, während sie bei einem statischen Bild oder einer Bilderfolge zum *Vorstellen* gewissermaßen gezwungen werden. Zum anderen gibt es unterschiedliche Lernertypen, einzelne Lernende können durchaus eher verbal-auditiv, als optisch-visuell ansprechbar sein.

▦ Bilder sind nicht selbstevident. Es ist durch nichts gesichert (sogar eher un-
wahrscheinlich), dass Bilder beim Lernenden stets so „ankommen" und so
gesehen werden, wie die Lehrperson das beabsichtigt und erwartet!

1.4 Die Piratenaufgabe – verschieden darstellen, verschieden bearbeiten

Heinz Laakmann [1]

Bewegte Bilder üben auf viele Schülerinnen und Schüler einen großen Reiz aus.
Das Fernsehen zieht daraus seine Attraktion, ebenso wie Filmvorführungen
oder Simulationen. Dabei können unterschiedliche Darstellungen und Bilder
einer Situation ganz unterschiedliche Assoziationen und Gedanken auslösen.
Dies gilt auch für den Mathematikunterricht, da durch den Einsatz von Rechnern bewegte Bilder möglich werden, die viele Sachverhalte besser verständlich machen und den Unterricht abwechslungsreicher und lebhafter gestalten.
Wie auch im alltäglichen Leben beeinflusst die Wahl der Bilder und Darstellungen zu einem Problem die Lösungsansätze und -wege und auch das Leistungsniveau einer Problemstellung. Dass dabei die verschiedenen Darstellungen durch die verschiedenen mathematischen Werkzeuge TK, DGS und CAS
repräsentiert werden, mag wegen der unterschiedlichen Arbeitsweisen und
Zugänge der Programme nicht verwundern. Dies soll an der Piratenaufgabe
gezeigt werden (Abb. 1).

Eine Piratengeschichte aus einer Zeit, als es noch kein Radargerät gab

Aus dem sicheren Hafen sticht an einem nebligen Novembertag ein Patrouillenboot in See, um Piraten aufzustöbern. Die Voraussetzungen hierfür sind denkbar
schlecht, denn die Sichtweite beträgt nur 0,5 km. Dennoch befiehlt der Komman-
dant die Ausfahrt und das Boot geht mit 20 km/h auf Kurs Nordost.
Zur gleichen Zeit fährt ein Piratenschiff mit 15 km/h in Richtung Südost. Als das
Patrouillenboot den Hafen verlässt, befindet sich das Piratenschiff 8 km in nördlicher und 2 km in östlicher Richtung vom Hafen entfernt.

Abb. 1: Eine Piratengeschichte

---

1 Teile der Unterrichtsideen wurden auf dem T[3]–Kongress in Soest 2004 zusammen mit
UDO BRINKMANN und ULRICH PARTHEIL entwickelt.

Traditionell finden sich im Mathematikunterricht nur selten Aufgabenstellungen, die sich mit Bewegungen beschäftigen, und wenn doch, sind sie fast immer linear aufgebaut. Eine typische Aufgabe:

Zwei Fahrzeuge fahren auf einer Straße mit unterschiedlicher Geschwindigkeit und die Aufgabenstellung: Wann und wo treffen sich die entgegenkommenden Fahrzeuge oder wann und wo wird das zuerst gestartete Fahrzeug überholt?

Die Bewegungen finden hier auf einer Straße, im eindimensionalen Raum statt, nicht in der Ebene und erst recht nicht im dreidimensionalen Raum.

Dies liegt sicherlich auch daran, dass wir in der Mathematik zumeist mit Zuordnungen von $\mathbb{R}$ nach $\mathbb{R}$ arbeiten. Bewegungen sind aber nicht nur eindimensional, sondern laufen in der Ebene ab oder finden sogar als Bewegung im Raum statt. Sie benötigen also andere Zuordnungen, sie sind Abbildungen von $\mathbb{R}$ nach $\mathbb{R}^2$ oder von $\mathbb{R}$ nach $\mathbb{R}^3$.

Obwohl erst die lineare Algebra das mathematische Rüstzeug für Untersuchungen in der Ebene oder im Raum bereitstellt, müssen solche Aufgabenstellungen nicht auf den Mathematikunterricht der Oberstufe beschränkt bleiben, sondern können durch das Einbeziehen von Rechnern auch schon früher bewältigt werden.

Die Wahl des Mediums (TK, DGS und CAS) beeinflusst hierbei deutlich die Art und den Schwierigkeitsgrad der Lösung. Beim Einsatz einer Tabellenkalkulation oder einer dynamischen Geometriesoftware kann die Bewegung auf dem Bildschirm dargestellt und in ihrer Entfernung zueinander genauer untersucht werden. Durch den Einsatz eines CAS kann zudem die Untersuchung des funktionalen Zusammenhangs zwischen der Zeit und der Entfernung der Objekte betrachtet werden. Diese unterschiedlichen Darstellungen und Wege werden im Folgenden aufgezeigt.

Bearbeitung mit einer Dynamischen Geometriesoftware (DGS)

Ein Charakteristikum von DGS ist die Dynamisierung von Konstruktionen, weshalb Bewegungen mit DGS leicht visualisiert werden können. Zudem verfügt DGS über eine Messfunktion, so dass Entfernungen bestimmt werden können.

Die Fahrtstrecken werden als Strecken mit einer bestimmten Länge gezeichnet und am Raster des Koordinatensystems ausgerichtet.

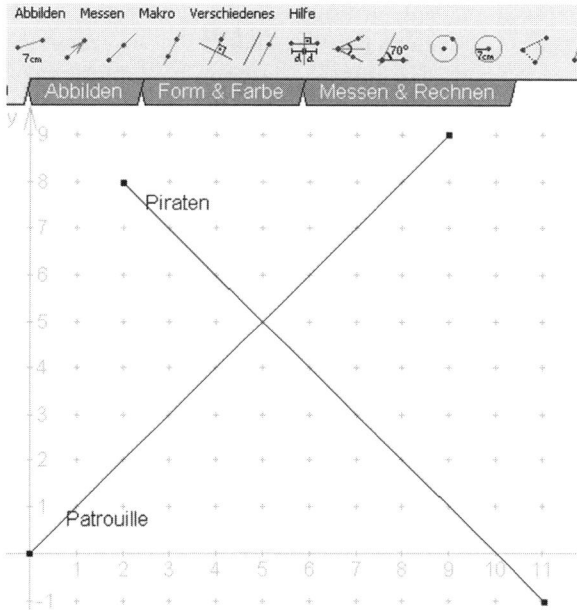

Abb. 2

Ein frei beweglicher Punkt auf der Patrouillenstrecke kennzeichnet die Position des Bootes.
Um die entsprechende Piratenposition und damit die Fahrt dynamisch darzustellen und die verschiedenen Geschwindigkeiten einzubinden, wird das Verhältnis: „zurückgelegte Wegstrecke der Patrouille zur gesamten Wegstrecke (= Pa)" auf die Piratenstrecke übertragen. Dies geschieht durch Konstruktion eines Kreises um den Startpunkt des Piratenschiffes mit dem Radius Pa multipliziert mit der Gesamtlänge des Piratenweges.

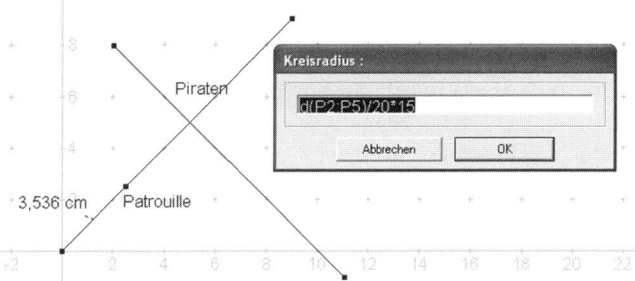

Abb. 3

Markiert man nun den Schnittpunkt des Kreises mit der Piratenstrecke, so kann man mit dem Zugmodus („Ziehen an der Patrouille") die Bewegung der beiden Schiffe darstellen.

Ob die Piraten entkommen können oder nicht, lässt sich durch Messen der Entfernung bestimmen.

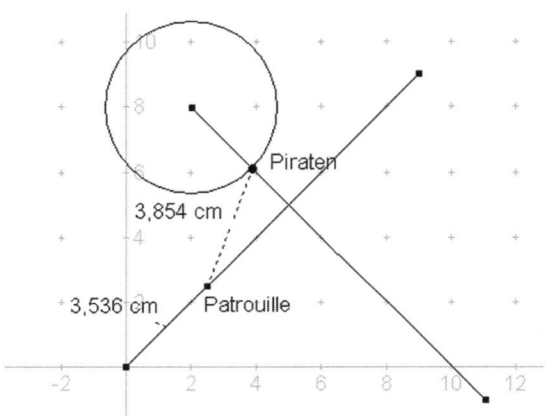

Abb. 4

Falls Schülerinnen und Schüler Hilfen benötigen, bieten sich folgende Fragen an:
▓ Wo befinden sich die beiden Schiffe nach einer viertel Stunde? Wo sind sie nach 10 Minuten?
▓ Sollte dies nicht ausreichen, markiert man auf der Patrouillenstrecke einen Punkt und stellt die Frage: Wo befinden sich jetzt die Piraten?

Für eine Binnendifferenzierung bieten sich hier Erweiterungsmöglichkeiten an:
▓ Wie lang muss die Fahrtstrecke der Patrouille sein, damit die Piraten gesehen werden?
▓ Bei welchen Fahrtstrecken wird es für die Piraten gefährlich?

Das Dynamische übt bei dieser Aufgabe und Lösung einen besonderen Reiz aus, da es wirklich spannend wird, ob sich die Schiffe treffen oder ab wann das Piratenschiff für die Patrouille sichtbar wird. Die dynamische Konstruktion visualisiert bei dieser Aufgabe mehrere mathematische Aspekte: die Richtung der Schiffe, die Geschwindigkeit sowie die Lage der Geraden zueinander. Zugleich legt der Lösungsweg eine Verallgemeinerung nahe: Da die Geraden in ihren Richtungen nicht festliegen, kann die Aufgabenstellung bezüglich der Fahrtrichtung und der Geschwindigkeit beliebig verändert werden, ohne dass sich der Lösungsweg ändert.

Bei dem hier vorgestellten Lösungsweg benötigt man als inhaltliche Voraussetzung lediglich aus der Algebra das Verhältnisrechnen und aus der Geometrie
das Konstruieren von Kreis und Gerade. Bei der Bedienung des DGS sollten die
Messfunktion, das Zeichnen von Punkten bzw. Strecken und von Kreisen mit einem vorgegebenen Radius bekannt sein. Deshalb ist diese Lösung bereits ab
Klasse 7 denkbar. Jedoch sollte man dann die Aufgabenstellung leicht modifizieren (Abb. 5):

Eine Piratengeschichte aus einer Zeit, als es noch kein Radargerät gab.

Aus dem sicheren Hafen sticht an einem nebligen Novembertag ein Patrouillenboot in See, um Piraten aufzustöbern. Die Voraussetzungen hierfür sind denkbar
schlecht, denn die Sichtweite beträgt nur 0,5 km. Dennoch befiehlt der Komman-
dant die Ausfahrt und das Boot legt in der ersten Stunde eine Strecke von 20 km
in Richtung Nordost zurück. Zur gleichen Zeit fährt ein Piratenschiff in Richtung
Südost. Als das Patrouillenboot den Hafen verlässt, befindet sich das Piratenschiff 8 km in nördlicher und 2 km in östlicher Richtung vom Hafen entfernt und
legt in einer Stunde 15 km zurück.

Aufgabe:
Stellt die Fahrt der beiden Schiffe auf dem Bildschirm dar und überprüft, ob die Piraten entkommen können.

Abb. 5: Modifizierte Aufgabenstellung (für Klasse 7)

Mit diesen Voraussetzungen gelingt eine Bearbeitung in der Klasse 7 in einer
Schulstunde.

Bearbeitung mit einer Tabellenkalkulation (TK)

Tabellenkalkulationen sind zunächst statisch, doch werden sie durch den Einsatz eines Schiebereglers bzw. einer Bildlaufleiste auch dynamisch und man
kann – ähnlich wie in der DGS mit dem Zugmodus – durch Ziehen an der Bildlaufleiste Tabellenwerte dynamisch verändern und durch eingebundene Grafiken Bewegungen auf dem Bildschirm sichtbar machen.

Die Bildlaufleiste soll die Zeit simulieren. Abhängig davon werden dann die Positionen der beiden Schiffe mit dem Satz des PYTHAGORAS berechnet.

In Abb. 6 wird der Ausgabewert der Bildlaufleiste in A1 angegeben. In B3 wird
dieser Wert halbiert, so dass hier die Zahlen von 0 bis 50 erscheinen mit der
Schrittweite 0,5. Diese Werte geben die Zeit in Minuten an, die seit dem Start
vergangen sind.

In A7 bis B8 werden die Koordinaten der Schiffe zum Zeitpunkt B3 berechnet.

	A	B	C	D	E
1	24	◄		►	
2					
3	Minuten	=A1/2			
4					
5					
6	Patrouille	Piraten			
7	=20*B3/(WURZEL(2)*60)	=2+15*B3/(WURZEL(2)*60)			
8	=A7	=8-15*B3/(WURZEL(2)*60)			
9					

Abb. 6

Aus den Werten A7 bis B8 wird eine Punktgrafik erstellt und die Entfernung mit dem Satz des Pythagoras berechnet.

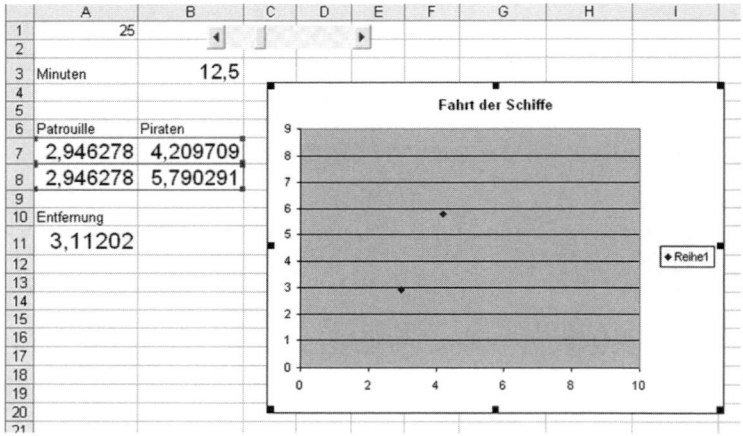

Abb. 7

Zieht man nun an der Bildlaufleiste, dann wird die Fahrt der Schiffe auf dem Bildschirm dargestellt und man kann verfolgen, ob sie sich treffen, und ablesen, in welcher Entfernung sie sich zueinander befinden. (Damit der Maßstab auf den Achsen sich nicht fortlaufend verändert, sollten die Achsen fixiert werden. Dies geschieht dadurch, dass man die Maus auf die Achse bringt und wartet, bis die Größenachse erscheint. Mit der rechten Maustaste kann dann die Achse formatiert, skaliert und Minimum bzw. Maximum eingegeben werden.)

Zur Berechnung der Schiffskoordinaten sind u. U. Hilfen notwendig:
▨ Auf welchen Koordinaten befindet sich die Patrouille nach einer Stunde?
▨ Wo befindet sich die Patrouille nach 10 Minuten? Und wo nach k Minuten?

Auch hier lassen sich weitere Aufgaben für eine Binnendifferenzierung anfügen:

▨ Verfeinerung der Zeiteinstellung,

▨ Darstellung einer Entfernungskurve,

▨ Variation der Geschwindigkeiten über Bildlaufleisten,

▨ Ermittlung der Geschwindigkeiten des Patrouillenbootes, bei denen die Piraten entkommen können.

Inhaltliche Voraussetzung bei dieser Lösung ist der Satz des PYTHAGORAS. Die Tabellenkalkulation wird hier zunächst zur konkreten Berechnung genutzt, die dann anschließend visualisiert wird. Dabei ist es notwendig und hilfreich, innerhalb der Tabellenkalkulation das Erstellen von Grafiken und von Bildlaufleisten (Letzteres s. Anhang) zu vollziehen.

Zur Methode: Die Schülerinnen und Schüler arbeiten zunächst in Gruppen nur mit Papier und Bleistift. Wichtig ist dabei, dass alle die Aufgabenstellung verstehen, eine Skizze anfertigen und den Lösungsweg beschreiben. Erst danach darf die Aufgabe konkret am Rechner in Partnerarbeit gelöst werden.

Mit den angegebenen Voraussetzungen gelingt die Bearbeitung ab der Klasse 9 in einer Doppelstunde.

Bearbeitung mit einem Computer-Algebra-System (CAS)

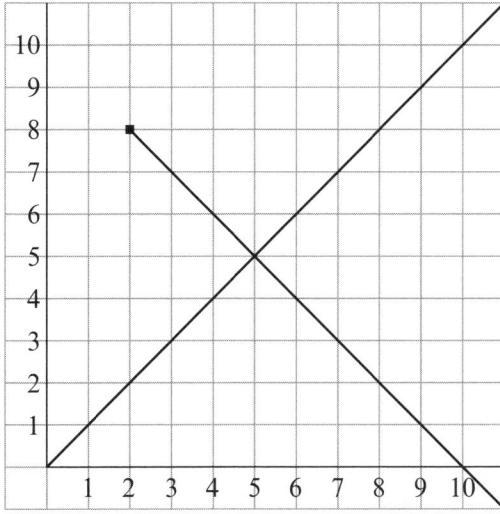

Mit einem Computer-Algebra-System wird nicht die Bewegung als solche, sondern der Funktionsterm der Bewegung in den Mittelpunkt der Betrachtung gestellt. Das Aufstellen, Untersuchen und Bearbeiten eines entsprechenden Terms stehen im Zentrum der Unterrichtseinheit.

Abb. 8

Ausgehend von dieser Grafik lassen sich die Fahrtwege mit Mitteln der Linearen Algebra in der Punktrichtungsgleichung angeben durch:

$$\text{Patrouille } (t) = t \begin{pmatrix} 1 \\ 1 \end{pmatrix} \qquad\qquad \text{Pirat } (t) = \begin{pmatrix} 2 \\ 8 \end{pmatrix} + t \begin{pmatrix} 1 \\ -1 \end{pmatrix}$$

Durchläuft nun t den positiven reellen Zahlbereich, dann stellen die Gleichungen die Bewegungen der Schiffe dar. Wie aber kann die Geschwindigkeit beschrieben werden?

Vergrößert man t um 1, so geht man auf der Geraden einen Schritt mit der Länge des Richtungsvektors. Kollineare Richtungsvektoren veranschaulichen also unterschiedliche Geschwindigkeiten. Normiert man den Richtungsvektor auf die Länge 1, dann beschreibt die Multiplikation mit 20 die Geschwindigkeit 20 pro Zeiteinheit.

$$\text{Patrouille } (t) = t\,\frac{20}{\sqrt{2}}\begin{pmatrix}1\\1\end{pmatrix} \qquad\qquad \text{Pirat } (t) = \begin{pmatrix}2\\8\end{pmatrix} + t\,\frac{15}{\sqrt{2}}\begin{pmatrix}1\\-1\end{pmatrix}$$

Die Entfernung der beiden Schiffe wird durch |Patrouille (t) – Pirat (t)| beschrieben und kann als Funktion von t mit den Mitteln der Analysis auf relative Extremstellen untersucht werden.

$$\text{Entfernung } (t) = |\text{Patrouille } (t) - \text{Pirat } (t)| = \sqrt{625\,t^2 - 290\,\sqrt{2}\,t + 68}$$

Man erhält eine relative Minimalstelle für $t = \dfrac{29\sqrt{2}}{125} \approx 0{,}328$ mit einem

Abstandswert von $\dfrac{3\sqrt{2}}{5} \approx 0{,}849$. Die Piraten können also entkommen.

Zur Einbeziehung der Geschwindigkeit sind u. U. Hilfen notwendig:

- ▨ Was passiert, wenn man in der Gleichung Patrouille $(t) = t\begin{pmatrix}1\\1\end{pmatrix}$ das t schrittweise um 1 erhöht?
- ▨ Was passiert, wenn man die Gleichung Patrouille $(t) = t\begin{pmatrix}1\\1\end{pmatrix}$ durch

  Patrouille $(t) = t\begin{pmatrix}3\\3\end{pmatrix}$ ersetzt und nun das t schrittweise um 1 erhöht?

Die Bearbeitung mit einem Computer-Algebra-System benötigt als Voraussetzung zumindest die Punktrichtungsgleichung einer Geraden, die Abstandsberechnung und das Berechnen eines relativen Extremwertes. Damit gehört die Aufgabe zu einem Kurs über Lineare Algebra. Das CAS wird hier benutzt, um zunächst die Funktionsterme für die Schiffsbewegungen aufzustellen, die entsprechenden Berechnungen durchzuführen und die Verläufe als Geradengleichung darzustellen. Besonders erfolgreich wurde die Aufgabe aber auch in der Wiederholungsphase vor dem Abitur eingesetzt. Hier verbindet sie die beiden Themen Analysis und Lineare Algebra und stellt damit eine integrierte Wiederholung dar. Auf dem Voyage 200 ist die Fahrt der beiden Schiffe sogar in der Bewegung darstellbar. Stellt man im Grafikfenster mit *F1* und *9: Format* die *Graph Order* auf *simultan* ein, so werden alle Graphen gleichzeitig gezeichnet, und die unterschiedlichen Geschwindigkeiten deutlich sichtbar. Eventuell muss noch unter Window der *t*-step verändert werden. Andere CAS – vor allem PC gestützte – zeichnen die Graphen aber so schnell, dass die unterschiedlichen Geschwindigkeiten nicht zu bemerken sind.

Zur Methode: Die Schülerinnen und Schüler arbeiten in Gruppen zunächst nur mit Papier und Bleistift. In dieser Phase ist es besonders wichtig, dass die Ausgangssituation von allen verstanden, eine Skizze und eine Aufgabenstellung angefertigt und ein Lösungsweg skizziert wird.

Mit diesen Voraussetzungen gelingt eine Bearbeitung ab der Jahrgangsstufe 12 in einer Doppelstunde.

Fazit

Das Darstellen von Bewegungen ist hier auf unterschiedlichem Niveau realisiert. Je nach eingesetztem Programm ergeben sich unterschiedliche Zugänge und damit Tätigkeiten und Kompetenzen:

- Beim DGS stehen das Messen und das grafische Veranschaulichen im Vordergrund.
- Bei der Tabellenkalkulation stehen numerische Werte einzelner Positionen und die Berechnung mit Hilfe des Satzes von PYTHAGORAS im Zentrum der Aufgabenlösung.
- Beim CAS geht es um das Aufstellen, Untersuchen und Bearbeiten eines Funktionsterms.

Anhang: Erstellen einer Bildlaufleiste
Eine einfache Bildlaufleiste findet man in der Symbolleiste Formular (*Ansicht → Symbolleisten → Formular*). Durch Ziehen mit der Maus erzeugt man eine Bildlaufleiste, die jetzt noch formatiert werden muss: rechte Maustaste → *Steuerelemente* formatieren.

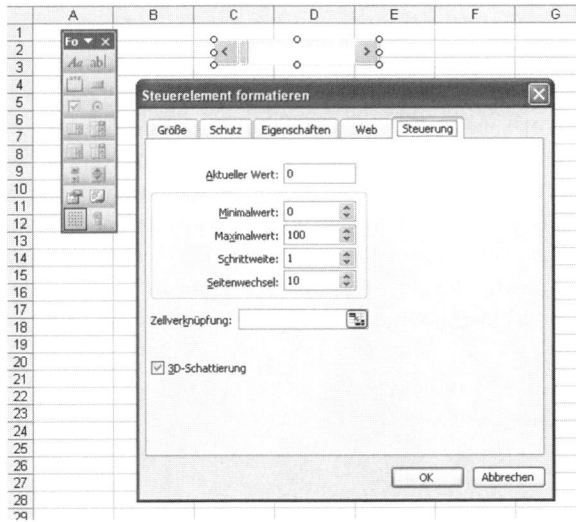

Abb. 9

In der Zellverknüpfung wird die Ausgabezelle angegeben, in der bei dieser Einstellung durch Ziehen an der Bildlaufleiste die Zahlen von 0 bis 100 erscheinen. Da in der Formatierung nur natürliche Zahlen eingesetzt werden dürfen, können rationale Zahlen erst durch eine weitere Bearbeitung der Ausgabezelle berechnet werden. Ebenfalls kann so die Schrittweite verändert werden.

Eine komfortablere (ruckfreie) Bildlaufleiste befindet sich in der Symbolleiste *Steuerelement – Toolbox*. Durch Ziehen mit der Maus wird eine Bildlaufleiste erstellt, die durch Klick auf die rechte Maustaste → *Eigenschaften* formatiert werden kann. Die Ausgabezelle wird neben *Linkedcell* eingetragen und das Ausgabeintervall durch *Max* und *Min* festgelegt. Zusätzlich kann die Schrittweite bei *SmallChange* verändert werden. Die Formatierung wird abgeschlossen durch Schließen der Eigenschaften und Klick auf *Entwurfsmodus beenden* (erstes Icon). Da in der Formatierung nur natürliche Zahlen eingesetzt werden dürfen, können rationale Zahlen erst durch eine Bearbeitung der Ausgabezelle erzielt werden.

1.5 Architektonische Modelle darstellen

Burkhard Meuser

„Modellieren" wird im Kontext des Mathematikunterrichts meist verstanden als das Beschreiben eines realen Systems oder einer Situation durch ein mathematisches Modell. Mit Hilfe des Modells lassen sich dann Probleme und Fragestellungen untersuchen und bearbeiten, deren Lösungen anschließend auf das reale System oder die reale Situation übertragen und interpretiert werden. Modellieren kann aber auch speziell und im geläufigeren Sinn des Wortes heißen, dass ein reales und materielles Modell eines Gegenstandes aus der Realität zu entwickeln und zu erstellen ist. Auch dabei hilft Mathematik – sowohl bei der Konzeption wie auch bei der weiteren Bearbeitung des Modells. Solche Modellierungen realer Körper und Formen kommen im Mathematikunterricht bereits vielfach vor – zum Beispiel Brückenbögen, Rotationskörper in Form von Gläsern, Vasen, Spielfiguren u. v. a. Meist geht es darum, die passende Funktion bzw. passenden Funktionen zu finden, um Randkurven optimal zu beschreiben, um damit weiter gehende Probleme wie Volumen- oder Oberflächenbestimmung bearbeiten zu können.

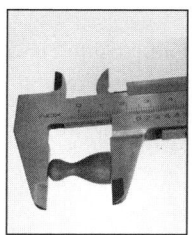  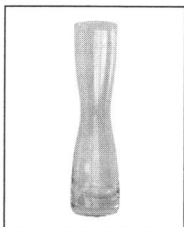

Abb. 1: Modellieren von Funktionsverläufen als geometrische Gebilde

Gerade architektonische Entwürfe werden heute vielfach am Computer virtuell erzeugt und simuliert. Auch in unserem Alltag spielen CAD-Programme eine Rolle. Sie ermöglichen, sich virtuell die neue Küche oder das neue Haus anzusehen und flexibel einzelne Elemente zu verändern und entsprechende Berechnungen durchzuführen. Dieser virtuelle Spiegel der Welt wäre ohne Rechner nicht denkbar. Die persönlichen und gesellschaftlichen Auswirkungen dieser Bilderflut mögen manche kritisch sehen – unbestritten ist aber, dass dieser Bereich ein weites Anwendungsfeld für den Mathematikunterricht bietet und Schülerinnen und Schülern die Bedeutung von mathematischen Funktionen und ihren Bildern nahe bringen kann. (Ein verwandtes Thema sind virtuelle Bilder geometrischer Modelle, vgl. den Beitrag von LEUDERS, Kap. 2.8)

Bei diesem Unterrichtsthema öffnet sich ein weites Feld kreativer Beschäftigung mit Mathematik, was im folgenden Beispiel exemplarisch gezeigt wird. Zugleich kann ein solcher Einsatz im Unterricht Jugendlichen manche Hintergründe von CAD-Technologie transparenter machen. Für den Mathematikunterricht ist es jedoch wichtig, dass man nicht allein auf solche Programme fixiert bleibt, bei denen das virtuelle Zeichnen mit intuitiv bedienbaren Grafikinterfaces und ohne Reflexion der dazu verwendeten Mathematik möglich ist, sondern dass man Programme nutzt, die die mathematische Beschreibung mit Funktionen erfordert – wie zum Beispiel Computeralgebra. Dann müssen Punkte, Linien, Bögen und Flächen „von Hand" mit Koordinaten oder entsprechenden mathematischen Funktionen erzeugt werden, wenn man sie zwei- oder auch dreidimensional darstellen will. Damit erhält man nicht nur die grafische Darstellung der Formen, sondern gleichzeitig lassen sich durch die Verfügbarkeit der Funktionsterme die Formen vielfach berechnen.

Der Vorteil des Rechners bei einem solchen Vorgehen ist zunächst, dass komplexe Modellierungen nur möglich sind, wenn ein solch mächtiges Werkzeug wie Computeralgebra zum Rechnen und Zeichnen verfügbar ist. Zum anderen lässt sich bei einem Einsatz von Funktionenplottern die Wechselbeziehung zwischen Graph und Term in besonderer Weise erkunden und der Umgang mit diesem Wechsel einüben, da die Auswirkungen von Termänderungen auf den Verlauf des Graphen unmittelbar verfolgt werden können.

Der Weg vom realen zum virtuellen Modell

Im Folgenden wird ein Unterrichtsgang vorgestellt, bei dem Schülerinnen und Schüler in Gruppen Tragwerke für die Überdachung eines offenen Forums entworfen und davon plastische Modelle hergestellt haben. Es handelte sich um eine virtuelle Bauaufgabe, bei der eine Tragkonstruktion für eine Bühnenanlage in einem offenen Forum entworfen werden sollte. (http://www.schul-mathe. de/cico)

Nach dem die Schülerinnen und Schüler im ersten Teil des Projektes Realmodelle gebaut hatten (s. Abb. 2) wurden die Ideen mit Hilfe des Computer-Algebra-Systems DERIVE mathematisch beschrieben – auch hier zunächst zweidimensional, dann dreidimensional (Abb. 3). Nicht nur der Modellbau als solches wirkte sehr motivierend, sondern ebenso der Schritt, die eigenen Entwürfe „auf dem Bildschirm herzustellen". Davon zeugen die vielfältigen Ergebnisse.

Inhaltliche Voraussetzungen für dieses Unterrichtsprojekt waren lediglich lineare und quadratische Funktionen, mit deren Hilfe die charakteristischen Kurven der Querschnittsflächen beschrieben werden mussten.

Nach dem Bau der Realmodelle sollten zunächst zweidimensionale Bilder der Tragwerke erstellt werden – als Ansicht oder als Schnitt an einer charakteristischen Stelle. Es mussten solche Funktionsgleichungen für Geraden und Parabeln gesucht werden, dass das gewünschte Bild entstand. Dabei half ein Handout zur Unterstützung bei Problemen im Umgang mit DERIVE (http://www. schul-mathe.de/cico).

Abb. 2: Tragwerkkonstruktionen der Schülerinnen und Schüler

Gekrümmter Biegeträger   Bogenförmige Kuppel

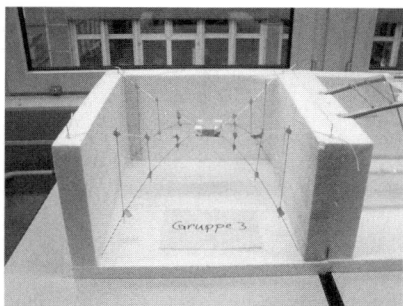

Dreibein-Stabwerk   Seilabspannung

Abb. 3: Schüler modellieren die Modelle mit dem Computer

Schüler-Teams an den PCs

Der direkte, praktische Bezug zum Modell und die optische Kontrollmöglichkeit halfen den Schülerinnen und Schülern beim Abstrahieren von der Form auf die mathematische Gleichung und machen Sinn und Nutzen mathematischer Funktionen erkennbar.

Abb. 4: Die Ergebnisse der Schüler für das 2-D-Bild

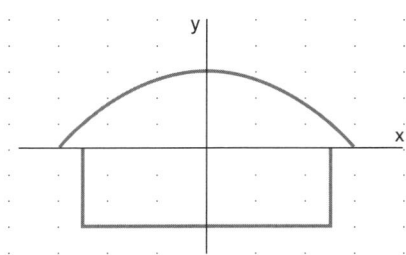
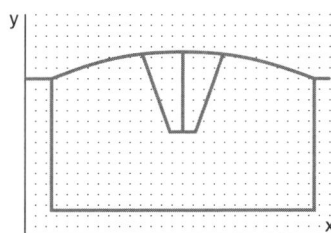

Gekrümmter Biegeträger   Bogenförmige Kuppel

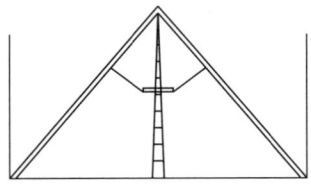

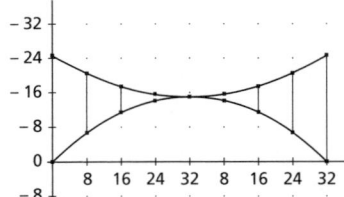

Dreibein-Stabwerk Seilabspannung

Sind die Abbildungen in 2 D gelungen, geht es an den Schritt ins Dreidimensionale. Dazu sind Informationen nötig, die einerseits technischer Natur sind, da sie den Weg weisen, mit Hilfe des Rechners das entsprechende Bild zu erzeugen – gleichzeitig werden hierbei die Vorteile einer Parameterdarstellung erarbeitet.

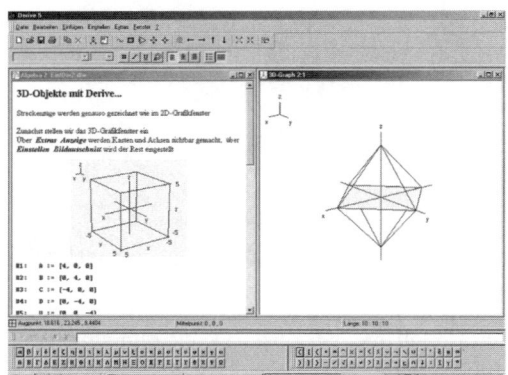

Abb. 5: Die Arbeit am 3-D-Bild

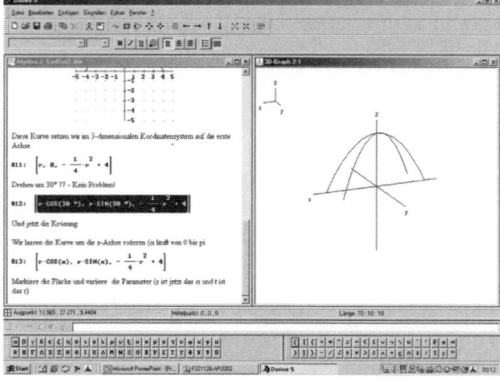

Die Eingaben für die 2-D-Abbildung der Modelle konnte als Vorlage genutzt werden und mussten nur entsprechend erweitert werden. Hier stellte die Parameterdarstellung in 3 D eine größere Hürde dar, die allerdings mit ein wenig Hilfe überwunden wurde, so dass die Modelle auch als dreidimensionale Bilder auf dem Bildschirm dargestellt werden konnten. (Vgl. Abb. 6 und Abb. 7) (http://www.schul-mathe.de/cico)

Abb. 6: Beispiel einer Derive-Datei für einen gekrümmten Balken in 3 D

```
p1 := [0, 0, 0]
p2 := [0, 40, 0]
p3 := [40, 40, 0]
p4 := [40, 0, 0]
o1 := [0, 0, 25]
o2 := [0, 40, 25]
o3 := [40, 40, 25]
o4 := [40, 0, 25]
koerper := [p1, p2, p3, p4, p1]
koerper := [o2, o3, o4, o1]
koerper := [o4, p4]
koerper := [o1, p1]
koerper := [o2, p2]
koerper := [o3, p3]
e1 := [17.5, 17.5, 15]
e2 := [22.5, 17.5, 15]
e3 := [22.5, 22.5, 15]
e4 := [17.5, 22.5, 15]
koerper := [e1, e2, e3, e4, e1]
j1 := [15, 20, 30]
j2 := [17.5, 20, 15]
koerper := [j1, j2]
j3 := [22.5, 20, 15]
j4 := [25, 20, 30]
koerper := [j3, j4]
s1(t) := [15, t, - 0.0125·(t - 20)² + 30]
s2(t) := [25, t, - 0.0125·(t - 20)² + 30]
VECTOR([s1(t), s2(t)], t, 0, 40, 4)
```

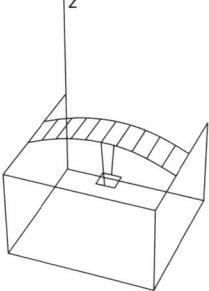

Abb. 7: Die Ergebnisse für das 3-D-Bild

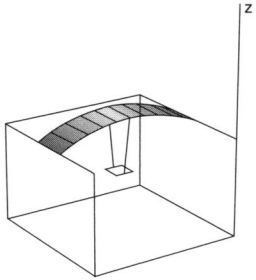

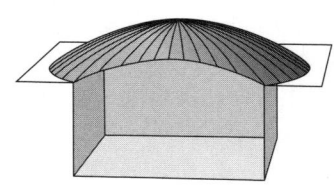

Gekrümmter Biegeträger   Bogenförmige Kuppel

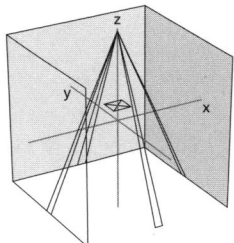

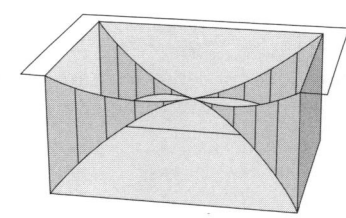

Dreibein-Stabwerk   Seilabspannung

Der Unterricht im Rückblick

Auch wenn sich diese Unterrichtssequenz mitsamt des Baus der Realmodelle über 12 Unterrichtsstunden hinzog, war dieses Projekt für alle Beteiligten äußerst erfolgreich und im positiven Sinne überraschend. Es ist erstaunlich, was die Schülerinnen und Schüler geleistet hatten. Das Konzept des selbstständigen Arbeitens, bei dem neben den Handouts (s. o.) für technische Hilfen und einzelne Übungsbeispiele keinerlei weitere Vorgaben gemacht wurden außer: „Entwickelt eine Tragwerkskonstruktion!", hat sich bewährt. Das Niveau der Ergebnisse war ausgesprochen hoch.

Die Schülerinnen und Schüler waren sehr zufrieden und stolz auf ihre Produkte. Sie konnten sich vorher überhaupt nicht vorstellen, was auf sie zukam. Als wir die Aufgabe formuliert hatten, wollte niemand glauben, dass dies zu schaffen sei. Umso stärker wurde die Motivation, als die Schülerinnen und Schüler relativ schnell ihre ersten Erfolgserlebnisse sahen und am Ende gar ein dreidimensionales Bild erzeugen konnten, welches einer CAD-Animation ähnelte. Abschließend soll das folgende Zitat den Erfolg dieses Projektes verdeutlichen: „Jetzt kann ich mir gut vorstellen, wie schwierig es sein kann, ein solches Bauwerk zu planen, zu berechnen, zu organisieren und auszuführen und trotzdem so viel Spaß dabei zu haben."

1.6 Feine und fiese Fenster – Graphen lesen und interpretieren

Wilfried Herget, Elvira Malitte, Karin Richter

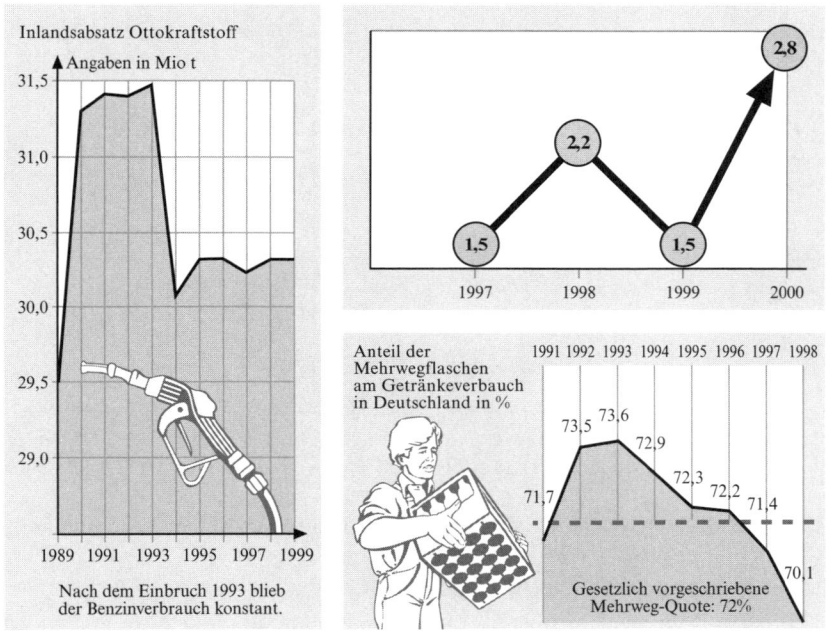

Grafiken nach: ADAC-Motorwelt 11/2000; DIE ZEIT 27.04.2000; Goslarsche Zeitung 10.08.2000.

Beim Umgang mit Graphen wird im Mathematikunterricht fast immer von gleicher Einheit auf beiden Koordinatenachsen ausgegangen – in der Regel wie selbstverständlich, unreflektiert, ohne Hinterfragen, und zwar durchgängig von den linearen Funktionen bis hin zum Abitur. Bei Grafiken, die im Alltag begegnen, kann das dann leicht zu krassen Fehlschlüssen führen – denn dort ist der Fall gleicher Achseneinheiten eher die Ausnahme. Eindrucksvoll zeigt sich das an folgendem Beispiel (nach einer Idee in FISCHLI/ROHRBACH 1998):

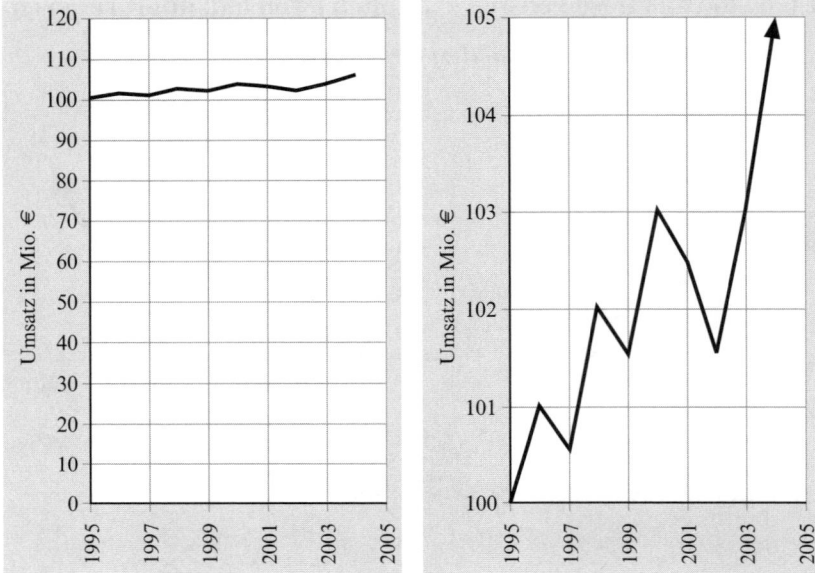

Beide Grafiken beschreiben die Umsatzentwicklung zwischen 1995 und 2004 für ein und dieselbe Firma. – Wirklich?

Kann das wirklich stimmen? Kaum zu glauben!

Doch wer genauer hinschaut, findet den Schlüssel: Es liegt an der unterschiedlichen Skalierung der Umsatz-Achse:

▪ Die erste Grafik vermittelt auf den ersten Blick eine langsame, nur mit kleinen Schwankungen versehene Umsatzsteigerung. Ursache dafür ist die – an den Daten orientierte – recht große Einheit für die Umsatz-Achse (Einheit „10"), da diese bei 0 beginnt.

▪ Die zweite Grafik dagegen vermittelt sofort einen ganz anderen Eindruck – so, als handele es sich hier um eine ausgesprochen rasante, deutlich aufwärts weisende Umsatzentwicklung mit einigen Schwankungen. Ursache dafür ist der Beginn der Umsatz-Achse erst bei 100 und die dadurch mögliche vergleichsweise kleine Einheit für die Umsatz-Achse (Einheit „1").

Um Schülerinnen und Schüler für diese Problematik zu sensibilisieren, ist es wichtig, im Mathematikunterricht solche Graphen lesen und detailliert interpretieren, aber auch Graphen gezielt selbst manipulieren zu lassen – je nach Intention der Darstellung. Ziel sollte es sein, dass Schülerinnen und Schüler flexibel mit Skalierungen und der Wahl des Zeichenbereichs umgehen, um so passend zur jeweiligen Aufgabenstellung die geeignete Grafik auswählen zu können. Dabei geht es zum Beispiel darum, besondere Einzelheiten hervorzuheben oder eine bestimmte Wirkung zu erzielen, z. B.:

▦ Ein spezieller, besonders interessierender Ausschnitt des Graphen soll vergrößert angezeigt werden. So liegt in vielen Anwendungszusammenhängen der wirklich interessierende Bereich der Argumentwerte oder der Funktionswerte außerhalb der unmittelbaren Nähe des Koordinatenursprungs.

▦ Die Wirkung der grafischen Veranschaulichung soll verändert werden – etwa der Eindruck, ob das Wachstum steiler oder flacher erfolgt.

Elektronische Medien, die das Zeichnen von Funktionsgraphen ermöglichen, können hierbei in mehrfacher Weise unterstützen:

▦ Jede Nutzung solcher Medien verstärkt die Notwendigkeit eines kritischen Blicks auf Skalierung und Zeichenbereich. Bei einem rechnerfreien Unterricht ist die Gefahr groß, sich auf die übliche Skalierung „pro Achse 1 cm für 1 Einheit" zu versteifen. Beim Einsatz von Rechnern dagegen werden oft Grafiken mit unterschiedlichen Skalierungen und Zeichenbereiche erzeugt, die dann korrekt „gelesen" und ggf. geeignet verändert werden müssen. „Man sieht gar nichts" oder „Mein Rechner zeichnet nicht" sind häufige Schüler-Äußerungen, wenn das Grafik-Fenster nicht den Erwartungen entspricht. Solche Äußerungen geben Anlass genug, den Blick auf die spezifischen Fenstereinstellungen zu schärfen.

▦ Elektronische Medien mit Funktionenplottern (dazu gehören Computeralgebra, reine Funktionenplotter und Tabellenkalkulation) ermöglichen, dass Graphen mit wenig Aufwand erzeugt und schnell verändert werden können. Dadurch entfällt das zeitaufwändige Zeichnen per Hand, und die Konzentration bleibt bei der eigentlichen Aufgabe.

▦ Durch das schnelle Erzeugen von verschiedenen Grafiken mit dem Funktionenplotter können Schülerinnen und Schüler ihre Erwartungen unmittelbar überprüfen und gegebenenfalls die Darstellung zielgerichtet anpassen.

Die Veränderungen bei Skalierung und Zeichenbereich geschehen technisch meist über vorgegebene unterschiedliche Zoom-Möglichkeiten oder über die explizite Angabe des Fensterbereichs für die Grafik. Dies ist sowohl der Fall bei entsprechender Software auf Computern als auch bei grafikfähigen Taschenrechnern bzw. Taschencomputern. Die Bilder in den folgenden Beispielen wurden mit einem grafikfähigen Taschenrechner (hier TI-83+) erzeugt.

Das Lesen und Interpretieren von Funktionsgraphen kann anhand verschiedener Aufgabentypen eingeübt werden, bei denen der Rechnereinsatz zum Generieren von Beispielen, zum Überprüfen von Vermutungen und zum Visualisieren genutzt wird.

▦ Eine Funktion – viele Bilder: Allein durch das Verändern der Skalierungen auf den beiden Achsen können zu einer Funktion ganz unterschiedliche Bilder mit unterschiedlichen Wirkungen erzeugt werden.

▨ Ein Bild – viele Funktionen: Andererseits können zu einem bestimmten Bild, bei dem keine Angaben zu Skalierung und Zeichenbereich zu entnehmen sind, ganz unterschiedliche Funktionen gehören.

▨ Nicht dem ersten Eindruck trauen: Hier geht es um Aufgabenstellungen, die sich auf einen Anwendungszusammenhang beziehen, bei dem gezielte Manipulationen zu erkennen oder selbst vorzunehmen sind.

Eine Funktion – viele Bilder

Ein erster Schritt zum verstehenden Lesen von Funktionsbildern kann es sein, zunächst im Fall linearer Funktionen den Einfluss unterschiedlicher Achsenskalierungen selbstständig auszutesten. Folgende Aufgabenstellungen (vgl. auch HERGET/MALITTE/RICHTER 2001) können dazu verhelfen:

Zeichne den Graphen von *y* = *x* in zwei verschiedene Koordinatensysteme. Bei dem einen Koordinatensystem soll die Einheit der *x*-Achse größer und bei dem anderen kleiner sein als die Einheiten auf der *y*-Achse. Was fällt dir auf?

Hier wird durch Verändern der Einheiten auf den Achsen der Eindruck des Graphen bzgl. der Steigung verändert – er wird flacher oder steiler. Es macht Sinn, diese Aufgabe zunächst mit Papier und Bleistift bearbeiten zu lassen, um die Bedeutung der Achsenskalierung auf verschiedene Weisen zu erfassen.

Verändere das Grafik-Fenster im Rechner so, dass der Graph von *y* = *x* folgendermaßen aussieht:

erst so: 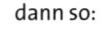 dann so:

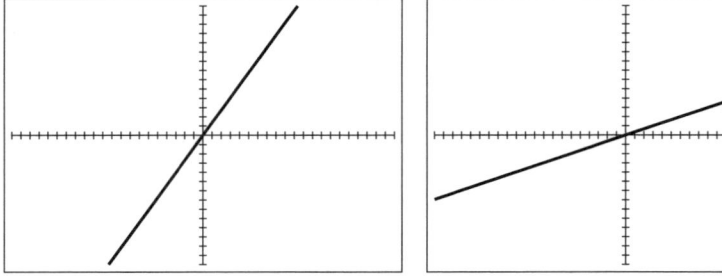

Halte die von dir gewählten WINDOWS-Einstellungen mit ihren Konsequenzen fest.

Hier ist es gerade umgekehrt: Ausgangspunkt ist hier nicht die Achsenskalierung, sondern der gewünschte Geradenverlauf, und zu diesem wird die passende Skalierung gesucht. Es geht darum, den Fensterbereich explizit festzulegen (d. h. Angabe des Intervalls der *x*-Werte und der *y*-Werte sowie die Angabe der Schrittweite für die Skalenabschnitte). Dadurch kann schnell ausgetestet werden, welche konkreten Skalierungen dem vorgegebenen Graphen für *y* = *x* (besonders) gut entsprechen.

Diese beiden unterschiedlichen Arbeitsweisen lassen sich auch in einer etwas stärker geführten Weise darbieten:

Trage für die Funktion $y = -2x + 3$ jeweils einen x- und einen y-Bereich so ein, dass das angegebene Beobachtungsergebnis entsteht:

Funktion	WINDOW-Bereich				Beobachtungsergebnisse
	X min	X max	Y min	Y max	
$y = -2x + 3$					Graph wirkt sehr flach.
					Graph wirkt sehr steil.
					Graph geht durch linke obere und rechte untere Ecke des WINDOW-Bereiches.

Bedeutung des Bereichs für die Funktion $y = 2x - 3$. Trage deine Beobachtungen ein:

Funktion	WINDOW-Bereich				Beobachtungsergebnisse
	X min	X max	Y min	Y max	
$y = 2x - 3$	−10	10	−10	10	
	−20	20	−10	10	
	−10	10	−20	20	

Ein Bild – viele Funktionen

Dreht man den Spieß um, erhält man ein neues Aufgabenformat, das die Bedeutung der Achsenskalierung erfassen hilft:

Gegeben ist der nebenstehende Graph auf dem Bildschirm deines Grafik-Taschenrechners. Gib für unterschiedliche WINDOW-Bereiche jeweils die zugehörige Funktionsgleichung an, so dass genau dieses Bild als Graph entsteht (Beispiel: $y = 0,5x$ für $x \in [-10;10]$ und $y \in [-10;10]$).

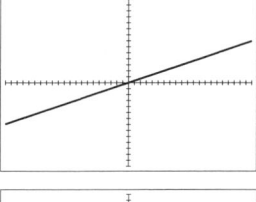

Dieser Aufgabentyp wird besonders spannend, wenn man extreme Graphen betrachtet: Diesen „Leer-Graphen" kennen viele Schülerinnen und Schüler, wenn sie sich zum Beispiel den Graphen zu $y = x + 20$ in der Standard-Voreinstellung des Rechners anschauen wollen und genau dieses Bild erhalten.

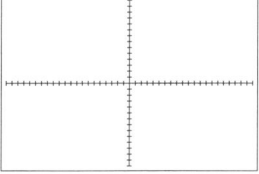

Der „Leer-Graph"

Hier wird der Leer-Graph als Ausgangspunkt für Erkundungen genutzt:

▨ Alex behauptet, er könne einen solchen „Leer-Graphen" zu $y = x$ erreichen. Wie könnte er dabei vorgehen?

▨ Pia kann einen solchen „Leer-Graphen" sogar zu $y = x + 1$ erreichen. Wie könnte sie dabei vorgehen?

▨ Kannst du einen „Leer-Graphen" zu $f(x) = \sin(x) + 2$ erzeugen?

Ähnliche Aufgabenstellungen sind zum „Langweiler-Graphen" denkbar:

Bea, Klaus und Tina haben behauptet, sie können einen „Langweiler-Graphen" mit verschiedenen Funktionstermen erzeugen, und zwar mit:

$y = x + 5$

$y = x^2 + 5$

$y = |x| + 5$

Wie könnten sie dabei vorgegangen sein?

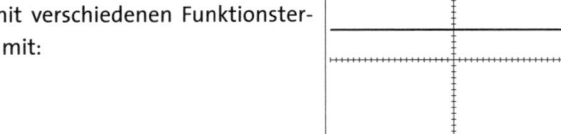

Der „Langweiler-Graph"

Dem ersten Eindruck trauen?

Natürlich wird die Notwendigkeit eines kritischen Blicks auf Achsenskalierung und Zeichenbereich erst recht deutlich im Kontext von Anwendungsaufgaben, wenn das Wissen um die Bedeutung und die Wirkung der Fenstereinstellungen bewusst eingesetzt werden kann. Dies ist angesichts der zunehmenden Verwendung von Grafiken in den Medien, vor allem in der Werbung, von besonderer Bedeutung.

Die Werbechefin hat die nebenstehende Grafik für den Umsatz ihrer Firma zwischen 1995 und 2004 vor sich.

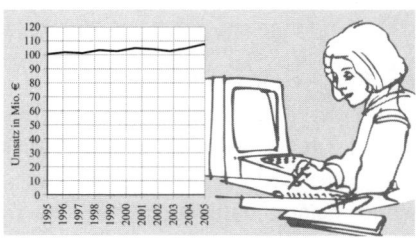

Dann nimmt sie die zugehörige Wertetabelle zur Hand.

Jahr	1995	1996	1997	1998	1999	2000	2001	2002	2003	2004
Umsatz in Mio. €	100	101	100,6	102	101,5	103	102,5	101,5	103	105

Sie überlegt: Könnte man durch geeignete Veränderung der Achsenskalierungen nicht einen optimistischeren Eindruck von unserer Aufwärtsentwicklung beim Betrachter erwecken? Was würdest du ihr vorschlagen?

Bei diesem Beispiel sind eine Tabellenkalkulation oder entsprechende Produkte auf Handheld-Geräten hilfreich, da damit leicht eine Grafik allein aufgrund einer Wertetabelle erzeugt werden kann. Ein Funktionenplotter, bei dem die Grafik über die Eingabe des Terms erfolgt, hilft hier nicht weiter, da ein Funktionsterm nicht unmittelbar vorliegt. Jedoch bleibt die Rolle des Mediums die gleiche wie bei den vorherigen Beispielen – es können schnell Grafiken erzeugt und verändert werden, Vermutungen überprüft und gezielt Manipulationen vollzogen werden. Eine mögliche sinnvolle Lösung der Werbechefin wäre die Grafik auf der zweiten Seite dieses Beitrags. Ähnliche Aufgabenstellungen sind auch denkbar zu den Grafiken ganz zu Beginn dieses Artikels.

1.7 Mit WebQuests im Internet recherchieren

Christine Bescherer

WebQuest – dahinter verbergen sich computergestützte Lernumgebungen, die bei Schülerinnen und Schülern das Argumentieren, das Problemlösen und das Kommunizieren fördern sollen. So lautet zumindest das Urteil des amerikanischen Mathematiklehrerverbandes (NCTM 2000), der in einer solchen Methode einen Weg sieht, diese Standards umzusetzen. WebQuest lässt sich am besten mit „Netz-Erkundung" übersetzen, was natürlich nur halb so abenteuerlich klingt. Fast alle mathematischen Inhalte – zumindest auf Schulniveau – lassen sich in WebQuests bearbeiten und dementsprechend ist in den letzten Jahren eine wachsende inhaltliche Breite mathematischer WebQuests vor allem in den USA entstanden (siehe z. B. unter http://webquest.org).

WebQuests wollen vor allem erreichen, dass Schülerinnen und Schüler Informationen aus dem Internet fachlich ertragreich nutzen und sich dabei nicht in einem Übermaß an unbewerteten und unstrukturierten Seiten verlieren.

Was genau ist ein WebQuest?

WebQuests stellen eine Stützstruktur dar, anhand derer Lehrpersonen projektartige Unterrichtsformen unter Nutzung von Internetquellen planen und durchführen können. Sie gehen auf Bernie Dodge und Tom March zurück, die sich Mitte der 90er Jahre überlegten, wie Informationen aus dem WorldWide-Web von Lernenden sinnvoll genutzt werden können (Dodge 1997). In ihrer etablierten Form werden WebQuests typischerweise in sechs Teile gegliedert, die erst in ihrer Gesamtheit die Besonderheit dieser methodischen Struktur ausmachen. Diese sechs Teile sind:

- **Einleitung** – zur Hinführung der Schülerinnen und Schüler zum Thema und Motivation

▨ **Aufgabe** – Beschreibung dessen, was von den Lernenden erzeugt werden soll

▨ **Vorgehen** – Beschreibung, wie die Lernenden beim Bearbeiten der Aufgabe vorgehen sollen

▨ **Quellen** – On- und Offlinequellen, die von der Lehrperson vorher ausgesucht werden

▨ **Bewertung** – Angabe der Bewertungskriterien

▨ **Fazit** – zur Abrundung

Dies sei an folgendem Beispiel erläutert, das auf vielfältige Weise abgewandelt werden kann.

WebQuest: Bevölkerungsdaten

Klassenstufe 9 bis 10

Einleitung:
„Fast elf Millionen Kinder sterben jedes Jahr noch vor ihrem fünften Geburtstag – an Hunger, an Krankheiten, durch Gewalt und Kriege. Etwa 1,2 Milliarden Menschen auf der Welt müssen von weniger als einem US-Dollar pro Tag leben – jeder Fünfte von uns. Jährlich werden 200.000 km^2 Regenwald abgeholzt – das ist mehr als die halbe Fläche Deutschlands."
Dies steht auf der Seite des Bundesministeriums für wirtschaftliche Zusammenarbeit und Entwicklung als Anfang der Antwort auf die Frage „Warum brauchen wir Entwicklungspolitik?" (http://www.bmz.de/de/ziele/politik/index.html).
Bei Fragen zur Weltbevölkerung spielen der Vergleich von unterschiedlichen Daten und Zahlen eine große Rolle. Wie kann die Mathematik helfen, die Daten und Zahlen besser zu verstehen?

Aufgabe:
Ihr sollt auf einer Weltbevölkerungskonferenz als Experten für eine Erdregion (Europa, Asien, Amerika, Afrika, Australien/Ozeanien) Daten und Zahlen zu vier ausgewählten Ländern eurer Region präsentieren. Das Thema der Konferenz ist: „Wie können auf der Erde im Jahr 2050 9 Millarden Menschen leben?"
Die Präsentation kann mit Hilfe eines Plakats, einer Broschüre oder einer Computerpräsentation erfolgen. Eure Delegation setzt sich aus je einem Experten für Landwirtschaft, für Rentenentwicklung, für Bildungspolitik und für Wirtschaft zusammen. Für die Präsentation habt ihr 20 Minuten Zeit.

Vorgehen:
▨ Findet euch in Vierer-Gruppen zusammen und einigt euch mit den anderen Gruppen, welche Region ihr übernehmen wollt.

- Ihr habt insgesamt 10 Stunden plus Hausaufgabenzeit, um die Aufgabe zu bearbeiten. Überlegt euch zuerst, was bis wann fertig sein muss, damit die Plakate usw. in den letzten beiden Stunden präsentiert werden können.
- Sammelt zuerst in einem Brainstorming, was euch zum Thema „Weltbevölkerung" einfällt. Ordnet diese Ideen einem Expertengebiet (Landwirtschaft, Rentenentwicklung, Bildungspolitik und Wirtschaft) oder dem Punkt „Allgemeines" bzw. „Sonstiges" zu.
- Bestimmt, wer in der Gruppe welches Expertengebiet übernimmt. Der oder die ist dann dafür verantwortlich, dass dieses Expertengebiet auch gut vertreten wird. Für die Punkte „Allgemeines" und „Sonstiges" sind alle in der Gruppe zuständig.
- In den beiden Weltbevölkerungsquellen findet ihr viele Daten und Zahlen und auch einige Schaubilder. Wählt zwei Länder eurer Region zufällig aus. (Eventuell müsst ihr den Atlas zu Rate ziehen oder die Geographie-Links benutzen.)
- Vergleicht die Daten der beiden Länder miteinander. Wählt jetzt zwei weitere beliebige Länder eurer Region und vergleicht nun diese Länder mit den vorigen.
- Probiert verschiedene Arten von Diagrammen und Tabellen-Darstellungen aus. Überlegt euch, bei welchen der Vergleich besonders verständlich wird.
- Sucht euch jetzt erst die Länder aus, die ihr als besonders typisch oder wichtig für eure Region präsentieren wollt. Schreibt die Begründung für eure Auswahl auf, da ihr sie in der Abschlusspräsentation wieder brauchen werdet.
- Wählt jetzt die Bereiche aus, die ihr in eurer Präsentation vorstellen möchtet.
- Erstellt die Diagramme, Tabellen usw. aus eurem Expertenbereich, die ihr für eure Präsentation verwenden wollt.
- Entwerft das Plakat, die Broschüre oder die Beamer-Präsentation. Bestimmt, wer was bis wann daran arbeiten soll.
- Probt die Präsentation eures Plakats, eurer Broschüre oder die Beamer-Präsentation in der Gruppe, so dass jede/r weiß, was wann zu tun ist.

Quellen:
Weltbevölkerungs-Links:
1. Deutsche Stiftung Weltbevölkerung:
http://www.weltbevoelkerung.de
2. Worldbank:
http://devdata.worldbank.org/data-query/
Diese Quelle ist in englischer Sprache. Dort könnt ihr die
Länder, die Datenbereiche und die Jahre auswählen und
dann eine Datei herunterladen, die ihr in ein Tabellenkal-
kulationssystem einlesen könnt.
So könnt ihr dann z. B. eigene Diagramme erstellen.

Anleitung: Wählt zuerst die Länder aus, die euch interessieren. Wählt dann die Bereiche aus, von denen ihr die Daten für die ausgewählten Länder haben möchtet. (Eine Liste mit englischen und deutschen Bezeichnungen findet ihr unter diesem Link.) Dann müsst ihr noch das Jahr (oder die Jahre) auswählen, für das ihr die Daten haben wollt. Ihr könnt dann die Daten direkt im Ausgabefenster anschauen und abschreiben oder sogar die Datei herunterladen.

Tipp: Verwendet die txt-Datei („Save data as ASCII file"). Dann könnt ihr sie trotzdem im Tabellenkalkulationsprogramm öffnen, müsst aber dann die Spalte mit den Zahlen als „Text" formatieren, sonst werden die amerikanischen Kommazahlen (2.4) als Datum ausgegeben.

Geographie-Links:
Allgemeine Informationen zu den Ländern der Erde:
http://www.weltalmanach.de/staat/staat_liste.html
Country Reports
http://www.emulateme.com/
Dies ist eine englische Seite, die auch die Karte des
Landes und die Stelle auf der Weltkugel, wo sich das
Land befindet, zeigt.

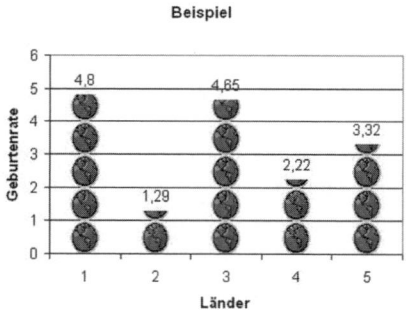

Beispiel

Geburtenrate / Länder

Links zu Diagrammen und zur Datenanalyse:
Ihr findet Informationen zu Diagrammen in euren Mathematikbüchern oder z. B. auf den folgenden Seiten:
http://www.learn-line.nrw.de/angebote/eda/medio/glossar/ glossar.htm
oder http://office.microsoft.com/de-de/ (dann auf „Unterstützung" klicken und dann unten bei „Unterstützung durchsuchen" auf „Excel 2003" klicken und dann oben in bei „Suchen" „verfügbare Diagrammtypen" eingeben) oder auch auf den Hilfeseiten eines Tabellenkalkulationssystems nachsehen.

Bewertung:

	Anfänger	Fortgeschrittene	Experten	Hervorragend
Angemessenheit der Auswahl der Länder und der Datenbereiche (15 %)	Die Auswahl ist eher zufällig, keine Gründe für die Auswahl erkennbar.	Die Gründe für die Auswahl sind nachvollziehbar, berücksichtigen aber nur einzelne Aspekte.	Die Auswahl ist gut gelungen, die ausgewählten Länder und Datenbereiche stellen die Zustände in der Erdregion gut dar.	Die ausgewählten Länder und Datenbereiche zeigen das Spektrum der gewählten Erdregion und die Problematik des Konferenzthemas sehr gut auf.
Darstellung der Daten (Diagramme, Tabellen usw.) (40 %)	Die wichtigen Daten sind alle dargestellt. Diagramme sind vorhanden.	Die Daten sind den Inhalten angemessen aufbereitet und die Diagramme sind vollständig und ansprechend.	Gute Aufbereitung der Daten, Diagramme sind gut zu lesen und stellen alles Wichtige klar und übersichtlich dar.	Die Daten sind sehr gut aufbereitet, die Darstellung ist sehr gut gelungen. Die Tabellen und Diagramme ermöglichen einen unkomplizierten, aber kompetenten Überblick über die dargestellte Erdregion.
Qualität des Plakats, der Broschüre, der Präsentationsfolien (15 %)	Alle wichtigen Bestandteile sind vorhanden und gut erkennbar.	Gut aufgebaut und ansprechend.	Sehr ansprechend und die Informationen sind klar und gut verständlich präsentiert.	Sieht aus wie von Profis gemacht, so ansprechend und informativ ist das Plakat, die Broschüre bzw. die Computerpräsentation.

	Anfänger	Fortgeschrittene	Experten	Hervorragend
Zusammenarbeit in der Gruppe (15 %)	Jede/r arbeitet mehr oder weniger alleine vor sich hin, kaum Einhalten von Abmachungen.	Die Zusammenarbeit klappt ganz gut, Absprachen werden im Großen und Ganzen eingehalten.	Die Zusammenarbeit macht keinerlei Probleme.	Sehr gute Zusammenarbeit, alle denken für die anderen mit, Absprachen werden nur mit gutem Grund geändert.
Abschlusspräsentation (15 %)	Die Präsentation beschränkt sich auf das Nötigste.	Die Präsentation ist ansprechend und verständlich.	Die Präsentation ist gut vorbereitet und strukturiert.	Die Präsentation ist hervorragend vorbereitet und sehr gut strukturiert.

Fazit:
Ihr habt jetzt gesehen, wie wichtig die gute Aufbereitung und Darstellung von Daten ist, wenn man ein Plakat oder eine Broschüre machen möchte. Und vielleicht habt ihr auch bemerkt, dass man dabei ganz einfach „schummeln" kann.

Variationsmöglichkeiten

Der vorgestellte WebQuest gehört zu den mittellangen WebQuests und setzt grundlegende Kenntnisse im Umgang mit Tabellenkalkulationssystemen und der Darstellung von Datenvergleichen sowie Diagrammen voraus. Je nach konkreten Rahmenbedingungen kann dieser WebQuest von der Lehrperson für seine Lerngruppe angepasst werden. Selbstverständlich müssten dann auch die Bewertungskriterien entsprechend abgeändert werden.

■ Schülerzahl: Die Gruppenaufteilung dieses WebQuests ist optimiert für 20 Schülerinnen und Schüler. Selbstverständlich können z. B. die Erdregionen jeweils von zwei Gruppen unabhängig bearbeitet werden, oder die Gruppengröße kann auf fünf Personen erhöht werden, indem sich noch eine Person speziell um die allgemeinen Informationen zu den Ländern kümmert.

■ Umfang: Ein kurzer WebQuest wird daraus, wenn von der Lehrperson die Länder und Datenbereiche vorgegeben werden, die verglichen werden sollen. So kann der WebQuest in zwei bis drei Schulstunden bearbeitet werden. Dabei gehen dann selbstverständlich auch verschiedene prozessorientierte Kompetenzen „verloren".

▓ Vorkenntnisse: Wenn die Schülerinnen und Schüler erst lernen sollen, welche Diagramme für welche Aussagen mehr oder weniger geeignet sind, so könnten anhand von vorgegebenen Ländern und Datenbereichen möglichst verschiedene Diagrammarten ausprobiert und auf ihre Aussagekraft untersucht werden.

▓ Einbezug anderer Fächer: Da der Themenbereich hier aus der Geographie stammt und eine der Quellen sogar nur in englischer Sprache vorhanden ist, so ließen sich diese beiden Fächer direkt integrieren, aber auch die Fächer Deutsch (Erstellung der Informationsbroschüre, Diskussionsrunde bzw. ein Zeitungsbericht zur Weltbevölkerungskonferenz) oder bildende Kunst (Plakatgestaltung) sowie Informatik bzw. Informationstechnische Grundbildung (Anwendung von Tabellenkalkulationssystemen) ließen sich einbeziehen.

▓ Schulstufe: WebQuests können ab der Grundschule durchgeführt werden. Auf der Seite der Deutschen Stiftung Weltbevölkerung könnten die Schülerinnen und Schüler einer vierten Klasse zum einen die Weltbevölkerungsuhr und die Bedeutung der einzelnen Zahlen untersuchen, aber auch z. B. an den Daten von Deutschland und ausgewählten anderen Ländern den Vergleich von Daten bzw. die (händische) Darstellung in Diagrammen thematisieren. Bei entsprechender Ausweitung der Fragestellung z. B. auf die Bedeutung unterschiedlicher Mittelwerte bzw. Sinn und Unsinn statistischer Daten lässt sich der WebQuest problemlos auf Oberstufenniveau anheben.

Ähnlich wie bei Arbeitsblättern soll dieses Beispiel vor allem als Ideengeber dienen und muss selbstverständlich an die konkrete Situation im Unterricht angepasst werden. Die prinzipielle Struktur der Webquests hat sich bewährt, weshalb man diese nicht grundlegend verändern sollte.

Zur Funktion und Gestaltung von Webquests

WebQuests sind grundsätzlich weder auf bestimmte Fächer noch auf Altersstufen beschränkt. Mindestanforderung ist lediglich, dass die Lernenden die bereitgestellten Informationen lesen und verstehen können.

Die feste Struktur von WebQuests unterstützt einerseits die Planung von Unterrichtseinheiten, in denen Information aus dem WWW gezielt genutzt werden soll.[1] Andererseits stellen WebQuests meist in Form von Online-Arbeitsblättern auch die Struktur dar, anhand derer die Lernenden die gestellte Aufgabe bearbeiten können.

Die einzelnen Bestandteile entwickeln erst in ihrer Gesamtheit eine Strukturierungs- und Stützfunktion, erfüllen aber spezifische Funktionen:

---

1 Grundsätzlich sind selbstverständlich auch (Web)Quests rein mit Quellen aus Zeitschriften und Büchern oder ausgedruckten WWW-Seiten denkbar, aber entwickelt wurden sie gezielt zur sinnvollen Nutzung von Online-Quellen im Unterricht.

Die **Einleitung** dient der Motivation und Hinführung der Lernenden zum inhaltlichen Thema wie auch den verwendeten Methoden des WebQuests.

Die **Aufgabe** enthält neben der konkreten Problemstellung auch die Information, welches Produkt (z. B. Plakat, Rollenspiel, Präsentation oder auch das Bestehen einer mündlichen Prüfung bei der Bearbeitung des WebQuests) entstehen soll. Damit können die Arbeit und der Lernprozess zielgerichtet verlaufen und es ist direkt einsehbar, warum bestimmte (mathematische) Fertigkeiten für die Bewältigung der Aufgabe notwendig sind.

Die Beschreibung des **Vorgehens,** einschließlich eventueller Hilfsmittel wie Planungsschemata usw., hängt immer von der konkreten Lerngruppe, deren Vorkenntnissen und Leistungsniveau ab. Erfahrene Lernende sollten selbst wissen, wie sie beim Bearbeiten der gestellten Aufgabe vorgehen könnten, andere müssen entsprechend unterstützt werden. Sehr wichtig ist es, die Formulierung von Aufgabe und Vorgehen zu trennen. Damit können Lernende das Vorgehen von der konkreten Aufgabe abstrahieren und auf andere Aufgaben übertragen.

Die **Quellen** müssen sorgfältig von der Lehrperson hinsichtlich der Aufgabenstellung ausgewählt werden. Da die Lernenden bei WebQuests erst die Verarbeitung von Informationen lernen sollen, ist es zumindest bei weniger erfahrenen Lernern nicht sinnvoll, sie mit Suchmaschinen selbst nach geeigneten Quellen suchen zu lassen. Offline-Quellen, d. h. Bücher – auch Schulbücher, Zeitschriften, Videos usw. – sind selbstverständlich auch zu berücksichtigen. Eine einzige gut ausgewählte Quelle ist oft vollkommen ausreichend und ein zu großes Angebot führt leicht zu einem „lost-in-hyperspace"-Zustand.

Die Vorabbekanntgabe von Kriterien der **Bewertung** ist in Deutschland eher unüblich, jedoch in den USA weit verbreitet. Der Vorteil dieses Vorgehens besteht darin, dass die verschiedenen Anforderungsniveaus zum Erreichen einer bestimmten Note vorher geklärt und gegenüber allen Beteiligten transparent gemacht werden. Damit haben Lernende eine klare Orientierung, welche Aspekte des WebQuests welche Wichtigkeit haben.

Das **Fazit** rundet den WebQuest ab und führt z. B. auf das Thema einer Abschlussdiskussion. Gerade bei der Planung von Unterrichtsszenarien ist es sehr hilfreich, das Ziel vor Augen zu haben. Im Fazit werden Anregungen gegeben, wie z. B. die bearbeiteten Aufgaben verallgemeinert oder weitergeführt werden können. Es stellt eine Verbindung zum nachfolgenden Unterricht her.

Welche Kompetenzen werden bei WebQuests erworben?

Inhaltlich befasst sich der vorgestellte WebQuest offensichtlich mit dem Thema „Daten und Zufall". Es lassen sich aber WebQuests zu allen inhaltlichen Bereichen der Schulmathematik entwickeln. Interessanter – und übertragbar auf die meisten WebQuests – sind aber die mathematischen Prozesse, die bei der Arbeit ablaufen:

▩ **Lesen** und **Interpretieren:** Ein WebQuest erfordert zunächst, dass das dargebotene Material gelesen, die wesentlichen Informationen herausgezogen und entsprechend interpretiert werden müssen. Dies gilt in besonderem Maße für das weitere und gezielte Recherchieren in den vorgegebenen und selbst gesuchten Quellen.

▩ **Argumentieren:** Es geht in diesem Beispiel vor allem um den Vergleich zweier oder mehrerer Datensätze. Auf Daten gestützt zu argumentieren spielt nicht nur in der Mathematik, sondern ebenfalls im Alltag eine sehr große Rolle. Wie leicht man mit „Statistik lügen" kann, lässt sich fast täglich in den Medien erkennen und wie man mit Daten kritisch und sorgsam umgehen und argumentieren kann, lässt sich im Mathematikunterricht lernen.

▩ **Problemlösen:** Bei dem vorgestellten WebQuests liegt ein Schwerpunkt auf der Auswahl geeigneter Länder und Datenbereiche, so dass ein für einen Kontinent charakteristisches Bild entsteht. Dies wirft sofort viele Fragen auf wie z. B.: Soll das größte und das kleinste Land vorgestellt werden oder die „durchschnittlichsten" Länder? (Wie immer „durchschnittlich" verstanden wird.) Welche Datenbereiche sagen was genau aus? Welche sind eher unwichtig? Durch die Arbeit in der Gruppe und die geforderte Begründung für die Auswahl (in der Präsentation) werden sich die Lernenden solche und ähnliche Fragen stellen müssen. Die Antworten darauf sind nicht eindeutig und Schülerinnen und Schüler müssen immer wieder Entscheidungen treffen und mathematische Mittel dazu heranziehen (wie hier z. B. Mittelwerte). Diese Form des Problemlösens entspricht in besonderem Maße dem Problemlösen in Anwendungssituationen, wie sie in einem späteren beruflichen Umfeld der Schülerinnen und Schüler vorkommen können.

▩ **Modellieren:** Die von den Schülerinnen und Schülern getroffene Auswahl von Ländern und Daten und ihre Auswertungs- und Darstellungsentscheidungen (Minimum – Maximum – Darstellung, Durchschnittsbestimmung, Vergleich von Prozentwerten, ...) lässt sich als Wahl verschiedener mathematischer Modelle auffassen. Dabei ist das jeweilige Modell weder richtig noch falsch, sondern immer nur nützlich in Bezug auf das vorliegende Problem und die Intention der Problembearbeiter. Diese Erkenntnis ist hilfreich für jegliche weitere Modellierungen.

▩ **Darstellen:** Die Schülerinnen und Schüler müssen sich hier explizit mit der Darstellung von Daten befassen. In manchen Fällen wird eine einfache Tabelle aussagekräftiger sein als ein Diagramm. Wenn die Schüler ihre Produkte erstellen, werden sie sich genau über diese Themen Gedanken machen müssen. Auch welcher Diagrammtyp für welchen Datensatz angemessen ist, kann anhand der Aufgabe thematisiert werden. Damit wird das Darstellen als Problemlösestrategie erlebt.

▦ **Kommunizieren:** Das Arbeiten mit dem WebQuest kann ein ausgesprochen kommunikativer und kooperativer Problemlöseprozess sein. Dadurch, dass die Schülerinnen und Schüler ein mehr oder weniger einheitliches Produkt in der Gruppe erstellen müssen, sind sie gezwungen zu kommunizieren und zu kooperieren. Dies wird v. a. in der Abschlusspräsentation deutlich, in der dann von der Lehrperson immer auch die Begründung für die Auswahl der Länder, der Datenbereiche und der Darstellungsweise eingefordert wird. Die Rollenverteilung innerhalb der Gruppen unterstützt die Kommunikation ebenfalls, da jeder und jede für den eigenen Bereich verantwortlich ist und deshalb ein Interesse daran haben muss, dass der Bereich gut präsentiert wird. Weiter sind die Schülerinnen und Schüler gezwungen, verschiedene Perspektiven einzunehmen, einmal als Experten für das eigene Sachgebiet, aber auch für die allgemeine Darstellung der Ergebnisse.

Rückblick

Das Beispiel hat gezeigt, wie man das Internet für das fachliche Lernen nutzen kann, ohne Schülerinnen und Schüler mit diesem verwirrend großen Medium allein zu lassen. Zwar wird der Zugriff auf das Internet von der Lehrperson und durch die Struktur eines WebQuests stark vorbestimmt. Dennoch kann ein wesentlicher Teil der Offenheit erhalten bleiben, so dass neben der jeweiligen fachlichen Ausrichtung besonders prozessbezogene Kompetenzen gefördert werden können. Außerdem können Schülerinnen und Schüler, die die Lernumgebung als zu einengend empfinden, sich jederzeit auch in die große Welt des „ganzen Internets" wagen.

Einige Internet-Seiten mit Anregungen für Webquests finden Sie hier: (Zugriffsdatum: 01.08.2005)
▦ Gemeinschaftsprojekt zu WebQuests von Niedersachsen, Österreich und der Schweiz: www.webquest-forum.de
▦ BESCHERER, CHRISTINE: Mathematik – WebQuests: http://webquest.ph-bw.de oder www.mathe-webquests.de
▦ Beispiel-WebQuest: http://webquest.ph-bw.de/webquests/welt/index.html
▦ DODGE, BERNIE: The WebQuestPage, http://webquest.sdsu.edu.
▦ GERBER, SONJA: www.webquests.de
▦ MARCH, TOM: WebQuests & More, www.ozline.com/learning/index.htm.
▦ WebQuest-Portal: http://webquest.org

1.8 Präsentieren mit dem Internet

Andreas Pallack

> „Durch die Präsentation im Internet wird der enge Klassenrahmen aufgehoben und eine starke Motivation geschaffen, da die ganze Welt zuschaut."
>
> GIERHARDT ET AL. (2000)

Banken, Chatten, Googeln, Gamen, ... Eine Welt ohne Internet? Viele jüngere Menschen können sich das nicht mehr vorstellen: Das neue Medium ist an vielen Stellen unverzichtbar geworden. Doch wie ist es mit Mathematikunterricht ohne Internet?

Das Internet erfährt mittlerweile als Lernmedium eine durchaus hohe Akzeptanz: Für schulische Zwecke nutzen Schülerinnen und Schüler das Internet meist, um miteinander zu kommunizieren (z. B. E-Mail, Chats), Informationen abzurufen (recherchieren, surfen) oder diese anderen zur Verfügung zu stellen (z. B. über Foren, Webseiten). Jedoch arbeiten sie meist zu Hause mit dem Internet und nur sporadisch im Unterricht. Für den Mathematikunterricht gibt es nur einige wenige dokumentierte Beispiele zum gezielten Einsatz dieser neuen Technologie. Die Frage, ob das Internet überhaupt gewinnbringend im Mathematikunterricht genutzt werden kann, scheint vor diesem Hintergrund legitim.

In diesem Beitrag werden einige Beispiele vorgestellt, in denen das Internet als Medium zum *Präsentieren* genutzt wird. Das bedeutet, dass Ergebnisse und Prozesse des Unterrichts mit Hilfe des Internets *publiziert* werden.

Qualitäten des Interneteinsatzes im Unterricht

Die Vorteile von Publikationen über das Internet liegen nicht unmittelbar auf der Hand. Die Informationen müssen – um überhaupt im Internet zu erscheinen – digital aufbereitet und auf einem Server bereitgestellt werden. Das bedeutet Mehraufwand für die Lernenden und für den Lehrenden, wie diese beiden Beispiele zeigen:

- Maik ist ein eher mittelmäßiger Schüler und investiert gerade so viel Zeit für die Schule, wie unbedingt notwendig ist, um nicht allzu negativ aufzufallen. In seiner Freizeit spielt er gerne Computerspiele. Dazu nutzt er auch das Internet. Im Mathematikunterricht wird gerade das Thema „Pyramiden" behandelt. Die Schülerinnen und Schüler sollen in Gruppen Methoden entwickeln, wie man anhand von Fotos die Masse von Pyramiden schätzen kann. Es ist freigestellt, wie die Ergebnisse präsentiert werden. Maik schlägt vor, dass er eine Internetseite zu dem Thema gestalten kann.

- Frau Gerlach möchte in ihren beiden Mathematikkursen im Jahrgang 11 eine Umfrage zum Thema „Schülerzeitung" durchführen. Vorab sollen die

Schülerinnen und Schüler in Gruppen selbst Fragen entwickeln, um herauszufinden, wie eine gute Schülerzeitung gestaltet werden sollte. Frau Gerlach sammelt die Fragen und stellt sie auf einer Internetseite zur Verfügung. Anschließend fordert sie die Schülerinnen und Schüler auf, zu den Fragen Stellung zu nehmen und einen Fragebogen zu entwickeln.

Die Beispiele von Maik und Frau Gerlach zeigen: Das Internet bringt neue Wege – es birgt jedoch auch neue organisatorische und methodische Herausforderungen. Die Frage nach den *Qualitäten des Internets,* die diese Mühen rechtfertigen, ist deshalb durchaus berechtigt. Einige Vorteile seien hier genannt (vgl. DÖRING 2002):

Schülerinnen und Schüler ...

▨ ...können in ihren Präsentationen auf ein reichhaltiges Informationsangebot zurückgreifen. Es ist nicht notwendig, alle Informationen selbst zusammenzustellen. Über Hyperlinks kann auf Webseiten verwiesen werden, die ihrerseits für die Präsentation notwendige Informationen enthalten.

▨ ...erhalten die Möglichkeit, aus Angeboten auszuwählen und deren Seriosität einzuschätzen.

▨ ...können erleben, wie der eher enge Klassenrahmen aufgehoben wird. Im Gegensatz zu klassischen Präsentationen im Kurs- oder Klassenverband können auch Eltern oder andere Schüler die Ergebnisse einsehen und hilfreiche Rückmeldungen geben.

▨ ...können ihre Stärken und Interessen einbringen. Es ist nicht damit zu rechnen, dass alle Schülerinnen und Schüler die notwendigen Kenntnisse zur Erstellung von Internetseiten mitbringen. Jedoch werden vor allem in höheren Klassen viele Schülerinnen und Schüler eigene Homepages haben. Sie können ihr Expertenwissen in den Prozess einbringen und Mitschülerinnen und Mitschüler daran teilhaben lassen.

▨ ...können mit anderen Menschen direkt kommunizieren und kooperieren. So ist es möglich, Projekte mit Partnern in der ganzen Welt zu realisieren, ohne den Klassenraum zu verlassen.

Diese Qualitäten müssen im positiven Wechselspiel zur Planung und Durchführung des Unterrichts stehen, um zum Tragen zu kommen. Das ist sicher nicht der Fall, wenn das Internet nur wie eine Wandzeitung oder eine Vitrine benutzt wird.

WWP – Das Internet als Präsentationsmedium nutzen

Werden Ergebnisse und Prozesse des Mathematikunterrichts mit Hilfe des Internets publiziert, lässt sich der Unterrichtsprozess in drei – mehr oder minder – charakteristische Phasen gliedern, die sich im Prozess auch durchaus wiederholen können:

- Erarbeiten,
- Veröffentlichen,
- Weiterentwickeln.

Gerade der letzte Aspekt des Weiterentwickelns unterscheidet sich von einem statischen „ins Netz stellen" sehr stark. Im Gegensatz dazu sind hier Rückmeldungen nicht nur erlaubt, sondern erwünscht. Deshalb ist es auch wichtig, dass einsehbar ist, wer welches Produkt (mit-)gestaltet hat und wer dafür verantwortlich ist. So kann Lob oder Kritik an den Produkten direkt an die Urheber gerichtet werden – auch mit Hilfe des Mediums.

Für diese besondere Form des internetbasierten Publizierens, die sich deutlich vom einseitigen „ins Netz stellen" unterscheidet, steht die Abkürzung *WWP* (Welt-Weites-Publizieren) (vgl. PALLACK 2003, 2005). Auch in den illustrierenden Beispielen des vorigen Abschnitts lassen sich diese Phasen identifizieren. Mit einem weltweiten Publizieren von Unterrichtsergebnissen und -prozessen sind hohe Anforderungen verbunden: Die Informationen und Ausarbeitungen, welche im Netz bereitgestellt werden, sind weltweit verfügbar und der Öffentlichkeit zugänglich. Eltern, Bekannte, Freunde und andere Interessierte haben die Möglichkeit, rund um die Uhr auf diese unterrichtsbezogenen Seiten zuzugreifen.

Zwei authentische Beispiele sollen zeigen, wie Internetpublikationen für den Unterricht gewinnbringend genutzt werden können. Im ersten Fall ist es nur optional, ob das Internet zum Publizieren genutzt wird, Schülerinnen und Schüler entscheiden selbst. Im zweiten Fall werden sämtliche Ergebnisse des Unterrichts im Internet gesammelt und diskutiert. Das Internet ist also verbindliche Präsentationsform.

Internetpublikationen als optionale Präsentationsplattform
Können Schülerinnen und Schüler ihre eigenen Interessen in den alltäglichen Unterricht einbringen, steigen auch die eigenen Ansprüche an das Ergebnis. Sie achten zum Beispiel darauf, geeignete Werkzeuge auszuwählen, um die Präsentation und den Prozess möglichst professionell zu gestalten. Dabei sollte man sie ermutigen und ihnen helfen, ein gelungenes Produkt zu erstellen. Der Rechnereinsatz hilft dabei, da Produkte leicht weiterentwickelt werden können.

In einem Grundkurs im Jahrgang 12 werden verschiedene Arten des Wachstums behandelt. Die Schülerinnen und Schüler sollen einige Wachstumsarten (lineares, exponentielles, logistisches Wachstum) kennen lernen und dazu befähigt werden, diese gegeneinander abzugrenzen und auf Sachsituationen zu beziehen. Die Schülerinnen und Schüler erhielten zu Beginn der Unterrichtssequenz fiktive Zeitungstexte. Exemplarisch wird hier der Text für logistisches Wachstum vorgestellt (Abb. 1):

Blumen und Mathematik?

Der polnische Biomathematiker R. Lesnek hat sich im Dienste der Wissenschaft mit dem Wachstum von Sonnenblumen und anderen Topfpflanzen auseinandergesetzt. Das ehrgeizige Projekt startete bereits im Jahr 1998 in Kooperation mit vielen niederländischen Betrieben. Ziel der Untersuchung war es, bereits in sehr frühen Stadien des Wachstums vorauszusagen,

Der grüne Daumen

Wochenblatt für Blumen- und Gartenfreunde

Lesnek fand die Formel $\dfrac{h}{1+9e^{-t}}$
Ein Riesenfortschritt in der Blumenzüchtung

wie groß die Pflanze am Ende wird. Das ist wichtig für den Wiederverkauf, da der Verkäufer für besonders große Exemplare einen bedeutend höheren Preis erzielen kann. Durch frühzeitige Ordermöglichkeiten werden Gewächshäuser schneller leer und können früher zum Züchten der nächsten Generation verwendet werden. Hajo Reicken vom niederländischen Blumenexporteur FlowPow zeigt sich zufrieden: „Vorher mussten wir täglich prüfen, ob unsere Blumen bereits das größte Wachstum erreicht haben, denn dann wird es ihnen schnell zu eng und viele gehen ein. Nun können wir nach wenigen Tagen Beobachtung vorhersagen, wann die Blumen richtig anfangen zu schießen. Das ist dann auch die beste Zeit für den Transport."

Lesnek hat mittlerweile einen neuen Auftrag zur Verbesserung der Düngung biologisch angebauter Tomaten. Wir sind auf die nächste Formel gespannt!

(zl)

Lesneks Formel verallgemeinerbar?

Der britische Biologe J. Prude beobachtete 30 verschiedene Pflanzensorten, die von Lesnek nicht betrachtet wurden. Trotzdem zeigte sich, dass sich das Wachstum durch leichtes Verändern der Formel durchaus mit Lesneks Ergebnissen deckt. Bereits 1992 veröffentlichte Prude Tabellen zum gesunden Wachstum der Orchidee Cattleya dowiana, um sie auch außerhalb Costa Ricas zum Blühen zu bringen:

Tag	0	5	10	15	20	25	30	35
Größe in cm	0	0,1	2,6	9,0	20,0	24,5	28,0	28,5

Bis zum Redaktionsschluss ist die versprochene Stellungnahme von Prude leider nicht eingetroffen. Wir hoffen in der nächsten Ausgabe weitere Neuigkeiten bekannt geben zu können.

(kw)

Abb. 1: Ein fiktiver Zeitungstext

Die verschiedenen Texte waren in Gruppen zu analysieren und zu hinterfragen. Mögliche Fragen für dieses Beispiel wären:

- Gibt es tatsächlich so etwas wie eine Wachstumsformel, mit der man die Größe einer Pflanze vorhersagen kann?
- Wie muss man die Formel verändern, um sie auf die Zahlen von Prude anwenden zu können?
- Lässt sich die Formel auch auf ungeschönte, reale (es sollte tatsächlich klar herausgestellt werden, was fiktiv ist und was nicht) Zahlen anwenden?
- …

Aus den Fragenkatalogen der einzelnen Gruppen wurden im Anschluss mit Hilfe der Lehrkraft einige Fragen ausgewählt, auf die sich die Gruppen konzentrierten.

Zusätzlich wurden gemeinsam mit den Schülerinnen und Schülern Handlungsprodukte vereinbart. Die Form des Handlungsproduktes wurde vollends den Schülerinnen und Schülern überlassen.

Es ergaben sich vielfältige Präsentationsformen: ein Rollenspiel, eine Plakatpräsentation, Powerpointpräsentationen, Internetpräsentationen.

Besondere Beachtung fand die Präsentation einer Gruppe, die selbst Experimente zum Wachstum mit Pflanzen durchführte und mit Hilfe von Internetseiten dokumentierte:

Mit viel Energie und Liebe zum Detail entwickelte ein Schüler der Gruppe die Internetpräsentation. Inhaltlich untersuchten die Schülerinnen und Schüler, ob die Formel auch auf reale Wachstumsvorgänge (hier das Wachstum von Grashalmen) angewendet werden kann. Sie verteilten Aufgaben gemäß ihren Fertigkeiten und Interessen und schufen ein Produkt, von dem der ganze Kurs profitieren konnte, da es kontinuierlich von jedem Schüler und jeder Schülerin einsehbar war und auch langfristig zur Verfügung stand.

Lässt man Schülerinnen und Schüler selbst entscheiden, welches Medium sie zur Präsentation nutzen wollen, erzielt man bei den Lernenden bestimmte Effekte: Schülerinnen und Schüler werden mehr Energie als üblich investieren, um gute Ergebnisse zu erzielen. Viele Schülerinnen und Schüler sind von den Möglichkeiten des Internets fasziniert. Diese Faszination kann man sich zunutze machen, indem man sie mit den Anforderungen und Inhalten des Faches Mathematik verknüpft.

Im konkret geschilderten Beispiel war es nur ein einziger Schüler, der die Möglichkeit der Internetpräsentation nutzte. Durch die Öffnung der Präsentationsform entwickelte sich jedoch bei vielen Mitschülerinnen und -schülern Motivation, sich über das normale Maß hinaus für die Präsentationen zu engagieren.

Internetpublikationen als verbindliche Präsentationsplattform

Schülerinnen und Schüler benötigen – unabhängig vom Fach und der Unterrichtsmethode – die Möglichkeit, sich im Unterrichtsprozess zu orientieren. Gerade in offenen Unterrichtsformen sollte man bedenken, welche Orientierungspunkte sich von selbst ergeben bzw. welche Orientierungspunkte man den Schülerinnen und Schülern bieten sollte. Unterricht, der durch eine von außen gegebene Struktur und nicht primär durch die Präsenz des Lehrers Orientierung bietet, kann selbstregulierende Lernprozesse begünstigen. Gemeint ist damit ein Unterricht, in dem Schülerinnen und Schüler Produkte erstellen und diese durch den gegenseitigen Austausch weiterentwickeln und optimieren. Einen Versuch, solchen Unterricht zu gestalten, stellt das folgende Beispiel dar (Die Sequenz ist in PALLACK (2003, 2005) ausführlich dokumentiert):

In einem Mathematikkurs im Jahrgang 11[1] entwickelten Schülerinnen und Schüler in Gruppen Fragestellungen, die sie mit Hilfe einer Fragebogenerhebung unter Zuhilfenahme statistischer Verfahren beantworten sollten. Univariate statistische Verfahren (Berechnung und Deutung von Mittelwert, Varianz, ...) wurden zuvor im Unterricht behandelt. Die neue Sequenz verlangt zusätzlich den Einsatz bivariater Verfahren, wie zum Beispiel das Berechnen von Korrelationen zwischen Wertepaaren. Konkret wurde folgender Arbeitsauftrag gestellt (Abb. 2):

---

1 Die Unterrichtsreihe wurde im Schuljahr 2000/01 an einem Gymnasium durchgeführt.

Abb. 2: Aufgabenblatt „Fragebogenerhebung"

Entwickelt und führt eine statistische Erhebung durch. Die Probanden ($\geqq 40$) sollen Fragebögen mit mindestens 6 Fragen erhalten (2 Ja/Nein-Antworten; 4 differenziertere Antworten). Zwischen mindestens einem Paar von gemessenen Merkmalen sollte ein Zusammenhang vermutet werden. Diese Zusamhänge müssen vor der Durchführung der Erhebung in Form von Hypothesen formuliert werden. Zur Auswertung stehen der TI-92 und EXCEL zur Verfügung. Die Präsentation der Ergebnisse erfolgt im Internet. Die Ergebnisse sollen aus diesem Grund entweder im HTML- oder WORD-Format abgegeben werden.

Die WWP (Welt-Weite-Publikation) muss folgende Elemente enthalten:
- Kernfrage und Zielsetzung der Erhebung
- Gestaltung des Fragebogens
- Auswahl der Probanden
- Die Urdaten
- Beschreibung und Begründung der Methoden zur Auswertung des Fragebogens
- Die Ergebnisse der Studie

Näheres regelt ein Terminplan:
18.10. Vorstellung der Fragen und erster Entwürfe des Fragebogens
25.10. Festlegen der Arbeitsverteilung innerhalb der Gruppen
6.11. webbasierte Publikation der Ergebnisse
8.11. Abgabe der Gutachten
noch zu vereinbaren: Abgabe der überarbeiteten Präsentationen

---

Durch den Terminplan wurde festgelegt, wann welche Produkte vorliegen mussten. Es wurden die Ergebnisse und der gesamte Prozess aller Gruppen im Internet präsentiert.

Um diese Präsentationen zu optimieren, waren alle Schülerinnen und Schüler aufgerufen, zu einem vorgegebenen Zeitpunkt die bisherigen Arbeiten der anderen Gruppen zu begutachten. Die Begutachtung erfolgte schriftlich und wurde ebenfalls online zur Verfügung gestellt. Erst nach Redigierung der Seiten aufgrund der Gutachten erfolgte eine Beurteilung durch die Lehrkraft und erst dann die Veröffentlichung.

Die Reaktionen der Schülerinnen und Schüler auf den Arbeitsauftrag waren gespalten: Nur wenige haben bis jetzt Erfahrungen mit dem Publizieren im Internet gemacht. Die Tatsache, dass ihre Ergebnisse über den Klassenraum hinaus abrufbar sind, schuf Neugier, aber auch Hemmung: Wer wird die Seiten anschauen? Werden die Seiten mit einem Passwort geschützt? Kann man auch auf andere Seiten verweisen? Das Gesamtpaket, also Publikation und die Anfertigung von Gutachten, überzeugte sie jedoch: So erhielten sie die Chance, ihr Produkt vor der eigentlichen Benotung durch Dritte beurteilen zu lassen und in einer angemessenen Zeit zu überarbeiten. Dies bot allen eine gewisse Sicherheit.

    Repräsentativ für alle Arbeiten stehen hier Ausschnitte aus einer WWP (Abb. 3):

Gruppe III

Große Familien, große Probleme... zur gesellschaftlichen Auswirkungen der Kinderzahl pro Haushalt

Abschlußbericht
Vorläufige Ergebnisse
Vorüberlegungen, verworfener Vorschlag
Endgültiger Fragebogen
Begründung zur Auswertung des Fragebogens
Gutachten
Download der Excel-Tabelle

Zur Korrelation und Regression

Abschlußbericht:

Einzelkindern geht es nicht besser (aber auch nicht schlechter)!

Abb. 3: Beispiel einer Schülergruppe zur Fragebogenaktion

Wie zu erwarten war, hatten viele Schülerinnen und Schüler Fragen zu dem Begriff *Zusammenhang zwischen zwei Merkmalen:* Was ist ein Zusammenhang und wie kann man ihn quantifizieren? Die Dokumentation (Abb. 4) zeigt exemplarisch den Umgang mit dieser Hürde:

Einzelkindern geht es nicht besser (aber auch nicht schlechter)!

Dies zumindest ist das Ergebnis unserer Gruppe bei dem Vergleich verschiedener Merkmale einer Person mit ihrer Anzahl der Geschwister. Es gab einige Vermutungen unsererseits, zum Beispiel, dass Jugendliche mit vielen Geschwistern weniger Taschengeld bekommen, dafür aber vielleicht besser in der Schule sind, da der große Bruder helfen kann. Aber diese Thesen wurden durch unsere Befragung nicht gestützt.

Zur Idee und Vorbereitung:

Wir haben uns das Hauptmerkmal „Geschwister" herausgesucht, da wir, wie bereits erwähnt, ihre Anzahl mit vielen anderen Eigenschaften und Merkmalen einer Person in Verbindung vermuteten.
So haben wir uns mehrere Merkmale zum Vergleich herausgesucht:

Merkmal A: Anzahl der Geschwister (Hauptmerkmal)

Merkmal B: Anzahl der älteren Geschwister
Wir vermuteten, dass Jugendliche bzw. Kinder mit vielen
älteren Geschwistern besser in der Schule sind, da sie sich
diesen ja helfen lassen können.

Merkmal C: Im Sportverein?
Vielleicht sind Einzelkinder ja eher im Sportverein, da ihnen zu Hause zu langweilig ist.

Merkmal D: letzter Zeugnisdurchschnitt
Eben dieses Merkmal dient zum Vergleich mit Merkmal C: Ist derjenige besser in der Schule, der mehr ältere Geschwister hat?

Merkmal E: Zeit pro Tag am PC/TV
Wir vermuteten dass Einzelkinder oder Kinder mit wenigen Geschwistern länger am PC
spielen oder häufiger Fernseher gucken

Auch die Gutachten der Schülerinnen und Schüler (die vor der Veröffentlichung
anonymisiert wurden) wurden veröffentlicht und zeichneten sich sowohl durch
erfrischende Ehrlichkeit als auch überraschende Härte aus:

Gutachten XIII

... arbeiten kann. Ansonsten trotz allen finde ich die Überlegungen der Gruppe interessant.

Gutachten XIV

<u>Gruppe 3</u>

Schwache Präsentation, Diagramm fehlerhaft, nur 1 vorhanden. Erklärungen im Vergleich zu Gruppe 2 nur spartanisch, trotzdem würde ich diese Gruppenarbeit höher einstufen, da auch die Einzeldaten vorhanden waren. Auch hier wurden schwachsinnige Daten analysiert, was sich schon daraus ergibt, dass in Afrika oder auch in Asien auch sehr arme Familien oft 4 und mehr Kinder haben. Gut war jedoch auch, dass der Fragebogen mitgeliefert wurde.

Gutachten XV

Insgesamt gesehen finde ich den Fragebogen der Gruppe drei eher fraglich. Schon ohne die Auswertung durchzuführen kann man nur ganz wage Spekulationen anstellen, ob die Fragen in einem Zusammenhang stehen könnten. Gerade bei der Frage, ob das Einkommen der Eltern etwas damit zu tun hat, in wie fern sie dazu bereit sind mehr bzw. weniger Kinder in die Welt zu setzen, kommen noch einige, bisher außer Betracht gelassene Aspekte hinzu. Nicht beachtet wurde zum Beispiel, daß je mehr Kinder eine Familie hat, sich für diese das Kindergeld pro Kopf erhöht. Somit fällt es auch weniger gut bemittelten Familien leichter die Kinder zu finanzieren. Die sonstigen schon am Anfang in den Vordergrund gestellten Fragen sind meiner Meinung nach wohl eher von dem Individuum und seinen speziellen Eigenschaften und Wünschen abhängig, als von den dort genannten Aspekten. Wie auch an der Korrelationsmatrix zu erkennen ist, gibt es tatsächlich wenn überhaupt nur wackelige Zusammenhänge, die auch aus purem Zufall zu verzeichnen sein könnten.

Sie spürten kleinste Fehler auf und tadelten unsaubere oder unverständliche Darstellungen. Doch auch Lob war enthalten: Interessante Fragestellungen wurden zwischen den Schülerinnen und Schülern diskutiert. Dazu gehörten auch Fragen bezüglich der Adäquatheit der Fragebögen zur Beantwortung der Ausgangsfragen.

Zur Zeit der Durchführung des Unterrichtsprojektes (im Jahr 2000) hatte nur ein Teil der Schülerinnen und Schüler die Möglichkeit, zu Hause auf das Internet zuzugreifen. Deswegen konnten viele Arbeiten nur in der Schule oder durch Mithilfe des Lehrers erledigt werden. Einige der Gutachten lagen nur in Papierform vor und mussten umständlich eingescannt werden. Heutzutage wäre die Unterrichtsreihe erheblich leichter zu realisieren: Man kann in Internetforen Gruppenräume einrichten, in denen alle Teilnehmenden Materialien einstellen können, und fast jeder hat vom eigenen Schreibtisch Zugriff auf das Internet.

Das Projekt zeigte, dass nahezu alle Schülerinnen und Schüler durch Kommunikation unter- und miteinander – also nicht zuletzt aufgrund der Struktur der Lernarrangements und der Rolle des Internets – in die Lage versetzt wurden, weitgehend selbstständig hervorragende Ergebnisse zu erzielen. Jedoch soll nicht verheimlicht werden, dass einige Lernende die neu gewonnene Freiheit nicht produktiv nutzen konnten: Trotz negativer Gutachten waren sie nicht in der Lage oder gewillt, Defizite und Fehler zu erkennen und zu beseitigen. Insofern muss auch bei der Adaptierung dieses Vorschlags als Erstes die eigene Lerngruppe analysiert werden: Sind die Schülerinnen und Schüler in der Lage, konstruktiv mit Kritik umzugehen? Sind sie gewillt, gute Ergebnisse zu erzielen?, usw.

Internetgestützte Präsentationen im Mathematikunterricht – ein Zukunftsmodell?

Präsentationen im Internet bieten Chancen für den Unterricht. Erfolgt die Integration gezielt und unter Berücksichtigung der eigenen Lerngruppe, kann die neue Technologie selbstregulierende Lernprozesse begünstigen oder überhaupt erst ermöglichen.

Auch gibt es in den meisten Klassen und Kursen Schülerinnen und Schüler, die bereit sind, einen Mehraufwand in Kauf zu nehmen, wenn sie im Unterricht Fähigkeiten nutzen können, die sie außerhalb des Unterrichts mit großem Engagement erworben haben. So haben viele eigene aufwändige Homepages. Für diese Schülerinnen und Schüler ist das Präsentationsmedium ein potenzieller Motivationsträger, sich gleichzeitig intensiv und kreativ mit fachlichen Inhalten und einem von ihnen präferierten Medium auseinander zu setzen.

Im Gegensatz zum traditionellen Unterrichtsgespräch erlaubt die Einbindung des Kommunikationsmediums Internet auch die zeitversetzte (asynchrone) Kommunikation. Schülerinnen und Schüler können in einem Forum gemeinsam zu unterschiedlichen Zeiten und an verschiedenen Orten an Produkten arbeiten und sich austauschen. So ist es möglich, auch über die eigene Lerngruppe hinaus recht effektiv zu kommunizieren. Die Schülerinnen und Schüler erhalten Rückmeldungen zu ihren Arbeiten, ohne dass dazu die Lehrerin oder der Lehrer präsent sein muss.

Natürlich ist im Einzelfall abzuwägen, ob die Vorteile der Internetpublikation gegenüber den Nachteilen (Mehraufwand, höhere Anforderung an die Unterrichtsorganisation, ...) überwiegen. Das ist nicht immer offensichtlich und bedarf genauer Kenntnis der Schülerinnen und Schüler und detaillierter Analyse der Unterrichtssituation. Jedoch lohnt es darüber nachzudenken, ob man nicht die eine oder andere Unterrichtsreihe auf diese Weise dokumentiert. Aufgrund eigener Erfahrungen ließe sich die Frage, welchen Beitrag das Internet als Präsentationsmedium im zukünftigen Mathematikunterricht einnehmen kann, ganz anders und reflektiert beantworten.

2 Problemlösen

2.1 Einführung

Bärbel Barzel, Stephan Hußmann, Timo Leuders

Dass „Problemlösen" ein zentrales Thema für den Mathematikunterricht ist, ist unbestritten. Was aber genau ist Problemlösen? Woran zeigt sich, ob Schülerinnen und Schüler problemlösend tätig sind?

Zunächst einmal kann man Lernen schlechthin als Problemlösen verstehen: Das Individuum handelt in einer Situation erfolgreich, wenn es seine „kognitiven Strukturen" auf diese Situation anwendet oder sie so weit modifiziert, bis sie auf die Situation passen (dies ist der Kern des PIAGET'schen Adaptationsbegriffs). Als Problemlösekompetenz kann man also die Gesamtheit aller Kenntnisse, Fähigkeiten und Bereitschaften ansehen, die ein Mensch benötigt, um in einer Vielfalt aktueller und künftiger Lebenssituationen neue Anforderungen zu bewältigen (vgl. WEINERT 1999, 2001). Entsprechend werden im Rahmen der zweiten PISA-Studie in der Kategorie Problemlösen Tätigkeiten untersucht, wie z. B. „Systeme analysieren und entwerfen", „Entscheidungen treffen" oder „Fehler suchen" (LEUTNER u. a. 2003).

Welchen Beitrag zum Problemlösen leistet das Fach Mathematik? Sicherlich kann es hier nicht um das Lösen gewisser Knobelaufgaben gehen, aber auch nicht nur um das formale Beweisen mathematischer Aussagen. An dieser Stelle muss also etwas genauer gesagt werden, was Problemlösen im Rahmen von mathematischem Denken und Arbeiten von Schülerinnen und Schülern bedeuten kann, und später, welche Rolle Neue Medien dabei spielen. Dies lässt sich am besten dadurch tun, dass man konkret Tätigkeiten benennt, die Schülerinnen und Schüler beim Problemlösen vollführen:

Tätigkeiten beim Problemlösen

Schülerinnen und Schüler …

- … erkunden offene, noch nicht mathematisch ausformulierte oder präzisierte Situationen und finden mathematische Fragestellungen.
- … vereinfachen und strukturieren Problemsituationen und machen sie einer mathematischen Behandlung zugänglich, insbesondere modellieren sie Realsituationen.
- … machen verschiedene mathematische Ansätze zur Lösung von Problemen, verwenden und kombinieren dazu bekannte Begriffe und Verfahren, entwickeln dabei aber auch neue Mathematik, d. h. bilden neue Begriffe.
- … reflektieren, d. h. interpretieren und bewerten Lösungswege und (Zwischen-)Ergebnisse, verwerfen Ansätze und schlagen neue Wege ein, überprüfen die Modellgeltung.

> ▨ ... nutzen bei all diesen Schritten allgemeine und bereichsspezifi-
> sche Strategien (z. B. Erzeugen von Beispielen, Wahl einer günstigen
> Darstellung, Rückwärts-/Vorwärtsarbeiten, Zeichnen von Hilfslinien
> usw.)

Solche Tätigkeiten sind fundamentale Prozesse des Mathematiktreibens. Ob
ein Grundschüler oder ein forschender Mathematiker sie ausführt, sie unterscheiden sich nicht prinzipiell, lediglich im Grad der Komplexität oder der Re-
flektiertheit. Daher eignen sie sich auch, um zu beschreiben, welche Tätigkeiten von Schülerinnen und Schülern im Mathematikunterricht erwartet
werden. Der Bereich „problem solving" in den Standards der amerikanischen
Mathematiklehrervereinung (NCTM2000) zieht sich vom Vorkindergarten bis
zum universitätsführenden Schulabschluss – und ließe sich fortsetzen. Auch
POLYAS einflussreiches Buch über das Problemlösen im Klassenzimmer (POLYA
1949) ist weniger eine Sammlung von Tipps und Strategien, als ein Plädoyer für
einen Mathematikunterricht, in dem Schülerinnen und Schüler die Prozesse
des Mathematiktreibens authentisch erleben können.

Die genannten, für das Problemlösen kennzeichnenden Tätigkeiten liest man
zunächst einmal auf die Inhalte des Faches Mathematik bezogen. Da sich die
Mathematik aber allgemein mit dem Erforschen von universellen Strukturen in
unserem Denken und unserer Umwelt beschäftigt (vgl. Kap.1, S. 11), kann man
den Anspruch erheben, dass das Problemlösen im Mathematikunterricht einen
wesentlichen Beitrag zum Erwerb von *allgemeiner* Problemlösekompetenz
leistet – auch in zunächst nicht mathematisch erscheinenden Situationen. In
diesem Sinne sieht WINTER (1995) den allgemeinbildenden Wert des Faches
Mathematik u. a. auch darin, dass er die Grunderfahrung ermöglicht, „in der
Auseinandersetzung mit Aufgaben Problemlösefähigkeiten, die über die Mathematik hinausgehen (heuristische Fähigkeiten), zu erwerben." (vgl. Kap. 1,
S. 15). Empirisch ist die Erfüllbarkeit der hiermit geäußerten Forderung nach
Transferfähigkeit der im Unterricht erworbenen Problemlösekompetenzen
kaum belegt, sie lässt sich bislang eher verstehen als anspruchsvolle Heraus-
forderung an Mathematikunterricht.

Wie dieser „Problemlöseunterricht" auszusehen hat, damit Schülerinnen und
Schüler heuristische Strategien erwerben und später auch weiterhin erfolgreich anwenden können, ist seit Jahrzehnten Gegenstand von didaktischen
Untersuchungen (z. B. SCHOENFELD 1991) und Unterrichtsmodellen. Dabei ist
man weit von einfachen Rezepten entfernt. Konsens aber ist: Damit Schülerinnen und Schüler Problemlösen lernen können, bedarf es geeigneter Lernarrangements, welche vor allem die folgenden Aspekte berücksichtigen:

▨ geeignete Aufgabenstellungen („Probleme"), die offen genug sind für eigene Entdeckungen, die herausfordern, aber nicht überfordern,

▨ eine Begleitung, die im Prozess wohldosierte, heuristische Hilfen gibt,

▨ Muße und Anleitung zur Reflexion von eingeschlagenen Lösungswegen und angewendeten Strategien,

▨ und nicht zuletzt: geeignete Werkzeuge und Medien, die das Problemlösen ertragreich gestalten helfen.

Mathematisches Problemlösen ist zunächst einmal eine Tätigkeit, die nicht unbedingt nach der Verwendung elektronischer Werkzeuge verlangt. Dennoch bedeutet es mehr als eine willkürliche Zusammenführung zweier Aspekte des Mathematikunterrichts, wenn man Problemlösen und Neue Medien in einem Atemzug nennt. Zugespitzt kann man sogar die These aufstellen: *„Eine der wesentlichen Charakteristika Neuer Medien im Mathematikunterricht ist, dass sie problemlösendes Arbeiten fördern und in besonderer Weise ermöglichen."* Dies soll im Rahmen dieses Kapitels theoretisch weiter beleuchtet sowie an praktischen Beispielen plausibel gemacht werden.

Im Folgenden soll diskutiert werden, welche Rolle computerbasierte Werkzeuge haben, wenn Schülerinnen und Schüler

▨ Situationen erkunden und Probleme finden,

▨ Probleme erkunden – Lösungsansätze finden – Strategien anwenden,

▨ Problemsituationen vereinfachen und strukturieren – Modellieren,

▨ Problemlösungen und Modellgeltung reflektieren.

Situationen erkunden und Probleme finden

Der erste Schritt zum Problemlösen ist das Problemfinden. So einfach diese Feststellung klingt, so wenig wird sie in der Schule beherzigt. Der Großteil aller Probleme wird von der Lehrperson gestellt oder findet sich im Schulbuch, wodurch für die Schüler in der Regel kein Raum mehr bleibt, Probleme selbst zu finden.

In außermathematischen Situationen bedeutet ein Problem zu finden insbesondere Fragen zu stellen, die mathematisch zugänglich sind: „Wie viele ...?", „Wie groß/wie schwer/wie lange ...?" usw. Hierbei entstehen oft Aufgaben, bei denen Schülerinnen und Schüler plausible Annahmen machen und überschlagen müssen – ein Beispiel hierfür sind so genannte FERMIaufgaben (vgl. HERGET/JAHNKE/KROLL 2001, LEUDERS 2001). Der Computer und das Internet helfen bei diesen Fragen nicht viel, im Gegenteil: Bei solchen Überschlagsaufgaben kommt es gerade darauf an, dass man sich von technischen Werkzeugen unabhängig macht und flexibel auch mit wenig Information auskommt. Man kann allenfalls – ganz analog zu den wohlbekannten Aufgaben zu Zeitungsartikeln (vgl. HERGET/SCHOLZ 1998) – komplexe Situationen, die man im Internet findet, als Ausgangspunkt für Rechnungen oder Modellierungen nutzen:

Wie viel Geld nimmt das Stadttheater jedes Jahr über den Kartenverkauf ein? Wie viele Personen arbeiten dort? Stelle weitere Fragen, die du mit den Informationen unter *www.theater.freiburg.de* mathematisch bearbeiten und beantworten kannst.

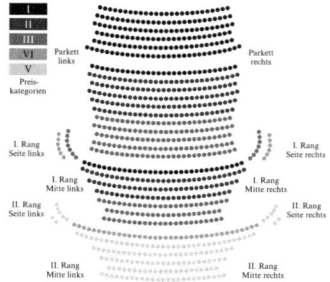

Eine besondere Situation liegt bei Programmen vor, die eine hinreichend komplexe Realität simulieren, aber in ihrer Funktion Schülerinnen und Schülern nicht transparent sind, also als *black box* betrieben werden. Dort kann man sich dann innerhalb der virtuellen Realität an die Problemfindung machen und dann die entstehenden Probleme und Fragen wieder versuchen zu mathematisieren (sozusagen zum zweiten Mal, denn das Programm funktioniert ja bereits aufgrund einer Mathematisierung).

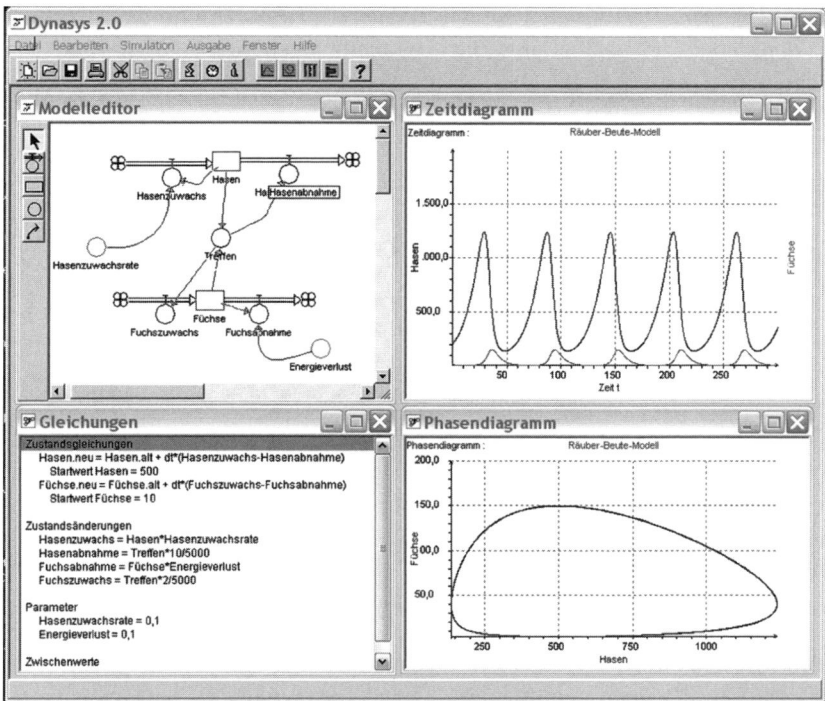

Abb. 1: Räuber-Beute-Simulation mit DYNASIS (www.modsim.de). Schüler können auf dieser Oberfläche untersuchen, wie sich das System in Abhängigkeit von der Wahl verschiedener Parameter verhält, und so ein eigenes Modell bilden.

Auch in rein innermathematischen Situationen ohne irgendeinen offensichtlichen oder authentischen Bezug zu einer Realsituation können Schülerinnen und Schüler eigenständig Probleme finden, d. h. mathematische Fragen stellen. Solche selbst gefundenen Fragen können sich auf unterschiedliche Weise ergeben: entweder durch eine gänzlich ergebnisoffene Erkundung einer mathematischen Situation oder aber durch gezielte, durch die Schülerinnen und Schüler selbst betriebene Variation eines bereits bekannten Problems. Hierzu soll an zwei verwandten Beispielen dargestellt werden, welche Rolle Neue Medien spielen können.

1. Ergebnisoffene Erkundung („open ended approach", vgl. BECKER/SHIMADA 1997)

Konstruiere Vielecke und verbinde die Mitten der Seiten jeweils wieder zu einem Vieleck. Schreibe möglichst viele Beobachtungen auf und stelle Vermutungen an.

Aufgaben dieses Typs haben meist die Aufforderung „Finde möglichst viele ... " und sollen divergentes Arbeiten anregen. Die hier beschriebene Aufgabe lässt sich sowohl mit DGS als auch mit Bleistift und Papier durchführen und verläuft sehr unterschiedlich (über ähnliche Beobachtungen berichtet ROTH-SONNEN in diesem Buch).

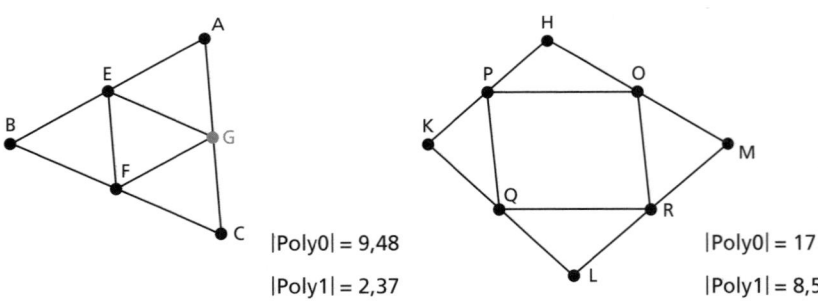

$|\text{Poly0}| = 9{,}48$ $\qquad$ $|\text{Poly0}| = 17$

$|\text{Poly1}| = 2{,}37$ $\qquad$ $|\text{Poly1}| = 8{,}5$

Mit einem DGS lassen sich viele verschiedene Seitenmittenvielecke konstruieren und Beobachtungen etwa zu Parallelität, Flächen- oder Längenverhältnissen anstellen. Im Zugmodus hat man Zugriff auf die ganze jeweilige Klasse von n-Ecken und kann beobachten, welche Größen invariant zu bleiben scheinen. Leider ergeben sich kaum Hinweise auf mögliche Begründungen für die resultierenden Vermutungen. Arbeiten Schülerinnen und Schüler hingegen **mit Bleistift und Papier,** so macht das Zeichnen mehr Mühe und bei einzelnen Figuren lässt sich nicht unmittelbar erkennen, ob eine Eigenschaft typisch (‚generisch') für die ganze Klasse ist oder ein zufälliger Spezialfall. So kann es, ohne sorgfältige Verifikation zu Übergeneralisierungen kommen. Zudem sind manche Invarianten, wie etwa der Flächeninhalt, nicht dem unmittelbaren Messen zugänglich. Positiv ist hingegen zu vermerken, dass Schülerinnen und Schüler aufgrund dieser Beschränkungen sorgfältiger die einzelnen Fälle, die sie untersuchen wollen, auswählen. Sie untersuchen etwa zunächst spezielle Vielecke und tasten sich an mögliche Vermutungen heran. Oft liefern die einfacheren Fälle auch Ansätze für eine Begründung, die dann auf ihre Übertragbarkeit auf den allgemeinen Fall untersucht werden kann.

2. Problemvariation
Anstelle solcher sehr offenen Erkundungen kann man mit der Technik der Problemvariation auch Hilfestellungen bei der Problemfindung geben (vgl. Aufgabenvariation von SCHUPP 2002, WETH 1999, Problemvariation BÜCHTER/LEUDERS 2005). Diese für Schüler leicht zu erlernende Technik besteht darin, gelöste Probleme oder verstandene mathematische Zusammenhänge in einem oder einigen ihrer Bestandteile zu variieren – frei nach dem Motto „Was wäre wenn ...?" Dies gelingt z. B. durch das Austauschen eines Begriffs durch einen anderen. So wird aus dem Satz: *„In einem Dreieck bilden die Verbindungsstrecken benachbarter Seitenmitten ein ähnliches Dreieck mit einem Viertel des Flächeninhalts."* eine Frage: *„Was machen die Seitenmitten im Viereck, im Fünfeck usw.?"* So wird die oben gestellte offene Aufgabe von Schülerinnen und Schülern durch Variation selbst gefunden. Die praktische Schwierigkeit besteht nun darin, dass mehr Probleme aufgeworfen werden als sich im Unterricht lösen lässt. Der Computer bietet hier Unterstützung dabei, solche Probleme darzustellen, zu modellieren, zu explorieren und soweit auszuloten, wie es unterrichtlich möglich ist. Im Beispiel der Seitenmittenpolygone macht es Schülern z. B. wenig Probleme, die Figuren zu konstruieren, zu vermessen, die Eckpunkte zu ziehen, Vermutungen zu äußern und Fragen zu stellen wie *„Das Seitenmittenviereck ist immer ein Parallelogramm mit halbem Flächeninhalt. Und das Seitenmittenfünfeck?"*

Damit Schülerinnen und Schüler mit Hilfe des Computers selbsttätig Erkundungen durchführen können, müssen sie mit den Möglichkeiten des Systems hinreichend vertraut sein. Dies gilt besonders, wenn es um das Finden und nicht das Lösen von Problemen geht, da die Problemfindungssituation in der Regel noch wesentlicher offener ist. Das bedeutet, dass es sich empfiehlt, die Funktion der Werkzeuge zunächst beim Lösen vorgegebener Probleme zu erarbeiten. Wenn dann eine Phase des Variierens und der Generierung neuer Probleme organisch an bereits bearbeiteten Problemen ansetzt – das Beispiel der Seitenmittenpolygone zeigt dies –, können die erlernten Funktionen des Werkzeugs angewendet und vertieft werden.

Probleme erkunden – Lösungsansätze finden – Strategien anwenden

Ein zentrales Kennzeichen computerbasierter Werkzeuge für den Mathematikunterricht ist die Möglichkeit, mit ihnen selbstständig Probleme zu erkunden. Sie setzen dem Erkunden aber auch natürliche Grenzen. Mit einem DGS kann man nicht das machen, was mit einem CAS möglich wäre, mit einem CAS nicht das, was eine Tabellenkalkulation kann. Zusammen sind die Systeme jedoch insofern „offen", man könnte auch sagen „universell", als sie Funktionen für alle in der Schule wesentlichen mathematischen Tätigkeiten bereitstellen:

- Bei der Tabellenkalkulation: das arithmetische Verrechnen von numerischen Daten und die natürliche Wiederholung dieses Vorgangs auf neue bzw. strukturiert vorliegende Daten.
- Bei der dynamischen Geometrie: das Konstruieren von Figuren aus Grundelementen und Grundfunktionen, das Variieren der Ausgangsdaten und Beobachten der Resultate (im Zugmodus z. B. mit Ortslinie oder mit Messwerkzeugen)
- Bei der Computeralgebra: das Anwenden eines Kalküls (Termumformung, Gleichungslösen, Matrizenrechnung, Differential- und Integralrechnung) auf einen algebraischen Ausdruck.
- Bei Funktionenplottern (z. B. als Teil eines CAS): das grafische Darstellen funktionaler Zusammenhänge.

Insgesamt kann man sagen, dass die Systeme durch diese Universalität und durch das direkte Feedback, das sie auf jede Variation durch den Nutzer geben, dazu prädestiniert sind, dass Schülerinnen und Schüler mit ihnen die Strategie verfolgen, **funktionale Abhängigkeiten** zu untersuchen („Wie reagiert A, wenn ich B ändere?"). Diese Strategie kann auf unterschiedliche Weise eingesetzt werden:

- Schülerinnen und Schüler nutzen die Strategie auf Aufforderung durch den Lehrer, um einen gegebenen funktionalen Zusammenhang zu erkunden, z. B. einen solchen, der in so genannten *black boxes* vorliegt, wie im Beitrag von KNIPPING und REID in diesem Buch (S. 167).
- Sie wählen die Strategie bewusst, um eine unbekannte Problemsituation zu erkunden und zu lösen.
- Sie nutzen die Strategie, um eine Problemsituation zu variieren und dabei neue Probleme zu finden.

Auch mit einer Tabellenkalkulation kann man Erkundungen mit unterschiedlicher Offenheit durchführen, hier beispielsweise am Problem der Verteilung von Würfelergebnissen:

Welches ist das häufigste Ergebnis, wenn man mit zwei Würfeln wirft und die Ergebnisse multipliziert?

In dieser Fassung ist das Problem vorgegeben, die Tabellenkalkulation ermöglicht hier lediglich das effiziente Berechnen (s. Abb.):

Entwirf ein Wettspiel, bei dem man auf Produkte des Wurfes mit mehreren Würfeln setzt.

Nun ist das Problem wesentlicher offener gestellt. Die Tabellenkalkulation kann zunächst dazu benutzt werden, verschiedene Würfelzahlen durchzuprobieren. Des Weiteren können Schülerinnen und Schüler die relativen Häufigkeiten berechnen, um sinnvolle (und vielleicht auch psychologisch reizvolle) Wettintervalle auszumachen.

	A	B	C	D	E	F	G	H
1	W1	W2	W1*W2		W1*W2	H	p	kumulie
2	1	1	1		1	1	2,8%	2,8%
3	1	2	2		2	2	5,6%	8,3%
4	1	3	3		3	2	5,6%	13,9%
5	1	4	4		4	3	8,3%	22,2%
6	1	5	5		5	2	5,6%	27,8%
7	1	6	6		6	4	11,1%	38,9%
8	2	1	2		7	0	0,0%	38,9%
9	2	2	4		8	2	5,6%	44,4%
10	2	3	6		9	1	2,8%	47,2%
11	2	4	8		10	2	5,6%	52,8%
12	2	5	10		11	0	0,0%	52,8%
13	2	6	12		12	4	11,1%	63,9%
14	3	1	3		13	0	0,0%	63,9%
15	3	2	6		14	0	0,0%	63,9%
16	3	3	9		15	2	5,6%	69,4%
17	3	4	12		16	1	2,8%	72,2%
18	3	5	15		17	0	0,0%	72,2%
19	3	6	18		18	2	5,6%	77,8%
20	4	1	4		19	0	0,0%	77,8%
21	4	2	8		20	2	5,6%	83,3%
22	4	3	12		21	0	0,0%	83,3%
23	4	4	16		22	0	0,0%	83,3%
24	4	5	20		23	0	0,0%	83,3%
25	4	6	24		24	2	5,6%	88,9%
26	5	1	5		25	1	2,8%	91,7%

Welche weiteren Probleme kann man so lösen? Welche Vermutungen ergeben sich allgemein für beliebige Würfelzahlen?

Diese Aufgabestellung fordert zum selbstständigen Variieren und Finden neuer Probleme auf.

Die werkzeugspezifischen Tätigkeiten sind, das hat dieses Beispiel auch gezeigt, eng verbunden mit typischen mathematischen Strategien. Bei der Tabellenkalkulation liegt es nahe, numerisch zugängliche funktionale Zusammenhänge zu erkunden und hieraus vielleicht allgemeine Schlussfolgerungen zu ziehen: „Was passiert, wenn ich die Würfelzahl erhöhe?" Dem liegt die induktive Strategie zu Grunde, **aus Beispielen auf allgemeine Zusammenhänge zu schließen.**

Beim DGS ist eine solche induktive Vorgehensweise aus Einzelbeispielen weniger nahe liegend, da man dort im Zugmodus häufig eine Schar von Beispielen kontinuierlich variiert. Beim DGS tritt daher eine andere Strategie zutage, nämlich das **Suchen nach Invarianten**, wie in der obigen Aufgabe mit den Seitenmittenpolygonen.

Eine weitere, für ein DGS typische Strategie ist das Hinzuziehen von Hilfsgrößen, hier in Form von Hilfslinien. Insbesondere müssen solche Hilfslinien nicht wohldurchdacht und gezielt gewählt werden (wie das oft bei der Problemlösung an der Tafel oft der Fall ist, z. B. die Höhe bei der Erarbeitung des Cosinussatzes). Vielmehr können Schülerinnen und Schüler intuitiv oder probierend, jedenfalls ohne großen Aufwand, zusätzliche Linien einfügen und beobachten, ob sie im Zugmodus einen Hinweis auf die Problemlösung geben können.

Es erscheint fast selbstverständlich, dass manche Werkzeuge ganz besonders geeignet sind, Probleme durch die Problemlösestrategie **Darstellen** anzugehen. Diese Strategie ist streng zu unterscheiden vom Darstellen, das der Lehrer oder die Lehrerin verwendet, um mathematische Situationen zu visualisieren. An dieser Stelle soll es ausdrücklich um das Darstellen als Schülertätigkeit gehen. In Kap. 1 (S. 47 ff.) ist das Darstellen noch als Ziel des mathematischen Arbeitens, z. B. für eine Präsentation, beschrieben. Hier ist es als mächtige Strategie für das Problemlösen zu verstehen. Besonders geeignet sind diejenigen Werkzeuge, die den Wechsel zwischen verschiedenen Darstellungsformen unterstützen, so ermöglicht z. B. das CAS den Wechsel vom Term zum Graphen, oder die Tabellenkalkulation den Wechsel von den numerischen Daten zum Graphen aber auch zurück vom Graphen zum Term durch Anpassung (wie z. B. im Beitrag von ELSCHENBROICH auf S. 137). Man kann allerdings nur dann von einer Strategie sprechen, wenn Schülerinnen und Schüler wirklich die Wahl haben, zu einer solchen Darstellung zu greifen, und diese Wahl auch zunehmend reflektieren.

Ein Beispiel für eine Situation, in der die Flexibilität des Werkzeugs CAS die Strategie des **Rückwärtsarbeitens** in besonderem Maße fördert, findet sich bei BÜCHTER/LEUDERS (2005, S. 37 ff.).

Problemsituationen vereinfachen und strukturieren – Modellieren
Gerade beim Modellieren muss oft eine komplexe, nur vage definierte Situation der mathematischen Behandlung erst zugänglich gemacht werden. Computer als mathematische Maschinen erlauben dabei nur die Verarbeitung einer bereits mathematisierten Situation. Das heißt, es bleibt die eigene Leistung, beim vorliegenden Problem das mathematisch Relevante und Behandelbare herausgefunden zu haben. Der Computer ist, wenn er auf Probleme der Realität angewendet wird, sozusagen ein „Modellierungswerkzeug". Analoges gilt für komplexe, unscharf definierte innermathematische Probleme. Dies kann man sich didaktisch zunutze machen, indem man eine auf dem Computer umsetzbare Lösung einfordert. Als simples Beispiel möge die Aufgabe dienen: *„Stelle das Abbrennen einer Kerze mit einer Tabellenkalkulation und mit einem CAS dar."* Dieses Beispiel zeigt insbesondere, wie sehr das Modell vom zur Verfügung stehenden Werkzeug abhängt bzw. umgekehrt: dass Schülerinnen und Schüler, wenn sie einmal ein Modell gewählt haben, wissen müssen, mit welchem Werkzeug sie dies am besten darstellen und bearbeiten können (vgl. den Beitrag von LAAKMANN in diesem Buch).

Der Computer kann also gewissermaßen einengend auf die Modellierung einwirken. Er bewirkt aber zugleich eine ungeheure Ausweitung, denn solange Schülerinnen und Schüler rechnerisch und algebraisch an das gebunden sind, was sie mit Bleistift und Papier (und eventuell noch mit einem Taschenrechner) bewältigen können, bleibt das Modellrepertoire beschränkt. So wird im Papier-und-Bleistift-Unterricht etwa jenseits der linearen, quadratischen und exponentiellen Funktionen nur noch wenig modelliert, denn der algebraische Aufwand begrenzt das, was man mit solchen funktionalen Modellen noch bearbeiten kann.

Der Ruf nach Anwendungsorientierung im Analysisunterricht zeugt davon, dass man auf der Suche ist nach Situationen, die eine solche modellierende Arbeit mit Funktionen wieder rechtfertigen. Die analytische Geometrie steht vor einem analogen Problem, ihre Anwendungen finden nach dem Erlernen des Kalküls in der Regel in der Schule nicht mehr statt.

Hier bieten die Computer in mehrfacher Hinsicht die Chance, zu sinnstiftenden Kontexten vorzudringen, gehaltvolle Realsituationen in den Unterricht hineinzunehmen, ohne Schülerinnen und Schüler hinsichtlich des nötigen Kalküls zu überlasten. Die Beispiele sind vielfältig:

- Das Modellieren von geometrischen Figuren und Körpern aus der Realität mit Polynomen und anderen Funktionen mit dem Ziel, bestimmte Problemfragen z. B. nach Volumen oder Krümmung zu lösen (Glocken, Skischanzen, Autobahnkreuze, Trinkgläser, ...) (BÖER 1999, BARZEL 2002, PINKERNELL, Kap. 3.4).
- Das Entwickeln numerischer Verfahren für algebraisch nicht mehr lösbare Probleme (z. B. nicht geschlossen integrierbare Funktionen bei der Bogenlänge) oder für nur numerisch vorliegende Messdaten.
- Das Untersuchen von Bewegungs- und Veränderungsprozessen durch diskrete Modelle (Wachstumsmodelle, stochastische Übergangsmatrizen).
- Das Auswerten umfangreicher realer Daten mit Verfahren der explorativen Datenanalyse.

Die besonderen Leistungen von CAS, Tabellenkalkulationen und Geometrieprogrammen, die dies möglich machen, sind:

- Speicherung und Verarbeitung großer (realistischer) Datenmengen,
- direkte Beobachtung der Auswirkungen bei Veränderung von Modellparametern,
- Entlastung von infinitesimalem und algebraischem Kalkül (Gleichungslösen, Integrieren),
- Verfahren der numerischen Auswertung mit frei wählbarer Genauigkeit,
- professionelle Visualisierung von Daten und geometrische Formen.

Diese Möglichkeiten geben den Weg frei zu vielfältigen Tätigkeiten des Explorierens von Modellen. Allerdings lässt sich dieser neue Kosmos nicht ohne Mühen betreten. Zwar wird Unterrichtszeit, die bisher dem Kalkültraining gewidmet war, freigesetzt. Dafür aber werden ein grundlegendes Verstehen der zentralen Begriffe (z. B. des Integralbegriffs) und ein flexibler Umgang mit ihnen gefordert. Zugleich fordert auch die Verwendung der jeweiligen Software ein nicht immer gering zu veranschlagendes Mindestmaß an Befassung. Unterrichtskonzepte, die komplexe Modellierungen unter Verwendung des Computers unternehmen, müssen in dieser Konstellation eine tragbare Balance finden.

Problemlösungen und Modellgeltung reflektieren

Jede Modellierung, d. h. jede Beschreibung der Welt mit Hilfe von Mathematik – das gilt von der LAPLACE'schen Annahme der Gleichverteilung bei einem realen Würfel bis hin zu fundamentalen Naturgesetzen – hat ihre Grenzen, schon weil eine Modellierung immer eine Vereinfachung darstellt. Das bedeutet, dass man am Ende des Modellierungsprozesses reflektieren muss, ob die Problemlösung, d. h. die Resultate der Modellrechnungen noch stimmig mit der Wirklichkeit bzw. den Erwartungen an die Güte des Modells sind.

Diese Forderung gilt bei Einsatz von Computern in besonderen Maße, und zwar in zweierlei Hinsicht: Dadurch dass der Computer dem Nutzer viele Schritte der Berechnung oder Darstellung übernimmt, also in Teilprozessen als *black-box* oder als *white-box* (deren Wirken man prinzipiell durchschaut) fungiert, gibt es viele Gelegenheiten für Fehler bei der Problembearbeitung. Hier sollte man also durch die Interpretationen von Zwischenergebnissen, wo immer möglich, die Gültigkeit der Arbeitsschritte sicherstellen und eventuell das Modell oder seine Bearbeitung korrigieren.

Computer bringen andererseits aber auch prinzipielle Grenzen mit. Sie speichern und verarbeiten Daten numerisch immer nur als diskrete Näherungen – dies ist die vom Taschenrechner altbekannte Rundungsproblematik, die sich bei der Lösung von Gleichungen oder bei der Iteration oder infinitesimalen Summationen zu großen Fehlern und Artefakten aufschaukeln kann. Auch bei algebraischen Problemen ist die Ausgabe nicht immer problem- oder nutzergerecht. Wirft der Rechner eine komplexe Lösung einer Gleichung aus (weil er den Modellzusammenhang nicht kennt), so muss der Nutzer dies interpretieren können. Wie eine solche Reflexion der computerspezifischen Modellgrenzen im Unterricht geführt werden kann, beschreibt LAMBERT (s. S. 256).

2.2 Funktionen dynamisch erkunden

Hans-Jürgen Elschenbroich

Funktionen gehören zu den Standardthemen des Mathematikunterrichts in der Sekundarstufe. Zum schulischen Thema wurden sie vor hundert Jahren durch die von FELIX KLEIN geprägte Meraner Reform, in der erstmals die *„Erziehung zum funktionalen Denken"* proklamiert und die *„Gewohnheit des funktionalen Denkens"* eingefordert wurde.

Die klassische Definition Eulers, nach der eine Funktion ein symbolischer Ausdruck ist, der aus einer veränderlichen Größe und aus Konstanten zusammengesetzt ist, weist schon auf eine dynamische Sicht hin. Bei der formalen Definition als rechtseindeutige Relation oder beim algebraischen Manipulieren von Funktionstermen weicht diese Dynamik aber einer eher statischen Auffassung einer Funktion als Ganzes.

Dies alles bekommt seine aktuelle Bedeutung dadurch, dass die Neuen Medien mittlerweile viele dynamische Werkzeuge bieten, die Schülerinnen und Schülern neue Möglichkeiten für den visuellen und interaktiven Umgang mit Funktionen und Gleichungen eröffnen (ELSCHENBROICH 2003).

Funktionen haben viele Gesichter

Funktionen werden im Mathematikunterricht oft nur als Terme und Gleichungen gesehen. Doch „Funktionen haben viele Gesichter" (HERGET/MALITTE/RICHTER 2000), sie können als Terme oder Gleichungen, als Tabellen, als Graphen und sprachliche oder bildliche Beschreibung einer Situation auftauchen.

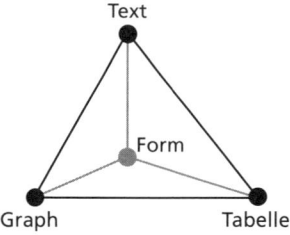

Abb. 1 Funktionen-Tetrader

Diese Darstellungsformen sind gleichberechtigt und es kommt nicht nur darauf an, sie einzeln abzuhandeln, sondern sie zu vernetzen und von einer Darstellungsform zur anderen zu wechseln. Dabei kann man – um im Bild des Tetraeders zu bleiben – manche Aspekte nach vorne holen, sogar an die Spitze stellen und andere dafür in den Hintergrund treten lassen.

Die Darstellung als Tabelle (z. B. in einer Tabellenkalkulation) hebt die dynamische Abhängigkeit einer Größe von der anderen hervor. Die Darstellung als Graph gibt eine ganzheitliche Sicht, lässt die dynamische Abhängigkeit aber nur demjenigen offenbar werden, der einen Graphen auch „dynamisch lesen" kann. Neben diesen vier Darstellungen lassen sich auch noch andere, die Dynamik hervorhebende Alternativen vorstellen, von denen einige in diesem Beitrag beschrieben werden sollen.

Ein Graph entsteht ...

Gängige Funktionenplotter bieten heutzutage komfortable Möglichkeiten, Funktionsgraphen zu zeichnen. Es wird die Funktionsgleichung bzw. der Funktionsterm eingegeben und dann ist auf Knopfdruck in Sekundenbruchteilen ‚auf einen Schlag' der komplette Graph (im Rahmen der Bildschirm-Skalierung und -Auflösung) zu sehen.

Aus Sicht des Lernenden ist dies aber nicht immer wünschenswert. Weil der Funktionsgraph sofort als Ganzes da ist, wird die Art und Weise, wie zwei Variablen dynamisch voneinander abhängen oder miteinander variieren, also gleichsam die Entstehungsgeschichte des Funktionsgrafen geradezu verdunkelt. Am Graphen von $y = \frac{1}{2}x + 3$ beispielsweise können Schüler einen funktionalen Zusammenhang nicht gut verstehen und erkunden, denn die Gerade, der Graph als Menge aller Punkte $P(x|y)$ ist direkt als Ganzes sichtbar und bleibt unverändert, statisch, wenn x geändert wird. Wünschenswert wäre es dagegen, zunächst erst einmal nur zu *einem* x das *zugehörige* y zu betrachten und die Auswirkungen der Änderung der unabhängigen Veränderlichen x auf die abhängige Veränderliche y zu untersuchen und hierbei die Dynamik zu erleben. Dynamische Geometriesoftware (wie z. B. EUKLID-DYNAGEO) ermöglicht es mittlerweile – obwohl ursprünglich gar nicht für die Untersuchung und Darstellung von Funktionen gemacht – durch Termberechnungen solche funktionalen Zusammenhänge dynamisch darzustellen. Im Zugmodus kann man die unabhängige Variable x verändern und die Auswirkung auf y und $P(x|y)$ verfolgen. Statt bei den Variablen von bestimmten Werten zu abstrahieren, werden so nun praktisch *alle Werte überblickt,* aber *jeweils nur einer betrachtet.* Weiter wird durch eine solche Darstellung nicht nur der separate Blick auf die Variablen x und y, sondern auch das beständige Wahrnehmen als Wertepaar unterstützt.

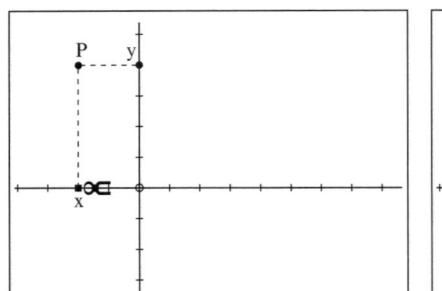 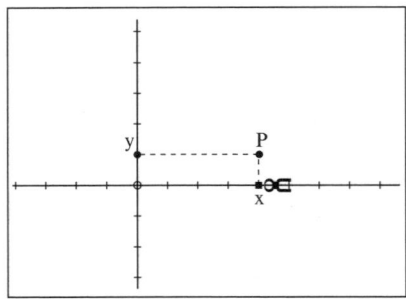

Abb. 2a, b: Funktionaler Zusammenhang mit DGS visualisiert

Die Schüler erkennen zunächst, dass und wie sich bei Verändern von x der Punkt $P(x|y)$ auf einer gedachten Linie bewegt (Abb. 2 a, b). DGS ermöglicht so eine „Entschleunigung". Erst anschließend *entsteht* diese Linie aus der Bewegung von P als Ortslinie und der Funktionsgraph somit als neues, komplexeres Objekt (Abb. 3 a, b).

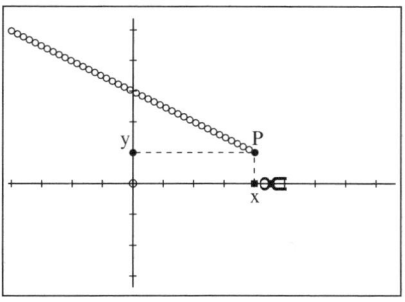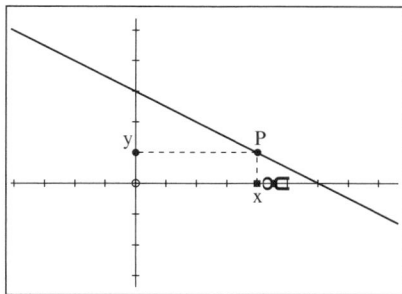

Abb. 3a, b: Funktionsgraph-Entstehung mit DGS visualisiert

Dieser für das Verständnis wichtige Zwischenschritt kam im Unterricht ohne Computereinsatz meist zu kurz. Insbesondere war diese Einführungsphase stark lehrerzentriert, es gab kaum Möglichkeiten für Schüleraktivitäten. Aber auch die gängigen Funktionenplotter haben diesen Schritt übersprungen. Dies behinderte eine schrittweise und auf Anschauung beruhende Begriffsbildung, was zu vielen Verständnisproblemen im Umgang mit Variablen und Funktionen führen kann. Ein auf DGS beruhender dynamischer Funktionenplotter (z. B. www.dynafunk.de) bietet durch Zugmodus und Ortslinien die Möglichkeit zur visuell gestützten, von Schüleraktivitäten getragenen Entwicklung eines Grundverständnisses von Funktionen und funktionalen Zusammenhängen.

Funktionen scharenweise

Neben die Untersuchung und Verwendung einzelner Funktionen tritt im Laufe der Mathematikunterrichts die Betrachtung von Klassen bzw. Typen verwandter Funktionen, also z. B. $y = mx + n$ oder $y = x^2 + px + q$. Die Koeffizienten werden selbst zu Variablen, zu Parametern und es werden Funktionenscharen betrachtet.

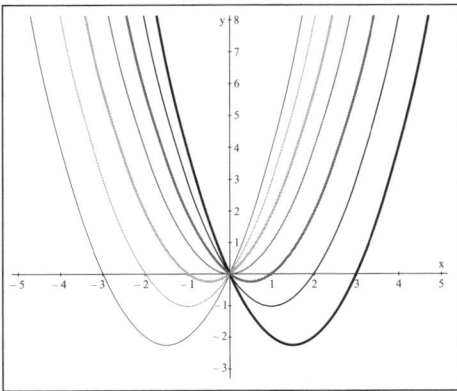

Auch hier sind gängige Funktionenplotter für den Aufbau von Verständnis nicht optimal. Sollen beispielsweise Graphen von $y = x^2 + px$ betrachtet werden, so werden meist viele Graphen einer Schar ‚auf einen Schlag‘ gezeichnet. Der dynamische Zusammenhang *„Wie ändert sich der Graph, wenn p geändert wird?“* ist zwar vorhanden und vom Kundigen herauszulesen, und vom Kundigen herauszulesen,

Abb. 4: Funktionenschar $y = x^2 + px$ mit CAS

aber für Lernende recht schwer zu entdecken. Denn die Schüler sind durch die gleichzeitige Sicht vieler Graphen behindert und erkennen kaum den Zusammenhang zwischen *einem bestimmten* Wert des Parameters *p* und dem *zugehörigen* Graphen.

Auch hier lässt sich wieder durch Einsatz geeigneter Software eine dynamische Sichtweise und Handlungsweise erreichen (z. B. www.dynafunk.de mit DGS,www.didaktik.mathematik.uni-wuerzburg.de/material/Excel_Plotter/Dyna Plot.xls mit Excel). Durch die Verwendung so genannter **Schieberegler** kann man die kontinuierliche Veränderung von Parametern realisieren. Zu *einem bestimmten* Parameter ist der *jeweilige* Funktionsgraph vorhanden. Änderungen des Parameters wirken sich unmittelbar auf den Graphen aus, die Schüler können interaktiv erkunden, wie der Graph reagiert, wenn ein Parameter variiert wird.

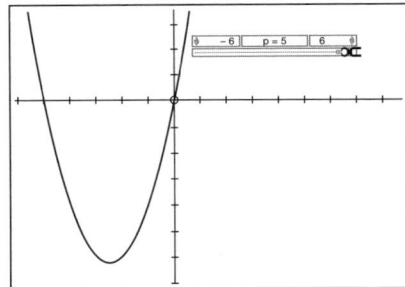 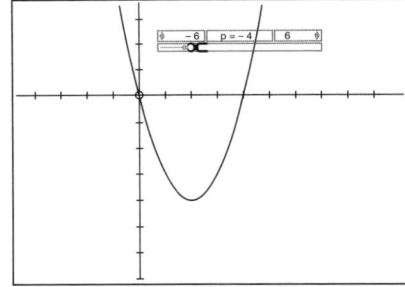

Abb. 5a, b: Funktionen „schar" mit DGS

Der Parameter (in der Sprechweise der Algebra: die Formvariable) wird somit als eine ‚Supervariable' erfahren, die den gesamten Graphen beeinflusst.

Visuell-dynamisch Gleichungen lösen

Es ist häufig festzustellen, dass das Lösen von Gleichungen ohne einen expliziten Bezug zu Funktionen, oft sogar zeitlich vorher unterrichtet wird. Dies erschwert eine ganzheitliche und dynamische Sicht und verschiebt den Schwerpunkt auf die Behandlung algebraischer Umformungen.

Schüler fassen das Lösen von Gleichungen intuitiv meist als eine Suchaufgabe auf. Eine Gleichung wie $2 \cdot x + 1 = 5$ wird (zu Recht!) gedeutet als *„Suche das x, für das y = 2 · x + 1 den Wert 5 annimmt"* und in der Regel zunächst mehr oder weniger systematisch mit einer Tabelle bearbeitet. Dieses Experimentieren wird durch den Einsatz einer Tabellenkalkulation wirkungsvoll

x	2x + 1 = 5
0	1 = 5
1	3 = 5
2	5 = 5
3	7 = 5

Abb. 6: Systematische Wertetabelle zum Lösen einer Gleichung

unterstützt und zu einem systematischen Explorieren weiterentwickelt, denn es muss nicht mehr jedes Mal ein Funktionswert berechnet werden. Die Tabellenkalkulation übernimmt diese Arbeit nach einmaliger Eingabe des Terms und Kopieren von Zelleninhalten.

Ein solch systematisches Probieren wird im Mathematikunterricht eher zu selten betrieben, obwohl es je nach Struktur der Gleichung recht effizient sein kann. Stattdessen wird verfrüht und einseitig algebraisch mit Äquivalenzumformungen gearbeitet und bestenfalls anschließend die Lösung als Schnitt zweier Geraden ‚veranschaulicht'.

Geht man nun ähnlich wie bei den Funktionen mit einem DGS-Funktionenplotter an die Aufgabe heran, so erweist sich der Zugmodus als dynamische Visualisierung der Wertetabelle. Zu *einem bestimmten* x sieht man unmittelbar das jeweils *zugehörige* y und erkennt, ob es den gewünschten Wert annimmt oder nicht.

Eine Deutung der Lösung als Schnittpunkt des Graphen von y mit der Parallelen zur x-Achse durch c entsteht erst aus diesem Herangehen. Aus der Sache heraus ist sie an dieser Stelle sogar eigentlich noch nicht erforderlich, aber als Vorbereitung für das Lösen von linearen Gleichungssystemen sinnvoll. Etwas komplizierte Gleichungen wie $\frac{1}{2}x - 2 = -x + 1$ kann man dabei auch deuten als lineares Gleichungssystem:

$$y = \frac{1}{2}x - 2$$
$$y = -x + 1$$

Und in Schülersicht wird dies zu der Suchaufgabe:

„Suche das x, für das $y_1 = \frac{1}{2}x - 2$ und $y_2 = -x + 1$ den gleichen Wert annehmen ".

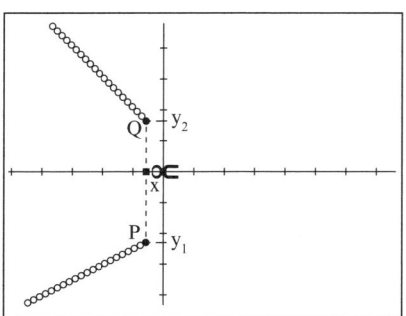 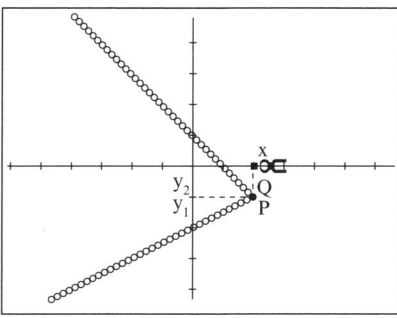

Abb. 7a, b: Lösen eines linearen Gleichungssystems mit einem DGS-Funktionenplotter

Dies lässt sich wieder experimentell im Zugmodus erkunden. Anschließend kann die Lösung dann als Schnittpunkt der beiden Geraden von y_1 und y_2 gedeutet und verstanden werden.

Dynagraph oder „Los von Descartes"

Üblicherweise werden Funktionen durch Graphen im kartesischen, d. h. rechtwinkligen Koordinatensystem dargestellt. Diese Darstellungsform ist so sehr zum Standard geworden, dass sie vielfach schon als die einzig mögliche erscheint. Dabei ist sie nicht immer optimal geeignet, um Eigenschaften von Funktionen zu visualisieren.

GOLDENBERG (vgl. MALLE 2000) wählte für seine **Dynagraph** genannte Darstellung statt der orthogonalen Achsen zwei parallele Achsen, vorzugsweise ohne Skalierung, nur mit einer Markierung des Ursprungs. Der Pfeil symbolisiert den Zuordnungsaspekt der Funktion, während beim Ziehen an der Position von x die gemeinsame Veränderung, die „Kovariation" beider Variablen augenscheinlich wird.

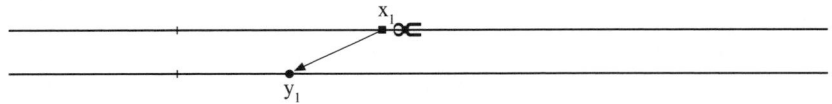

Abb. 8: Dynagraph

Dynagraph ist eine dynamische Umsetzung dieser wenig genutzten Darstellung von Zuordnungen, die auch als Leiterdiagramm-Darstellung bezeichnet wird. Im Zugmodus, beim interaktiven Erkunden einer Zuordnung entsteht schnell und besonders eindrucksvoll ein Gefühl für wesentliche Eigenschaften der jeweils dargestellten Funktionen: Monotonie, Linearität, Extrema, Polstellen und Periodizität, all diese Eigenschaften haben ihr eigenes qualitativ gut erfassbares Erscheinungsbild. Das kann in der statischen Druckversion leider nicht erlebt werden (siehe www.dynagraph.de). Werden die Schüler angehalten, das auf dem Bildschirm beobachtete Verhalten zu beschreiben, so ergibt sich auch eine neue Chance zur Versprachlichung von Mathematik.

Alles Schiebung

Das hier dargestellte Prinzip der dynamischen Visualisierung lässt sich vielfältig verallgemeinern, oft in Form so genannter Schieberegler. Schieberegler gehören zu den interessantesten Entwicklungen der letzten Jahre in mathematischer Unterrichtssoftware und sind mittlerweile in Tabellenkalkulationen, Dynamischer Geometrie-Software, Funktionenplottern und Computeralgebra nutzbar. Während sie in DGS und manchen CAS direkt vorhanden sind, ist ihre Nutzung bei Tabellenkalkulation nicht so einfach (eine Beschreibung findet sich bei ALBERS). Sie haben als Werkzeug zur dynamischen Visualisierung ein großes didaktisches Potenzial und eröffnen Möglichkeiten, die vordem bei der in der Schule üblichen Software noch nicht nutzbar waren.

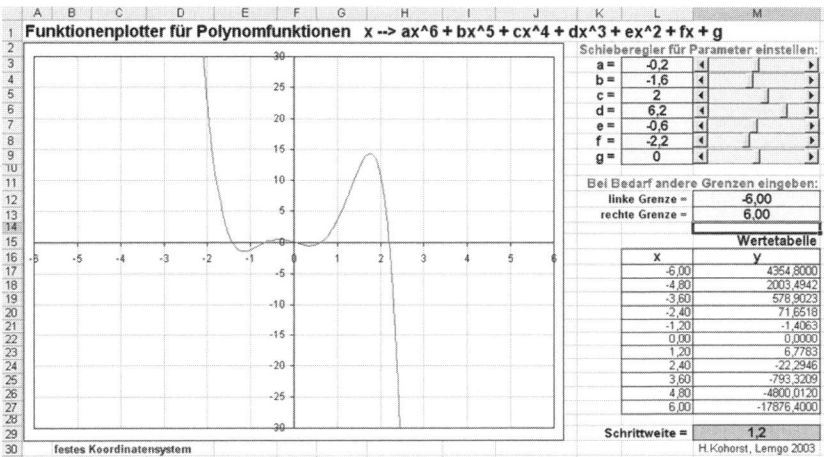

Abb. 9: Ein EXCEL-Funktionenplotter mit Schiebereglern (www.kohorst-lemgo.de)

In vorbereiteten elektronischen Arbeitsblättern sind Schieberegler sofort und intuitiv durch die Schüler nutzbar. Die technisch bedingte Beschränkung auf ein endliches Intervall, einen Erkundungsraum ist keine wirkliche Einschränkung, da diese Grenzen in der Regel auch benutzerseitig geändert werden können. Schieberegler führen also schnell zu einem systematischen Probieren, vor allem dort, wo früher immer wieder einzelne Werte für sich betrachtet werden mussten. Sie liefern eine vorher nicht gekannte Qualität der Dynamik, indem Änderungen sofort in Rechnungen und vor allem in visuelle Darstellungen umgesetzt werden. Sie entlasten von mühseligen Neuberechnungen und eröffnen den selbstständigen Erkundungen der Schüler neue Welten. Jeder Schüler kann ‚seine' Parameter ausprobieren und erhält eine direkte visuelle Rückmeldung, ungeeignete Parameterwerte werden offensichtlich. Da man mühelos das Parameterintervall durchlaufen kann, wird die Grenze vom zufälligen Probieren zum systematischen Erkunden und zur Frage nach dem *„Warum ist das so?"* durchbrochen.

Schieberegler können natürlich auch von Lehrerhand und demonstrierend eingesetzt werden. Ihre volle Kraft entfalten sie in Schülerhand, weil sie den individuellen Denkansätzen der Schüler Gestalt geben und Lernwege öffnen können. Bevor sie als Werkzeug in Schülerhand wirksam werden, haben sie meist vorher eine Etappe in Lehrerhand durchlaufen, nämlich bei der Erstellung von interaktiven elektronischen Arbeitsblättern, was je nach Software unterschiedlich schwierig ist.

Zum Einsatz von Schiebereglern gehört für die Schüler die Aufgabe, Vermutungen zu äußern und festzuhalten und zu notieren, was sie sehen. Das ist keine triviale Aufgabe, sondern ebenso mühevoll wie notwendig und gibt neue Impulse für den Umgang mit Sprache im Mathematikunterricht. Ohne eine Dokumentation kann es keine vernünftige Argumentation und Präsentation geben. Zwei Einsatzmöglichkeiten von Schiebereglern sollen besonders hervorgehoben werden. Zum einen kann man sie nutzen, um zu gegebenen Messwerten einen ‚passenden' Funktionsterm zu ermitteln, wenn man begründete Annahmen über den Funktionstyp hat. Zum anderen eignen sie sich hervorragend, um Graphen vor gegebenen Hintergrundbildern anzupassen, also sozusagen ‚optisch zu fitten'.

So wie durch die klassischen Funktionenplotter seit MATHEASS Funktionen zum Untersuchungsobjekt wurden, so werden dies jetzt durch Schieberegler ganze Funktionenklassen in Form von Funktionenscharen.

Dynamisch Modellieren

In vielen Bauwerken tauchen Linien auf, die parabelförmig sind (z. B. bei Brücken) oder so ähnlich aussehen (Kettenlinie).

Die KölnArena ist eine Veranstaltungshalle, deren Dach von einem großen Stahlbogen gehalten wird. Dieser Bogen sieht auf den ersten Blick auch parabelförmig aus. Wie können Schüler eigenständig erkunden, ob tatsächlich eine Parabel vorliegt oder nicht?

In einer Architektenzeichnung ist ein Querschnitt der Halle gegeben.

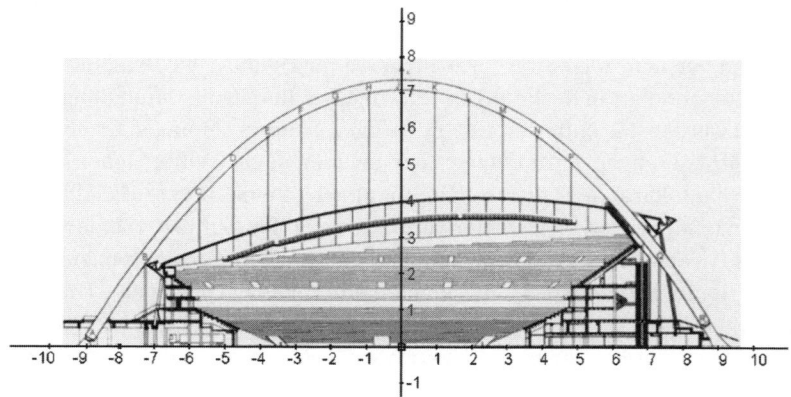

Abb. 10: Querschnitt der KölnArena (© KölnArena GmbH, Köln)

In einem statisch-algebraischen Ansatz würden Schüler eine Parabel durch zwei Punkte berechnen und die übrigen Punkte rechnerisch durch Einsetzen überprüfen.

Mit dynamischer Software ist nun aber ohne vorherige Rechnung ein direkter visueller Zugang möglich.[1] In einem elektronischen Arbeitsblatt wird die Grafik passend als Hintergrundbild eingegeben und eine Parabel $y = a \cdot x^2 + b$ gezeichnet, die mit Schiebereglern verändert werden kann (hier zunächst eine nach oben offene Parabel).

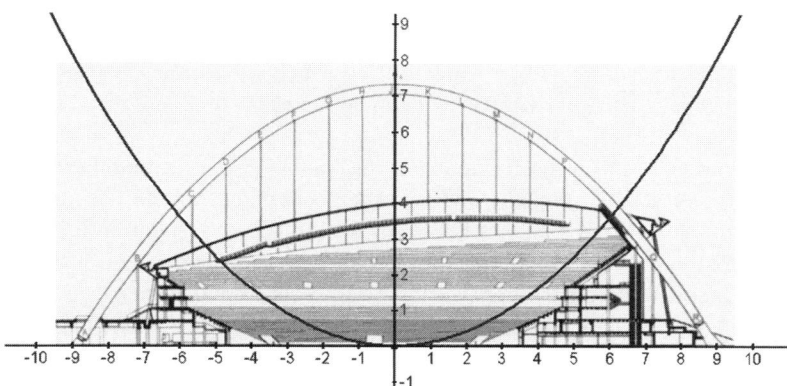

Abb. 11: KölnArena mit Koordinatensystem und Parabel

Die Schüler können interaktiv die Parameter a und b variieren und die Parabel zum Bogen ‚passend' machen. Das Ergebnis (ohne Rechungen!) ist also: Der KölnArena-Bogen ist parabelförmig.

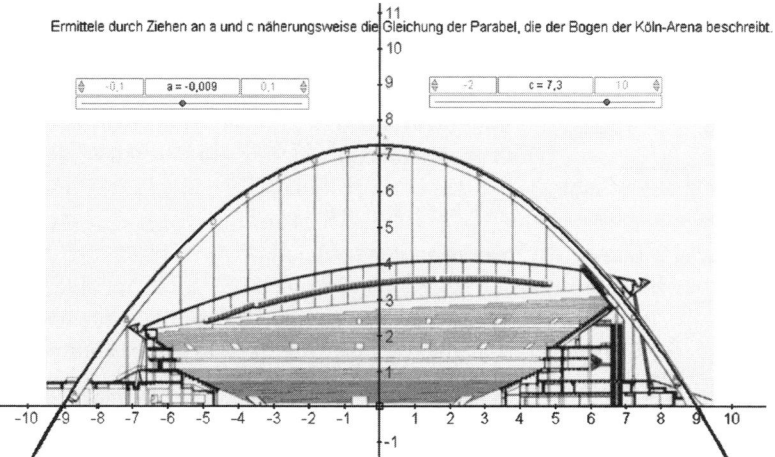

Abb. 12: KölnArena und ‚passende' Parabel

1 Dank an Anette Kessler-Schumacher für die Anregung.

Die Parameter könnten dann aus den Schiebereglern abgelesen werden. Sofern Schülergruppen sowohl den rechnerischen und den grafischen Ansatz durchgeführt haben (hintereinander oder arbeitsteilig), liegt es nahe, die rechnerische Lösung ($y \approx -0{,}0087\,x^2 + 73$) mit der grafischen zu vergleichen. Hier tritt in der Regel ein Problem auf: Die Werte stimmen nicht überein. Woran liegt das?

Der so plausible Rechnereinsatz, der schnell zu Ergebnissen geführt hat, hat die Schülerinnen und Schüler zunächst übersehen lassen, dass die vorgenommene Verkleinerung der Grafik (hier um den Faktor 10) nicht außer Acht gelassen werden darf.

Die beschriebene grafische Modellierung kann in vielen Varianten eingesetzt werden. Der intuitive visuelle Zugang ermöglicht jedem Schüler ‚seine' Parameter und auch eigene andere Funktionenklassen auszuprobieren und ungeeignete Modelle oder Parameterwerte schnell zu erkennen. Der Einsatz von Hintergrund-Bildern mit einer Overlay-Technik setzt die Idee des ‚Passens' um und gibt sie in Schülerhand. Das Erstellen eines derartigen Arbeitsblattes mit Bild und Schiebereglern ist in der zurzeit erhältlichen Software allerdings nicht ganz einfach und bleibt vorbereitende Aufgabe in Lehrerhand. Schülerinnen und Schüler können dieses Blatt dann individuell modifizieren, ohne sich mit zu vielen technischen Details der Erstellung auseinander setzen zu müssen.

2.3 Den Satz des Pythagoras entdecken und erforschen

Volker Hole

Der Satz des Pythagoras ist und bleibt ein zentraler Inhalt im Mathematikunterricht. Selbst für HEYMANN, der Mitte der neunziger Jahre für tiefgreifende Veränderungen des mathematischen Curriculums eingetreten ist, gehört die Satzgruppe des Pythagoras zu den innermathematisch und mathematikhistorisch bedeutsamen Themen (vgl. HEYMANN 1996, S. 151 f.). Der Satz ist ein wichtiges Werkzeug zur Lösung elementargeometrischer Probleme. Darüber sollte aber die Entdeckung dieses erstaunlichen und gar nicht auf der Hand liegenden Zusammenhangs nicht vergessen werden. So wichtig es ist, die Entdeckung für Schülerinnen und Schüler zu einem mathematischen Erlebnis zu machen, so sehr wirft die Behandlung des Satzes von Pythagoras im Unterricht Fragen auf:

1. Wie kann erreicht werden, dass die Schülerinnen und Schüler möglichst viel selbst entdecken können, dass ihnen also möglichst wenig vorgegeben werden muss? Wenn sie aufgefordert werden – wie das häufig geschieht –, rechtwinklige Dreiecke zu zeichnen, die Seiten zu messen und die Summe der Flä-

cheninhalte der Kathetenquadrate mit dem Flächeninhalt des Hypotenusenquadrats zu vergleichen, dann liegt das Erkennen der Gleichheit auf der
Hand. Der Eigenanteil am Entdecken ist relativ gering.

2. Wie kann der Satz des Pythagoras als Antwort auf ein im Unterricht vorerst
ungelöstes Problem erfahren werden?

3. Wie kann erreicht werden, dass der rechte Winkel des Dreiecks als notwendige Voraussetzung für $a^2 + b^2 = c^2$ erfahren wird? Immer wieder kann beobachtet werden, dass selbst Lehramtsstudienanfänger der Mathematik
große Schwierigkeiten haben, den Satz des Pythagoras – oft wird nur gesagt
„$a^2 + b^2 = c^2$" – in einer Wenn-dann-Formulierung wiederzugeben, z. B.
*„Wenn ein Dreieck rechtwinklig ist, dann ist die Summe der Flächeninhalte
der Kathetenquadrate gleich dem Flächeninhalt des Hypotenusenquadrats. "*

4. Neben dem Satz des Pythagoras gilt auch der Kehrsatz: Wenn in einem
Dreieck *ABC* die Summe der Flächeninhalte zweier Seitenquadrate gleich
dem Flächeninhalt des Quadrats über der dritten Seite ist, dann schließen
die ersten beiden Seiten einen rechten Winkel ein. Wie kann der Satz des Pythagoras und dessen Umkehrung gegebenenfalls an geeigneten Modellen erfahrbar gemacht werden?

Der Einsatz einer Dynamischen Geometriesoftware (DGS) bietet, das soll dieser
Beitrag zeigen, die Gelegenheit, diese Fragen konstruktiv zu beantworten.[1]
Dies soll nicht bedeuten, dass die Behandlung des Satzes von Pythagoras ausschließlich über eine DGS erfolgen soll. Im Gegenteil: Auch herkömmliche Medien und Aktivitäten werden in dem folgenden Unterrichtskonzept zum Einsatz
kommen. Jedes Medium soll seine besonderen Stärken entfalten.

Die besondere Rolle, die die DGS hierbei spielen wird, fördert erkundende
und entdeckende Tätigkeiten der Schülerinnen und Schüler in mehrfacher
Hinsicht:

▨ Mit der DGS können mit begrenztem Aufwand Modelle erstellt werden, die
dann jedem Jugendlichen zum Experimentieren zur Verfügung stehen. Modelle im herkömmlichen Mathematikunterricht waren oft nur Demonstra-
tionsmodelle in der Hand der Lehrkraft.

▨ Weil die Modelle durch Ziehen an einzelnen Punkten leicht verändert werden können, bieten sie einen großen Anreiz zum Erforschen.

▨ Im Gegensatz zum Zeichnen im Heft oder an der Tafel kann durch die leichte Veränderbarkeit der geometrischen Objekte innerhalb kurzer Zeit eine
Fülle verschiedener Lagen und Formen durchlaufen werden. Dabei kann
miterlebt werden, welche Eigenschaften der Figuren sich verändern und

---

1 Der folgende Unterrichtsvorschlag lässt sich mit jeder Dynamischen Geometriesoftware (DGS)
durchführen. Die Makrofähigkeit einer DGS erleichtert das Erstellen der Modelle. Die Ausführungen werden mit der DGS Euklid dargestellt.

welche gleich bleiben. Auf diese Weise wird das Entdecken mathematischer Strukturen erleichtert und in vielen Fällen erst ermöglicht.

Das im Folgenden dargestellte Unterrichtsbeispiel lässt sich in fünf Abschnitte gliedern: 1. Problematisierung, 2. Vorläufige Problemlösung, 3. Absicherung des Satzes des Pythagoras und seiner Umkehrung, 4. Festigung des Erarbeiteten durch die experimentelle Bestätigung des Satzes des Pythagoras und des Thalessatzes, 5. Anwendungsorientiertes Problemlösen mit dem Satz des Pythagoras und seiner Umkehrung.

1. Problematisierung

Es werden mehrere Paare von Papierquadraten vorgegeben. Die Schülerinnen und Schüler können sie auch durch Schneiden, Falten oder Zeichnen selbst herstellen. Die Ausgangsfrage lautet: Können die Quadrate über die vorgezeichneten Linien so zerschnitten werden, dass sich die Teile eindeutig zu einem größeren neuen Quadrat zusammensetzen lassen? Das Ergebnis wird sein, dass dies nur in Ausnahmefällen – bei den nachfolgenden Beispielen in drei Fällen – gelingt. Bei dem Unterrichtsversuch in einer 9. Hauptschulklasse hat es sich als günstig erwiesen, die Figuren jeder Arbeitsgruppe in doppelter Ausfertigung auszuhändigen: Das 1. Exemplar kann zerschnitten werden und das 2. Exemplar dient zur Erinnerung, wie die Quadrate ursprünglich ausgesehen haben.

Ein Großteil der Schülerinnen und Schüler kam zunächst rein experimentell

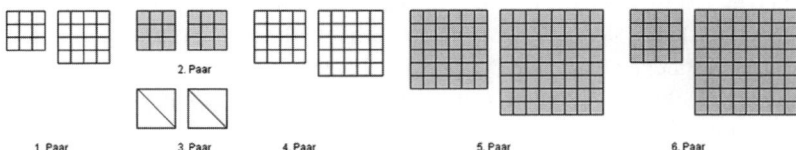

zu der Feststellung, dass in einigen Fällen ein neues Quadrat gebildet werden kann (1., 3., 5. Paar) bzw. dass es in anderen Fällen nicht zu gehen scheint. Einer Schülergruppe gelang beim 6. Paar eine rechnerisch-anschauliche Begründung, warum es nicht gehen kann: Zerschneidet man das 4×4-Quadrat kleinstmöglich, dann entstehen zwei Achterstreifen. Beim Ansetzen an das 8×8-Quadrat fehlt dann aber ein Kästchen. Der allgemeine Lehrerimpuls in mehreren Arbeitsgruppen, ob man auch ohne Zerschneiden das Ergebnis rein rechnerisch vorhersagen kann, und die Zusatzfrage beim 1. und 5. Paar, aus wie vielen Einheitsquadraten das neue Einheitsquadrat besteht und auf welchen Wegen man dies errechnen kann, führte in den meisten Gruppen zur Erkenntnis: Wenn man bei beiden Quadraten die Anzahlen der Karos addiert und eine Quadratzahl entsteht (z. B. 1. Paar: 9 + 16 = 25), dann kann ein großes Quadrat hergestellt werden.

Im anschließenden Unterrichtsgespräch zeigten sich manche Schülerinnen und Schüler verwundert, dass die Umwandlung beim 2. Paar nicht gelingt, wohl aber beim 3. Paar, obwohl in beiden Fällen die Quadrate gleich groß sind (3 × 3-Quadrate). Durch Ausmessen und durch rechnerische Überlegung wurde klar, dass die neue Quadratseite größer als 4 cm und kleiner als 5 cm sein muss.

Die Schülerinnen und Schüler vermuteten, dass es durch geschicktes Zerschneiden (also nicht entlang der vorgegebenen Karolinien) gelingen könne, auch im 4. und 6. Fall zu den beiden jeweils gegebenen Quadraten ein neues Quadrat zu finden, das als Flächeninhalt die Summe der beiden ersten Flächeninhalte hat.

Am Ende dieser Unterrichtsphase stand sogar die verallgemeinerte Frage, ob man ohne mühsames Zerschneiden auf einem ganz einfachen Wege stets zu zwei beliebigen Quadraten ein neues Quadrat finden kann, das als Flächeninhalt die Summe der beiden ersten Flächeninhalte hat.

2. Vorläufige Problemlösung

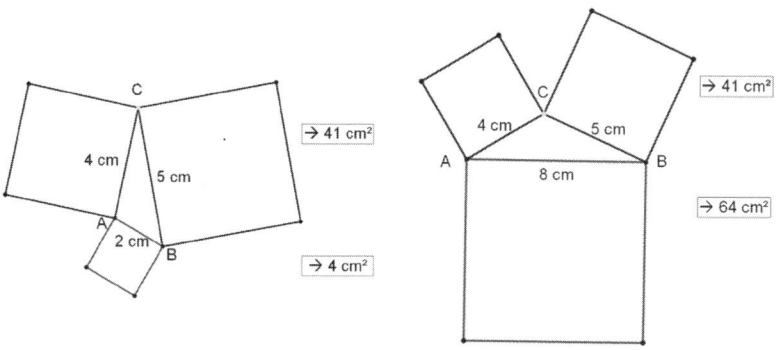

Den Schülerinnen und Schülern kann anschließend am Beispiel des 4. Falls über den Overheadprojektor eine Anregung gegeben werden, wie man das Problem angehen könnte. Wir bringen das ausgeschnittene 4 × 4-Quadrat und das ausgeschnittene 5 × 5-Quadrat an einer Ecke (*C*) zur Berührung, verbinden – wie in der oben stehenden Abbildung zu sehen – zwei benachbarte Quadratecken (*A* und *B*), skizzieren das Quadrat über dieser Strecke und vergleichen dessen Flächeninhalt mit der Summe der beiden anderen Flächeninhalten ($4^2 + 5^2 = 41$). Die beiden Seiten des 4 × 4- und 5 × 5-Quadrats und die Seite des neuen Quadrats bilden somit ein Dreieck (*ABC*). Es ist leicht zu sehen, dass der Flächeninhalt des neuen Quadrats kleiner als die Summe 41 ist, wenn die beiden Seiten des 4 × 4- und 5 × 5-Quadrat einen kleinen Winkel (nahe 0°) einschließen und größer als 41 ist, wenn die beiden

Seiten einen großen Winkel (nahe 180°) einschließen. Gegebenenfalls kann dies – wie in der Abbildung zu sehen – auch rechnerisch bestätigt werden. Gibt es nun eine Lage für die beiden ersten Quadrate, so dass der Flächeninhalt des dritten Quadrats gleich der Summe der Flächeninhalte der ersten beiden ist? Die Jugendlichen werden nun aufgefordert, durch Experimentieren selbst diese Lage (und damit die berühmte und mehrere Tausend Jahre alte Gesetzmäßigkeit) zu entdecken und zu beschreiben.

Allerdings wäre das Ausprobieren verschiedener Lagen am Overheadprojektor oder im Heft zeichnerisch und rechnerisch zeitaufwendig und unübersichtlich. Aus der Vielzahl einzelner, aber immer statischer Versuche lässt sich der funktionale Zusammenhang zwischen dem Winkel und dem Flächeninhalt des neuen Quadrates nicht deutlich genug erkennen. An dieser Stelle muss man also fast zwangsläufig zu einem dynamischen Modell übergehen.

Daher wird den Schülerinnen und Schülern das folgende erste DGS-Modell [1] bereitgestellt.

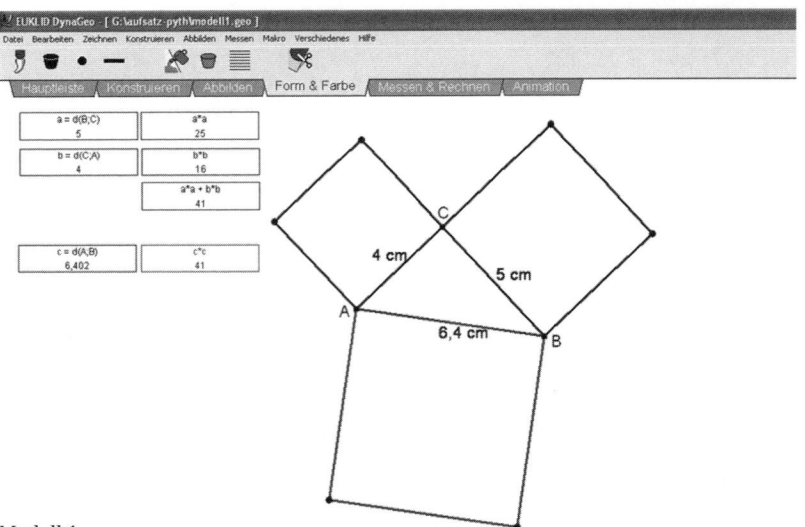

Modell 1

Diesem *Modell 1* liegt ein Dreieck mit den Seitenlänge $\overline{AC}$ = 4 cm und $\overline{BC}$ = 5 cm zugrunde, wobei der Winkel bei C durch Ziehen am Punkt A oder B be-

---

1 Die Herstellung dieses Modells wird unter http://www.schul-mathe.de/cico beschrieben. Da die Quadrate über den Dreiecksseiten gleich dreimal die Quadrat-Konstruktion erfordern, bietet es sich an, diese als *Makro* aufzeichnen zu lassen. Je nachdem, wie viele Erfahrungen die Schülerinnen und Schüler im Umgang mit einer DGS besitzen, kann das Modell von ihnen teilweise oder ganz auch selbst hergestellt werden.

liebig verändert werden kann. Über den drei Seiten des Dreiecks sind Quadrate gezeichnet. Ferner wird die Summe der Flächeninhalte der Quadrate über den Seiten $\overline{AC}$ und $\overline{BC}$ und der Flächeninhalt des Quadrats über der Seite $\overline{AB}$ angezeigt. Nach einer kurzen Vorstellung des Modells erkennen die Schülerinnen und Schüler durch Ziehen an der Ecke A oder B,

- dass die Seiten $\overline{AC}$ und $\overline{BC}$ immer ihre Länge 4 cm bzw. 5 cm beibehalten,
- dass die Summe der Quadratflächeninhalte dann immer $4^2 + 5^2 = 41$ beträgt,
- dass bei einer Vergrößerung des Winkels ⊰ ACB die Seite $\overline{AB}$ und der Flächeninhalt des Quadrats über dieser Seite immer größer wird und
- dass umgekehrt bei einer Verkleinerung des Winkels ⊰ ACB die Seite $\overline{AB}$ und der Flächeninhalt des Quadrats über dieser Seite immer kleiner wird.

Anhand des Modells bereitet es nun keine besondere Schwierigkeit, durch Ziehen an der Ecke A oder B ein Quadrat über der Seite $\overline{AB}$ mit einem Flächeninhalt von annähernd 41 cm² herzustellen. Letztlich bewirkte aber erst das dynamische Vergrößern und Verkleinern des Winkels ⊰ ACB, dass der größte Teil der Jugendlichen direkt oder indirekt den rechten Winkel erkannten. Neben den Entdeckungen „90°" bzw. „*ein rechter Winkel bei C*" kam es auch zu Formulierungen wie „*Bei C sieht es aus wie eine Straßenkreuzung.*" oder „*Die Dreiecksseiten und die Quadratseiten liegen auf einer Linie.*" In einem Unterrichtsgespräch konnte geklärt werden, dass die Aussagen einander entsprechen: Wenn die beiden Dreiecksseiten a und b geradlinig in jeweils eine Quadratseite übergehen, dann sind bei C zwei Scheitelwinkelpaare. Zieht man vom Vollwinkel die zwei rechten Winkel der Quadratecken ab, dann verbleiben je 90° bei dem Dreieckswinkel bei C und bei dem zugehörigen Scheitelwinkel.

Ein analoges mechanisches Dreiecksmodell ist nur schwer vorstellbar, das ähnlich wie das Modell 1 zu jeder Lage der Dreieckspunkte die zugehörigen Quadrate über den Dreiecksseiten darstellt und die Flächeninhalte der Quadrate gleichzeitig anzeigt. Hier zeigt sich bezüglich der Funktionalität und des Herstellungsaufwandes die Überlegenheit von Modellen, die mit einer DGS hergestellt sind.

Gilt nun die entdeckte Besonderheit nur für das 4 × 4- und für das 5 × 5-Quadrat oder können zwei beliebige Quadrate gewählt werden? Ist also immer, wenn man zwei beliebige Quadrate zu einem rechtwinkligen Dreieck anordnet, die Summe der Flächeninhalte der Quadrate über den Katheten gleich dem Flächeninhalt des Quadrats über der Hypotenuse dieses Dreiecks?

Zur Verallgemeinerung der Entdeckung wird mit *Modell 2* eine Variante eingesetzt, die ebenfalls unter http://www.schul-mathe.de/cico beschrieben ist. Dabei besteht keine Längenbindung der Seiten $\overline{AC}$ und $\overline{BC}$ an 4 cm und 5 cm. Ferner ist es hilfreich, sich über das Menü *Messen & Rechnen* den Winkel $\sphericalangle ACB$ anzeigen zu lassen. Die Schülerinnen und Schüler werden feststellen, dass immer dann, wenn bei C ein rechter Winkel angezeigt wird, das Termobjekt $a \cdot a + b \cdot b$ annähernd denselben Wert wie das Termobjekt $c \cdot c$ annimmt.

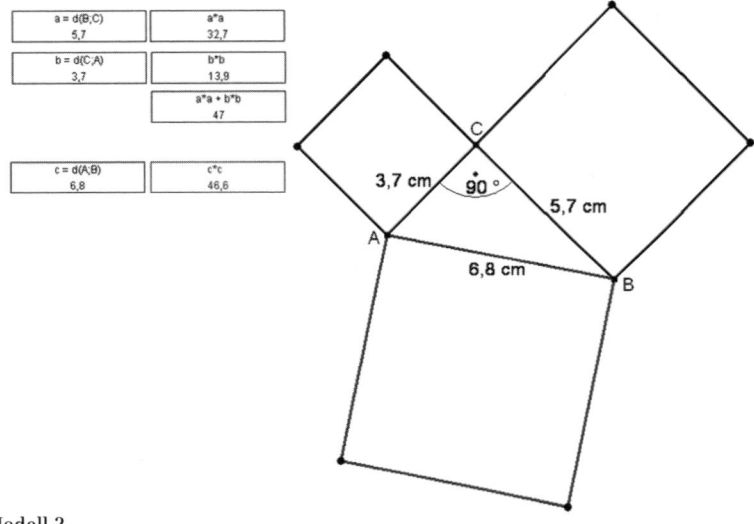

Modell 2

Durch experimentelles Ziehen an der Ecke C erfahren die Schülerinnen und Schüler erneut, dass, sobald der Winkel bei C größer als $90°$ wird, $a^2 + b^2$ kleiner als c^2 wird. Sobald der Winkel bei C unter $90°$ fällt, wird $a^2 + b^2$ größer als c^2. Mit Modell 2 können hierbei zwei eindrückliche Sonderfälle aufgezeigt werden. Erzeugt man wie in der nebenstehenden Abbildung ein

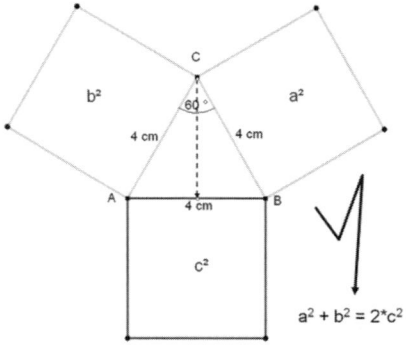

gleichseitiges Dreieck, so ist $a^2 + b^2$ doppelt so groß wie c^2. Lässt man in einem gleichschenkligen Dreieck die Spitze C langsam auf der Symmetrieachse zur Grundseite wandern, so nähert man sich dem Fall, dass bei C ein gestreckter Winkel entsteht und $a^2 + b^2$ halb so groß wie c^2 ist. Solche Spezialfälle unterstützen im Sinne des Kontrastprinzips das Bewusstsein, dass auch $a^2 + b^2 = c^2$ an eine Sonderbedingung geknüpft ist.

Die vorliegenden Modellvarianten 1 und 2 können sowohl zur Entdeckung und Vermutung des Satzes von Pythagoras als auch für seine Umkehrung herangezogen werden. Sorgt man dafür, dass bei C annähernd ein rechter Dreieckswinkel entsteht, so gilt auch annähernd $a^2 + b^2 = c^2$. Sorgt man umgekehrt dafür, dass annähernd $a^2 + b^2$ gleich c^2 wird, dann entsteht bei C annähernd ein rechter Dreieckswinkel.

Die Modellvariante 2 bietet nun eine weitere interessante Entdeckmöglichkeit. Wenn die Schülerinnen und Schüler mehrere Punkte C bei festem A und B einzeichnen, für die sich der Sonderfall $a^2 + b^2 = c^2$ bzw. ein rechter Winkel bei C ergibt, so können sie vermuten, dass die Punkte alle auf einem Kreis liegen. Dies führt zu einer Wiederholung bzw. Entdeckung der Umkehrung des Thales-Satzes: Scheitel rechter Winkel, deren Schenkel durch zwei feste Punkte A und B gehen, liegen auf einem Kreis mit dem Durchmesser AB. Damit kommt es zu einer Vernetzung nahe stehender Inhalte.

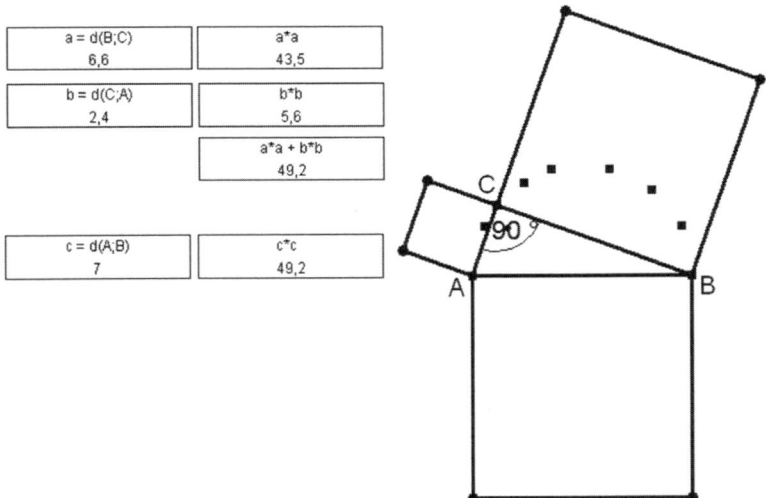

Das Ergebnis der zweiten Phase können zusammengefasst die folgenden Entdeckungen sein:

E1: Wenn bei C ein rechter Winkel ist, dann gilt vermutlich $a^2 + b^2 = c^2$.
     Wenn umgekehrt $a^2 + b^2 = c^2$ gilt, dann wird bei C ein rechter Winkel
     vermutet.

E2: Wenn $a^2 + b^2 > c^2$ gilt, dann wird bei C ein spitzer Winkel vermutet und
     umgekehrt.

E3: Wenn $a^2 + b^2 < c^2$ gilt, dann wird bei C ein stumpfer Winkel vermutet
     und umgekehrt.

E4: Lässt man bei einem Dreieck die Punkte A und B fest und sucht mehrere Punkte C, für die der Dreieckswinkel bei C 90° ist bzw. für die $a^2 + b^2 = c^2$ gilt, dann liegen sie auf einem Kreis mit der Seite $\overline{AB}$ als Durchmesser.

3. Absicherung des Satzes des Pythagoras und seiner Umkehrung

Die beiden bislang zum Einsatz gekommenen Modellvarianten 1 und 2 haben den Effekt, dass sie zwar die Gültigkeit des Satzes des Pythagoras und seiner Umkehrung vermuten lassen, dass aber einerseits letzte Zweifel, ob nun diese Sätze ganz genau stimmen, nicht ausgeräumt werden können. Das DGS kann hier nur dabei helfen, eine Vermutung zu generieren, sie sogar empirisch hochglaubwürdig erscheinen zulassen. Eine schlüssige Begründung für den erstaunlichen Zusammenhang geben die hier angebotenen DGS-Modelle nicht.

Sobald zudem z. B. die Termobjekte für die Summe der Flächeninhalte der Kathetenquadrate und für den Flächeninhalt des Hypotenusenquadrats auf mehrere Nachkommastellen formatiert werden, wird es nur in seltenen Fällen zu einer genauen Übereinstimmung der beiden Werte bei allen Nachkommastellen[1] kommen, weil nur annähernd ein rechter Winkel erzeugt werden kann. Dieser Effekt der Ungenauigkeit und Unsicherheit ist nun unter didaktischen Gesichtspunkten durchaus willkommen, kann er doch das Bedürfnis nach einer Absicherung des Satzes von Pythagoras und seiner Umkehrung wecken. Allerdings sollen hier in diesem Teil, in dem es um das Erkunden und Entdecken von Problemen und Zusammenhängen geht, die Möglichkeiten der Beweisführung nicht thematisiert werden. Es sei lediglich erwähnt, dass von den über 100 bekannten Beweisen zum Satz des Pythagoras mehrere mit einer DGS oder mit anderen Grafikprogrammen in ihrem Ablauf übersichtlich und dynamisch dargestellt werden können. Geeignet sind hierbei vor allem Zerlegungsbeweise und abbildungsgeometrische Beweise.[2]

4. Festigung des Erarbeiteten durch die experimentelle Bestätigung des Satzes von Pythagoras und des Thalessatzes

Die aus Sicht der Schülerinnen und Schüler unbefriedigende Ungenauigkeit der Modellvarianten 1 und 2 kann unabhängig von der Beweisführung auf experimenteller Ebene behoben werden. Zur Bestätigung des Satzes von Pythagoras und des Thalessatzes kann in der Modellvariante 2 der Punkt C an

---

1 In EUKLID kann durch Klick mit der rechten Maustaste auf ein Termobjekt über die Option *Term editieren* die Zahl der geltenden Stellen gewählt werden. Je mehr Stellen angezeigt werden, umso deutlicher tritt die Ungenauigkeit zu Tage.

2 Internetadressen zu DGS-Beweisen und weiteren Informationen zur Satzgruppe des Pythagoras z. B.: http://de.wikipedia.org/wiki/Satz_des_Pythagoras

den Kreis gebunden werden, der die Seite $\overline{AB}$ als Durchmesser hat. Hierzu wird über das Register *Konstruieren* der Mittelpunkt M der Seite $\overline{AB}$ bestimmt, ein Kreis um M durch A und B konstruiert. Über das Register *Hauptleiste* wird dann Punkt C an den Kreis gebunden. Ferner wird der Dreieckswinkel bei C über das Register *Messen & Rechnen* bemaßt. Wie die Schülerinnen und Schüler auch immer den Punkt C auf dem Kreis bewegen, stets zeigt das Programm auch bei der Einstellung mehrerer Nachkommastellen den Winkel $90°$ und die Zahlengleichheit von $a \cdot a + b \cdot b$ und $c \cdot c$ an **(Modell 3)**.

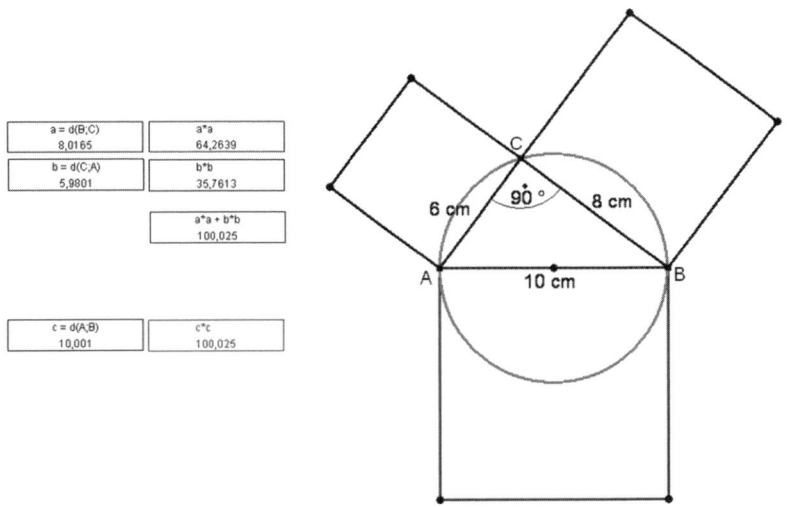

Modell 3

Auch der Umkehrsatz zum Satz des Pythagoras lässt sich experimentell bestätigen. Allerdings geht diese Variante, **Modell 4,** nicht wie die Variante 3 durch kleine Veränderungen aus den früheren Varianten hervor.

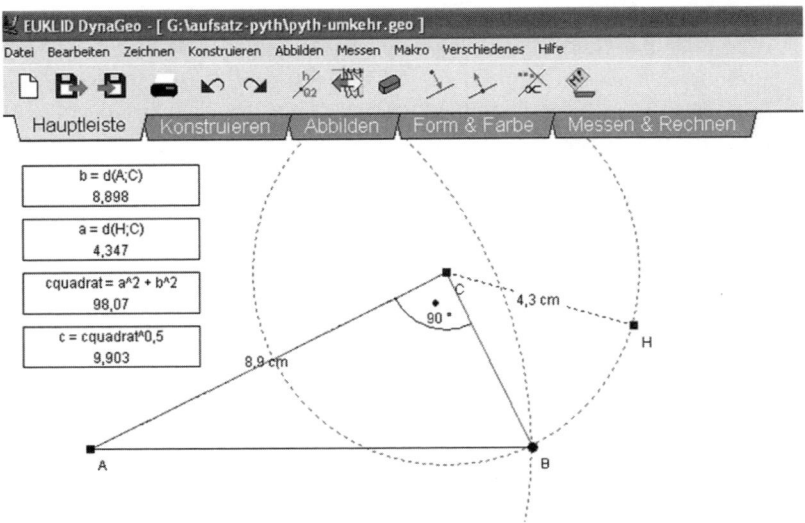

Modell 4

Beim Umkehrsatz müsste – wenn ein Dreieck gezeichnet werden kann, bei dem exakt die Gleichheit von $a^2 + b^2$ und c^2 gilt – genau der Winkel 90° bei C angezeigt werden. So wird bei der Variante 4 ein Dreieck aus a, b und c konstruiert, wobei a, b frei wählbar sind und c über $a^2 + b^2 = c^2$ berechnet wird. Dies lässt sich erreichen, wenn z. B. die Strecke $\overline{AC}$ und der Radius a eines Kreises um C frei gewählt werden (die freie Wahl von a erfolgt über die freie Wahl des Hilfspunktes H, wobei die Länge der Strecke $\overline{AC}$ gleich a ist), dann ein Kreis um A mit dem berechneten Radius c gezeichnet wird und sich B als einer der beiden Schnittpunkte der beiden Kreise ergibt. Wie die Schülerinnen und Schüler auch immer a und b wählen, stets entsteht bei C auch bei der Einstellung mehrerer Nachkommastellen genau der Winkel 90° (zur Formatierung der Winkelmaße auf mehrere Nachkommastellen wählt man im Menü *Verschiedenes* die Option *Einstellungen* und dort die Registerkarte *Maße und Winkel*).

Alle hier vorgestellten Modellvarianten dienen zum Entdecken oder zum Bestätigen mathematischer Gesetzmäßigkeiten und können mit begrenztem Aufwand über eine DGS erstellt werden. Eine mechanische Realisierung solcher Modelle ist kaum leistbar. Insofern unterstützen die DGS-Modelle das selbstständige Erkennen der Schülerinnen und Schüler und tragen somit zu einer verstärkten Schülerorientierung im Mathematikunterricht bei, ohne dass dabei – auch das zeigen die Ausführungen – auf manche Hilfestellung der Lehrperson verzichtet werden kann.

5. Anwendungsorientiertes Problemlösen mit dem Satz des Pythagoras und seiner Umkehrung

Eine (rein geometrische) Anwendung des **Satzes des Pythagoras** ist die Konstruktion eines Quadrates, das flächeninhaltsgleich zu zwei gegebenen Quadraten ist. Dieser Zusammenhang wurde im 1. Abschnitt auch als Ausgangsproblem für die Entdeckung des Pythagoras gewählt. Die bei weitem häufigsten Anwendungsfälle sind aber die, in denen bei rechtwinkligen Dreiecken mit zwei gegebenen Seiten über die Quadratflächeninhalte die dritte Seite berechnet werden kann. In den Schulbüchern finden sich hierzu viele Beispiele, u. a.:

- Wie hoch reicht eine 5 m hohe Leiter, wenn sie 2 m von der Wand aufgestellt wird?
- Wie groß ist der Durchmesser eines Kreises, der ein Quadrat mit 10 cm Seitenlänge umschreibt?
- Kann bei einem Umzug ein auf der Rückwand liegender 2,40 m hoher, 1,20 m breiter und 0,45 m tiefer Schrank in einem 2,45 m hohen Raum aufgestellt werden?
- Wie weit sieht man von einem 60 m hohen Leuchtturm auf das Meer bei einem Erdradius von 6370 km?
- Wie groß ist die Fläche eines Dachs in Form einer 6 m hohen quadratischen Pyramide mit einer Seitenlänge von 5 m?

All diese Situationen lassen sich natürlich in statischen Bildern skizzieren und dann berechnen. Attraktiv ist es aber, sie parallel auch mit Hilfe von DGS zu konstruieren und die Werte dadurch empirisch zu ermitteln. Auf diese Weise erscheint die Bearbeitung der genannten Probleme auch nicht allein als „Pythagorassuche". Der Satz des Pythagoras wird gegebenenfalls erst bei einer Lösung der Probleme mit konkreten Werten (wieder)entdeckt und kann dann herangezogen werden, um die Probleme für allgemeine Werte zu lösen. Gleichzeitig bringt die Konstruktion dieser Situationen mit dem DGS auch eine dynamische Darstellung mit sich. Schülerinnen und Schüler erkennen den funktionalen Zusammenhang zwischen den untersuchten Größen und berechnen nicht nur einen gesuchten Wert anhand einer statischen Skizze.

Weitere Anwendungen der *Umkehrung zum Satz des Pythagoras* resultieren aus den bereits im 2. Abschnitt formulierten Entdeckungen:

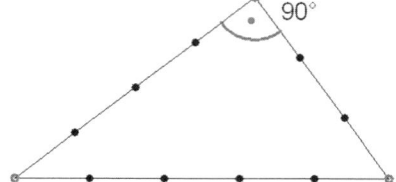

E1: Wenn $a^2 + b^2 = c^2$ gilt, dann ist der Winkel bei C 90°.

E2: Wenn $a^2 + b^2 > c^2$ gilt, dann ist der Winkel bei C spitz.

E3: Wenn $a^2 + b^2 < c^2$ gilt, dann ist der Winkel bei C stumpf.

Dabei sind zwei Aktivitäten von besonderer Bedeutung:

(1) Schülerinnen und Schüler finden aus mehreren Zahlentripeln die pythagoreischen Zahlentripel heraus, d.h. solche ganzzahligen Zahlentripel (a, b, c), für die $a^2 + b^2 = c^2$ gilt, zu denen also rechtwinklige Dreiecke gehören. Beispiele hierfür sind $(3 \cdot n, 4 \cdot n, 5 \cdot n)$ und $(5 \cdot n, 12 \cdot n, 13 \cdot n)$.

(2) Die Schülerinnen und Schüler stellen eine 12 m lange geschlossene Knotenschnur her, die vor allem in den Abständen von 3 m, 4 m und 5 m Knoten aufweist. Im Gelände oder auf dem Schulhof wird dann z.B. der Grundriss für eine Garage abgesteckt.

Diese beiden Aktivitäten spiegeln die arithmetische und die geometrische Seite desselben Sachverhaltes wider.

Von besonderem Reiz ist die folgende Aufgabe mit dem Grundriss eines Burggeländes, bei der mit Hilfe des Thaleskreismodells (C ist an den Kreis mit dem Durchmesser $\overline{AB}$ gebunden – eine vereinfachte Version der Modellvariante 3) z.B. die Länge der Strecke von $P1$ bis $P3$ bestimmt werden soll. Ein direktes Messen ist in der Wirklichkeit nicht möglich. Mit Hilfe der DGS können die Erkundungsarbeiten im Gelände vorbereitet werden. Sicherlich werden sich auch im Schulgelände zwei Punkte finden lassen, deren Entfernung nicht direkt messbar ist. Im Burgbeispiel zieht man auf zeichnerischer Ebene den Punkt A auf $P1$ und B auf $P3$ und bewegt C in

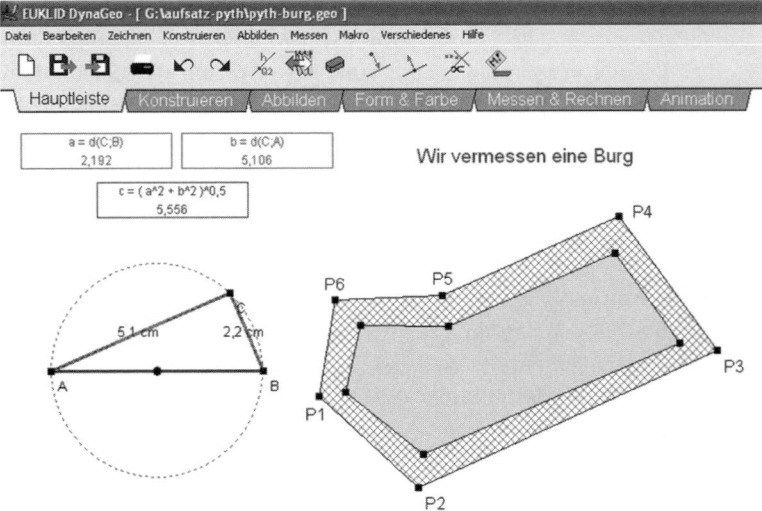

eine Position, aus der die Entfernung zu den Punkten *P*1 und *P*3 direkt bestimmt werden kann. Über die Kathetenlängen wird die Länge der Hypotenuse mit Hilfe des Satzes von Pythagoras berechnet. Das Ergebnis kann durch Nachmessen kontrolliert werden.

Bei der Arbeit im Gelände bietet sich die Knotenschnur an. Über senkrechte Stangen an den Dreiecksecken versuchen die Schülerinnen und Schüler das Schnurdreieck so zu positionieren, dass *P*1 über die Stangen in *C* und *A* und *P*3 über die Stangen *in C* und *B* angepeilt werden kann. Der Vorteil des Computermodells besteht darin, dass es die oft unübersichtliche Arbeit im Gelände vorstrukturiert und teilweise simuliert.

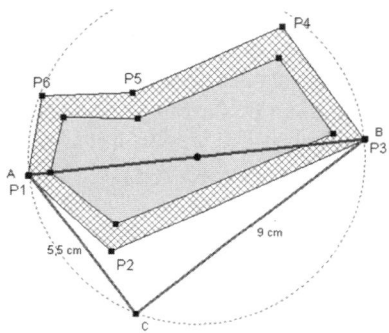

Schülerinnen und Schüler können das Problem erst einmal interaktiv an einem Modell im Klassenraum angehen und lösen und dabei ein allgemein gültiges Verfahren für die Problemlösung außerhalb des Klassenzimmers entwickeln.

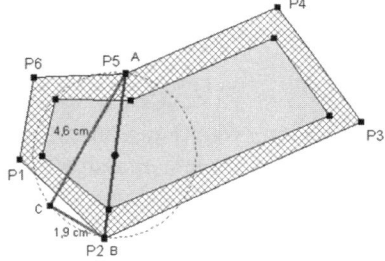

Im Modell wird z. B. auch deutlich, dass es viele Positionen für die Ecke *C* geben kann. Dadurch wird erneut bewusst, dass es zu einem *c* viele *a* und *b* gibt, für die $a^2 + b^2 = c^2$ gilt. Ferner zeigt es, dass es aber auch Strecken gibt, für die das Modell nicht tauglich ist. Die Schülerinnen und Schüler können z. B. entdecken, dass es zur Bestimmung der Entfernung der Punkte *P*2 und *P*5 kein rechtwinkliges Dreieck gibt, dessen Katheten überschneidungsfrei zur Burganlage liegen. Damit trägt das Modell dazu bei, dass das Vorgehen der Schülerinnen und Schüler im Freien planvoll und in verständnisvoller Weise ablaufen kann.

Zusammenfassend zeigt der vorliegende Unterrichtsvorschlag zur Erarbeitung des Satzes von Pythagoras, dass die vorgestellten Computermodellvarianten das Erkunden und Entdecken mathematischer Strukturen und Problemsituationen nicht nur unterstützen, sondern manchmal erst möglich machen, weil die mechanischen Modelle des früheren Mathematikunterrichts nicht annäherrnd eine entsprechende Funktionalität aufweisen können. Hierbei hat sich auch die folgende These ELSCHENBROICHS bestätigt: „In didaktischem Sinne ist Visualisierung mehr als bloße Veranschaulichung und Bebilderung, es ist damit eine aktive Rolle der Lernenden verbunden" (ELSCHENBROICH 2004).

Der Einsatz der gezeigten Computermodellvarianten ist nicht von speziellen Computerkenntnissen der Schülerinnen und Schüler abhängig. In manchen Fällen kann es sinnvoll sein, dass Schülerinnen und Schüler die Modelle von Grund auf selbst konstruieren. Im vorliegenden Unterrichtsbeispiel wurden problemferne Schwierigkeiten in der Konstruktion (z. B. die Konstruktion eines Quadrates) umgangen, indem die Lehrerin oder der Lehrer ein bereits in Teilen vorgefertigtes DGS-Arbeitsblatt in den Mathematikunterricht mitbringt. Kleinere Veränderungen werden den Jugendlichen kaum Schwierigkeiten bereiten: eine Strecke oder einen Winkel bemaßen, die Ecke *C* an den Thaleskreis binden bzw. wieder davon lösen oder ein Termobjekt erstellen.

2.4 Daten darstellen, erkunden und auswerten

Hubert Langlotz, Guido von Saint-George

Das Ermitteln von Kenngrößen und die grafische Darstellung von Daten sind Prozesse des Zusammenfassens und des Strukturierens. Große, zunächst unübersichtliche Datenmengen werden gruppiert und verrechnet mit dem Ziel, wesentliche Informationen herauszuarbeiten und die repräsentierten Sachverhalte zu erfassen und zu verstehen.

Kenngrößen und grafische Darstellungen kann man demnach auch auffassen als ein Arsenal von Werkzeugen, mit denen man statistische Daten erkunden kann. Dieses Erkunden vollzieht sich in ständigem Wechselspiel zwischen mathematischem Arbeiten und inhaltlichem Interpretieren. Gerade im Bereich der Statistik bedingen sich die mathematische (rechnerische) Auswertung und die Interpretation der Resultate gegenseitig. Somit wird das Darstellen zu einer spezifischen Strategie des Erkundens und Problemlösens.

Dies erleben Schülerinnen und Schüler in dem hier geschilderten Unterricht, indem Sie verschiedene ihnen bekannte Darstellungsmöglichkeiten von Daten anwenden und einige neue kennen lernen, um damit ein konkretes Bewertungsproblem zu lösen: „Welche Mannschaft ist die beste?" (vgl. KATZENBACH 1999, HERGET/LEHMANN 2001). Angeregt durch diesen Problemkontext erarbeiten sie verschiedene Interpretationen von Histogrammen und Boxplots sowie von Mittelwerten und Streumaßen. Gerade über die Visualisierung von Daten, die mit Hilfe eines elektronischen Werkzeugs (etwa einem Computer oder einem statistikfähigen Handheldgerät) ohne großen Rechen- und Zeichenaufwand für die Schüler viele Male vollzogen werden kann, können Begriffe wie Zentralwert, Mittelwert, Spannweite und Quartil angewendet und in ihrer Bedeutung ausgelotet werden.

Die folgenden Ausführungen beziehen sich auf einen Unterricht mit einem grafik- und CAS-fähigen Handheldgerät, sind aber übertragbar für die Arbeit mit einer Tabellenkalkulation an einem fest installierten Computer. Der Unterricht ist ab Klasse 7 durchführbar.

Wer hat denn nun gewonnen?

An einem Laufwettbewerb nehmen die drei zehnten Klassen (A, B und C) einer Schule teil. Aus jeder Klasse starten jeweils zehn Schülerinnen und Schüler über die Strecke von 1000 m. Das Rennen ist so ausgegangen:

Platz:	1	2	3	4	5	6	7	8	9	10	11	12	13	14	15
Läufer aus Klasse 10:	A	B	A	C	B	B	C	A	C	C	C	B	A	A	B

Platz:	16	17	18	19	20	21	22	23	24	25	26	27	28	29	30
Läufer aus Klasse 10:	B	C	A	C	B	C	B	B	A	C	A	A	A	C	B

Jetzt streiten die Klassen und ihre Sportlehrer darüber, welche Klasse am besten abgeschnitten hat. Denn nur eine Klasse kann den Pokal „Beste Läufer" gewinnen. Die zentrale Frage lautet also: Welche Klasse hat am besten abgeschnitten?
a) Entwerft verschiedene Vorschläge (Skizzen, Grafiken, Tabellen, Text), den Gewinner festzulegen!
b) Erklärt, welche Vor- und Nachteile die verschiedenen Verfahren haben!
c) Wählt ein Verfahren aus, das ihr als besonders fair einschätzt. Begründet dies!
d) Stellt eure Lösung und die Begründung auf einem Poster übersichtlich dar!

Den Schülerinnen und Schülern stehen (aufgrund des vorangegangenen Unterrichts und über das genutzte Werkzeug) bereits einige Kenngrößen und statistische Darstellungsmöglichkeiten zur Verfügung, auf die sie hier zunächst als „Lösungsstrategien" unmittelbar zurückgreifen können. Daneben können auch weitere, bisher unbekannte Darstellungsformen eingeführt und auf ihre Funktion hin ausgelotet werden.

Nutzt man einen Rechner, so müssen zunächst die Platzierungen der einzelnen Klassen in Listenform abgespeichert werden (Abb. 1).

```
F1▼▼▼  F2▼    F3▼    F4▼    F5     F6▼
▼←─ Algebra Calc Other PrgmIO Clean Up

■ klass10a
  {1   3   8  13  14  18  24  26  27  28▶
■ klass10b
  {2   5   6  12  15  16  20  22  23  30▶
■ {4   7   9  10  11  17  19  21  25  29▶
  {4   7   9  10  11  17  19  21  25  29▶
...0,11,17,19,21,25,29}→klas10c
MAIN        RAD AUTO        3D   3/30
```

Abb. 1: Speicherung der Daten

Unproblematisch ist die Bestimmung des arithmetischen Mittelwertes. Dies kann bei Rechnernutzung aussehen wie in Abb. 2. Dabei ist natürlich vorausgesetzt, dass Schülerinnen und Schüler mit der Bedeutung des arithmetischen Mittels bereits vertraut sind.

```
F1▼▼▼  F2▼    F3▼    F4▼    F5     F6▼
▼←─ Algebra Calc Other PrgmIO Clean Up




■ mean(klass10a)              16.2
■ mean(klass10b)              15.1
■ mean(klass10c)              15.2
mean(klass10c)|
MAIN        RAD AUTO        3D   3/30
```

Abb. 2: Bestimmung des Mittelwertes

Schüler die nur diesen Lösungsweg gehen, werden argumentieren, dass die Klasse 10b den Pokal bekommen soll.

Daneben können Schüler die Daten auch mit Hilfe des Medians auswerten (Abb. 3).

```
F1▼▼▼  F2▼    F3▼    F4▼    F5     F6▼
▼←─ Algebra Calc Other PrgmIO Clean Up


■ mean(klass10a)              16.2
■ mean(klass10b)              15.1
■ mean(klass10c)              15.2
■ median(klass10a)              16
■ median(klass10b)            15.5
■ median(klass10c)              14
median(klass10c)
MAIN        RAD AUTO        3D   6/30
```

Abb. 3: Mittelwert und Median im Vergleich

Sie erkennen, dass nun die Klasse 10 c den Pokal erhalten müsste. Statt eine Lösung für das Problem zu erhalten, sind sie nun mit einem neuen konfrontiert: Welches ist die „die richtige Lösung"? Dies führt zu einer Diskussion der beiden Mittelwerte und zu einer inhaltlichen Interpretation:

- Ist der Median als Platz des mittleren Schülers einer Mannschaft geeignet, den Erfolg zu messen?
- Sollten die extrem guten und schlechten Plätze eher ins Gewicht fallen, so wie beim arithmetischen Mittel?
- Darf man überhaupt Plätze miteinander verrechnen, also den 1. und 3. Platz zu einem zweiten verrechnen? Wie sehen eigentlich die Zeiten hinter den Plätzen aus?

In dieser Auseinandersetzung gibt es zwar plausible Argumente, eine einhellige Lösung wird aber nicht zustande kommen. Um weiter zu kommen, muss das Problem weiter erkundet werden. Durch die Verwendung eines Grafik- bzw. CAS-Rechners sind schnell weitere Darstellungsmöglichkeiten der gegebenen Daten zu erzeugen und miteinander zu vergleichen. Die notwendigen Informationen für die Erzeugung etwa von Boxplots oder Histogrammen können ihnen schriftlich oder im Lehrervortrag gegeben werden.

Schülerinnen und Schüler können auch andere statistische Lage- und Streuungsmaße ausgeben lassen (Abb. 4). Viele Werkzeuge stellen schnelle Übersichtsfunktionen zur Verfügung, die natürlich nur dann genutzt werden können, wenn Schüler die aufgeführten Größen bereits interpretieren können.

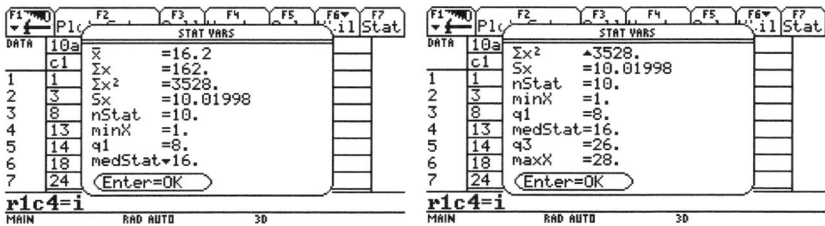

Abb. 4: Auswertung der Klasse 10 a

Nun muss überlegt werden, welche zusätzlichen Informationen für eine gerechte Zusprechung des Preises „Beste Klasse" hieraus gewonnen werden können. Welche Kenngrößen sagen etwas darüber aus, wie gut eine Klasse abgeschnitten hat? Manche der Größen, wie etwa die Quartile $q1$, $q3$, der Median oder die Spannweite sind besser zu interpretieren, wenn man sie in Verbindung mit den grafischen Darstellungen wahrnimmt (Abb. 5). Dargestellt sind Schülerarbeiten, die auch ohne Rechnernutzung erstellt werden können, dann aber wesentlich mehr schreibtechnischen Aufwand erfordern.

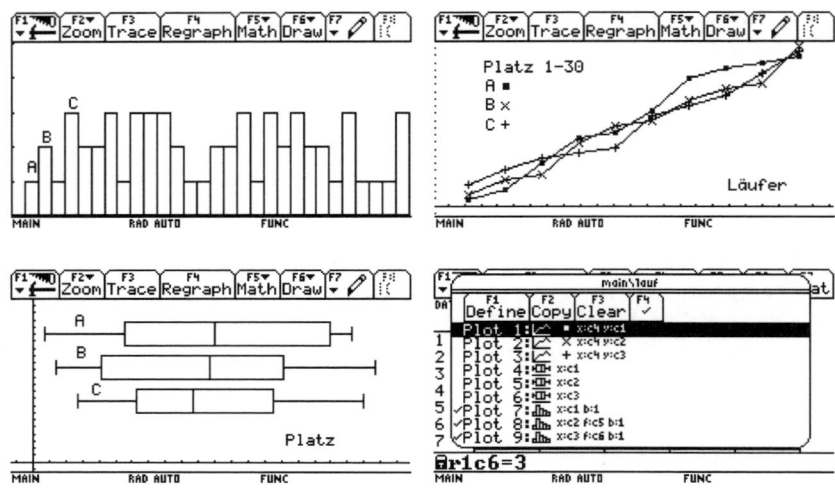

Abb. 5: Grafische Darstellung der Verteilungen

Spätestens hier sind die Schülerinnen und Schüler gefordert, „ihre" Lösung, d. h. ihre Wahl einer Gewinnermannschaft im Rahmen von Interpretationen der Kenngrößen und Grafiken genauer zu begründen. Dass es hier, obwohl ausreichend Daten vorliegen, nicht „die Lösung" oder „das richtige Ergebnis" gibt führt nicht nur zu einem tiefer gehenden Verständnis der erkundeten Situation, sondern auch zu einer Vertiefung und Abgrenzung der verwendeten Begriffe und Verfahren.

Argumentieren als Erkundungsziel

Die Erkundungen verschiedener Maße und Darstellungen führen, wie hier gezeigt wurde, nicht unbedingt zu einer Lösung, es kann sogar sein, dass die scheinbare Beliebigkeit der Ergebnisse Schülerinnen und Schüler enttäuscht. Hier empfiehlt sich eine unterrichtsorganisatorische Zuspitzung: Ziel der Erkundung soll nicht etwa das distanziert-neutrale Gewinnen von Entscheidungsinformation sein, sondern ein engagiertes Eintreten für eine Position, auch wenn diese aus ganz anderen als rationalen Gründen zustande kommt. Dies kann unterrichtsorganisatorisch etwa so aussehen:

Die Aufgabenstellung a) wird in der ersten Phase von jedem Schüler individuell oder in Partnerarbeit bearbeitet, anschließend werden offene Fragen der Schülerinnen und Schüler geklärt. Danach beginnt eine komplexere Gruppenarbeitsphase, in der die Schülerinnen und Schüler in Kleingruppen die weiteren Aufgabenteile bearbeiten. Wenn die ersten Ergebnisse (z. B. in Form von Grafiken) in den Gruppen vorliegen, erhält jede Gruppe, ohne dass den anderen Gruppen dies mitgeteilt wird, den Auftrag, die Daten so aufzubereiten, dass eine bestimmte Klasse (z. B. 10 b) als „beste" Klasse abschneidet. In der abschließenden Poster-Präsentation sollen die hervorragenden Leistungen möglichst eindrucksvoll herausgestellt werden.

Nachdem die Poster aufgehängt, betrachtet und erläutert wurden, können in einer Rückschau die Vor- und Nachteile der verschiedenen Verfahren abgewägt werden. Eine Abstimmung schließt sich an. Einige Verfahren zur Bestimmung der besten Klasse, die die Schüler finden, können z. B. sein:

- Summierung aller Einzelplatzierungen,
- schlechteste Ergebnisse streichen, dann mitteln,
- Anzahl der Platzierungen der Klassen unter den besten 10,
- Platzierungen gewichten,
- Leistungsdifferenzen bzw. einheitliche Leistungen der einzelnen Klassen berücksichtigen,
- stark abweichende Leistungen je Klasse streichen.

2.5 Schwarze Kisten –

Mit *black boxes* Zusammenhänge erkunden

Christine Knipping, David A. Reid

„Schwarze Kisten" sind uns eher vertraut unter ihrem englischen Namen, nämlich als *black boxes*. Wir verwenden in diesem Artikel die deutsche Bezeichnung „Schwarze Kiste", da wir ihn auch im Unterricht explizit genutzt haben. Unsere Absicht war dabei, sprachliche Konnotationen zu transportieren, die in einem fremdsprachlichen Term in der Regel verloren gehen. Etwa die Konnotation von „schwarz" als dunkel, verborgen oder „Kiste" in Analogie zu „Schatzkiste".

In diesem Artikel geht es um Schwarze Kisten, die Schülerinnen und Schülern helfen können, mathematische Zusammenhänge zu erkennen. Schülerinnen und Schüler zu fördern, Mathematik eigenständig zu erforschen, und sie zu ermutigen, mathematisches Wissen selbst zu entdecken, ist ein grundlegendes Anliegen von Mathematikunterricht. Dies zu realisieren ist eine herausfordernde Aufgabe. Wie beim Erkunden einer neuen Stadt, können Lernende dabei nicht ohne jegliche Ausrüstung in einer fremden Umgebung ausgesetzt und sich selbst überlassen werden, nur mit der Aufgabe, nun ihren Weg nach Hause zu finden. Sie müssen in ihren Erkundungen unterstützt werden, aber ohne dass dabei ihre Selbstständigkeit untergraben wird oder ihnen das Gefühl genommen wird, dass sie es sind, die etwas Neues entdecken. In Erkundungsprozessen von Schülerinnen und Schülern sehen wir drei Phasen:

- Beobachten,
- Zusammenhänge herstellen,
- Analysieren.

In der Beobachtungsphase bemerken Lernende etwas an einer Situation, das sie vorher noch nicht gesehen haben. Zum Beispiel fällt ihnen auf, dass zwei Dreiecke in einer Zeichnung kongruent zu sein scheinen. In einem mathematischen Kontext bedeutet jedoch Beobachten mehr als nur Sehen. Beobachten schließt ein, das Gesehene zu strukturieren, und zwar in Kategorien, die mathematisch angemessen sind. In der Phase, in der Zusammenhänge hergestellt werden, verbinden Lernende ihre Erfahrungen in der neuen Situation mit ihrem bereits vorhandenen Wissen oder mit einer anderen Erfahrung, die sie bereits gemacht haben. Zum Beispiel benutzen sie eine Definition, die sie bereits kennen, um zu zeigen, dass eine Figur eine bestimmte Eigenschaft hat. In der Phase des Analysierens ermitteln sie etwas über die dahinterliegende Struktur einer Situation, die weder durch reine Beobachtung offensichtlich ist noch eine direkte Folgerung von etwas, das sie bereits kennen. In diesem Artikel sollen diese Phasen bei Erkundungen anhand von Schülerprodukten im Kontext Dynamischer Geometriesoftware veranschaulicht werden.

Wie funktionieren Schwarze Kisten im Unterricht?

Dynamische Geometriesoftware (DGS, in unserem Fall CABRI GEOMETRIY) macht es möglich, „Schwarze Kisten" herzustellen, welche die Aufmerksamkeit von Lernenden bei Erkundungen auf einen bestimmten Aspekt lenken können.

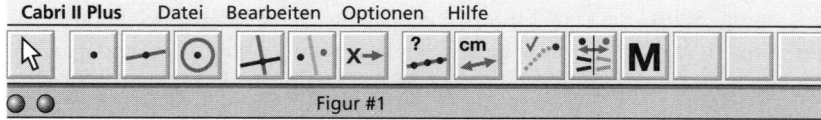

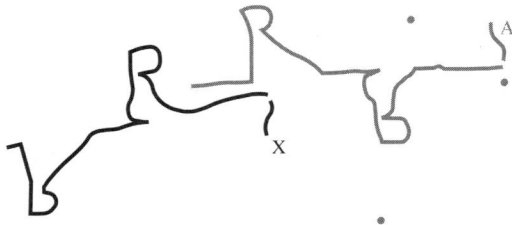

Abb. 1: Beispiel einer Schwarzen Kiste

Anstatt eine Figur selbst zu konstruieren, können Schülerinnen und Schüler mit Hilfe von Schwarzen Kisten Figuren oder Punkte erkunden, deren Eigenschaften sie nicht kennen. Ein Beispiel für eine Schwarze Kiste ist in Abbildung 1 gegeben.

Um diese Schwarze Kiste zu aktivieren, müssen vier Punkte gesetzt werden. Einer dieser Punkte wird als „A" bezeichnet. Die anderen drei Punkte legen die Abbildung fest, ohne dass die Benutzerin erkennt, in welcher Weise. Wenn der rote Punkt, der hier mit „A" bezeichnet ist, verschoben wird, dann bewegt sich auch der blaue Punkt „X", und zwar gemäß einer geometrischen Abbildung, die der Benutzerin verborgen ist. In der Abbildung haben wir den Spurmodus verwendet, um auch in der hier notwendigerweise statisch abgebildeten Figur die Bewegung der Punkte veranschaulichen zu können. Beim Benutzen des Programms lassen sich diese Erkundungen natürlich dynamisch vollziehen. Anhand der Spur bzw. des dynamischen Verschiebens des Punktes „A" wird deutlich, dass es sich bei dieser Abbildung um eine Gleitspiegelung handeln muss. Nachdem diese Abbildung von der Benutzerin als solche identifiziert worden ist, besteht eine zweite Herausforderung darin, diese Abbildung nachzukonstruieren, d. h. zu entdecken, auf welche Weise die drei weiteren Punkte die Abbildung festlegen.

Solche Schwarzen Kisten können in CABRI hergestellt werden, indem man ein Makro der Abbildung erzeugt und dieses als ein neues Ikon zur Werkzeugleiste hinzufügt (hier das Ikon „M", siehe Abbildung 1). In anderen Systemen Dynamischer Geometrie Software (wie z. B. EUKLID oder GEOMETERS SKETCHPAD) ist es nicht möglich, Makros in dieser Weise zu verwenden. Stattdessen können aber Figuren mit ausgeblendeten Elementen als Datei benutzt werden, sofern Lernende sich nicht bewusst sind, wie man die Werkzeuge verborgener Elemente wieder sichtbar macht.

Im Rahmen einer Unterrichtseinheit zur Abbildungsgeometrie hat LABORDE (1998) solche Schwarzen Kisten eingesetzt. Sie hebt hervor, dass diese einen wesentlichen Perspektivwechsel auf den mathematischen Gegenstand möglich machen: „Eine solche Aufgabe macht eine völlig andere Sicht auf den Begriff der geometrischen Abbildung möglich. Statt die Wirkungen einer bekannten Abbildung zu untersuchen, werden Lernende danach gefragt, eine Abbildung durch ihre Eigenschaften zu charakterisieren" (LABORDE 1998).

Besondere Linien im Dreieck erkunden

Im folgenden Beispiel erhalten Lernende die Gelegenheit, eine andere Sicht auf besondere Linien im Dreieck und ihre Schnittpunkte zu gewinnen. Statt die Schnittpunkteigenschaften von bereits im Unterricht behandelten besonderen Linien zu untersuchen, werden die Schülerinnen und Schüler aufgefordert, diese Linien durch die Eigenschaften ihrer Schnittpunkte zu charakterisieren.

Im Folgenden werden wir Arbeitsprozesse von Lernenden mit vier Schwarzen Kisten zu besonderen Linien im Dreieck beschreiben. Dabei interessieren uns die Lernprozesse, die durch die Untersuchung der Eigenschaften der Schnittpunkte angeregt wurden. In ersten Erkundungen in kleinen Gruppen sollten die Lernenden bereits mehr leisten als reine Beobachtungen. Sie waren gefordert, mathematische Beziehungen eigenständig zu sehen und zu finden. Die Schülerinnen und Schüler haben dann ihr Wissen über die eigenen Entdeckungen gefestigt, indem sie dieses mit den Ergebnissen der anderen Gruppen verglichen und in der gesamten Klasse diskutierten. In diesem Artikel stellen wir Entdeckungen vor von Schülerinnen und Schülern aus einer Unterrichtsstunde (45 Minuten) im Computerraum sowie Ergebnisse der anschließenden Diskussion im Klassenraum.

Der unterrichtliche Hintergrund

Die Lernenden sind bereits vor der Aufgabenserie zu Schwarzen Kisten, die wir im Weiteren genauer beschreiben, in *Cabri* eingeführt worden. In dieser Einführung sollte unter anderem ein Dreieck mit seinen Seitenhalbierenden und seinen Mittelsenkrechten konstruiert werden. Einige Lernende haben dabei bereits herausgefunden, dass sich diese Linien in einem gleichseitigen Dreieck alle in einem Punkt schneiden. In einem Gespräch mit der gesamten Klasse wurde dies aufgegriffen und dabei auch festgestellt, dass die Entfernung dieses Schnittpunktes von allen Eckpunkten des gleichseitigen Dreiecks gleich groß ist. Eine Erklärung dafür sollte jedoch erst später thematisiert werden, da nur wenige Schülerinnen und Schüler in der sechsten Klasse bereits die Definition einer Mittelsenkrechten als Menge aller Punkte, die den gleichen Abstand von den Endpunkten einer Strecke haben, kennen gelernt hatten. Vor einer Erklärung des Phänomens sollten außerdem alle Lernenden dieses Phänomen zunächst selbst mit Cabri erfahren haben.

Wir beschreiben im Folgenden Arbeitsergebnisse von Schülerinnen und Schülern einer siebten Klasse eines Gymnasiums. Pro Woche hatte die Klasse vier Mathematikstunden à 45 Minuten und während der Unterrichtseinheit mit Schwarzen Kisten wurden zwei dieser Stunden im Computerraum unterrichtet.

Die eingesetzten Schwarzen Kisten

In den hier beschriebenen Unterrichtsstunden haben wir vier Schwarze Kisten (SK 1 bis SK 4) eingesetzt. Bei unserem Vorgehen konnten die Schülerinnen und Schüler in *Cabri* eine Schwarze Kiste auswählen, indem sie auf das entsprechende Ikon in der Werkzeugleiste klickten (siehe Abbildung 2) und dann drei freie Punkte setzten. Jede Schwarze Kiste produzierte ein Dreieck, definiert durch die drei gewählten Punkte, mit einem blauen Punkt X (s. Abb. 3a-3d). In SK 1 ist etwa der blaue Punkt X der Schnittpunkt der Winkelhalbierenden des

Dreiecks, wogegen in SK 2 der blaue Punkt X der Schnittpunkt der Mittelsenkrechten ist. In SK 3 ist der Punkt X der Schnittpunkt der Seitenhalbierenden und in SK 4 ist der Punkt X der Schnittpunkt der Höhen.

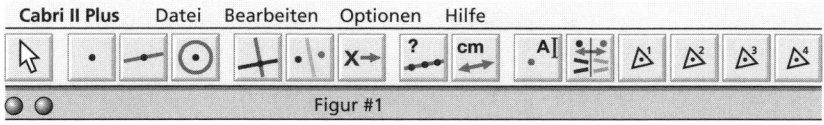

Abb. 2: Werkzeugleiste in CABRI. Die Ikons für die Schwarzen Kisten befinden sich am rechten Rand.

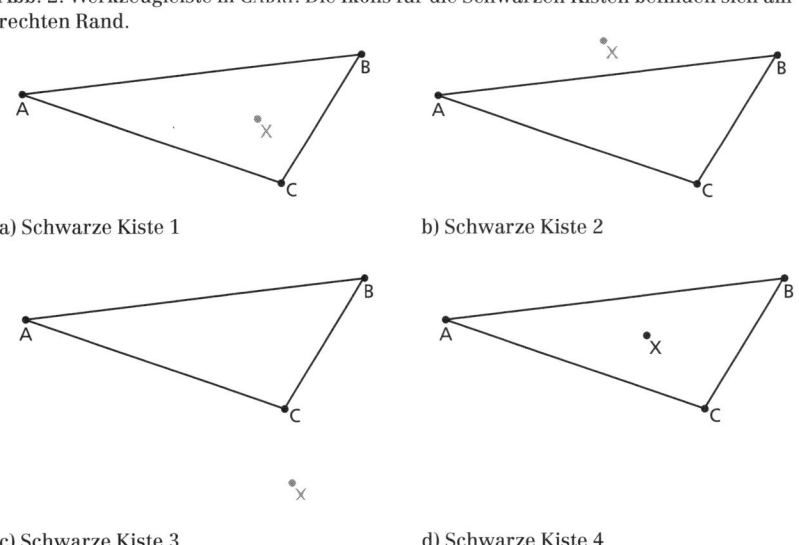

a) Schwarze Kiste 1   b) Schwarze Kiste 2

c) Schwarze Kiste 3   d) Schwarze Kiste 4

Abb. 3: Beispielfiguren, erzeugt durch die vier Schwarzen Kisten SK 1–SK 4

Die Aufgabenstellung

Die Aufgabenstellung, die wir den Schülerinnen und Schülern gegeben haben, unterschied sich von klassischen Erkundungsaufgaben besonderer Linien im Dreieck dadurch, dass wir die übliche vorrangige Stellung der besonderen Linien gegenüber ihren Schnittpunkten umgekehrt haben. Statt zunächst besondere Linien zu konstruieren und dann zu erfahren, dass diese sich in einem Punkt schneiden, sollten die Lernenden in unserer Aufgabenstellung das Verhalten eines besonderen Punktes verstehen. Dabei müssen sie Eigenschaften dieser besonderen Linien erschließen, ohne dass diese Linien in der ursprünglichen Figur dargestellt sind.

Die Schülerinnen und Schüler arbeiten in Gruppen zu zweit oder dritt. Jede Gruppe erhielt von uns den Auftrag, sich mit einer der Schwarzen Kiste zu beschäftigen. Dabei haben wir darauf geachtet, dass diejenigen, die zuvor keine Schwierigkeiten bei der Konstruktion von Seitenhalbierenden und Mittelsenkrechten hatten, sich mit für sie neuen Linien beschäftigen (Schwarze Kiste 1 oder 4). Die anderen dagegen sollten eine Gelegenheit zum produktiven Wiederholen der Seitenhalbierenden und Mittelsenkrechten erhalten, indem wir ihnen die Schwarzen Kisten 2 oder 3 zuteilten. Einige Schülerinnen und Schüler erhielten so die Gelegenheit, zu erkunden und dabei zugleich zu wiederholen, andere waren gefordert, etwas völlig Neues zu entdecken.

Bei Erkundungen ist es wichtig, das Tempo zu verlangsamen. Bewusstes Beobachten braucht länger als reines Sehen. Dynamische Geometrie Software kann gegenüber traditioneller Geometrie eine enorme Beschleunigung bedeuten, dies ist für bewusstes Beobachten ein Nachteil. Daher mussten wir einen Weg finden, um Lernende zu einer Verlangsamung zu veranlassen: „Im computerunterstützten Unterricht zeigt sich immer wieder, dass Lernende nicht die Ruhe und Muße aufbringen, Bildschirmdarstellungen gründlich zu lesen, zu interpretieren und darüber zu reflektieren. Darstellungen werden oft nur optisch als Bilder wahrgenommen, aber nicht als Darstellungen mathematischer Objekte hinterfragt" (WEIGAND 2001, S. 195).

Um die Erkundungen der Schülerinnen und Schüler zu „entschleunigen", haben wir daher unter anderem Arbeitsblätter entwickelt, welche die Lernenden bei ihrem Forschen unterstützen sollten. Um ihnen zu helfen, ihre Erkundungen zu strukturieren, haben wir die Schülerinnen und Schüler durch Arbeitsblätter gebeten, spezifische Aspekte der durch die Schwarzen Kisten erzeugten Figuren zu fokussieren. Diese Aspekte waren direkt bezogen auf das Verständnis von Eigenschaften der besonderen Linien und ihrer Schnittpunkte. Zum Beispiel haben wir die Lernenden aufgefordert zu beobachten, wann der Punkt X innerhalb oder außerhalb des Dreiecks liegt. Auch haben wir sie gefragt, wann ein Kreis mit dem Punkt X als Mittelpunkt das Dreieck schneidet und wie sich Linien verhalten, die durch den Punkt X und die Eckpunkte des Dreiecks gehen. Die gleichen Arbeitsblätter wurden in allen Gruppen eingesetzt, auch wenn die Lernenden mit verschiedenen Schwarzen Kisten gearbeitet haben. So hat dieses Arbeitsblatt den Lernenden geholfen, ihre Beobachtungen zu vergleichen und in Beziehung zu setzen, denn nicht alle die Dinge, die sie beobachtet haben, waren relevant für die Schwarze Kiste, die sie erkundet haben. Auf dem ersten Arbeitsblatt wurde den Schülerinnen und Schülern zunächst erklärt, wie man eine Figur mit Hilfe einer Schwarzen Kiste erstellt: „Öffne die Datei *Dreieck_schwarze_Kiste.men*'. Du siehst vier neue Schaltflächen in der Werkzeug-Zeile. Diese Schaltflächen werden ‚Schwarze Kisten' genannt. Wähle eine schwarze Kiste und gib drei Punkte an" (s. Abb. 2 und 3).

Erkundungen und Antworten der Lernenden

Die einzelnen Erkundungen wurden für die Lernenden als Untersuchungen bezeichnet. Jede Untersuchung enthielt eine Reihe konkreter Fragen.

Untersuchung 1: Innerhalb und außerhalb

In der ersten Untersuchung wurden die Schülerinnen und Schüler aufgefordert zu notieren, wann der Punkt (den sie mit X bezeichnen sollten) innerhalb, außerhalb oder auf dem Dreieck liegt, und es wurde von ihnen verlangt, das Dreieck in diesen drei Fällen zu beschreiben. In SK 1 und SK 3 ist der Punkt X stets innerhalb des Dreiecks, in SK 2 und SK 4 dagegen kann der Punkt X auch außerhalb liegen, wenn das Dreieck stumpfwinklig ist.

Die meisten Antworten der Schülerinnen und Schüler weisen darauf hin, dass sie auf der Ebene des Beobachtens bereits Erkundungen anstellen. Sie experimentieren, indem sie die Eckpunkte des Dreiecks verschieben und genau das Verhalten des Punktes X beobachten. Nur wenige Lernende bleiben auf der Ebene des Sehens und zeigen Schwierigkeiten, in Form von mathematischen Beobachtungen zu formulieren, was sie gesehen haben. Ann-Kathrin, Vicky und Beyda scheinen diese Schwierigkeiten zu haben. Danach gefragt, wie sich der Punkt X verschieben lasse, antworten sie ganz konkret, indem sie beschreiben, was sie gesehen haben (s. Abb. 4).

Wie lässt sich der blaue Punkt verschieben?

Wenn man einen Eckpunkt bewegt, bewegt sich auch der blaue Punkt X.

Abb. 4: Ann-Kathrins, Vickys und Beydas Antwort in der ersten Erkundung

Anders als die meisten Schülerinnen und Schüler bleiben die drei auch in ihren weiteren Untersuchungen auf dieser konkreten Ebene. In der Erkundung 2 beispielsweise konstruieren sie einen Kreis durch den Punkt P und beschreiben schließlich, was sie beobachtet haben: „Wenn man den Kreis bewegt, bleibt der Punkt P auf dem Kreis." Nur sehr wenige Lernende liefern Beschreibungen, die so eng an dem bleiben, was sie auf dem Bildschirm gesehen haben. Stattdessen interpretieren die meisten das, was sie gesehen haben, in Form von mathematischen Eigenschaften.

Zum Beispiel wird in der dritten Frage der Untersuchung 1 gefragt, wo der Punkt X auf dem Dreieck liegen kann und um was für ein Dreieck es sich dabei jeweils handelt. Die Schülerinnen und Schüler waren relativ erfolgreich beim Beobachten und Beschreiben, welche Bedingungen X erfüllen muss, um auf dem Dreieck zu liegen. Alle drei Gruppen, welche die Schwarze Kiste SK 2 erkundeten, haben richtig festgestellt, dass der Punkt X der Mittelpunkt einer Seite ist, wenn das Dreieck einen rechten Winkel hat. Von den zehn Schülerinnen und Schülern, die SK 4 untersuchten, haben drei korrekt geantwortet, dass in einem rechtwinkligen Dreieck der Punkt X gleich dem Eckpunkt des rechten Winkels sei. Tatjana und Meltem haben notiert, dass der Punkt X in einem rechtwinkligen Dreieck gleich dem der Hypotenuse gegenüberliegenden Eckpunkt sei (s. Abb. 5). Die anderen fünf haben richtig, aber ungenau festgehalten, dass X in einem rechtwinkligen Dreieck gleich einem Eckpunkt sei.

c. Wann ist der blaue Punkt X auf dem Dreieck? *Wenn das Dreieck rechtwinklig ist,*

Wo auf dem Dreieck kann X sein? *Er ist nur auf den Eckpunkten.(*)*

Gib besondere Eigenschaften des Dreiecks an, wenn X auf dem Dreieck liegt.

Der Punk X liegt gegenüber der Hypotenuse.

* Beim rechtwinkligen Dreieck liegt X auf dem Eckpunkt, der gegenüber der Hypotenuse liegt.

Abb. 5: Tatjanas und Meltems Antwort

Untersuchung 2: Kreise

In der zweiten Untersuchung wurde von den Schülerinnen und Schülern verlangt, einen Kreis mit dem Mittelpunkt X zu zeichnen, so dass im ersten Fall ein Randpunkt dieses Kreises durch einen Eckpunkt des Dreiecks geht und im zweiten Fall der Kreis eine Seite des Dreiecks nur in einem Punkt berührt. In beiden Fällen haben die Lernenden notiert, was sie beobachtet haben. Bei der Schwarzen Kiste SK 1 berührt der Kreis alle drei Seiten gleichzeitig (d. h., der Kreis ist Inkreis des Dreiecks). Bei SK 2 geht der Kreis gleichzeitig durch alle drei Eckpunkte des Dreiecks (d. h. hier liegt der Umkreis des Dreiecks vor). Bei

Untersuchung 2

Konstruiere einen beliebigen Punkt P. Konstruiere einen Kreis mit dem Mittelpunkt X, der durch P geht.

a. Verschiebe P so, dass der Kreis durch die Eckpunkte des Dreiecks geht. Was kannst du beobachten? *Er kann nur auf einem Eckpunkt sein, nicht auf allen. Außer das Dreieck ist gleichseitig*

b. Verschiebe den Punkt P so, dass eine Seite des Dreiecks den Kreis nur in einem Punkt berührt. Was kannst du beobachten?

Abb. 6: Vanessas und Sukis Antworten in Untersuchung 2

den anderen beiden Schwarzen Kisten hat der Kreis keine besonderen Eigenschaften. In dieser zweiten Untersuchung werden bedeutende Unterschiede in der Tiefe der Erkundungen der Lernenden deutlich. Viele der Schülerinnen und Schüler haben hier weniger untersucht, als von ihnen erwartet wurde. Entweder haben sie die Fragen nicht vollständig beantwortet oder sie haben notiert, dass sie nichts Besonderes beobachten konnten. Vanessa und Suki jedoch haben deutlich mehr beobachtet, als wir erwartet haben. Die beiden haben mit der Schwarzen Kiste SK 1 gearbeitet und gesehen, dass der Kreis nur dann durch alle drei Eckpunkte geht, wenn es sich bei dem Dreieck um ein gleichseitiges Dreieck handelt. Auch haben sie beobachtet, dass in diesem besonderen Dreieck ein Kreis existiert, der alle drei Seiten berührt (s. Abb. 6).

Nikolas und Sebastian, die SK 3 untersucht haben, notieren in 2a, dass der Kreis *nicht* der Umkreis des Dreiecks sei (s. Abb. 7). Sie untersuchen hier also nicht nur, was sie sehen, sondern mit Bezug auf vorige Erfahrungen auch, was sie nicht sehen.

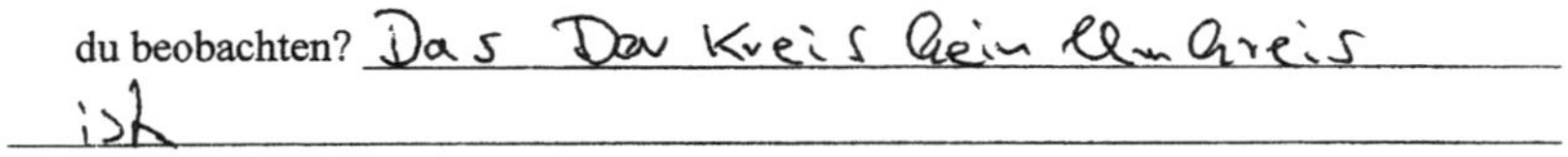

du beobachten? Das Der Kreis kein Umkreis ist

Abb. 7: Nikolas' und Sebastians Antwort in Untersuchung 2a

Nach Untersuchung 2 haben wir die Schülerinnen und Schüler auf dem Arbeitsblatt aufgefordert, zu reflektieren und schriftlich festzuhalten, was sie bis hierher Neues über den Punkt X erfahren haben. In ihren Reflexionen setzen sie das, was sie in ihren Erkundungen gesehen haben, in Bezug zu dem, was sie vorher bereits wussten. Drei Gruppen von Lernenden haben den Punkt X als Schwerpunkt des Dreiecks bezeichnet. Henri und Thorben etwa, die SK 4 untersucht haben, notierten: „X ist der Schwerpunkt des Dreiecks" (einschränkend sei erwähnt, dass diese Antwort falsch ist). Rene O., Sven, und Rene W., die zum Teil mit Sebastian und Nikolas an SK 3 gearbeitet haben, hielten ebenfalls fest, dass der blaue Punkt der Schwerpunkt sei, was in diesem Fall richtig ist.

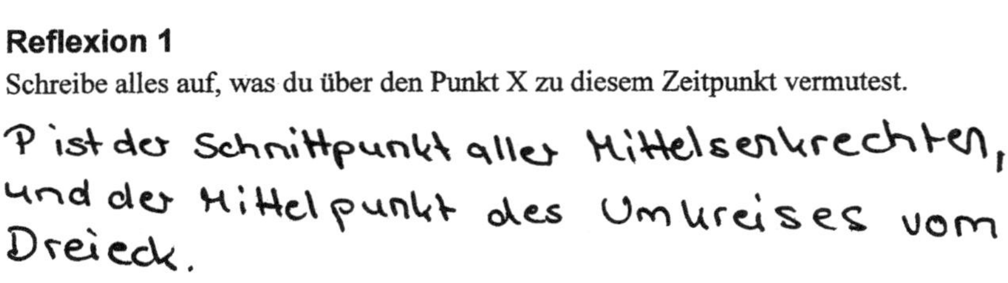

Reflexion 1
Schreibe alles auf, was du über den Punkt X zu diesem Zeitpunkt vermutest.

P ist der Schnittpunkt aller Mittelsenkrechten, und der Mittelpunkt des Umkreises vom Dreieck.

Abb. 8: Vera und Jasmins erste Reflexion

Vera und Jasmin haben den Punkt X, erstellt durch SK 2, richtig als den Schnittpunkt der Mittelsenkrechten (s. Abb. 8) und den Mittelpunkt des Umkreises identifiziert, auch wenn sie diese Beobachtungen nicht in Untersuchung 2 notierten, sondern erst in ihrer Reflexion im Anschluss. Wir sollten dies als Erinnerung daran verstehen, dass Lernende häufig mehr beobachten, als sie berichten und schriftlich festhalten.

Untersuchung 3: Linien durch X

In Untersuchung 3 sollten als Erstes Linien durch den Punkt X und einen Eckpunkt des Dreiecks konstruiert werden. Die Lernenden sollten festhalten, was sie über das Verhältnis zwischen den Linien und dem Dreieck beobachtet haben. Sie sollten dann Linien senkrecht zu den Seiten des Dreiecks konstruieren, die durch den Punkt X gehen, und aufschreiben, was sie beobachten. Auch diese Untersuchung schließt mit der Aufforderung, die bisher gemachten Beobachtungen über den Punkt X zu reflektieren und einen Versuch zu machen, eine Figur zu konstruieren, die sich genauso verhält wie Figuren der Schwarzen Kiste. Nur die Hälfte der Lernenden hat sich mit dieser dritten Untersuchung beschäftigt und lediglich fünf Schülerinnen und Schüler haben anschließend ihre Reflexionen schriftlich festgehalten.

Mit der Schwarzen Kiste SK 1, den Winkelhalbierenden, welche vorher im Unterricht noch nicht behandelt worden sind, haben Frauke und Julia gearbeitet. Was sie in Untersuchung 3 herausgefunden haben, ist relativ beeindruckend. Julia behauptet zunächst, dass es keine besondere Beziehung zwischen dem Dreieck und der Linie durch X und einen Eckpunkt des Dreiecks gibt. Sie verneint zunächst auch, dass es irgendeine Beziehung dieser Art zu einem anderen Eckpunkt des Dreiecks gibt (s. Abb. 9).

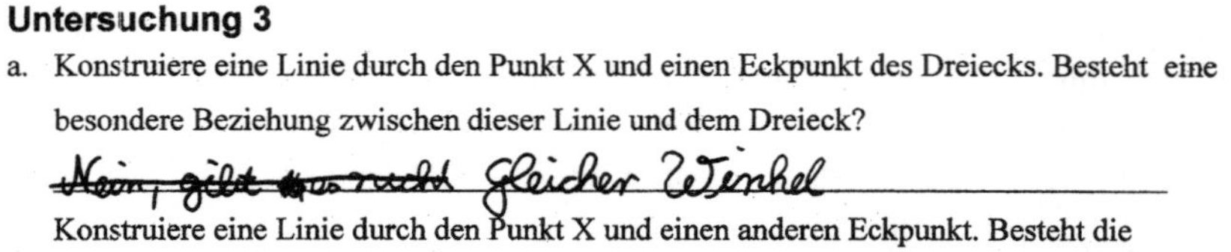

Untersuchung 3

a. Konstruiere eine Linie durch den Punkt X und einen Eckpunkt des Dreiecks. Besteht eine besondere Beziehung zwischen dieser Linie und dem Dreieck?

~~Nein, gibt es nicht~~ *Gleicher Winkel*

Konstruiere eine Linie durch den Punkt X und einen anderen Eckpunkt. Besteht die gleiche Beziehung zwischen dieser Linie und dem Dreieck? ~~Nein~~ *Ja*

Abb. 9: Fraukes und Julias erste und zweite Antwort

Nach weiteren Erkundungen dieser Linie und des Dreiecks kommen die beiden jedoch zu einer anderen Schlussfolgerung, die ihren ersten Überlegungen widerspricht. Sie gehen zurück, streichen ihre erste Antwort durch und halten ihre neue Beobachtung schriftlich fest, dass die Linie den Winkel in zwei gleich große Winkel teilt. Sie erweitern darüber hinaus noch ihre Überlegungen in den folgenden Reflexionen (s. Abb. 10).

Reflexion 2
Schreibe alles auf, was du über den Punkt X zu diesem Zeitpunkt vermutest.

Sie haben gleiche Winkel, wenn eine Gerade durch den Punkt X und einem Beliebigen Punkt des Dreiecks geht.

Abb. 10: Fraukes und Julias Aufzeichnungen in Reflexion 2

Weiter unten erläutern sie ihre Beobachtungen näher und verbinden diese, wenn sie aufgefordert werden, eine Linie zu konstruieren, deren Schnittpunkt X ist (s. Abb. 11).

Konstruktion
Konstruiere eine Figur, die sich genauso verhält wie die schwarze Kiste dieser Figur. Welche Eigenschaften des Punktes X, die du in deinen Reflexionen vermutet hast, definieren den Punkt (d.h. du hast diese Eigenschaften benutzt, um den Punkt zu definieren)?

Er liegt an den kürzesten Seiten, Gleicher Winkel A. Der Kreis berührt alle Seiten.

Abb. 11: Fraukes und Julias Beobachtungen nach der Konstruktion einer Linie von X zu einem Eckpunkt des Dreiecks

Sie finden heraus, dass X am nächsten zur kürzesten Seite des Dreiecks ist. Sie wiederholen hier auch, dass die Linie durch X und einen anderen Eckpunkt ebenfalls den Winkel des Eckpunktes in zwei gleiche Teile teilt. Schließlich kommen sie zurück auf eine Beobachtung, die sie bereits früher gemacht haben: Der Kreis mit dem Mittelpunkt X berührt alle Seiten des Dreiecks. Frauke und Julia erklären nicht, wie und warum ihre Beobachtungen miteinander zusammenhängen, aber sie verbinden eindeutig, was sie beobachtet haben. Julia und Frauke entdecken eine neue Linie, die Winkelhalbierende, und ihre Eigenschaften. Sie zeigen ein deutliches Bedürfnis, etwas zu erkunden, und das Arbeitsblatt hat ihnen geholfen, ihre Untersuchungen durchzuführen. Sie haben die Werkzeuge der Software genutzt, z. B. um Winkel zu messen, was ihnen möglich gemacht hat, besondere Eigenschaften des Punktes X und einer Linie zu beobachten, die sie vorher noch nicht kannten. Ihr Erkundungsbedürfnis hat ihnen geholfen, ihre Beobachtungen und Ergebnisse in Beziehung zu setzen. Diese Beziehungen weiter zu analysieren lag jedoch jenseits dessen, was sie in einer Unterrichtsstunde von 45 Minuten erkunden konnten. Wie auch die anderen Schülerinnen und Schüler haben sie keinen Versuch gemacht, ihre Erkenntnisse zu begründen.

Zu den Herangehensweisen der Lernenden beim Erkunden
Einige Antworten der Schülerinnen und Schüler zeigen, dass sie nicht nur über Geometrie nachgedacht haben, sondern auch über den Erkundungsprozess selbst.

Monika, welche die Schwarze Kiste SK 2 erkundet hat, gibt als Erstes an, dass der Punkt X innerhalb bleibt, wenn das Dreieck ein gleichseitiges Dreieck ist. Später ergänzt sie ihre allgemeinere Behauptung für spitzwinklige Dreiecke (s. Abb. 12). Ihre Antwort ist interessant, da sie nahe legt, dass sie und ihre Gruppe zunächst Erkundungen am gleichseitigen Dreieck durchgeführt hat, obgleich dies nicht der einfachste Weg ist, eine Figur mit einer Schwarzen Kiste zu erzeugen. Viel einfacher ist es, beliebige Punkte bei einer solchen Konstruktion anzuklicken. Eine Schwarze Kiste auf ein gleichseitiges Dreieck anzuwenden ist möglich, das gleichseitige Dreieck muss jedoch zuerst konstruiert werden. Monika und ihre Gruppe scheinen also nicht gedankenlos bei ihren Erkundungen vorgegangen zu sein, sondern sie haben bewusste Entscheidungen getroffen, wie sie ihre Erkundungen durchführen wollen, in diesem Fall einen spezifischen Fall zuerst zu betrachten. Möglicherweise haben sie diesen Erkundungsprozess in Beziehung gesetzt zu einem früheren Vorgehen, bei dem sie ebenfalls mit einem speziellen Fall begonnen haben.

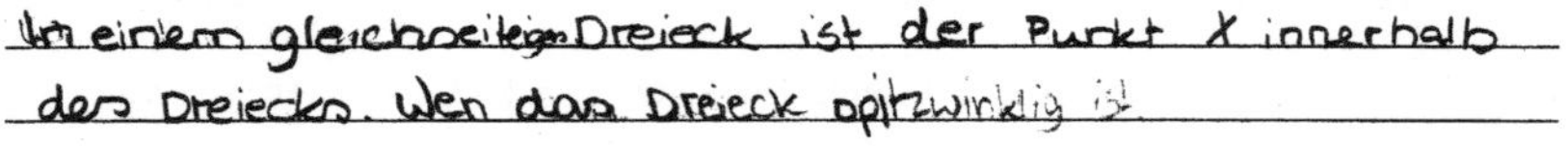

> In einem gleichseitigen Dreieck ist der Punkt X innerhalb des Dreiecks. Wen das Dreieck spitzwinklig ist.

Abb. 12: Monikas Antwort in der ersten Untersuchung

Eine andere Gruppe, Annika und Zahra, war insbesondere daran interessiert, verschiedene Beobachtungen in Beziehung zueinander zu setzen und eine Erkundungsmethode zu wählen, welche diese vielen Beziehungen sichtbar machen würde (s. Abb. 13). Annika und Zahra haben in der ersten Untersuchung systematisch alle vier Schwarzen Kisten betrachtet. In einigen Fällen basierten

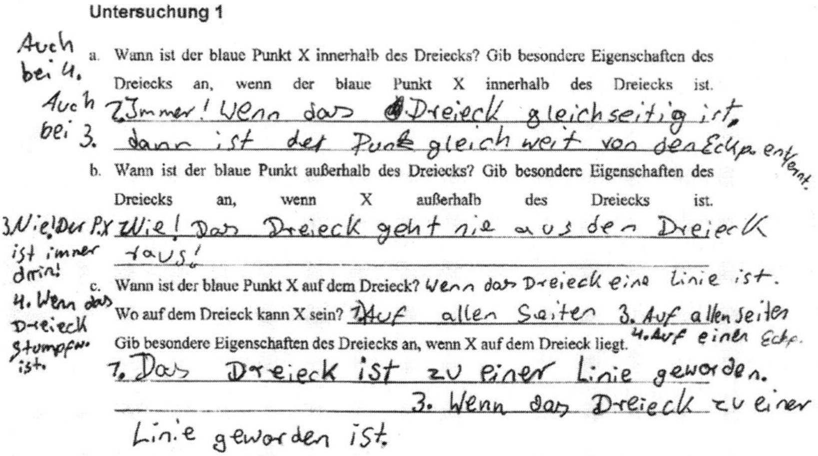

Untersuchung 1

Auch bei 4.

a. Wann ist der blaue Punkt X innerhalb des Dreiecks? Gib besondere Eigenschaften des Dreiecks an, wenn der blaue Punkt X innerhalb des Dreiecks ist.

Auch bei 3. Immer! Wenn das Dreieck gleichseitig ist, dann ist der Punkt gleich weit von den Ecken entfernt.

b. Wann ist der blaue Punkt außerhalb des Dreiecks? Gib besondere Eigenschaften des Dreiecks an, wenn X außerhalb des Dreiecks ist.

3 Wie Bei P.X Wie! Das Dreieck geht nie aus dem Dreieck ist immer drin! raus!

c. Wann ist der blaue Punkt X auf dem Dreieck? Wenn das Dreieck eine Linie ist.

4. Wenn das Dreieck stumpf ist. Wo auf dem Dreieck kann X sein? Auf allen Seiten 3. Auf allen Seiten 4. Auf einer Ecke.

Gib besondere Eigenschaften des Dreiecks an, wenn X auf dem Dreieck liegt.

7. Das Dreieck ist zu einer Linie geworden.

3. Wenn das Dreieck zu einer Linie geworden ist.

Abb. 13: Annikas und Zahras Vergleiche der vier Schwarzen Kisten

die Beziehungen, die sie hergestellt haben, auf falschen Beobachtungen. Zum Beispiel, haben sie zwar richtig für SK 1 beobachtet, dass der Punkt X immer innerhalb des Dreiecks ist und den gleichen Abstand zu den drei Eckpunkten des Dreiecks hat, wenn dieses gleichseitig ist. Aber dann behaupten sie, dass dies wahr sei für alle Schwarzen Kisten, wobei sie ausblenden, dass der erste Teil ihrer Antwort „Immer!" nur für die Schwarzen Kisten SK 1 und SK 3 gilt. In ihrer Antwort unter b) erlauben ihnen ihre Beobachtungen dennoch eine Ähnlichkeit zwischen SK 2 und SK 4 zu sehen. Sie erkennen, dass in beiden Fällen X außerhalb liegt, wenn das Dreieck stumpfwinklig ist, während in SK 1 und SK 3 X niemals außerhalb des Dreiecks liegt. Dies ist eine potenziell wichtige Unterscheidung, denn sie spiegelt eine wichtige Eigenschaft der Linien wider, die den Punkt definieren.

In ihren Antworten zu der Lage des Punktes X (Teilfrage c) stellen die beiden eine Beziehung her zwischen SK 1 und SK 3. Sie stellen fest, dass in beiden Fällen der Punkt X „auf dem Dreieck" sein kann, wenn das Dreieck eine Linie ist. Genauer gesagt, bemerken sie, dass in diesen Fällen X auf allen Seiten liegen kann. Da ihre Beobachtungen bezüglich SK 2 und SK 4 falsch waren, übersehen sie hier eine bedeutende Beziehung zwischen den beiden. Sowohl für SK 2 als auch für SK 4 liegt X auf dem Dreieck, wenn das Dreieck rechtwinklig ist. Annika und Zahra stellen fest, dass X im Fall SK 2 nie auf dem Dreieck ist und im Fall SK 4 auf dem Dreieck ist, wenn das Dreieck spitzwinklig ist. Im Fall SK 4 notieren sie richtig, dass wenn X auf dem Dreieck ist, X mit einem Eckpunkt zusammenfällt. Aber da sie nicht bemerkt haben, dass das Dreieck in diesem Fall rechtwinklig ist, erkennen sie auch nicht, dass der Eckpunkt, mit dem X zusammenfällt, einen rechten Winkel einschließt. Weil sie nicht beobachtet haben, dass X auch im Fall SK 2 auf dem Dreieck liegen kann, bekommen sie auch nicht die Gelegenheit, den Unterschied zwischen SK 2 und SK 4 zu bemerken, in letzterem Fall fällt nämlich X mit dem Mittelpunkt der Hypotenuse des rechtwinkligen Dreiecks zusammen.

Wie Frauke und Julia (siehe oben) geben auch Annika und Zahra keine Gründe für ihre Beobachtungen an, aber sie zeigen ein starkes Bedürfnis, ihre Beobachtungen in einen Zusammenhang zu bringen. Annika und Zahra entscheiden sich dafür, Beziehungen zwischen den Schwarzen Kisten herzustellen. Während Frauke und Julia sich entschieden, Zusammenhänge zwischen den Beobachtungen zu suchen, die sie bei Erkundungen nur einer Schwarzen Kiste gemacht haben.

Das Bedürfnis, Beobachtungen miteinander in Beziehung zu setzen, ist offensichtlich und wird in diesen beiden Gruppen explizit ausgedrückt. Die erste dieser beiden Gruppen betrachtete nur eine Untersuchung, arbeitete sich aber durch alle Schwarzen Kisten, die andere Gruppe arbeitete sich durch alle Untersuchungen des Arbeitsblattes und entdeckte dabei schließlich eine neue

Linie. Die meisten Lernenden haben kein so ausgewiesenes Bedürfnis gezeigt, ihre Beobachtungen über ihre Erkundungen hinweg in Beziehung miteinander zu setzen. Bei den meisten Gruppen wurde die Ebene, Beziehungen herzustellen, nur lokal deutlich, nicht als durchgängiges Prinzip ihrer gesamten Arbeit.

Einige Schlussfolgerungen

Wie wir bereits weiter oben gesehen haben, insbesondere im Fall von Annika und Zahra, hängt erfolgreiches Arbeiten in der Phase ‚Zusammenhänge herstellen' ab vom Erfolg in der Phase ‚Beobachten'. Ähnlich basiert auch die Phase ‚Analysieren' auf der Phase ‚Zusammenhänge herstellen'. Deutlich wird jedoch anhand der schriftlichen Dokumente, dass unsere Schülerinnen und Schüler zu dem hier dargestellten Zeitpunkt noch nicht in der Lage sind, sich auf das Analysieren einzulassen, zumal ihnen im Computerraum bei ihren Erkundungen nur wenig Zeit zur Verfügung stand. Es ist ihnen dennoch gelungen, unterstützt durch *Cabri* und das Arbeitsblatt, eine Menge an Beobachtungen zu leisten und in einigen Fällen diese Beobachtungen in potenziell sehr fruchtbarer Weise in Beziehung zu setzen. Monika, Annika and Zahra haben ihre Fähigkeit gezeigt, selbstständig Herangehensweisen zu entwickeln, die nützlich und fruchtbar für Erkundungen sind.

Auch wenn die Lernenden in den Kleingruppen noch nicht selbst mit Versuchen des Analysierens begonnen haben, so haben doch die Diskussionen im Klassenverband, in denen die Schülerinnen und Schüler ihre Beobachtungen mit den Schwarzen Kisten verglichen haben, einen Kontext für erstes Analysieren geboten. Ihre Erfahrungen im Computerraum stellten ein Fundament dar etwa für die Diskussion, warum der Schnittpunkt der Mittelsenkrechten der Mittelpunkt des Umkreises ist. Die Lernenden zeigten, dass sie verstanden, dass die Punkte einer Mittelsenkrechten einer Strecke immer gleich weit von den Endpunkten dieser Strecke entfernt sind, und es gelang ihnen, diese Beobachtung auf ein Dreieck zu übertragen und daraus zu schließen, dass der Schnittpunkt der Mittelsenkrechten von den drei Eckpunkten des Dreiecks gleich weit entfernt sein muss. Diese Tatsache mit ihrem vorherigen Wissen über Kreise in Verbindung zu bringen, ermöglichte ihnen ein neues Verständnis der Beziehung zwischen Umkreis und Mittelsenkrechten.

Der Prozess des mathematischen Erkundens ist komplex und es ist unmöglich, diese Komplexität vollständig in einem kurzen Artikel wie diesem darzustellen, in dem wir Produkte und Prozesse von Lernenden nur bezogen auf eine Unterrichtsaktivität beschreiben. Wir hoffen dennoch den Reichtum an Erkundungen angedeutet zu haben, der in einer wie der von uns dargestellten Lernumgebung auftreten kann. Schwarze Kisten bieten Lernenden ein Gerüst, um interessante und fruchtbare Erkundungen zu realisieren. Dynamische Geometrie Software erleichtert ihre Arbeit, Fragen auf den Arbeitsblättern unterstützen ihre Erkundungen, und die Möglichkeit, Ergebnisse mit ihren Mitschülern zu vergleichen, verfestigen und erweitern das, was sie gelernt haben. Dass einige Lernende eigene Erkundungsstrategien entwickeln, ist mehr als ein fruchtbares Zeichen, dass Lernende ein Bedürfnis nach Erkundungen haben, und zeigt die Notwendigkeit, ihnen mehr solcher Lernumgebungen zu bieten, welche dieses Bedürfnis befriedigen.

2.6 Modelle für die Einkommensteuer untersuchen

Heinz Böer, Timo Leuders

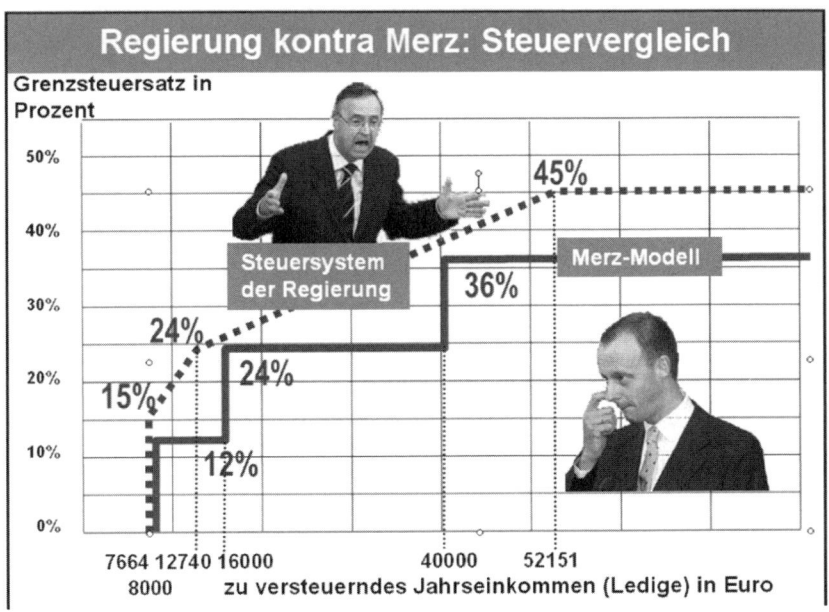

Nachempfundene Zeitungsmeldung vom 04.11.2003

Ende 2003 und Anfang 2004 waren wöchentlich neue Steuermodelle in den Zeitungen, zunächst für den Kompromiss zwischen Regierung und Opposition für den Tarif 2004, dann für ein „grundsätzlich neues" Steuersystem ab 2005 von allen Parteien. Wer solche Diskussionen kompetent verfolgen will, der braucht Wissen über grundlegende Begriffe und ganz zentral wohl über den Zusammenhang zwischen Grenzsteuersatz und Steuerfunktionen. Der Mathematikunterricht kann zu einer Aufklärung über Struktur und Handhabung von Steuermodellen beitragen und damit zur Kompetenz, verschiedene Steuerfunktionen zu vergleichen und zu bewerten. Das ist eine Grundlage für die Re-

flexion der politisch gewollten und gesellschaftlich akzeptierten Umverteilungs-
funktion der derzeitigen Steuerregelung. Die zu untersuchenden Funktionen
und die verwendeten Instrumente der Analysis sind hierbei nicht Selbstzweck,
sondern ein angemessenes Werkzeug zum Durchdringen eines relevanten,
durch Funktionen beschriebenen Sachverhalts aus unserem Alltag.

Die Funktion der Neuen Medien bei dieser Arbeit ist – das soll gezeigt werden – eine vielfache. Sie erlauben das Umgehen mit verschiedenen Modellen
und Werkzeugen. Als Modell kann man zunächst die jeweilige Steuerregelung
ansehen: Jede Festlegung einer bestimmten Steuerfunktion ist ein normatives
Modell, das sagt: „So sollen Steuern erhoben werden." Auf einer zweiten Stufe
kann jedes Steuermodell mit verschiedenen mathematischen Modellen erfasst
werden: Für die Schülerinnen und Schüler werden im Folgenden zwei solcher
Modelle eine Rolle spielen: ein diskretes Steuermodell, das die Steuerprogres-
sion gleichsam numerisch-tabellarisch erfasst und ein kontinuierliches Modell,
das Funktionsterme verwendet.

Diese Modelle erschließen Schülerinnen und Schüler mit verschiedenen
Werkzeugen, nämlich mit Tabellenkalkulationen, mit Funktionsplottern und
mit CAS. Deren Charakteristika machen sie jeweils geeignet oder ungeeignet
für eines der Modelle oder für ein anstehendes Problem. Zu einer reflektierten
Werkzeugnutzung sollte gehören, die dem jeweiligen Modell angemessenen
Werkzeuge auswählen zu können. Der nachfolgend beschriebene Unterricht
stellt einen Schritt auf dem Weg zu dieser Kompetenz dar: Hier wird nicht von
einem gesetzten Modell auf ein angemessenes Werkzeug geschlossen. Stattdessen bestimmt umgekehrt die Wahl des Werkzeuges die Modellierung. Durch
den nachträglichen Vergleich gewinnen die Werkzeuge, ihre Charakteristika
und ihre Stärken und Schwächen bei der Modellierung für die Schülerinnen
und Schüler an Kontur.

Vom Zeitungsgraphen zur Steuerfunktion im Gesetz

Die Steuerstufen

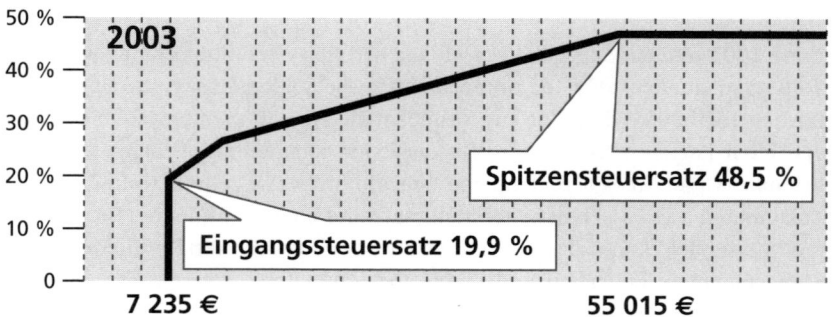

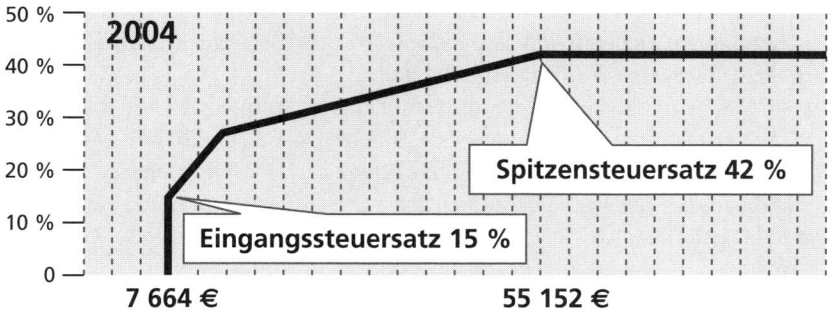

Zu versteuerndes Einkommen (Ledige) (Zeitungsmeldung vom 01.07.2003)

Die Grafik auf S. 182 zeigt die Steuerstufen für das Jahr 2003. Außerdem ist auf S. 183 die ursprünglich für 2005 geplante Steuerreform dargestellt, die auf das Jahr 2004 vorgezogen worden ist. Sie wurde in einem Kompromiss von Regierung und Opposition allerdings noch einmal geändert.

In Zeitungen ist häufig, wie auch hier, der **Grenzsteuersatz** abgebildet, der oftmals mit der **Steuerfunktion** verwechselt wird. Der Grenzsteuersatz gibt an, wie viele Steuern für den „letzten verdienten Euro" zu bezahlen sind. Die abgebildeten Graphen und diese landläufige lapidare „Definition" des Grenzsteuersatzes werden von den Schülerinnen und Schülern interpretiert und anhand von Zahlenbeispielen mit Leben gefüllt.

Wieso aber wird nie die tatsächliche zu entrichtende Steuer als Graph dargestellt? Wie sieht diese Steuerfunktion überhaupt aus?

Die Diskussion, wie aus dem Grenzsteuersatz die Steuerfunktion rekonstruiert werden kann, führt zwangsläufig auf viele zentrale Ideen der Analysis. Es zeigt sich, dass der Weg, den Schülerinnen und Schüler bei dieser Rekonstruktion einschlagen, wesentlich vom gewählten Werkzeug abhängt.

Weg 1 – Arbeiten mit einem kontinuierlichen Modell (und Werkzeug)
Schülerinnen und Schüler, die hier vor allem die abgebildeten Funktionsgraphen im Auge haben, greifen zu einem Funktionsplotter und wählen als Modell für den Grenzsteuersatz folglich eine Funktion, deren Term sie bestimmen. Danach müssen sie versuchen, die Steuerfunktion aus diesem Term zu rekonstruieren. Dazu greifen sie auf die an Beispielen plausibel gemachte Definition des Grenzsteuersatzes zurück. Der Grenzsteuersatz gibt, wie oben beschrieben, an, wie viele Steuern für den „letzten verdienten Euro" zu bezahlen sind. Kurz gefasst:

Grenzsteuersatz für x Euro = Steuern für x + 1 Euro – Steuern für x Euro

Die Veränderung der Steuerfunktion $s(x)$, d. h. der tatsächlich zu entrichtenden Gesamtsteuer, kann man nun näherungsweise durch die Ableitung berechnen:
Grenzsteuersatz $= s(x + 1) - s(x) \approx s'(x) \cdot 1$
Da die Steuerfunktion sich nur sehr wenig ändert, ist die erste Ableitung eine gute Näherung für den Grenzsteuersatz. Die Grenzsteuerfunktion ist damit (näherungsweise) die Ableitung der Steuerfunktion $s(x)$. Man erhält die Steuerfunktion aus der Grenzsteuerfunktion also durch Integrieren. Der Lösungsplan der Schüler lautet also:
1. Aufstellen der Grenzsteuerfunktion $s'(x)$,
2. Integrieren (von Hand oder mit einem CAS),
3. Darstellen der Steuerfunktion $s(x)$ mit einem Funktionenplotter.
Welches Ergebnis erhalten die Schüler, die mit diesem kontinuierlichen Modell arbeiten? Sie lesen zunächst aus der Grafik die Daten für die stückweise lineare Funktion ab:

Bereich I:	Bis zu dem Grundfreibetrag von 7235 € werden keine Steuern erhoben.
Bereich II:	Von 7236 € bis 9251 € steigen die Grenzsteuersätze linear von 19,9 % auf 23,0 %.
Bereich III:	Im Intervall [9252;55 007] steigen die Grenzsteuersätze linear von 23,0 % auf 48,5 % an (hier steckt mit 55 015 € ein kleiner Fehler in der Zeitungsgrafik)
Bereich IV:	Ab 55 008 € wird ein gleich bleibender Grenzsteuersatz erhoben, und zwar der Spitzensteuersatz von 48,5 %.

Mit Hilfe dieser Eckdaten kann die Grenzsteuerfunktion $s'(x)$ hergeleitet werden.

Bereich I:	$s_1'(x) = 0$
Bereich II:	$y = m \cdot x + b$ $m = \dfrac{\triangle y}{\triangle x} = \dfrac{0,23 - 0,199}{9251 - 7235} = 1,5377 \cdot 10^{-5}$ $0,199 = 1,5377 \cdot 10^{-5} \cdot 7236 + b$ $b = 0,0877$ $s_2'(x) = 1,5377 \cdot 10^{-5}x + 0,0877$
Bereich III:	(Rechnung analog II) $s_3'(x) = 5,573 \cdot 10^{-5}x - 0,178445$
Bereich IV:	$s_4'(x) = 0,485$

Hieraus lässt sich, wie oben gefunden, die Steuerfunktion durch Integration herleiten. Die Schülerinnen und Schüler haben hier „von Hand" integriert.

Bereich I:	$s_1(x) = C_1$
Bereich II:	$s_2(x) = 0{,}76885 \cdot 10^{-5}x^2 + 0{,}0877x + C_2$
Bereich III:	$s_3(x) = 2{,}7865 \cdot 10^{-6}x^2 + 0{,}178445x + C_3$
Bereich IV:	$s_4(x) = 0{,}485x + C_4$

Welchen Wert haben nun die Konstanten? Wenn Schüler hier keine Idee haben, können sie die Konstanten einfach ignorieren (vielleicht haben sie sie auch vergessen) und das gefundene Modell mit einem Funktionenplotter überprüfen:

Bei 7235 € darf man alles behalten, bei 7236 € muss man 1037 € abgeben? Das kann doch nicht stimmen! Welcher Fehler wurde begangen? Wie lässt er sich beheben?

Den Funktionsgraph darzustellen hat nicht viel Arbeit gemacht, daher können die Schüler durch Nachkorrigieren aus ihrem Fehler lernen. Der Graph dürfte eigentlich aus inhaltlichen Gründen keine Sprungstellen aufweisen, denn sonst würden große Ungerechtigkeiten an den Grenzen entstehen: Wer mehr verdient, behält weniger übrig. Das kann man auch sehen, wenn man

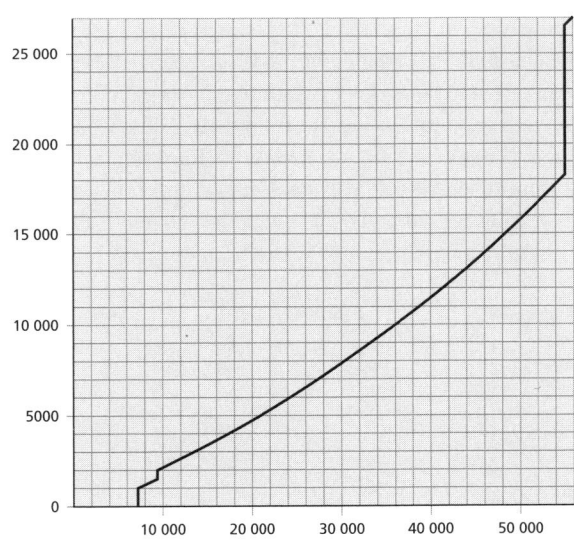

das Resteinkommen $x - s(x)$ plottet. Also müssen die Konstanten C_1 bis C_4 in den einzelnen Termen der Steuerfunktion so angepasst werden, dass die gesamte Steuerfunktion (also die Stammfunktion) stetig ist. Diese Erfahrung im konkreten Anwendungsfall lässt sich nun mit den Schülerinnen und Schülern auch allgemein analysieren unter Fragen wie den folgenden: Ist die zusammengesetzte Steuerfunktion nun eigentlich eine Stammfunktion der Grenzsteuersatzfunktion? Wie stetig und wie differenzierbar ist eigentlich eine so gefundene (mutmaßliche) Stammfunktion?

Nun können Schüler aus diesen Übergangsbedingungen der Reihe nach die Konstanten ermitteln. Ob sie nun CAS einsetzen oder von Hand rechnen: Zunächst müssen sie festlegen, an welchen Stellen genau die Übergänge stattfinden sollen: etwa bei 7235 € oder bei 7236 €? – ein Anlass für eine Kontroverse über das Modell, der letztlich eine Entscheidung für das eine oder andere erfordert. Schließlich erhalten sie die Steuerfunktion:

$$s(x) = \begin{cases} \text{I:} & 0 & \text{für } 0 \le x \le 7235 \\ \text{II:} & 0{,}76885 \cdot 10^{-5} \cdot x^2 + 0{,}0877x - 1036{,}97 & \text{für } 7236 \le x \le 9251 \\ \text{III:} & 2{,}7865 \cdot 10^{-6} \cdot x^2 + 0{,}1784\,x - 1464{,}16 & \text{für } 9252 \le x \le 55007 \\ \text{IV:} & 0{,}485x - 9895{,}53 & \text{für } 55008 \le x \end{cases}$$

Eine andere Gruppe hat bemerkt, dass man mit einem CAS zu abschnittsweise definierten Funktion – etwa mittels `int(s(x),x = 0 ... y)` – auch direkt eine Integralfunktion berechnen lassen kann. Diese hätte man auch durch stückweise Integration von Hand und unter Verwendung der Intervalladditivität des Integrals gewinnen können. All diese Lösungswege sind zulässig und führen auf das gewünschte Ziel: die Steuerfunktion. Aus der Perspektive des Problemlösens sind die verschiedenen Wege also gleichwertig, vielleicht noch verschieden effizient. Aus der Perspektive der Begriffsbildung tragen sie bei zu einem vertieften Verständnis des Integralbegriffs. Denn nun kann man wieder allgemein fragen: Ist die so ermittelte Funktion wirklich Stammfunktion? Ist sie automatisch stetig? Was passiert an den Knickstellen?

Zurück von der Theorie zum praktischen Problem: Wie sieht der Steuerfunktionsgraph nun aus, wenn man das Ergebnis plottert?

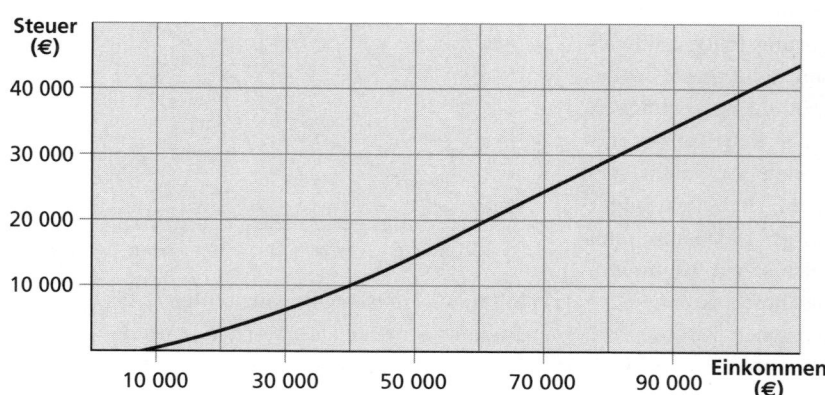

Das Bild des Steuerfunktionsgraphen beantwortet die Frage, warum man ihn niemals irgendwo abgebildet findet: An der Steuerfunktion selbst lassen sich die politisch diskutierten Eckpunkte nicht offensichtlich ablesen, an der Grenzsteuerfunktion werden sie dagegen deutlich, weshalb wohl in den Medien auf diese zurückgegriffen wird.

Weg 2 – Arbeiten mit einem diskreten Modell
Die Modellierung der Steuerfunktion mit einer kontinuierlichen Funktion ist manchen Schülerinnen und Schülern verdächtig. Schließlich findet man in Steuerformularen oft die Aufforderung, Daten nur auf ganze Euro gerundet anzugeben. Da erscheint es seltsam, diese „ungenaue" Rechnung durch eine scheinbar viel präzisere Funktion annähern zu wollen. Wenn man die Gesamtsteuer wissen will, so muss man doch einfach nur die für jeden Euro anfallende Grenzsteuer aufaddieren. Hierfür erscheint einer Schülergruppe die Tabellenkalkulation als geeignet.

Mit dem Instrument Tabellenkalkulation muss nun also der Zuwachs, etwa von 19,9 % zu 23 %, in diskrete Einzelschritte zerlegt werden. Natürlich kann man hierfür ein kontinuierliches Modell, sprich die Funktionsgleichung einer linearen Funktion, ermitteln. Diese ist in den Zahlenkolonnen jedoch gar nicht grafisch als Gerade ersichtlich, sondern liegt als Spalte zu füllender Tabellenzellen vor.

C4	▼	*fx* =(23-19,9)/(9251-7236)			
	A	B	C	D	E	F
1	Einkommen	Grenzsteuersatz		Grenzsteuersatz	Steuerfunktion	Steuersatz
2	€	%		€	€	%
3	7235	0			0,00000000	
4	7236	19,9	0,001538462	0,19900000	0,19900000	0,00275
5	7237	19,90153846		0,19901538	0,39801538	0,00550
6	7238	19,90307692		0,19903077	0,59704615	0,00825
7	7239	19,90461538		0,19904615	0,79609231	0,01100
8	7240	19,90615385		0,19906154	0,99515385	0,01375
9	7241	19,90769231		0,19907692	1,19423077	0,01640

Schüler teilen also den Zuwachs auf die Einkommenswerte von 7236 € bis 9251 € auf. Dabei machen sie zunächst Fehler in der Bestimmung dieses Zuwachsschrittes, der jedoch nicht unbemerkt bleibt: Die Überprüfung, ob man mit dem Term in Zelle C4 richtig liegt oder nicht, geschieht automatisch, wenn man die folgenden Zellen in Spalte B durch sukzessive Addition des Wertes aus C4 berechnet. Kommt man nicht bei 23 % heraus, hat man einen Fehler begangen. Hier kann man erkennen, wie das Werkzeug Tabellenkalkulation durch seine schnelle rekursive Verarbeitung von Eingabedaten und die daraus herrührende hohe Interaktivität zum probierenden, heuristischen Arbeiten anleiten kann.

Mit dem Prinzip der schrittweisen Summierung können die Schülerinnen und Schüler nun die abzuführende Steuer sowie den Durchschnittssteuersatz berechnen und anzeigen.

Zwei Werkzeuge – zwei Modelle – eine Mathematik

Nach einer ausführlichen Präsentation, in denen die Gruppen ihre Ergebnisse und ihre unterschiedlichen Wege vorstellen, lassen sich auch Vergleiche zwischen den Modellen anstellen bzw. die Frage beantworten, wie die beiden Modelle zusammenhängen. Gleichzeitig werden auch Vorzüge und Nachteile der beiden Werkzeuge herausgearbeitet. Hier seien nur einige Ergebnisse der Diskussion angedeutet:

- Das diskrete Steuermodell scheint vernünftig und vor allem einfach, weil es ohne höhere Mathematik auskommt. Gerne stellt man sich Steuerbeamte vor, die mit Tabellen und Summen arbeiten und Beträge praktischerweise auf volle Euro runden.

- Das kontinuierliche Modell ist gut auch ohne Computer handhabbar, weil man statt vieler einzelner Zahlen nur wenige Funktionen benötigt.

- Auch der Graph ist ein Modell. Der Graph der Grenzsteuerfunktion enthält alle wesentlichen Informationen auf übersichtliche Weise.

- Vergleicht man die numerische Qualität der beiden Ansätze, so findet man leichte Abweichungen. Dies gibt Anlass, die verschiedenen Näherungen oder willkürlichen und nicht ganz konsensfähigen Entscheidungen bei den beiden Modellen und ihre Auswirkungen auf das Ergebnis zu diskutieren.

- Die Ergebnisse von kontinuierlichem und diskretem Modell sind im Wesentlichen jedoch nahe beieinander. Das liegt daran, dass die Schrittweite $\triangle x = 1$ ist und die Steuerfunktionen sich pro Euro nur wenig ändern. Für die Ableitung heißt dies, dass Tangente und Sekante nahe beieinander liegen und für die Integralrechnung, dass die Untersumme sehr fein ist und die Fläche gut annähert.

- In diesem konkreten Problem hat man eine tatsächlich diskrete Funktion durch eine kontinuierliche angenähert – eigentlich ein seltsamer Vorgang. Wenn man umgekehrt denkt, so findet man in der Summation mit Hilfe der Tabellenkalkulation das einfachste, an die theoretische Idee des RIEMANN-Integrals angelehnte Verfahren zur numerischen Integration.

Die Verwendung der kontinuierlichen und diskreten Werkzeuge für die jeweiligen Modelle hat auf diesem Wege zu einem vertieften Wissen des Sachzusammenhangs geführt und gleichzeitig zu vielfältigen begrifflichen Vertiefungen und Vernetzungen.

Wie ist nun das tatsächlich geltende Steuermodell definiert? Diskret oder kontinuierlich? Schülerinnen und Schüler können dies selbstständig im Internet recherchieren und finden z. B. den 2003 geltenden, vom Gesetzgeber festgelegten Einkommensteuertarif:

Das Einkommensteuergesetz EStG für 2003
§ 32a

Einkommensteuertarif

(1) Die tarifliche Einkommensteuer bemisst sich nach dem zu versteuernden Einkommen. Sie beträgt vorbehaltlich der §§ 32b, 34, 34b und 34c jeweils in Euro für zu versteuernde Einkommen

1. bis 7 235 Euro (Grundfreibetrag): 0;
2. von 7 236 Euro bis 9 251 Euro: $(768{,}85 \cdot y + 1\,990) \cdot y$;
3. von 9 252 Euro bis 55 007 Euro: $(278{,}65 \cdot z + 2\,300) \cdot z + 432$;
4. von 55 008 Euro an: $0{,}485 \cdot x - 9\,872$.

„y" ist ein Zehntausendstel des 7 200 Euro übersteigenden Teils des … zu versteuernden Einkommens. „z" ist ein Zehntausendstel des 9 216 Euro übersteigenden Teils des … zu versteuernden Einkommens. „x" ist das … zu versteuernde Einkommen.

(Quelle: www.fm.nrw.de)

Stellt man diese Formeln alle in Abhängigkeit von x dar, kann man mit den Ergebnissen der Integration im kontinuierlichen Modell vergleichen.

$$s_1(x) = 0$$

$$s_2(x) = 768{,}85 \cdot \left(\frac{x-7200}{10000}\right)^2 + 1990 \cdot \left(\frac{x-7200}{10000}\right)^2$$

$$= 7{,}688 \cdot 10^{-6} \cdot x^2 + 0{,}08828 \cdot x - 1034{,}2$$

$$s_3(x) = 278{,}55 \cdot \left(\frac{x-9216}{10000}\right)^2 + 2300 \cdot \left(\frac{x-9216}{10000}\right) + 432$$

$$= 2{,}786 \cdot 10^{-6} \cdot x^2 + 0{,}1786 \cdot x - 1451$$

$$s_4(x) = 0{,}485 \cdot x - 9872$$

Das Rechenergebnis stimmt (bis auf geringe Rundungsabweichungen) mit dem Steuertarif aus dem Gesetz überein. Das Werkzeug der Wahl für den Steuerbeamten (bzw. den Steuertheoretiker) ist also nicht die Tabellenkalkulation, sondern das CAS.

Wenn ein CAS mit seinem Funktionenplotter eingesetzt wurde, ist es möglich, mit seiner Hilfe eine ganze Reihe weiterer Aspekte des Steuergesetzes zu untersuchen, etwa:

▨ den Durchschnittssteuersatz $\bar{s}(x) = \frac{s(x)}{x}$ und den Spitzensteuersatz,

$\bar{s}_{max} = s'_{max}$,

▨ den Progressionsgrad $\bar{s}'(x)$ und das Einkommen nach Abzug der Steuern $k(x) = x - s(x)$,

▓ die Steuerlastprogression, d. h. die prozentuale Zunahme der Steuer bei ein-
prozentiger Einkommenszunahme als gerechteres Maß für die relative
Steuerlast:

$$e_k(x) = \frac{\frac{s(1,01x) - s(x)}{s(x)}}{0,01}$$

▓ die Einkommenselastizität $e_k(x) = \dfrac{\frac{k(1,01x) - k(x)}{k(x)}}{0,01}$.

Es ist ergiebig, sie einmal zu berechnen und ihren Verlauf zu inspizieren. Die
Interpretation des Steuermodells anhand dieser Funktion gibt Aufschlüsse
über Fragen der Steuergerechtigkeit. Diese Weiterführung ist möglich, weil der
nun auftretende rechentechnische Aufwand nicht von den Schülern aufge-
bracht werden muss. Das CAS erlaubt vielfältige Erkundungen auch in einem
(technisch) komplexen Modell. Die Schüler können sich ganz auf die begrifflichen Konstruktionen und Analysen konzentrieren. Solche weiterführenden
Analysen findet man bei Böer (2004).

Die Einkommensteuertarife von 1959 bis 1990 findet man bei Henn (1988).
Weitere authentische Daten für die Arbeit mit Steuermodellen findet man im
Internet, für den Unterricht aufbereitet unter www.smims.de im Jahr 2004.
Jeweils aktuelle Steuertarife sind unter den Seiten der Finanzministerien zu
finden.

2.7 Was ist ein Mittelpunkt? – Modelle entwickeln und vergleichen

Nicole Roth-Sonnen

Was ist ein Mittelpunkt? Diese Frage stellten sich – zwar auf ganz unterschiedlichem Niveau – zum einen Schülerinnen und Schülern der Jahrgangsstufe 7 eines Gymnasiums und zum anderen Teilnehmer einer Schülermodellierungs-
woche (siehe www.z-f-m.de) rekrutiert aus leistungsstarken Schülerinnen und
Schülern aus hessischen zwölften Jahrgangsstufen. Beide Gruppen entwickelten dabei Modelle, verglichen diese miteinander und reflektierten ihre Ergebnisse.

Ein Spielplatz wird gebaut ...

Die Schüler waren Teilnehmer der Modellierungswoche und kamen aus der
Jgst. 12. Im Folgenden werden die beiden Problemstellungen vorgestellt, wobei die zweite aus der ersten hervorging.

Problemstellung 1:

Die Stadt Halle plant den Bau eines Kinderspielplatzes in einem Wohngebiet, bestehend aus 18 Hochhäusern. Es ist der Ort zu suchen, an dem der Spielplatz für alle Kinder im Einzugsgebiet gut zu erreichen ist.

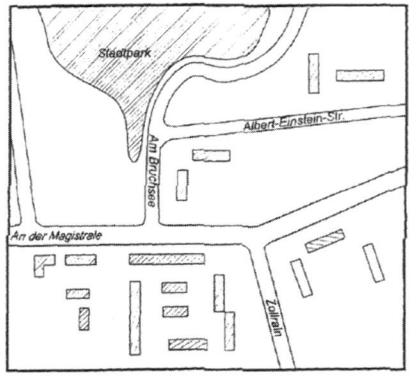 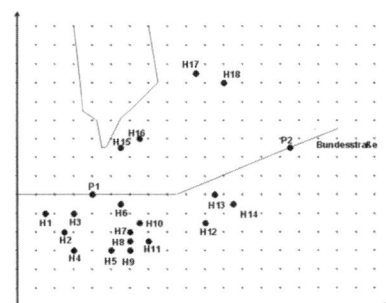

Haus	Koordinaten	Anzahl Kinder
1	(1.5 / 5)	58
2	(2.5 / 4)	38
3	(3 / 5)	58
4	(3 / 3)	19
5	(5 / 3)	115
6	(5.5 / 5.5)	115
7	(6 / 4)	24
8	(6 / 3.5)	24
9	(6 / 3)	48
10	(6.5 / 4.5)	19
11	(7 / 3.5)	38
12	(10 / 4.5)	77
13	(10.5 / 6)	115
14	(11.5 / 5.5)	19
15	(5.5 / 8.5)	58
16	(6.5 / 9)	58
17	(9.5 / 12.5)	58
18	(11 / 12)	77
Fußgängerbrücke	P1 (4 / 6)	P2 (14.5 / 8.5)

Abb. 1: Problemstellung 1

Aber was ist ein guter Standort für einen Spielplatz? Man war sich einig darüber, dass man „so eine Art Mittelpunkt" suche. Man ging erst einmal von einem ökonomischen Gesichtspunkt aus:

Ein guter Standort ist dann gewählt, wenn die Summe der Einzelwege aller Kinder von ihrem Wohnhaus zum Spielplatz minimal ist. Alternativ kann man die längeren Wege stärker berücksichtigen, indem man die Wegstrecken quadriert.

Das Modell, den Stadtplan zu schematisieren, indem jedem Hochhaus eine Koordinate im Koordinatensystem zugeordnet wird, und die verkehrsreiche Straße, die nur über zwei Brücken zu überqueren ist, als zwei Geraden darzustellen, wurde vom Auftragsteller bereits vorgegeben. Aber welches Modell soll für den Laufweg angenommen werden? Die Schülerinnen und Schüler diskutierten verschiedene Vorschläge:

	Modell	Bewertung des Modells
Modell 1:	Der Laufweg ist die direkte Verbindung zwischen Wohnhaus und Spielplatz.	• Ist ein sehr einfaches Modell • Die realen Wege sind immer länger.
Modell 2:	Der Laufweg wird als parallel zu den Koordinatenachsen angenommen.	• Der reale Weg ist kürzer, wenn Wegabschnitte diagonal gelaufen werden können. • Der reale Weg ist länger, wenn entlang des Weges in mehr als zwei verschiedene Richtungen gelaufen wird. • Die Länge der Laufwege kann mathematisch einfach bestimmt werden.
Modell 3:	Der Laufweg wird au seinem Stadtplan bestimmt.	• Ist eine sehr aufwändige Methode. • Die Laufwege und deren Länge werden sehr gut repräsentiert. • Die Bestimmung der Länge ist aufwändig.

Abb. 2: Darstellung verschiedener Modelle

Nach längeren Diskussionen über Pro und Kontra entschieden sich die Schülerinnen und Schüler für das zweite Modell. Die Länge des Laufweges sollte durch die Summe der Koordinatendifferenzen von Hochhaus und Spielplatz bestimmt werden (Abb. 3). Die Schülerinnen und Schüler stellten eine Funktion mit zwei Variablen auf, die noch einen Gewichtungsfaktor n_i enthielt, der die Anzahl der in einem Hochhaus lebenden Kinder repräsen-

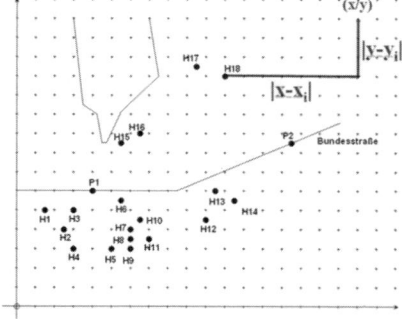

Abb. 3. Schematisierung des Laufweges

tieren sollte. Das Minimum der jeweiligen Funktion sollte den optimalen Standort angeben.

$$f(x,y) = \sum_{i=1}^{18} n_i \cdot (|x - x_i| + |y - y_i|) \text{ bzw. } f(x,y) = \sum_{i=1}^{18} n_i \cdot (|x - x_i| + |y - y_i|)^2$$

Die Schülerinnen und Schüler teilten sich in zwei Gruppen auf: Die einen versuchten, das Problem algebraisch zu lösen, indem sie sich überlegten, wie man eine Funktion mit zwei Variablen differenzieren könnte und nutzten dabei ihre Kenntnisse über das Differenzieren von Funktionen mit einer Variablen. Die andere Gruppe benutzte diskrete Methoden, indem sie das Problem in TURBO-PASCAL programmierte. Hierbei wurde für jeden potentiellen Standort des Spielplatzes (also jedes Pixel auf dem Computerbildschirm) die Summe der Einzelwege bestimmt und die minimale ermittelt. Beide Gruppen haben unabhängig von den eingesetzten Methoden die gleichen Ergebnisse ermittelt.

Bei Überprüfung auf Machbarkeit stellte sich heraus, dass das eine Minimum auf der Brücke liegt (Abb. 4 heller Punkt) und das andere in einem bereits bebauten Gebiet (Abb. 4 dunkler Punkt).
Die Teilnehmerinnen und Teilnehmer waren also gezwungen, ihre Definition vom „guten Standort" zu ändern, um auf realitätsrelevante Lösungen zu kommen. Man entschied sich für folgende Variante:

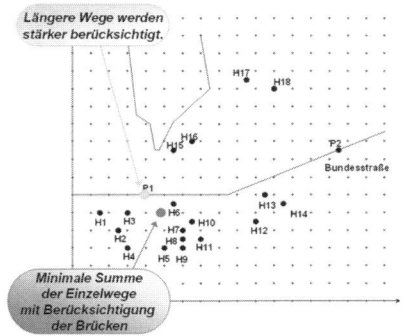

Abb. 4: Optimale Standorte

Der längste Weg zum Spielplatz soll möglichst kurz sein.

Diese Definition vom „guten Standort" führte zu geometrischen Lösungsmethoden. Dabei wurde als Erstes ein einfaches Modell angenommen: Man laufe Luftlinie, die Brücken werden dabei nicht berücksichtigt. Die konkrete Anzahl der Kinder pro Hochhaus wurde ebenfalls nicht berücksichtigt, da man hierin keine Relevanz für die langfristige Planung sah. Denn die Kinder würden ja älter werden, nicht mehr auf dem Spielplatz spielen, und die Wahrscheinlichkeit, dass genauso viele Kinder pro Hochhaus wieder nachkommen würden, wäre nicht all zu groß:

▨ Luftlinie
▨ Ohne Berücksichtigung
 der Brücken
▨ Ohne Berücksichtigung
 der Anzahl der Kinder
 pro Hochhaus.

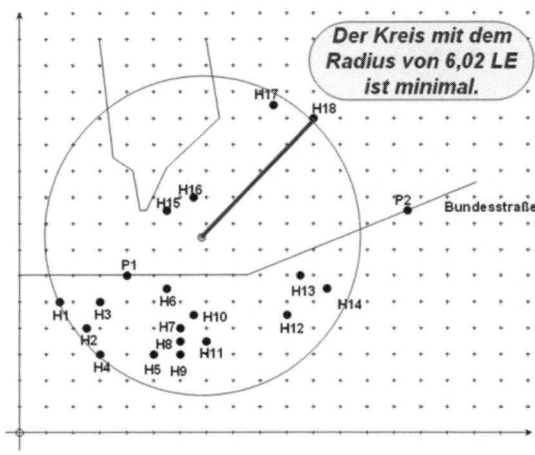

Abb. 5: Geometrische Lösung 1

Das Problem wurde also darauf reduziert, einen minimalen Umkreis zu suchen, so dass alle Hochhäuser in oder auf dem Kreis liegen würden. Es wurde also ein Kreis gesucht, auf dem mindestens drei Punkte liegen, dabei verwendete man eine Dynamische Geometriesoftware. Abbildung 5 zeigt das Ergebnis. Dieses Ergebnis war realistisch, da der Kreismittelpunkt in einem unbebauten Gebiet lag. Jetzt wollte man aber das Modell realitätsnäher gestalten, indem die Laufwege wieder parallel zu den Koordinatenachsen betrachtet und die Brücken berücksichtigt wurden. Hierbei entstand die folgende Situation:

▨ Kinder laufen
 parallel zu den
 Koordinaten-
 achsen
▨ Mit Berüchsich-
 tigung der Brü-
 cken
▨ Ohne Berück-
 sichtigung der
 Anzahl der Kin-
 der pro Hochhaus.

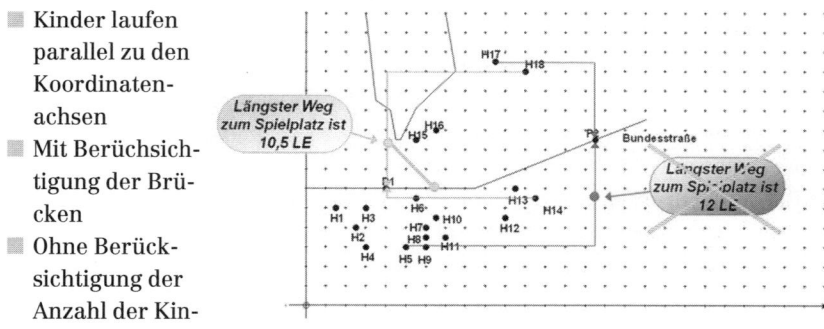

Abb. 6: Geometrische Lösung 2

Die Argumentation der Schülerinnen und Schüler war folgende: Man betrachte die beiden Hochhäuser auf jeder Seite der Straße, die zur jeweiligen Brücke die größte Entfernung haben, und nehme davon die Mitte. Der kürzeste der beiden Wege (Abb. 6 links) ist das Optimum. Die unter einem 45°-Winkel eingezeichnete Gerade beschreibt alle Orte, die die gleiche Entfernung haben.

Für die Schülerinnen und Schüler war das Problem gelöst, denn sie hatten einen Ort für den Spielplatz gefunden, den sie als einen „guten Standort" betrachteten und der realisierbar war.

Zum Schluss wurde die Arbeit vor dem „Bürgermeister der Stadt Halle" präsentiert und kommuniziert. Die Schülerinnen und Schüler hielten mit Hilfe von POWERPOINT einen Vortrag, indem sie ihrem Auftraggeber erklärten, welche Modelle sie angesetzt hatten und warum sie sich dann für ein bestimmtes entschieden hatten.

Aus dem Vortrag der Schülerinnen und Schüler ging hervor, welche Bedeutung der Computer beim Modellieren hat. Es wurde sehr deutlich, dass der Computer bei der Problemdarstellung und der heuristischen Lösungsfindung ein unterstützendes Element ist, aber niemandem die Interpretation und Bewertung der Ergebnisse abnehmen kann.

Vom Bau eines Spielplatzes zur Konstruktion markanter Punkte im Dreieck

Die Schüler, die dieses Problem behandelten, kamen aus der Jgst. 7. Die folgende Situation entstand durch Variation und Vereinfachung der Problemstellung 1 (s. o.).

Problemstellung 2:

In einem Hochhausgebiet soll ein Spielplatz für Kinder errichtet werden. In diesem Gebiet stehen 3 Hochhäuser. Das 1. Hochhaus ist 150 m vom 2. Hochhaus und 130 m vom 3. Hochhaus entfernt. Das 2. und 3. Hochhaus sind 100 m voneinander entfernt. Die Hochhäuser sind durch Straßen verbunden.

Die Eltern der in den Hochhausgemeinschaften lebenden Kinder stellen einen Antrag beim Bauamt: Der Spielplatz soll an eine Stelle gebaut werden, so dass kein Kind benachteiligt wird.

Bevor die Schülerinnen und Schüler nach einem geeigneten Modell zur Lösung des Problems suchten, entstand eine Diskussion darüber, welche Anforderungen an einen „gerechten" Standort zu stellen seien:

- Der Lärm soll gleichmäßig verteilt werden.
- Jeder soll gleich weit laufen müssen.

Als geeignetes Modell lag nahe, die Hochhäuser als Punkte und die Straßen als Geraden darzustellen. Der Weg zum Spielplatz wurde ebenfalls als geradlinig angenommen, wodurch beide Anforderungen mathematisch gleich übersetzt wurden. (Den Schülerinnen und Schülern war überlassen, ob sie mit einem DGS oder auf Papier arbeiten wollten.) Bei der Lösungsfindung mit dynamischer Geometriesoftware setzte man nach Konstruktion des Dreiecks einen Punkt auf die Arbeitsfläche, der mit den Eckpunkten des Dreiecks verbunden wurde. Dabei wurde der Punkt so lange verschoben, bis die Verbindungsstrecken (gemessen mit dem Messwerkzeug des DGS) ungefähr gleich lang waren. Die Schülerinnen und Schüler, die Zirkel und Lineal benutzen, zeichneten in den drei Eckpunkten des Dreiecks jeweils gleich große Kreise, vergrößerten diese sukzessive, bis sie sich in einem Punkt schnitten (Abb. 7).

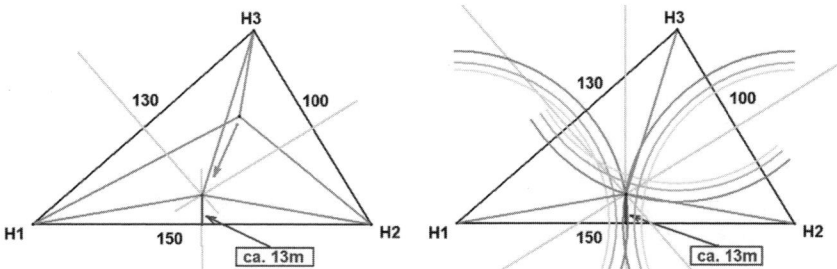

Abb. 7: Lösungsfindung mit DGS und mit Zirkel und Lineal

Beide Lösungsmethoden ließen den Schülerinnen und Schülern die Möglichkeit zu erkennen, dass der so gefundene Mittelpunkt auch über die Mittelsenkrechten im Dreieck zu konstruieren war. Denn bei nochmaliger Diskussion in der Gruppe und anschließender Präsentation in der Klasse überlegte man sich: *„Wenn man ein Hochhaus erst einmal außer Acht lässt (z. B. H3), dann hat der Mittelpunkt der Stecke H1H2 den gleichen Abstand zu H1 und H2 und alle Punkte, die „darüber" oder „darunter" liegen, also die Senkrechte zur Strecke H1H2, die durch deren Mittelpunkt geht."* Ich teilte den Schülerinnen und Schülern mit, dass man diese Gerade mit ihren Eigenschaften Mittelsenkrechte nennt. *„Und wenn man jetzt jeweils die anderen Hochhäuser einmal außer Acht lässt, ist klar, dass der gesuchte Punkt der Schnittpunkt dieser drei Mittelsenkrechten ist."* Die Schülerinnen und Schüler benutzten hier eine heuristische Strategie: *„Lass eine Bedingung weg und schau dir das Problem dann noch einmal an"*, die ich dann auch als solche herausstellte.

Jetzt musste diese mathematische Lösung auf praktische Relevanz hin überprüft werden. Hier fiel auf, dass der gerechte Standort des Spielplatzes relativ nahe an einer der Straßen lag, vor allem, wenn man bedachte, dass in der Realität der Spielplatz nicht punktförmig ist. Hier wurde eine Diskussion über Gerechtigkeit und Sicherheit eines Standortes entfacht. Die Schülerinnen und Schüler mussten abwägen, was von beidem wichtiger ist. Sie versetzten sich in die Rolle der antragstellenden Eltern und der auf dem Spielplatz spielenden Kinder. Der Aspekt der Sicherheit stand im Vordergrund. In einer Diskussion wurden zuerst bauliche Maßnahmen rund um den Spielplatz erörtert. Anschließend zog man doch eine Verlagerung des Standortes in Betracht, unter dem Aspekt, dass der Spielplatz nicht von allen Häusern, sondern von allen

Straßen gleich weit entfernt sein sollte. Damit war das alte Modell revidiert und ein neues Modell musste auf seine Konsequenzen untersucht werden.

Dieses zweite Verständnis vom Mittelpunkt führte auf den Schnittpunkt der Winkelhalbierenden zurück. Unabhängig davon, ob mit dem Computer oder mit Zirkel und Lineal (Abb. 8), waren die Schülerinnen und Schüler in der Lage, diesen Punkt wieder erst einmal durch Probieren zu finden, um anschließend den mathematischen Sachverhalt zu entdecken.

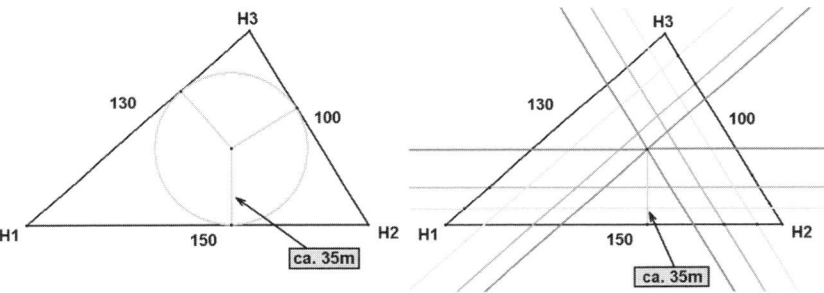

Abb. 8: Lösungsfindung mit DGS und mit Zirkel und Lineal

Bei der Lösungsfindung mit dem Computer wurde die gleiche Lösungsstrategie benutzt wie bereits beschrieben. Beim Arbeiten mit Zirkel und Lineal war eine Lösungsmethode, Parallelen gleichen Abstands zu den Dreiecksseiten zu zeichnen und diesen Vorgang mit größer werdendem Abstand zu den Dreiecksseiten zu wiederholen, bis sich die Parallelen in einem Punkt schnitten. Beide Lösungsmethoden gaben den Schülerinnen und Schülern die Möglichkeit zu erkennen, dass dieser Schnittpunkt über die Winkelhalbierenden zu konstruieren ist.

Aber auch hier war das Überprüfen der Lösung auf Machbarkeit unerlässlich: Diesmal wurde festgestellt, dass der Spielplatz an dieser Stelle wirklich gebaut werden konnte.

Bei der Offenheit der Fragestellung ist es nahe liegend, dass Schülerinnen und Schüler weitere Kriterien für einen gerechten Spielplatz in Betracht ziehen und somit andere Modelle für den Mittelpunkt entwerfen. Im Folgenden sollen noch weitere Modelle betrachtet werden, die ebenfalls mit den beschriebenen Werkzeugen weiterverfolgt und ausgewertet werden können: Die Summe der Einzelwege soll minimal sein. Dieser Punkt kann durch physikalische Überlegungen gefunden werden. Stellt man sich die Eckpunkte als feste Rollen vor, über die jeweils ein Seil läuft, wobei die drei Seile miteinander verknotet sind und an deren Enden Körper gleicher Masse hängen, so wird der Knotenpunkt an der Stelle zum Stillstand kommen, wenn die Massen möglichst tief hängen, also die Gesamtlänge der Seile innerhalb des Dreiecks minimal ist. Die resultierende Kraft im Knotenpunkt muss null sein. Demnach entstehen drei 120°-Winkel am Knotenpunkt, der durch Errichten gleichseitiger Dreiecke über jeder Dreiecksseite konstruiert werden kann. Der Schnittpunkt der drei Kreise ist dann der gesuchte Punkt, der als FERMAT-Punkt bekannt ist (Abb. 9).

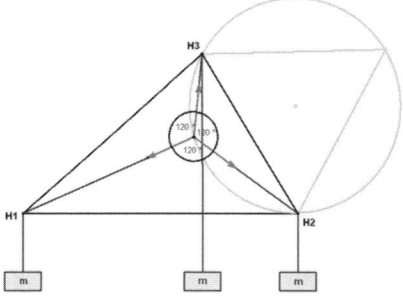

Abb. 9: Konstruktion des Fermat-Punktes

Sollen längere Wege stärker berücksichtigt werden, so wäre auch ein Kriterium, dass die Summe der quadrierten Einzelwege minimal sein soll. Dieses Kriterium führt auf die Konstruktion des Schwerpunkts im Dreieck.

Nach einer solchen mathematischen oder experimentell gefundenen Lösung stellt sich aber wie immer die Frage nach der praktischen Relevanz.

Fazit

Die beiden Problemstellungen zeigen, wie auf unterschiedlichem Niveau Modellbildung betrieben werden kann. Der Begriff des Mittelpunkts hat in diesen Beispielen viele Facetten. Dadurch können die Schülerinnen und Schüler verschiedene Modelle entwickeln und dabei den Kreisprozess des Modellierens mehrmals durchlaufen. Nicht nur bei der Überführung der Realsituation in das mathematische Modell, sondern auch bei der Interpretation der Ergebnisse müssen die Schülerinnen und Schüler sich über die Leistung ihres Modells bewusst sein und es ggf. ändern. Eine für Schülerinnen und Schüler ungewöhnliche Erfahrung ist, dass ein Begriff keine eindeutige Definition hat. Sie sind eher gewohnt, dass wohl definierte Begriffe existieren und Lösungen eindeutig sind. Hier erfahren sie einen Lösungsreichtum, der aber nicht willkürlich ist. Die Ergebnisse sind von den Voraussetzungen, also von der Definition eines Begriffs und dem angewandten Modell abhängig. Beim Validieren der Resultate müssen letztendlich außermathematische, d. h. zum Beispiel gesellschaftliche, ethische und finanzielle Argumente einfließen. Mathematik kann beim Lösen von Problemen in Realsituationen unterstützen, aber nicht alleinige Instanz für die Lösungsfindung sein.

2.8 Mit Animationssoftware kreativ konstruieren – Geometrische Bilder als Anlass für das Problemlösen

Timo Leuders

Seit Jahren haben sich computergenerierte Animationsfilme zu einem eigenständigen und beliebten Filmgenre entwickelt. Dort werden Dinosaurier mit der (Computer)maus über den Bildschirm geschoben, komplexe Schlachtszenen programmiert, realistische Oberflächen mit Monsterhaaren „gerendert" und ganze Städte am elektronischen Reißbrett entworfen. Was die Berichte aus den Animationsstudios selten zeigen: Diese Technologie ist primär eine mathematische Technologie. Die vielfältigen Projektions- und Darstellungsalgorithmen sind angewandte Geometrie. Die Beleuchtungseffekte, die den Szenen eigentlich erst ihren besonderen Realismus verleihen, greifen zudem auf eine Technologie namens *ray-tracing,* also wörtlich: „Lichtstrahl-Verfolgung", zurück. Das Grundprinzip lautet: Jede Szene besteht aus Lichtquellen, Objekten und einem Beobachter in Form einer (virtuellen) Kamera. Sind alle Teile positioniert, berechnet der Computer den Weg aller möglichen Lichtstrahlen, die von den Lichtquellen ausgehen. Diese Lichtstrahlen werden nun von den Objekten gespiegelt, diffus zurückgeworfen oder sogar gebrochen (bei Glas). Alle Lichtstrahlen, die das virtuelle Kameraobjektiv treffen, werden gesammelt und zu einem Bild zusammengefügt. Kurz gesagt: Der Computer simuliert das reale Licht. Die Zahl der zu verfolgenden Lichtstrahlen wird dadurch enorm verringert, dass sie tatsächlich nicht, wie es physikalisch richtig wäre, von den Quellen aus berechnet, sondern vom Auge aus *zurück*verfolgt werden.

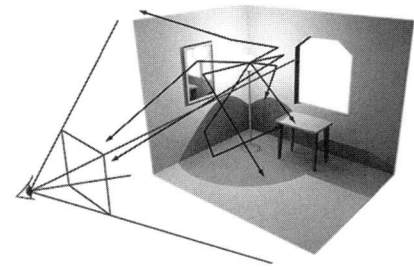

http://www.infinity.no/ls_teori.htm

Im Folgenden geht es allerdings nicht um die Analyse der Computer-Algorithmen, sondern um das Entstehen eines Bildes oder einer Animation als kreative Leistung des *Menschen* vor dem Computer. Bei der Kreation der Architektur und dem Drehbuch einer Szene muss er eine Reihe geometrischer Grundkenntnisse besitzen, damit er der Software die nötigen Anweisungen geben kann.

Für die Schule geeignet und auf jedem Heim-PC zu verwenden ist die Ray-Tracing Software POVRAY. Bei ihr findet die Kommunikation mit dem Computer in der Sprache der Koordinatengeometrie statt. Im Folgenden ein einfaches Beispiel, wie man in POVRAY eine Kugel mit Radius in ein Koordinatensystem bei (0,1,0) setzt, sie von „oben" (10,15,0) (in POVRAY ist das die +y-Richtung) beleuchtet und aus der -z-Richtung, vom Punkt (0,1,-4), das ist hinter dem Bildschirm, filmt. Die x-z-Ebene (Normalenvektor (0,1,0), Nullpunktsabstand 0) wird zum Boden erklärt und eingefärbt. Das Ergebnis ist in Sekundenbruchteilen berechnet:

```
#include „colors.inc"

sphere {<0,1,0>, 1 pigment
{Gray}}
plane {<0,1,0>, 0 pigment
{Yellow}}

light_source {<10,15,0>
color White}
camera {location <0,1,- 4>
look_at <0,1,0> }
```

Die Darstellungssprache ist, wie man sieht, intuitiv zugänglich und lässt sich durch Nachahmen einfacher Beispiele erlernen. Die einzige hier nicht intuitiv zugängliche Konstruktion ist wohl die Normalendarstellung der Ebene. Sie kann aber im Prinzip auch durch eine Dreipunkteform ersetzt werden.

Je komplexer eine Szene gestaltet werden soll, desto vielfältiger sind die mathematischen Methoden, die der „Konstrukteur" entwickeln muss. Durch Kombination von mathematischen Objekten und Operationen und mit Hilfe einer gehörigen Portion Fantasie wächst so der Kosmos darstellbarer Szenen und Bewegungen beständig an.

Imaginäre Landschaften erfinden und mit Mathematik darstellen

Sicherlich lässt sich die Ray-Tracing-Software dazu nutzen, um am Ende einer Unterrichtsreihe (etwa zu Geraden und Ebenen) den Schülerinnen und Schülern die Gelegenheit zu geben, ihre erworbenen Kenntnisse anzuwenden. Dann allerdings vergibt man eine besondere Chance: Die große Zahl von geometrischen Begriffen und Verfahren, die hier zum Einsatz kommt, kann, statt sie im Voraus „einzuführen", im Rahmen eines anregenden Kontextes entdeckt, ausgekundschaftet und ausdifferenziert werden. Bei dieser begriffsgenetischen Vorgehensweise steht der Vektorbegriff am Ende und nicht am Anfang der Arbeit.

Die Eingabe- und Ausgabeschnittstelle von POVRAY stellt also eine offene Lernumgebung dar, in der Schülerinnen und Schüler in weitem Rahmen selbst bestimmen können, was sie darstellen und wie sie dabei vorgehen wollen. Die Software fordert sie dazu heraus, ihre Kreativität beim Erfinden von Bildern und Filmszenen spielen zu lassen. Bei der Umsetzung der Ideen, also der Darstellung mit Hilfe des Werkzeugs POVRAY, finden eine ganze Reihe mathematischer Prozesse statt:

■ Schüler müssen ihr räumliches Anschauungsvermögen sowie ihre Kenntnisse koordinatengeometrischer Begriffe anwenden.

■ Sie können nicht unmittelbar alle Ideen verwirklichen. In der Regel müssen sie bekannte Verfahren kombinieren oder neue entwickeln, d. h. gleich einem Ingenieur Probleme lösen.

■ Sie systematisieren gefundene Problemlösungen, etwa die relative Positionierung von Objekten oder die Beschreibung einer Bahnkurve und bilden so neue mathematische Begriffe.

Dies soll im Folgenden an einigen Schülerprodukten erläutert werden.

Unterrichtliche Erfahrungen zeigen, dass es möglich ist, keine konkreten Aufgabenstellungen festzusetzen, sondern den individuellen Ideen der Schülerinnen und Schüler zunächst freien Lauf zu lassen. Man kann die Lerngruppe auch zunächst einige vorgegebene Beispielaufträge bearbeiten lassen. Eine Einführung in die Grundlagen des Systems ist möglich anhand eines Beispielprogramms. Danach können die Lernenden sich sukzessive Informationen aus einem beigefügten „Tutorium" holen. Es hat sich gezeigt, dass die Hilfestellungen von der Lehrkraft vor allem dann wichtig werden, wenn Schülerinnen und Schüler undurchsichtige Fehler in der Syntax begehen. Bei *mathematisch* fehlerhaften Modellierungen ermöglicht das System durch die schnelle Rückmeldung der Ergebnisse eine selbstständige Korrektur. Dieses Lernen durch *trial and error* funktioniert mitunter sehr gut (z. B. wenn Kugelradius statt Quadrat Kugelradius verwendet wird), hat aber seine Grenzen, wenn Schülerinnen und Schüler mit groben mathematischen Fehlkonzepten oder Missinterpretationen arbeiten.

1. Beispiel: Zusammensetzen von Körpern – Der Elefant

Will man komplexere Körper erstellen, so muss man sie aus Grundfiguren zusammensetzen. Hier ist zunächst einmal expressive Kreativität gefragt – manch einer fühlt sich an sein kindliches Lego-Spiel erinnert. Es zählt der Wunsch, sich ausdrücken zu wollen, etwas Eigenes zu erschaffen, das so vorher nicht in der Welt war. Dies ist eine Gelegenheit, die sich im Mathematikunterricht viel zu selten ergibt, und hier im Rahmen der Lernumgebung POVRAY sogar im Medium des Virtuellen inspirierend wirkt.

Die Kreation von komplexeren, interessanteren Figuren verlangt nach mathematischen Tätigkeiten: Objekte müssen ausgewählt und zueinander positioniert werden. Hierbei kann man natürlich probierend vorgehen, mit steigender Komplexität der selbst gestellten Aufgabe kommen die Schülerinnen und Schüler jedoch, das merken sie schnell selbst, nur systematisch zum Ziel: Die Koordinaten der Körper müssen festgehalten und zueinander rechnerisch in Beziehung gebracht werden. Um einen Zylinder richtig an einen Vierteltorus anzusetzen, muss man mit ihren Koordinaten umgehen. Experimentelles und systematisches Arbeiten, explorierende Kreativität und konvergente Problemzentrierung gehen Hand in Hand.

Des Weiteren zeigt sich, dass man ein noch größeres Darstellungspotenzial besitzt, wenn man die Figuren miteinander vereinigt, schneidet und Differenzen bildet. Auch hier gibt es viel Gelegenheiten zum Probieren und zum systematischen Rechnen. Diese Standard-Mengenoperationen werden von der Gemeinde der Computeranimateure unter dem Stichwort Constructive Solid Geometry (CSG) zusammengefasst und sind im Befehlssatz von POVRAY enthalten.

Schließlich wird schnell klar, dass es bei der Konstruktion erheblich arbeitserleichternd ist, wenn man einmal erstellte Objekte nicht jedes Mal von Grund auf und an anderem Ort wieder zusammensetzen muss, sondern sie wieder verwenden kann. So eignen sich die Schülerinnen und Schüler den Umgang mit Makros und ggf. auch mit Parametern an.

Der abgebildete Elefant enthält beispielsweise eine Halbkugel (Bauchhälfte), die gedreht und von beiden Seiten an einen Zylinder angesetzt wird, um den Körper zusammenzusetzen. Der Rüssel besteht aus einem Vierteltorus, der als Differenz eines Torus mit zwei Quadern entstand.

```
#declare Bauchhaelfte =
difference{
     sphere {<0,0,0>, 2
             pigment {color rgb <0.3,0.3,0.3>}
             }
     box {<0,- 2,2>, <2,2,- 2>}
}

#declare Bauch =
union{
     object{Bauchhaelfte}
     cylinder {<0,0,0>, <0,1,0>,2
             pigment {color rgb <0.3,0.3,0.3>}
             rotate 90*z
             translate <1,0,0>}
     object{Bauchhaelfte
             rotate 180*y
             translate <1,0,0>}

Elefant(0,1)
```

2. Beispiel: Geometrische Probleme – Blüten und Tränen

Mit zunehmender Komplexität werden auch die Objekte komplexer. Während der Elefant Idee und Produkt zweier Schülerinnen war, bearbeitete eine andere Schülerin allein ein völlig anderes Problem. Sie wollte eine Träne zu Boden fallen lassen. Diese sollte auf die Spitze eines Kegels fallen und auseinander stieben (in Form eines Torus). So leicht sich dies anhört, diese selbst gestellte Aufgabe enthält (abgesehen von der Animation, auf die später zu sprechen zu kommen sein wird) weitaus anspruchsvollere elementar- und koordinatengeometrische Probleme, z. B.:

- Wie muss der Kegel auf die Kugel aufsetzen, damit der Übergang glatt ist? Welche Maße muss er dazu haben?

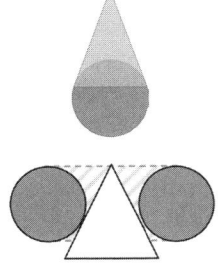

▨ Wenn eine Kugel über einen Kegel als Torus „abrollt", wie verändern sich dabei seine Maße?

3. Beispiel: Parameterdarstellungen von Geraden – Das fahrende Auto

Sobald Bewegungen ins Spiel kommen, wird die Sache gleich auf doppelte Weise interessant. Zum einen, weil für die Schülerinnen und Schüler ihre durch zahlreiche Animationsfilme angeregte Fantasie sich Bahn bricht, zum anderen, weil die auftretenden mathematischen Probleme reichhaltiger werden. Es ergeben sich Anlässe, sowohl zur Vertiefung als auch zur Erfindung von Objekten und Verfahren der Analysis.

Die einfachste Frage ist natürlich: Wie bringt man ein Objekt dazu, sich geradlinig und gleichförmig in der virtuellen Welt zu bewegen. Schüler sprechen hier einfach von „geradeaus" – eine gute Gelegenheit, dieses intuitive „Geradeaus-Konzept" zu hinterfragen. Das erste Ergebnis dieser Überlegungen war ein Autorennen zwischen dem virtuellen Gefährt eines Mädchen- und eines Jungenteams (Welches der beiden abgebildeten Auto wurde wohl von welchem Team entworfen?).

Die Modellierung der Geradeausbewegung geschieht mit Hilfe einer virtuellen Uhr (`clock`), die standardmäßig von 0 bis 1 läuft, wobei das System eine gewünschte Zahl von Einzelbildern erstellt, die dann zu einem Film zusammengesetzt werden können. Die folgenden Objekte (die beiden Autos in der Abbildung) wurden so programmiert, dass man nun ihren Ort zeitabhängig variieren kann:

```
cadillac(- 8.05, - 1.25+clock*12.5)
viper(- 6.80, 0.0, - 1.25+clock*15)
```

Schüler erfinden somit die Parameterdarstellung von Geraden und verbinden sie zugleich mit dem Bild einer gleichförmigen Bewegung im Raum.

4. Beispiel: Parametrisierte Kreiskurven – Hubschrauber im Kurvenflug

Es braucht nicht lange, bis Lernende auch den Ehrgeiz entwickeln, eine Kurvenfahrt darzustellen. Sie erstellen eine Skizze und entwickeln verschiedene Lösungsansätze: Mit dem „Pythagoras-Ansatz" (Abb. links, $y = \sqrt{1-x^2}$) kann man zwar den Kreis schrittweise durchlaufen, die Bewegung ist aber nicht gleichförmig. Die Alternative – ein gleichmäßiges Durchlaufen des Winkels (Abb. rechts, $x = \sin(t)$, $y = \cos(t)$) gibt einen Anlass, mit Schülern die trigonometrische Parameterdarstellung eines Kreises zu erarbeiten. Die mathematische Modellierung ergibt sich zwangsläufig aus dem selbst gestellten Problem einer gleichmäßigen Kreisbewegung. Gelöst werden muss nun noch

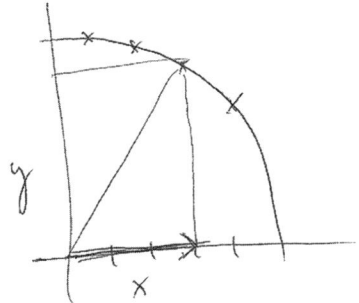 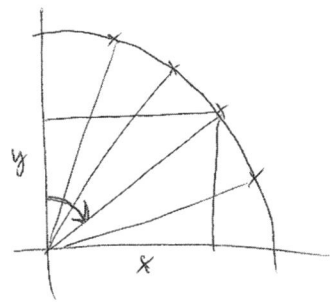

das Problem der Verschiebung dieser Bewegung an den gewünschten Ort und in die richtige Raumlage.

```
object{
helicopter(- 14.5, 7.0, - 22.5, 0, clock*- 90, -
30, clock, 1.5)
translate <6*sin(clock*pi*0.5), 0.0, -
6*cos(clock*pi*0.5)>
}
```

Für weitere Beispiele wird auf MAJEWSKI (1997), FILLER (2001) und LEUDERS (2004b) verwiesen.

5. Beispiel: Verschränkte Bewegungen – Der laufende Elefant

Der Komplexität der Bewegungsprobleme sind keine Grenzen gesetzt. Die Bewegungen technischer Objekte sind hier am einfachsten zu realisieren, da sich diese meist ohnehin auf mathematischen Bahnen bewegen. Imitationen von Mutter Natur sind da bedeutend schwieriger. Eine Gruppe von Mädchen der Klasse 11, die den Elefanten erschuf, wollte ihn natürlich auch zum Leben erwecken. Nach einer nicht unbeträchtlichen Zahl von Fehlversuchen – der Elefant rutschte, wackelte und schob sich über die Ebene – wurde klar: Das Geheimnis liegt in der Beinbewegung. Wie also bewegen sich die Beine eines Tieres? Das Erstellen eines Realmodells und die Mathematisierung muss offensichtlich erst einmal im Kopf und auf Papier geleistet werden, bevor man den Computer anwirft. Das Ergebnis lässt sich sicherlich noch verfeinern (z. B. durch Einfügen eines Knies), ist aber schon an sich erstaunlich komplex: Die Fußsohle eines „Einheitsbeines" soll eine zusammengesetzte Bewegung beschreiben.

Bei der Modellierung kann hier der Übergang zwischen symbolischer Darstellung (als Formel) und räumlicher Vorstellung geübt werden: Schülerinnen und Schüler diskutieren, wie sich x- und y-Koordinate des Beines mit der Zeit verändern müssen. Die Überlegungen der Schüler laufen – in wenige Sätze kondensiert – etwa so: *„Wenn t von 0 bis 1 läuft, soll x bei 1 beginnen und dann immer kleiner werden, bis es –1 ist. ", „y soll 0 sein sowohl bei t = 0 als auch bei t = 1. Das leistet ein Term t*(1–t). Dazwischen soll der Term t*(1–t) aber höchstens bis 0,2 wachsen, der Term geht aber bis ¹/₄. "* usw. Das Ergebnis solcher Überlegung lautet dann etwa so:

Teilschritt 1: Bein am Boden zurückschieben

x läuft von 1 bis –1:   `1-2*t`

Teilschritt 2: Bein in der Luft vorsetzen

x läuft von –1 bis 1:   `-1+2*t`

y läuft von 0 bis 0.2 und zurück:

                    `0.2*4*t*(1-t)`

(t ist die Uhr, die jeweils von 0 bis 1 läuft)

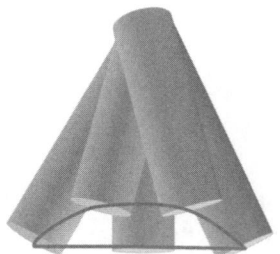

Alle vier Beine müssen sich schließlich in einem versetzten Takt bewegen. Währenddessen muss der Körper in einem genau abgestimmten Maße vorwärts geschoben werden. Hier ist wieder der Einsatz von Makros hilfreich.

Diese Prozedur ist zwar schnell geschildert, doch kostet ihre Erfindung viel Ausdauer und gute Ideen. Für die aus mehreren Phasen zusammengesetzte Bewegung muss das Zeitintervall noch unterteilt werden. Hierfür ist ein Minimum an programmiertechnischen Lösungen vonnöten, die der Lehrer Schülern wahlweise an die Hand geben, oder mit ihnen zusammen entwickeln kann. Eine Lösung besteht z. B. darin, eine „Globaluhr" zu nehmen, ihren Lauf in Phasen einzuteilen und in jeder dieser Phasen „lokale Uhren" jeweils von 0 bis 1 laufen zu lassen, nach denen sich dann die einzelnen Objekte richten.

Bei dieser Konstruktion von Bewegungen erwerben die Schüler Sicherheit im Umgang mit funktionalen Beziehungen. Funktionen sind nicht mehr starre Gebilde wie die in der Schule vorherrschenden Funktionsgraphen, sondern dynamische Objekte, gleichsam *Bewegungsspuren, von denen die Welt erfüllt ist* – dieser letzte Gedanke ist eine ergiebige *Kernidee* der Geometrie (LEUDERS 2004a).

Raytracing-Software als offene Lernumgebung

Schülerinnen und Schüler wählen selbst aus, welche Objekte sie darstellen möchten. Hierbei entstehen individuelle Erfindungen und vorzeigbare Produkte, die die Spuren persönlicher Auseinandersetzung tragen, und nicht nur mathematische, der Individualität entkleidete „objektive" Ergebnisse.

Im Gegensatz zu vielen Problemen im Mathematikunterricht werden nicht nur Probleme bearbeitet, die das Schulbuch oder die Lehrperson stellen. Die mit Zugänglichkeit gepaarte Offenheit des Werkzeugs erlaubt es, dass Schülerinnen und Schüler sich ihre eigenen geometrischen Probleme stellen und dann versuchen zu lösen. Erfahrungsgemäß müssen sie anfangs ihre hochfliegenden Pläne mit Blick auf ihre jeweiligen Kenntnisse und Fähigkeiten revidieren. Diese wachsen aber zusehends bei der Beschäftigung mit immer komplexer werdenden Objekten.

Die Arbeit mit POVRAY ist für Schülerinnen und Schüler vor allem wegen des Selbsterlebens kreativer, selbstbestimmter Tätigkeit attraktiv. Dazu gehört auch, dass am Ende der Arbeit ein vorzeigbares – wenngleich in der virtuellen Welt heimisches – Produkt steht. Diese Form der Ergebnissicherung kann auch darin bestehen, die Arbeiten der verschiedenen Gruppen in einem Gesamtprodukt zusammenzuführen, z. B. eine Sammlung thematisch zusammenhängender Bilder oder eine Filmsequenz. Dies fordert und fördert auch Formen der kooperativen Arbeitsorganisation.

Es ist leider nicht abzusehen, ob die Lernumgebung POVRAY zukünftig noch unterstützt oder weiterentwickelt wird. Die mathematische Eingabe geometrischer Objekte als Schnittstelle zwischen Konstrukteur und Darstellungssoftware wird womöglich sukzessive durch so genannte intuitive Eingabemöglichkeiten, die eine direkte Manipulation mit Tastatur und Maus vorsehen, ersetzt werden. Sicherlich wird es aber immer wieder Software-Entwicklungen geben, die einen ähnlichen didaktischen Wert haben.

Internet-Seiten

- POVRAY -Seiten von Anderas Filler:
  www-didaktik.mathematik.hu-berlin.de/org/filler/3D
- Deutsches POVRAY Tutorium von Friedrich Lohmüller
  www.f-lohmueller.de/pov_tut/pov_ger.htm
- POVRAY – Originalsoftware zum freien Download:
  www.Povray.org
- Projektebnisse der Schülerakademie SMIMS 2003:
  www.learnline.de/angebote/smims/2003/projekte/2/index2.html

3 Begriffe bilden

3.1 Einführung

Bärbel Barzel, Stephan Hußmann, Timo Leuders

Es ist unumstritten, dass das Umgehen mit Begriffen zu einer der Kerntätigkeiten des Mathematikunterrichts gehört. Wir denken in Begriffen, unsere Sprache besteht aus Begriffen, wir argumentieren mit Begriffen, wir lösen Probleme mit Begriffen und vieles mehr.

Obwohl das Begriffebilden so eine zentrale Position einnimmt, zeigt der Umgang mit dem Wort ‚Begriff‘, dass nicht immer dasselbe mit dem Begriff ‚Begriff‘ gemeint ist. Ist ein Begriff das Wort, das den Begriff bezeichnet? Ist ein Begriff schon eine Vorstellung, auch ohne dass man sie sprachlich formulieren kann? Ist ein Begriff die Summe seiner Merkmale oder die Menge der Objekte, die diese Merkmale besitzen? Gibt es so etwas wie absolute Begriffe oder ist ein Begriff eher für jeden Menschen verschieden? Ist ein Begriff abstrakt oder kann er nur in Verbindung mit konkreten Objekten auftreten? Dies sind nur einige Fragen, mit denen man sich beschäftigen muss, wenn man sich mit dem Lernen von Mathematik auseinander setzt.

Verdeutlichen wir uns das am Beispiel des Begriffes *Parabel:*

1. Der Begriff Parabel (von griech.: *paraballein* = nebeneinander stellen bzw. griech. *parabole:* Gleichnis) ist eine Gleichniserzählung	3. Eine Funktion f mit der Funktionsgleichung $f(x) = a(x + m)^2 + n$ bzw. $f(x) = ax^2 + bx + c$ heißt quadratische Funktion. Alle Parameter sind reellen Zahlen, nur a kann nicht den Wert null annehmen. Der Graph einer quadratischen Funktion ist eine Parabel.
2. Eine Parabel ist ein Kegelschnitt, der entsteht, wenn man den Kegel mit einer Ebene schneidet, die parallel zu einer Erzeugenden des Kegels ist. (Wenn die Ebene selbst eine Tangentialebene des Kegels ist, erhält man eine degenerierte Parabel, die einfach eine Gerade ist.)	4. Die Parabel ist eine Ortslinie, deren Punkte von einer vorgegebenen Geraden *l,* der Leitgeraden, und einem vorgegebenen Punkt *F,* dem Brennpunkt (Fokus), gleichen Abstand haben.

Angenommen, Sie wollen einem Ihrer nicht Mathematik unterrichtenden Kollegen vermitteln, was eine Parabel ist. Dazu zeigen Sie ihm eine der mathematischen Definitionen. Welche würden Sie wählen? Und warum haben Sie sich so und nicht anders entschieden? Nehmen wir mal an, Sie nehmen die Nr. 2, was denken Sie, hat ihr Kollege nach dem Lesen den Begriff der Parabel „begriffen"? Oder führen Sie sich einmal selbst die erste Definition zu Gemüte. Wissen Sie nun – nur allein aufgrund dieser Definition – was eine Parabel ist? Ich unterstelle einmal, dass weder Sie noch Ihr Kollege allein auf Grundlage dieser Information verstehen kann, was eine Parabel in Kontext des jeweiligen Faches ist. Woran liegt das?

Begriffe sind nicht nur Bezeichnungen

Nach dem Lesen der Definition kennt Ihr Kollege erst einmal nur das *Wort* ‚Parabel'. Er kann es nun einem bestimmten Fachgebiet zuordnen, soweit ihm diese Zuordnung vor dem Lesen nicht auch schon bekannt war. Vielleicht besitzt er sogar schon *Vorstellungen,* die er mit diesem Wort in Beziehung setzen kann. Da er den Begriff jedoch noch nicht verwenden musste und damit seinen Verwendungszweck noch nicht erlebt hat, ist wohl davon auszugehen, dass er – mit der Kenntnisnahme der Definition – lediglich das Wort kennt. Die Parabel ist zu diesem Zeitpunkt nicht mehr als ein Terminus, unter dem verschiedene Bedeutungen des Wortes Parabel zusammengefasst sind.

Das soll nicht die Bedeutung der Namen für die Begriffe schmälern. Begriffe müssen mit Namen versehen werden, damit wir über sie sprechen können. Namen sind jedoch nur willkürliche oder überlieferte Bezeichnungen, sie charakterisieren den Begriff nie direkt, allenfalls über Assoziationen mit verwandten Bezeichnungen. Der Name selbst hat jedenfalls meist nichts mit dem, was er bezeichnet, zu tun: Das Wort Parabel hat keinerlei Eigenschaft einer Parabel. Deswegen steht der Name in Begriffsbildungsprozessen gewöhnlich auch am Ende, sozusagen als letzter Schritt der Definition. Der Name ist nur eine Hülle des Begriffs.

Begriffe sind Produkt und Prozess

Dies führt auf eine weitere Ursache für die Schwierigkeit Ihres (vorgestellten) Kollegen. Stellt man eine Definition an den Anfang des Begriffsbildungsprozesses, so muss man etwas verstehen, an dessen Entwicklung man nicht partizipiert hat. Sie sollen sozusagen die Eigenschaften eines Berges verstehen, indem Sie dazu mit einem Hubschrauber direkt auf den Gipfel des Berges gebracht werden. Sie mögen danach wissen, wie ein Gipfel gewöhnlich aussieht, aber Sie wissen nicht, was ein Gipfel eigentlich ist, nämlich die Spitze eines Berges.

Begriffe sind jedoch nicht nur die Resultate von Prozessen, sondern sie sind gleichermaßen die Prozesse selbst. Mathematische Definitionen sind die Produkte einer langen Begriffsentwicklung und können auf einen der Mathematik unkundigen Leser recht fremd wirken. Sie enthalten Ausdrücke, die in der Umgangssprache nicht vorkommen, sie sind häufig in eine bestimmte Grammatik,

Syntax und Semantik gekleidet. All das liegt in den besonderen Charakteristika von Mathematik begründet. „Mathematik ist eine spezielle Kultur des Denkens, die besonderen Forderungen nach begrifflicher Präzision und logischer Stringenz unterliegt und die sich in einem Prozess fortschreitender Konventionalisierung herausbildet" (HEFENDEHL-HEBEKER 2004, S. 5).

Im unterrichtlichen Umgang mit diesen ‚fertigen' Begriffen wird häufig vergessen, dass Wissen aus Handeln entsteht und Denken das Ordnen des Tuns ist (AEBLI 1994). Somit können die Definitionen erst am Ende eines komplexen Begriffsbildungsprozesses stehen. Auf FREUDENTHAL (1973) geht die Idee zurück, *Stufen der Strenge* zu formulieren, die bei praktischen Erfahrungen beginnen und Stufe für Stufe zu theoretischen Abstraktionen dieser Erfahrungen aufsteigen (vgl. auch S. 24 und WINTER 1989, HEFENDEHL-HEBEKER 2003).

■ *Auf der untersten Stufe* werden Erfahrungen im praktischen und handelnden Umgang mit Materialien und Phänomenen in der Erfahrungswelt der Lernenden, die den Begriff als Möglichkeit in sich tragen, gemacht. So können beispielsweise Parabeln gefaltet oder in der Umwelt als wiederkehrende Struktur entdeckt werden.

■ *Auf den nächsten Stufen* werden die praktischen Erfahrungen nach bestimmten Merkmalen geordnet und begrifflich präzisiert, so dass die Begriffe mehr und mehr ihre theoretische Natur offenbaren. So lässt sich zum Beispiel beim Falten der Parabeln die Brennpunkteigenschaft beobachten. Daraufhin können weitere Objekte hinsichtlich dieses Merkmals untersucht, geordnet und gegebenenfalls zusammengefasst werden (z. B. Sonnenkollektoren, Parabolantennen).

■ *Auf den obersten Stufen* werden die einzelnen Eigenschaften zueinander in Beziehung gesetzt und so die logische Struktur des Begriffsnetzes entfaltet. So kann gezeigt werden, dass die Brennpunkteigenschaft sich aus der formalen Struktur einer quadratischen Gleichung ableiten lässt. Ein solches Merkmal kann dann genutzt werden, um den Begriff zu definieren und diesen in eine theoretische Struktur mit anderen Begriffen einzubetten.

Aus den Stufen der Strenge lassen sich Tätigkeiten ableiten, die für die Begriffsbildung typisch sind:

Tätigkeiten beim Begriffsbilden
Schülerinnen und Schüler • handeln und experimentieren mit konkreten Gegenständen und arbeiten Merkmale zur Unterscheidung der Gegenstände heraus, • ordnen Gegenstände, mathematische Objekte oder Sachverhalte nach bestimmten Merkmalen, differenzieren diese weiter aus und präzisieren ihre Vorstellungen, indem sie typische Objekte als Repräsentanten für einzelne Klassen auswählen, • integrieren die entwickelten Begriffe in ihr vorhandenes Wissensnetz und verknüpfen diese durch logische Schlussfolgerungen gleichsam zu einem Begriffsnetz, • erkennen Sackgassen und Wissenslücken in ihrer Begriffsbildung, formulieren Aha-Erlebnisse und nutzen diese, um die Schritte ihrer Begriffsbildung zu reflektieren, • formulieren die Begriffe in eigenen Worten und wenden sie in unbekannten Situationen an.

Was kann der Computer hier beitragen?

Das Hantieren mit konkreten Materialien kann und soll der Computer nicht ersetzen, aber er kann diesen Prozess vom praktischen Erfahrungsfeld zur theoretischen Charakterisierung bei den anderen Tätigkeiten unterstützen.

Systematisieren

Das Operieren am Computer mit virtuellen Objekten kann sozusagen als Zwischenschritt vom praktischen zum verinnerlichten Handeln gesehen werden. Die virtuellen Objekte sind zwar nur noch quasikonkret, doch liegen sie nicht mehr nur als isoliertes Einzelbeispiel vor, sondern es lässt sich nun eine Vielzahl von Beispielen erzeugen bzw. deren dynamische Beziehung zueinander sichtbar machen (vgl. Abb. 1 und ELSCHENBROICH in diesem Buch, S. 141 f.).

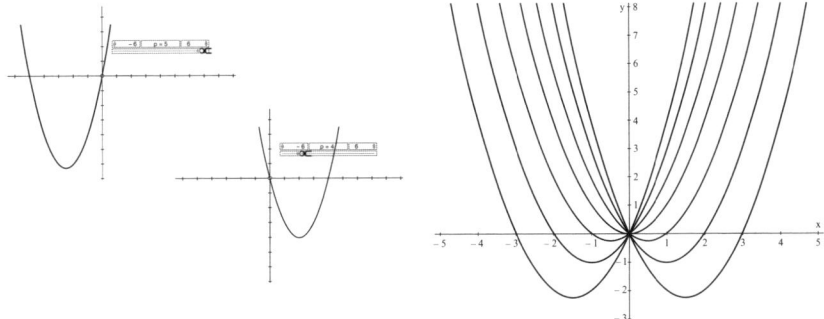

Abb. 1: Parabeln mit Dynamischer Geometriesoftware und mit einem CAS

Die Fülle an Beispielen stellt unterschiedliche Chancen zur Begriffsbildung bereit, je nachdem, wie die Beispiele repräsentiert sind. Liegen Sie sichtbar zum Vergleichen vor, lassen sie sich nach bestimmten Kriterien sortieren. Durch das lokale Ordnen bei gleichzeitigem Abstrahieren schält sich Schritt für Schritt ein Allgemeinbegriff heraus, der im weiteren Verlauf in eine Auseinandersetzung mit konkreten Repräsentanten des Begriffes mündet (vgl. GAWLICK, S. 242 ff.; HUßMANN/RICHTER, S. 224 ff., in diesem Buch). Liegen die Beispiele in Gestalt *eines* Objektes vor, das jedoch dynamisch verändert werden kann, so lässt sich durch das Verhalten des Objektes bei Veränderung gewisser Eigenschaften – zum Beispiel im Zugmodus in DGS oder mit Schiebereglern auch in TK und CAS – auf typische Eigenschaften dieses Objektes schließen. Es lassen sich beispielsweise bestimmte Eigenschaften fixieren und dabei beobachten, was sich bei Manipulation des Objektes jeweils verändert. Hält man bei einem Viereck mit vier gleich langen Seiten einen rechten Winkel fest und verändert das Viereck im Zugmodus, so lassen sich daraus Rückschlüsse auf notwendige und hinreichende Eigenschaften eines Quadrates ziehen (vgl. GAWLICK, S. 247, in diesem Buch).

Der Computer entlastet den Lernenden und unterstützt ihn durch zusätzliche Visualisierungen. Dabei lässt sich mit dem Computer manchmal mehr sehen als ohne ihn. Das gilt aber auch umgekehrt: Ohne den Computer sieht man Dinge, die man mit ihm nicht gesehen hätte.

Neue Funktionen selber basteln.
Du kennst schon lineare Funktionen der Art $g(x) = -2x + 4$ oder auch $f(x) = ax + 2$, wobei das a eine ganze Zahl sein soll. Durch Addition, Subtraktion und Multiplikation lassen sich aus ihnen neue Funktionen entwickeln, z. B. $n(x) = (-2x + 4)(-3x + 2) = 6x^2 - 16x + 8$.
Erzeuge weitere neue Funktionen, indem du für a konkrete Werte einsetzt. Erstelle Graphen von den neuen Funktionen und beschreibe, was du beobachtest. Wähle für f und g andere Beispiele und überprüfe deine Beobachtungen.
Du hast sicher einige Zusammenhänge zwischen den beiden Ausgangsfunktionen und der neuen Funktion entdeckt. Nun gehe einmal systematisch vor. Ordne die Funktionen nach von dir entdeckten Aspekten. Begründe dein Vorgehen.
Welche Fragen sind durch die Beschäftigung mit dieser Aufgabe entstanden? Wie lassen sich diese lösen?

Bearbeitet man beispielsweise die Aufgabe „*Neue Funktionen selber basteln*"[1] computerunterstützt, so lassen sich schnell Beispiele und zugehörige Graphen einer Parabel auf dem Bildschirm erzeugen. Dadurch bekommen die Lernenden eine Veranschaulichung einer quadratischen Funktion, ohne diese vorher zu kennen. Sie entdecken typische Eigenschaften, die sie im Weiteren nach Kriterien wie beispielsweise nach der Parabelöffnung oder nach dem Steigungsverhalten der Ausgangsfunktionen sortieren. Sie werden vielleicht auch die Invarianz der Nullstellen sehen, d. h., dass die erzeugte Funktion immer dieselben Nullstellen wie die Ausgangsfunktionen besitzt.

Ohne Computereinsatz hingegen liegt die charakteristische Parabelform nicht so offen vor den Schülerinnen und Schülern. Wenn sie die Parabel mit einer Wertetabelle erzeugen, sehen sie sie vielleicht gar nicht in ihrem typischen Aussehen. Die Parabel kann aus lauter linearen Funktionen zusammengesetzt sein oder aber wie ein Halbkreis oder ein U aussehen (vgl. auch HUBMANN/RICHTER, S. 227, in diesem Buch).

Sowohl die unterschiedlichen Skizzen als auch die langwierige und lästige Erstellung von Wertetabellen können die Suche nach anderen Wegen zur Graphenerstellung anstoßen. Dazu werden Charakteristika von quadratischen Funktionen benötigt, die einen schnellen Zugriff auf die Terme erlauben, z. B. in Form von charakteristischen Punkten. Zum Beispiel erhält man bei der Addition die neue lineare Funktion nicht nur durch Addition der Terme, sondern auch durch Addieren der Funktionswerte der übereinander liegenden Punkte. Dies gestattet eine grafische Herleitung der Summenfunktion. Entsprechend können die Schülerinnen und

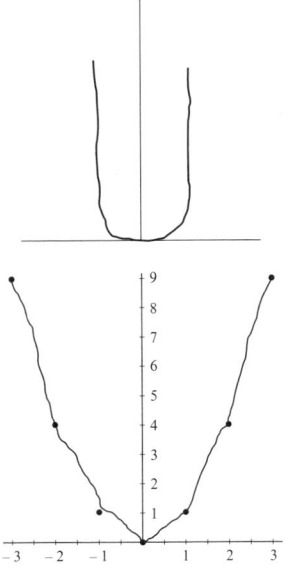

Schüler entdecken, dass dies auch bei der Multiplikation möglich ist. Dies gelingt schneller, wenn man charakteristische Punkte berücksichtigt (vgl. folgende Abb.) Bei diesen Überlegungen stößt man sozusagen automatisch auf die Nullstelleneigenschaft (vgl. folgende Abb.).

An diesem Beispiel wird deutlich, dass der Computer eine Vielzahl an Beispielen liefert, auf deren Grundlage sich Hypothesen aufstellen lassen. Dabei sind aber möglicherweise Hinweise auf Begründungszusammenhänge ver-

---

1 Diese Aufgabe ist im Rahmen eines Treffens von T³-Deutschland entstanden.

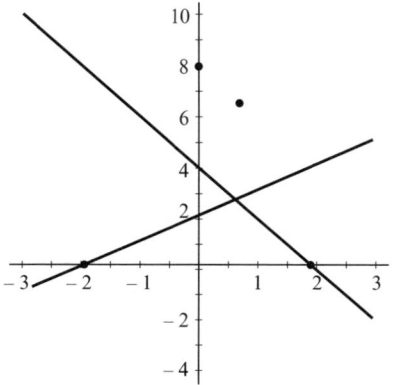

stellt. Ohne Rechner muss jedes Beispiel mühsam erzeugt und müssen
die Charakteristika herausgearbeitet
werden. Dabei wird jedem Beispiel
mehr Aufmerksamkeit und Sorgfalt
entgegen gebracht, so dass in der
Auseinandersetzung mit dem einzelnen Objekt Gründe für Zusammenhänge aufgedeckt werden können. Insofern besitzen beide Wege ihren
Charme, jedoch verspricht gerade die
Verknüpfung den größten Ertrag für
eine breite und vertiefte Begriffsbil-
dung. Ein ergänzender Arbeitsauftrag zur Aufgabe in diesem Sinne kann hier
helfen: *„Nun hast du viele Beispiele am Computer gesehen. Nimm ein Blatt zur
Hand und erzeuge ohne die Hilfe des Computers die neuen Funktionen. Beschreibe dein Vorgehen."*

Vernetzen

Zurück zur Ausgangsfrage: Warum hat Ihr Kollege möglicherweise Schwierigkeiten – allein durch die Kenntnisnahme einer Definition –, den Begriff der Parabel zu verstehen. Betrachtet man die besagte Definition Nr. 2 etwas genauer,
so lässt sich erkennen, dass es nicht allein um den Begriff der Parabel geht.
Auch Bezeichnungen wie Kegel, Kegelschnitt, Erzeugende und Ebene spielen
eine nicht unwesentliche Rolle. Wenn man diese nicht kennt, lässt sich auch
nicht der Begriff der Parabel erschließen. Diese Situation ist durchaus nicht untypisch. Begriffe existieren niemals isoliert, sie kommen immer in Bündeln daher. Sie sind in einer logischen Struktur mit anderen Begriffen vernetzt, oder
anders gesagt: Sie drücken Beziehungen aus (FISCHER/MALLE 2004). Einerseits
wird ihre Existenz durch andere Begriffe gerechtfertigt und erklärt, andererseits bilden sie die Grundlage für weitere Schlussfolgerungen und damit für andere Begriffe. Die Konstruktion eines Inkreises in einem Dreieck beispielsweise
bedarf der Schwerelinien, ein anderer Begriff, welcher wiederum eine enge
Bindung zum Streckenbegriff und zum Begriff des Mittelpunktes aufweist. In
der Mathematik versucht man dieser Begriffsverflechtung Herr zu werden, indem man die Begriffe nach Komplexität und nach ihrem Vorkommen in einer
bestimmten Schlusskette darstellt. Diese strukturierte Darstellung ist aus der
Perspektive von Fachkundigen hilfreich, stellt aber nicht selten den Entwick-
lungsprozess, der zur Entdeckung des Begriffes führte, auf den Kopf und fokussiert zugleich nur einen ganz bestimmten Gebrauch des Begriffes, der für
das Individuum in der jeweiligen Situation möglicherweise nicht relevant ist.

Was sind nun die Ausprägungen, die das Vernetzen im Rahmen einer genetischen Begriffsentwicklung besitzt?

- Vernetzen als Integration „neuer" Begriffe in die vorhandenen individuellen Begriffsnetze,
- Vernetzen als Verknüpfen „vorhandener" Begriffe durch logische Schlussfolgerungen,
- Vernetzen als Verknüpfen verschiedener Vorstellungen zu einem Begriff,
- Vernetzen als Verknüpfen verschiedener Verwendungszwecke eines Begriffes.

Bei den ersten beiden Aspekten wird untersucht, inwieweit ein Begriff Prämisse für einen anderen Begriff ist oder aus einem anderen Begriff abgeleitet werden kann. Insofern unterscheiden sich die zu leistenden Tätigkeiten bei den ersten beiden Aspekten nicht. Beim Aufbau eines neuen Begriffes muss dieser immer in das vorhandene Begriffsnetz integriert werden (vgl. auch MEYER, S. 217 ff., in diesem Buch). Der zentrale Fokus der ersten Aspekte liegt darauf, ob die alten und die neuen Begriffe sich in ein logisch kohärentes System einbinden lassen.

Dazu gehört natürlich auch, inwieweit die dem Begriff zugrunde liegenden Vorstellungen und Verwendungszwecke weiterhin tragfähig sind, oder anders ausgedrückt: inwieweit der Begriff noch funktioniert. Dieser Fokus der Nützlichkeit von Begriffen wird durch die beiden letzten Aspekte aufgestellt. In den konkreten Denkhandlungen des Individuums lassen sich diese Aspekte natürlich nicht isolieren.

Vernetzen findet seine natürliche Genese in der Fortführung der konstruktiven Tätigkeit des Systematisierens. Dies kann im Anschluss an die Systematisierung von Eigenschaften vollzogen werden (vgl. RICHTER/HUßMANN, S. 224 ff., in diesem Buch), es kann aber auch in Problemsituationen stattfinden, in denen sich konkurrierende Lösungen mit der Verwendung unterschiedlicher Begriffe zeigen (vgl. GAWLICK, S. 242 ff., in diesem Buch).

Wächst die Notwendigkeit einer Vernetzung nicht aus einer Systematisierungssituation, weil die Zusammenhänge z. B. nicht offensichtlich sind, kann sie auch durch konkrete Fragestellungen angeregt werden, z. B. indem man nach den Zusammenhängen zwischen den verschiedenen symbolischen Darstellungsformen einer Parabel fragt (vgl. HUßMANN/RICHTER, S. 224, in diesem Buch), nach der Beziehung von Rechtecken und Quadraten (vgl. GAWLICK, S. 243 ff., in diesem Buch), nach der Beziehung von Umkreis und Mittelsenkrechten (vgl. KNIPPING/REID, S. 171 f., in diesem Buch) oder fragen Sie Ihren (immer noch anwesenden) Kollegen doch nach dem Zusammenhang von Kegelschnitt und der symbolischen Darstellung einer Parabel. Die aus der Vernetzung dieser Begriffe gewonnenen Erkenntnisse lassen sich zur weiteren Präzision der Begriffe verwenden, da Eigenschaften und damit die entsprechenden Begriffe in vertikale und horizontale Begriffshierarchien gestellt werden.

Es lassen sich aber auch Vernetzungen hinsichtlich der Vorstellungen und Verwendungszwecke anregen. PINKERNELL zeigt z. B. in seinem Beitrag, wie die Facetten des Integralbegriffs in seinem Gebrauch in verschiedenen Situationen erfahren werden können. Dabei werden sowohl CAS als auch TK genutzt. Das dient einerseits dazu, den Übergang zum Grenzwert auch durch einen Übergang von TK zum CAS sichtbar zu machen (vgl. auch BÖER/LEUDERS, S. 183 ff., in diesem Buch). Anderseits beinhaltet dies ein breites Angebot an Darstellungen, die ein fruchtbares Betätigungsfeld zum Aufbau eines entsprechenden breiten Vorstellungsspektrums anlegt.

Reflektieren

In Systematisierungs- und Vernetzungsprozessen führen die Wege natürlich nicht alle direkt zum Ziel. Es gibt Hindernisse und Sackgassen, aber auch Erlebnisse des plötzlichen Verstehens. All das sind wesentliche Teile des Begriffsbildungsprozesses, da sowohl die Fehler als auch die affektiv gefärbten Erlebnisse Teil des individuellen Begriffsnetzes sind.

Damit diese Erfahrungen produktiv – insbesondere auch für zukünftige Begriffsbildungen – genutzt werden können, ist es wichtig, die Schritte des Lernprozesses zu reflektieren.

Damit wird deutlich, dass im Rahmen der Begriffsbildung immer dann reflektiert wird,

- wenn auf den Begriffsbildungsprozess zurückgeblickt wird,
- wenn sich über die Begriffsprozesse ausgetauscht wird,
- wenn die gebildeten Begriffe auf Tragfähigkeit überprüft werden,
- wenn die von außen, beispielsweise durch neue Medien, zugetragenen Informationen kritisch hinterfragt werden,
- wenn Lernprozesse dokumentiert werden.

Am ersten Aspekt wird in aller Deutlichkeit sichtbar, dass die drei Tätigkeitsbereiche des Begriffsbildens nicht nur nicht trennscharf sind, sondern jeder Begriffsaufbau immer alle drei beinhaltet. Die Differenzierung in die drei Bereiche gibt eine Orientierung für das Verstehen von Lernprozessen und die Gestaltung von Lernumgebungen.

Die Lernenden müssen Gelegenheit und die methodische Unterstützung bekommen, auf ihren individuellen Lernprozess zurückzublicken. Ein beliebtes Mittel dazu sind schriftliche Eigenproduktionen, wie z. B. Lerntagebücher oder Forschungshefte (vgl. GALLIN & RUF 1999, HUBMANN 2003). Der Einsatz des Computers stellt mit Text- und Bildverarbeitungsprogrammen ein geeignetes Werkzeug zur Verfügung, das die Möglichkeiten der analogen Medien ergänzt. Leider bieten die Systeme nur begrenzt die Möglichkeit, mathematische Ergebnisse einzubinden. Mittlerweile sind in vielen mathematischen Programmen jedoch Möglichkeiten gegeben, Beschreibungen in Schriftsprache einzufügen. Hierbei ist man jedoch auf ein Werkzeug beschränkt, das heißt, es lassen sich nicht gleichzeitig Ergebnisse aus TK, CAS und DGS in einem Dokument zusammenbinden. Doch es existieren auch schon integrative Lösungen. Am Beispiel von TI Interactive beschreibt HUẞMANN in diesem Buch eine solche Lösung für das Reflektieren in digitalen Forschungsheften.

Die Reflexion ist zunächst auf das Individuum beschränkt, doch auch beim Aushandeln von Begriffen und Bedeutungen mit anderen müssen Begriffe reflektiert werden. FISCHER/MALLE (2004) sehen Begriffe als „Ausdruck bestimmter Sichtweisen von Menschen, als soziale, kommunikative Konstrukte" (FISCHER/MALLE 2004, S. 151). Ein Austausch von Forschungsheften per E-Mail o. Ä. würde einem solchen kommunikativen Prozess ein Forum geben. Gefundene, ausgehandelte Begriffe könnten publiziert, kommentiert, geändert oder ergänzt werden. Dazu wird lediglich ein Browser benötigt.

Ein Beispiel eines solchen Forums sind WIKIS (auch WIKIWIKIS und WIKIWEBS genannt) – das sind Webseiten, die von den Benutzern nicht nur gelesen, sondern auch online geändert werden und ein Online-Lexikon entstehen lassen (http://de.wikipedia.org/wiki/Wikipedia). Auf diese Weise können auch selbst erstellte Mathematiklexika entstehen.

Jedoch bleibt die Notwendigkeit einer kritischen Reflexion, die nicht nur für den Umgang mit dem Internet wichtig ist: Woher wollen wir wissen, ob das, was der Rechner auf dem Bildschirm zeigt, „richtig" ist? Die Bilderflut, all zu glatte Darstellungen, Normierung auf vorgegebene Darstellungsrahmen machen eine Analyse der Bilder auf dem Bildschirm notwendig. LAMBERT zeigt in seinem Beitrag einige Bereiche auf, in denen die Rückmeldungen vom Rechner unreflektiert schwerwiegende Auswirkungen auf den Begriffsbildungsprozess nehmen können.

Und nun, was würden Sie Ihrem imaginären Kollegen zeigen, dass er sich einen möglichst guten Begriff macht?

3.2 Mit Tabellenkalkulation den Grenzwertbegriff erkunden – Grenzwertprozesse bei der Volumen- und Flächenbestimmung in der Sekundarstufe I

Dietmar Meyer

„Grenzwertprozess" und „Approximation" sind Leitideen, die im Mathematikunterricht der Sekundarstufe II zentral entfaltet werden. Aber schon in der Sekundarstufe I sind sie präsent und Schülerinnen und Schüler können im Sinne des kumulativen Lernens frühzeitig verschiedene Erfahrungen mit Grenzwerten machen, die sie in der Oberstufe nutzen können, um ihre Begriffsbildungen zu erweitern und vertikal sowie horizontal zu vernetzen.

Die Betrachtung von Grenzwertprozessen bietet sich in der Sekundarstufe I vor allem dann an, wenn es um das Ausschöpfen von Flächeninhalten und Volumina geht. Bisher musste meist auf diese Möglichkeit verzichtet werden, da der numerische Aufwand zu groß war. Der Unterricht beschränkte sich auf die theoretische Diskussion irrationaler Zahlen einerseits und das Erarbeiten und Anwenden von Volumen- und Flächenformeln andererseits. Durch Verwendung einer Tabellenkalkulation lassen sich neue Wege beschreiten, die fundierte Begriffsbildungen ermöglichen: Als konkrete Probleme werden im Folgenden die Berechnung des Volumens einer quadratischen Pyramide und die näherungsweise Bestimmung von π mit einem „Zufallsregen" gewählt. Schülerinnen und Schüler lernen dabei ein sinnvolles Einsatzgebiet für das Werkzeug Tabellenkalkulation kennen und reflektieren die Möglichkeiten und Grenzen der Software.

Auf der Ebene der Begriffsbildung entstehen zahlreiche Vernetzungen:

- Der sich neu bildende Begriff des „Grenzwertprozesses" wird mit den Leitideen „Raum und Form", „Messen" und den vielfältigen Begriffen, die Schülerinnen und Schüler hier bereits erworben haben, verbunden: Volumen elementarer Körpern, Fläche und Umfang des Kreises, Zerlegen von Körpern und Figuren, Berechnen von Längen mit Hilfe geometrischer Sätze usw. Diese Begriffe werden unter dem Aspekt der Ausschöpfung von Volumina und Flächen miteinander vernetzt und führen auf einen propädeutischen Grenzwertbegriff.
- Der Begriff des Grenzwertprozesses wird zwar nicht formalisiert, tritt aber schon in einer breiten Vielfalt seiner Aspekte auf. Insbesondere werden hier die Phänomene „geometrisch-deterministische" und stochastische Konvergenz gegenübergestellt. Es sind zudem deutlich unterschiedliche Konvergenzgeschwindigkeiten beobachtbar und vergleichbar.
- Da die Grenzwertbildung mit einer Tabellenkalkulation numerisch und noch nicht exakt algebraisch vorgenommen wird, wird der Grenzwertbegriff mit der Frage nach der Genauigkeit, der Zahldarstellung und den Charakteristika reeller Zahlen vernetzt.

Bestimmung des Volumens einer quadratischen Pyramide

Im Vordergrund steht hier nicht das Ergebnis, nämlich eine Formel zur Volumenberechnung, sondern der Prozess, wie diese entwickelt wird, nämlich durch das Ausschöpfungsprinzip und damit die propädeutische Bildung eines Grenzwertbegriffs. Es werden durch die Verwendung der Tabellenkalkulation für die Darstellung funktionaler Zusammenhänge weniger algebraische Fertigkeiten vorausgesetzt. Die Tabellenkalkulation bietet die Möglichkeit, sehr schnell gute Näherungslösungen zu ermitteln. Schülerinnen und Schüler sollten die Tabellenkalkulation also so weit beherrschen, dass sie Formeln eingeben und diese zwischen Zellen kopieren können. In der Regel ist nur ein Rechner für zwei Schüler verfügbar, das ist im Sinne eines intensiven Austauschs als Grundlage für die Begriffsbildung aber keineswegs ein Nachteil.

Der orientierende Einstieg kann über ein Arbeitsblatt erfolgen, aber auch im Unterricht diskutiert werden. Die Problemfrage, die das Befassen mit der Volumenbestimmung einleitet, ist hier: „Wie viel größer ist der Errichtungsaufwand der ägyptischen Pyramiden?" Da die Schülerinnen und Schüler sich weitgehend selbstständig mit dem Problem auseinander setzen sollen, sollten die im Folgenden genannten Lösungshinweise nicht von Anfang an angeboten werden, sondern nur bei Bedarf in schriftlicher Form bei der Lehrkraft abgeholt werden können.

Pyramide ist (nicht) gleich Pyramide

„Die Ozeane trennten die Völker nicht – sie verbanden sie miteinander", erklärt der Abenteurer Thor Heyerdahl. Er erlangte Weltruhm, als er mit seinen Papyrusboot-Expeditionen die Möglichkeit von transozeanischen Kontakten bewies. Somit liefert er uns vielleicht auch eine Erklärung, wie sich das Pyramidenmodell verbreitet haben könnte.

Heyerdahl machte die Beobachtung, dass die Stufenpyramiden der östlichen Kernzentren früher Hochkulturen um 3000 vor Christus in Ägypten oder in Mesopotamien und die Funde an den westlichen Küstenkulturen am Atlantik erstaunliche Ähnlichkeiten aufweisen.

Abgebildet sind die Stufenpyramide Chichén Itzá der Mayas (Kantenlänge 56 m, 24 m Höhe, neun Stufen) und die ägyptische Cheops-Pyramide (Kantenlänge: 230 m, Höhe 146 m).

Die Größen der Pyramiden unterscheiden sich beträchtlich. Noch deutlicher wird dies, wenn man den Arbeitsaufwand beim Bau überschlägt und be-

rechnet, wie viele Steine zur Errichtung der (massiven) Pyramiden aufeinander getürmt werden mussten. Als Maß hierfür eignet sich das Volumen der beiden Pyramiden.

(a) Berechnet das Volumen der quadratischen Stufenpyramide Chichén Itzá (ohne Aufbau).

(b) Verallgemeinert eure Berechnung für beliebige Werte: n Stufen, Grundseite a und Höhe h und beschreibt das Verfahren mit Worten und/oder mit Formeln.

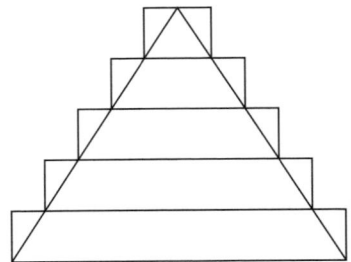

Lösungshinweis: Die Skizze kann dabei helfen.

(c) Leitet aus dieser Beschreibung eine Möglichkeit ab, wie Ihr eine Näherungslösung für die Berechnung des Volumens der ägyptischen Cheopspyramide bestimmen könnt. Berechnet zunächst eine grobe Näherung (mit neun Stufen) und verfeinert diese Lösung dann. Verwendet dazu die Tabellenkalkulation.

Lösungshinweis: Das Tabellenblatt kann z. B. so aussehen:

	A	B	C	D	E
1	Höhe h	24			
2	Breite a	56			
3	Stufe Nr.	Höhe der Stufe	Breite der Stufe	Volumen der Stufe	Gesamtvolumen
4	1				
5	2				
6	3				
7	4				
8	5				
9	6				
10	7				
11	8				
12	9				
13	10				

Tabelle1 / Tabelle2 / Tabelle3 /

Bereit   NF

(d) Gesucht ist nun eine Formel, mit der man das Volumen direkt berechnen kann. Hier einige Hilfen für die Suche:

Berechnet für eine Pyramide mit einfachen Maßen mit Hilfe der Tabellenkalkulation mehrere Näherungen für das Volumen (z. B. $n = 10, 20, 30$ usw.).

Welchen Wert hat das exakte Volumen?

Wie verändert sich der Wert, wenn man ein anderes a oder ein anderes h wählt?

Lösungshinweis: Vergleicht das Volumen der berechneten Pyramiden mit denen eines jeweils gleich hohen Quaders.

Leistungsfähige Schülerinnen und Schüler (oder solche mit Vorerfahrungen in der Arbeit mit Tabellenkalkulationen) können bei dieser Aufgabenstellung selbstständig eine Tabelle anlegen. Ansonsten ist es jedoch ratsam, einen Strukturvorschlag für eine sinnvolle Anlage des Tabellenblattes zur Verfügung zu stellen. Vor allem lässt sich dadurch sicherstellen, dass die Zellen für die Grundseite und für die Höhe wirklich als Eingabefelder genutzt werden. Nur so lässt sich im nächsten Schritt der funktionale Zusammenhang erkunden und die Lernenden können entdecken, dass sich zwar bei einer Verdopplung der Höhe auch das Volumen verdoppelt, aber dass sich das Volumen vervierfacht, wenn die Grundkantenlänge verdoppelt wird. Hieraus – ggf. zusammen mit der Lösungshilfe – können Schülerinnen und Schüler eine Berechnungsformel für die Pyramide selbstständig erschließen. Eine anschließende algebraische Herleitung, die die Summenformel für Quadrate verwendet, kann auf den hierbei gewonnenen Erfahrungen aufbauen. Der Grenzwertbegriff, den sie hier entwickeln, fußt dann auf anschaulichen Erfahrungen mit einem konkreten Grenzwertprozess und wird nicht nur als algebraische Manipulation erlebt.

Für die Berechnung des Volumens einer Halbkugel oder eines geraden Kegels kann dieses Verfahren im Anschluss in gleicher Weise verwendet werden. Da beim Kegel nur die Grundfläche geringfügig verändert werden muss, können die Schülerinnen und Schüler diese Fragestellung ganz selbstständig bearbeiten. Für die Halbkugel müssen umfangreichere Veränderungen im Tabellenblatt durchgeführt werden.

Stochastische Bestimmung der Zahl π

Um die Volumina von Kugel oder Kegel zu berechnen, benötigt man allerdings Berechnungsformeln für die Kreisfläche bzw. das Zylindervolumen und hierbei taucht die Zahl π auf. Mit einer Tabellenkalkulation lässt sich die Kreiszahl π durch das Ein- und Umbeschreiben mit regelmäßigen Polygonen bestimmen. Diesen Weg beschreiben z. B. HOLE (1998) oder DOPFER/REIMER (1995).

Auch hier findet wieder ein Grenzwertprozess statt, den man mit Schülerinnen und Schülern erarbeiten kann. Dieser Grenzwertprozess dient einerseits (und nur vordergründig) der Ermittlung eines möglichst genauen Näherungswertes der Zahl π, andererseits bietet sich hier wieder die Gelegenheit, den Grenzwertbegriff zu vertiefen und über die Eigenart der irrationalen Zahl π zu reflektieren.

Ein anderes, etwas ausgefalleneres Verfahren, um π näherungsweise zu bestimmen, ist die so genannte Monte-Carlo-Methode. Hierbei wird ein gleichmäßiger Zufallsregen von Punkten in einem Einheitsquadrat erzeugt und dann bei jedem Punkt (mit Hilfe des Satzes von Pythagoras) überprüft, ob dieser Punkt innerhalb oder außerhalb eines Viertelkreises mit dem Radius 1 liegt.

Der Quotient

$$\frac{\text{Anzahl der Treffer im Viertelkreis}}{\text{Anzahl der Versuche}}$$

ist dann ein ungefährer Wert der Zahl $\pi/4$. Dies zu verstehen setzt zwar keine formalen Vorkenntnisse in der Wahrscheinlichkeitsrechnung voraus, wohl aber einige Vorerfahrungen mit relativen Häufigkeiten und der Vorausberechnung von Wahrscheinlichkeiten mit dem LAPLACE-Ansatz. Außerdem ist dieses Verfahren eigentlich erst praktikabel, wenn man einen guten Zufallsgenerator zur Verfügung hat (ein reales Werfen von Dartpfeilen etwa führt nie zu einer Gleichverteilung im Einheitsquadrat) und wenn man eine hinreichend hohe Zahl von Versuchen auswerten kann. Beides leistet eine Tabellenkalkulation. Der unterrichtliche Weg von der Planung bis zur Umsetzung mit einer Tabel-

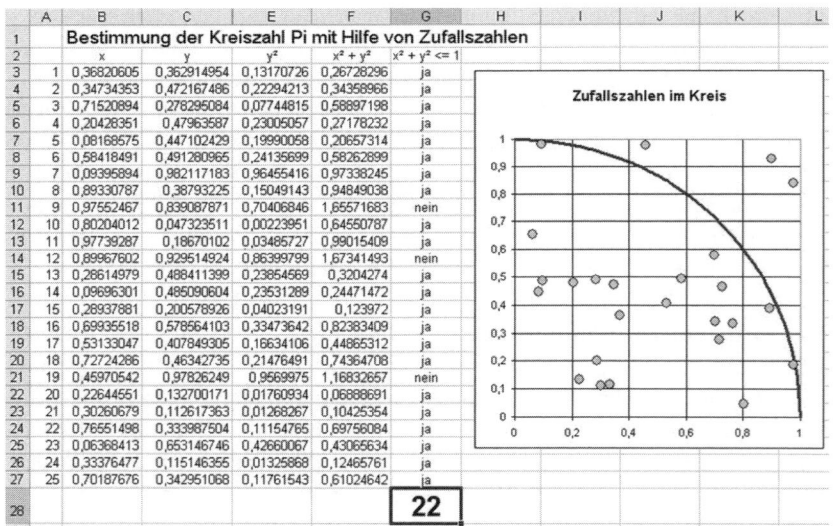

	A	B	C	E	F	G	H	I	J	K	L
1	Bestimmung der Kreiszahl Pi mit Hilfe von Zufallszahlen										
2		x	y	y²	x²+y²	x²+y² <= 1					
3	1	0,36820605	0,362914954	0,13170726	0,26728296	ja					
4	2	0,34734353	0,472167486	0,22294213	0,34358966	ja					
5	3	0,71520894	0,278295084	0,0744815	0,58897198	ja					
6	4	0,20428351	0,47963587	0,23005057	0,27178232	ja					
7	5	0,08168575	0,447102429	0,19990058	0,20657314	ja					
8	6	0,58418491	0,491280965	0,24135699	0,58262899	ja					
9	7	0,09395894	0,982117183	0,96455416	0,97338245	ja					
10	8	0,89330787	0,38793225	0,15049143	0,94849038	ja					
11	9	0,97552467	0,839087871	0,70406846	1,65571683	nein					
12	10	0,80204012	0,047323511	0,00223951	0,64560787	ja					
13	11	0,97739287	0,18670102	0,03485727	0,99015409	ja					
14	12	0,89967602	0,929514924	0,86399799	1,67341493	nein					
15	13	0,28614979	0,488411399	0,23854569	0,3204274	ja					
16	14	0,09696301	0,485090604	0,23531289	0,24471472	ja					
17	15	0,28937881	0,200578926	0,04023191	0,123972	ja					
18	16	0,69935518	0,578564103	0,33473642	0,82383409	ja					
19	17	0,53133047	0,407849305	0,16634106	0,44865312	ja					
20	18	0,72724286	0,46342735	0,21476491	0,74364708	ja					
21	19	0,45970542	0,97826249	0,9569975	1,16832657	nein					
22	20	0,22644551	0,132700171	0,01760934	0,06888691	ja					
23	21	0,30260679	0,112617363	0,01268267	0,10425354	ja					
24	22	0,76551498	0,333987504	0,11154765	0,69756084	ja					
25	23	0,06368413	0,653146746	0,42660067	0,43065634	ja					
26	24	0,33376477	0,115146355	0,01325868	0,12465761	ja					
27	25	0,70187676	0,342951068	0,11761543	0,61024642	ja					
28											

22

lenkalkulation wird an dieser Stelle nicht beschrieben[1], dafür aber die begriffliche Erkundung der Ergebnisse.

Dieses „mathematische Experiment" kann man entweder einsetzen, um einen ersten Näherungswert für die relativen Flächen zu erhalten (ergänzend etwa zur Kästchenzählmethode), oder aber, um der beschriebenen Polygonmethode ein weiteres Verfahren zur numerischen Berechnung von π entgegenzusetzen. Die Verbindung *beider* Wege dient der begrifflichen Vernetzung zweier inhaltlicher Bereiche unter den gemeinsamen Leitideen Messen und

---

1 Ein EXCEL-Arbeitsblatt steht zum Download unter http://www.schul-mathe.de/cico zur Verfügung.

Zahl. An dieser Stelle geht es aber um noch eine ganz andere Begriffsentwicklung, nämlich die des Grenzwertes.

Die Fragen, die die Lernenden untersuchen können, lauten etwa:

▨ Wie gut ist die Näherung dieses Verfahrens?

▨ Wie nähert sich der Wert des Quotienten der Zahl π an?

Einige entwickeln die These: Je größer die Anzahl der Versuche, desto besser die Annäherung an π. Die Ergebnisse der anderen Gruppen (oder ein einfaches Neuberechnen der Zufallszahlen, bei EXCEL mit F9) kann dies widerlegen.

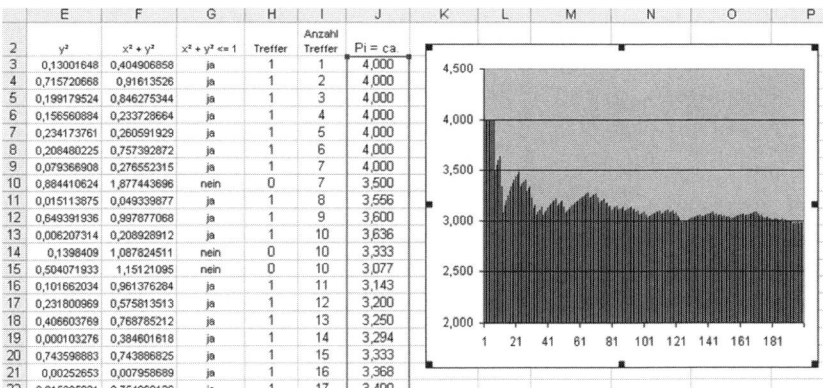

Die Grenzprozesse im Vergleich

Der Vergleich mit dem geometrischen Näherungsverfahren erlaubt die Diskussion der wesentlichen Unterschiede der beiden Grenzprozesse:

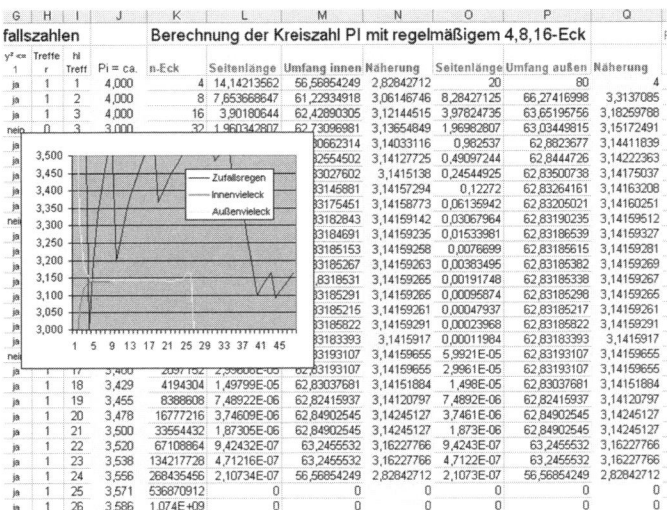

▨ Zum einen kann man einen deterministischen von einem stochastischen Grenzwert unterscheiden. Der eine bewegt sich sicher auf eine Grenze zu (deren Existenz aus inhaltlichen Gründen klar ist und hier nicht diskutiert werden muss). Der andere schwankt beständig und unvorhersehbar um den Zielwert herum. Er nähert sich zwar „im Mittel", aber kann sich immer wieder auch etwas entfernen. Dieses Phänomen näher zu beobachten und strenger zu fassen ist Aufgabe einer späteren Analyse des Problems in der Stochastik (etwa nach der Analyse des mehrfachen Münzwurfs).

▨ Zum anderen unterscheiden sich die Grenzwertprozesse auch quantitativ: Der geometrische nähert sich erkennbar schneller und ergibt schon nach wenigen Iterationen einen erstaunlich genauen Wert für π.

▨ Seltsamerweise bricht die Vielecksnäherung, die sich sehr schnell π nähert, irgendwann zusammen. Hier lohnt es sich, die einzelnen Rechnungen daraufhin zu prüfen, an welcher Stelle die Tabellenkalkulation (die auch nur oder ein Taschenrechner mit vielen Speicherstellen ist) an ihre Grenzen stößt.

Durch die Verbindung der hier beschriebenen iterativen Verfahren zur Volumen- bzw. Flächenbestimmung erhalten Schülerinnen und Schüler die Gelegenheit, die Grundlagen für einen auf breite Erfahrungen bezogenen und differenzierten Grenzwertbegriff zu legen.

3.3 Aufräumen im Parabelzoo – Parabeln systematisieren

Stephan Hußmann, Kathrin Richter

Die Fähigkeit, zunächst unstrukturierte Bereiche zu systematisieren, ist eine der zentralen Kompetenzen, die Schülerinnen und Schüler während ihrer Schullaufbahn erwerben bzw. weiterentwickeln können und die weit über den Mathematikunterricht hinausreicht. Beim Mathematiklernen offenbart sich die Bedeutung des Systematisierens sowohl beim Problemlösen als auch bei der Begriffsentwicklung.

Das systematisierende Herangehen an komplexe Sachverhalte, das Bilden von Ordnungen, das Zusammenfassen in Klassen eröffnet Unterschiede und Gemeinsamkeiten der untersuchten Gegenstände. Es bringt die Charakteristika der untersuchten Objekte zu Tage und liefert so eine Basis für die Entwicklung tragfähiger Begriffe.

Im Folgenden wird am Beispiel des „Parabelzoos" dargestellt, wie sich eine solche systematisierende Begriffsentwicklung im Unterricht vollziehen kann.

Das Lernarrangement

Das vorgestellte Unterrichtsvorhaben wurde in einem 9. Jahrgang zur Einführung und in einem 11. Jahrgang zur Wiederholung von quadratischen Funktionen und Parabeln durchgeführt. Um den Schülerinnen und Schülern einen multiperspektivischen und ganzheitlichen Zugang zu dieser Thematik zu ermöglichen, der ihnen gestattet, ausgehend von praktischen Erfahrungen bis hin zur theoretischen Abstraktion einen Begriff zu entwickeln, werden im Sinne einer „Lernwerkstatt" fünf verschiedene Problemkontexte vorgegeben (vgl. HUßMANN 2006). Die Aufgabenkomplexe werden selbstständig in Gruppen erarbeitet, wobei es den Lernenden überlassen ist, mit welcher Problemstellung sie beginnen. Ein CAS sollte jederzeit zur Verfügung stehen, um Berechnungen schneller durchführen zu können, Graphen zu zeichnen und Wertetabellen zu erstellen. Natürlich haben die Lernenden auch immer die Wahl, sich für eine Vorgehensweise zu „Fuß" zu entscheiden. Für jede der Problemstellungen gibt es Tipps und Hilfestellungen, die die Schülerinnen und Schüler nach eigenem Ermessen zu Rate ziehen können. Sie dokumentieren ihren eigenen Lernprozess in Forschungsheften, indem sie ihre Vorgehensweise notieren, eigene Fragen entwickeln, Fehler analysieren und korrigieren und Begriffe in ihrer eigenen Sprache formulieren. Um den Schülerinnen und Schülern Sicherheit und Rückmeldung hinsichtlich ihrer Teilergebnisse zu geben, können Zwischenstände der Erarbeitung – auf Initiative der Schülergruppen – untereinander präsentiert werden. In diesen Feedback-Runden stellen die Schülergruppen untereinander ihre bisher erzielten Ergebnisse zur Diskussion und erhalten so andere Ideen für die Weiterarbeit. Dadurch kann sich die Begriffsbildung als kommunikativer Prozess in der sozialen Praxis vollziehen und bleibt nicht der Willkür des Einzelnen unterworfen. Die Lehrperson steht den Schülerinnen und Schülern während der ganzen Zeit beratend, beobachtend und vor allen Dingen zuhörend zur Seite.

In diesem Beitrag wird lediglich einer der fünf Problemkontexte diskutiert, da die Bearbeitung dieses Teils in besonderem Maße Begriffsbildung durch Systematisieren verlangt. Damit Sie aber einen Eindruck von der gesamten Lernwerkstatt gewinnen können, werden hier kurz auch die anderen vier Problemkontexte vorgestellt:

1. Die Schülerinnen und Schüler falten eine Parabel, wodurch sie einen enaktiven Zugang u. a. zur Brennpunkt-Eigenschaft und zur Symmetrie erhalten. Der Scheitelpunkt als tiefster oder höchster Punkt kann entdeckt und Vorstellungen zu einhüllenden Tangenten an der Parabel können gebildet werden.

2. Eine Problemstellung zu einer „Kosten- bzw. Gewinnfunktion" eröffnet die Frage danach, wie sich der größte Gewinn rechnerisch oder zeichnerisch ermitteln lässt. Der Lösungsprozess erfordert die Interpretation von Graph

und Term an besonderen Stellen und fragt nach Möglichkeiten, diese rechnerisch zu ermitteln.

3. Beim „Ballschuss" müssen die Schülerinnen und Schüler den Erfolg eines Wurfes auf einen Basketballkorb prognostizieren. Auf der Grundlage eines Videos müssen sie die Wurfbahn als Parabel erkennen und entsprechend modellieren. Hier sind Modellierungen mit Hilfe von Tabelle, Term und Graph intendiert.

4. Das Problem zum „Sonnenkollektor" schöpft einen Teil des physikalischen und technischen Gebietes von Parabeln aus. Insgesamt wird ein hohes Maß an eigenständigem Planen und Modellieren gefordert, um die Brennpunkteigenschaft von Parabeln unter einem anwendungsorientierten Blickwinkel zu beleuchten.

Im fünften Problemkontext, dem „Parabelzoo", der Gegenstand dieses Beitrages ist, werden die Zusammenhänge zwischen symbolischer und graphischer Darstellung einer Parabel analysiert. Die Problemstellung besteht aus zwei Teilen. Im ersten Teil soll den Lernenden freies Erkunden und selbstständiges Systematisieren ermöglicht werden. Im zweiten Teil kann anhand der Bestimmung der Funktionsgraphen das Erarbeitete gesichert und gefestigt werden.

Abbildung 1: „Parabelzoo"

Der „Parabelzoo" (Teil 1)

Neben den Funktionstermen, die ihr bisher kennen gelernt habt, gibt es auch Terme, die so: $g(x) = d \cdot (x-e)^2 + f$ (II) oder so $f(x) = a \cdot x^2 + b \cdot x + c$ (I) aussehen können. Wegen des x^2 bezeichnet man diese auch als quadratische Funktionsgleichungen und die dazugehörigen Graphen heißen Parabeln. Und das könnt ihr erforschen …

• Welche Bedeutung haben die Parameter $a, b, c, d, e,$ und f für das Aussehen der Parabeln? Sortiert die Parabeln nach bestimmten Eigenschaften. Beschreibt eure Beobachtungen in eigenen Worten.

• Könnt Ihr einen Zusammenhang zwischen beiden Gleichungen entdecken?

• Formuliert für jemanden, der sich in diesem Thema nicht auskennt, eine Erklärung, wie man die zweite Gleichung (II) umformen muss, um die erste (I) zu erhalten.

Tipps:

• Setzt konkrete Werte für die Parameter ein, z. B. für $d = 3, e = 4, f = 2$ Denkt euch selbst andere Zahlenwerte aus.

• Schaut euch mit *Derive* die verschiedenen Graphen an. Was fällt euch auf?

• Könnt ihr ohne Anschauen der Graphen vorhersagen, wie die einzelnen Parameter den Graphen verändern?

Parabel – die neue Form eines Graphen

Für den Einstieg in dieses Problem können die Schülerinnen und Schüler auf Bekanntes zurückgreifen. Aus dem Themenfeld der linearen Funktionen wissen sie, wie man mit Funktionsgleichungen, Parameter, Graphen und Tabellen umgeht. Neu hingegen ist die Art des Terms, z. B. der quadratische Ausdruck, und die Vielzahl der Parameter. Da den Lernenden das CAS als Werkzeug zur Verfügung steht, ist die erste Frage, die sich stellt: Arbeite ich mit oder ohne Computer?

Viele Schülerinnen und Schüler verzichten vorerst auf den Computer. Sie setzen verschiedene Werte für die Parameter ein, erstellen Wertetabellen und zeichnen die Graphen per Hand. Blickt man auf die Ergebnisse der Schülerinnen und Schüler, so offenbaren sich die Problemstellen recht deutlich:

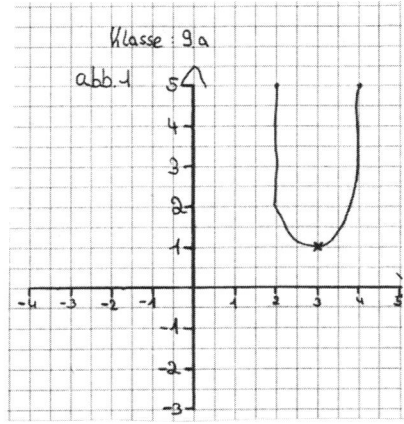

- Die eine Parabel kennzeichnende Gestalt lässt sich in vielen Fällen nur erahnen (vgl. z. B. Abb. 1).
- Die Erstellung einer hinreichend großen Anzahl an Beispielen ist auf diese Weise mühsam und langwierig.

Abb. 1

Hinsichtlich des ersten Aspektes stellt sich die Frage, ob bei den Schülerinnen und Schülern tatsächlich ein angemessenes Funktionsverständnis vorliegt oder ob diese Zeichnung nur aufgrund schnell wachsender Funktionswerte oder einfach nur aus Nachlässigkeit entstanden ist. Auf der anderen Seite – und das ist wesentlich bedeutsamer für die Aufgabenstellung – wird ersichtlich, dass eine Variation der Parameter nicht wirklich an dem Graphen ablesbar ist. Der zweite Aspekt weist in eine ähnliche Richtung. Durch die Beschränkung auf wenige Beispiele ist eine ergiebige Variation der Parameter nicht möglich.

Dies legt eine computergestützte Erkundung nahe, deren zielführende Frage folgendermaßen lautet: In welchem Verhältnis steht die Art des Terms zur Gestalt des Graphen?

Um diese Frage zu beantworten, müssen die Schülerinnen und Schüler systematisch vorgehen.

Systematisieren Schritt für Schritt

Betrachtet man das Vorgehen der Schülerinnen und Schüler, so lassen sich bei den meisten folgende Schritte erkennen:

1. Die Rolle von **Parameter und Variable** wird unterschieden.
2. Zunächst verschafft man sich eine **grobe Übersicht**.
3. *Ein* **Parameter** wird untersucht.
4. Danach werden *mehrere* **Parameter** gleichzeitig betrachtet.
5. Und zuletzt wird das Umformen der Gleichungen untersucht und damit die **Beziehung der Parameter beider Gleichungen** untereinander.

Parameter und Variable
Die erste Hürde stellt sich den Lernenden mit der Frage, was variiert werden muss, die Parameter oder die Variable. Die unterschiedliche Wahrnehmung der Parameter und der Variablen stellt eine Herausforderung dar; ein Schüler dazu:

„Die Buchstaben a,b,c erfüllen die gleiche Funktion wie das uns bekannte x, sie stehen für beliebige Zahlen. Das heißt, a könnte für 9 stehen, b könnte für 1 stehen und c könnte für 3 stehen."

Auszug aus einem Forschungsheft

Dieser Schüleräußerung liegt eine Systematisierung der „Buchstaben" zu Grunde. Die Funktionen von Parameter und Variable müssen gegeneinander abgegrenzt werden. Zunächst scheint der Schüler keinen Unterschied zwischen den Parametern auf der einen Seite und den Variablen auf der anderen Seite zu sehen. Dass er jedoch sehr wohl Unterschiede zwischen Parametern und Variablen sieht, zeigt er hier und auch später, indem er für die Parameter Zahlenwerte einsetzt, während er das x durchgängig variabel belässt. Anhand eines solchen Schülerzitates kann der Unterschied zwischen Parameter und Variablen später im Unterricht noch mal aufgegriffen und konkreter herausgearbeitet werden, um das noch verborgene Verständnis zu vertiefen und Fehlvorstellungen zu vermeiden.

Überblick verschaffen
Die ersten Schritte in Systematisierungsprozessen sind häufig dadurch gekennzeichnet, sich überhaupt erst einmal einen Überblick über das Untersuchungsfeld zu verschaffen. Dabei lassen sich folgende Strategien beobachten:
1. Grafischer Zugang: Die Schülerinnen und Schüler produzieren mehrere Graphen, die sie nach ablesbaren Eigenschaften ordnen. Dadurch kann man Hypothesen über die Rolle der Parameter entwickeln. Diese Hypothesen lassen sich dann durch gezielte Variation der Parameter überprüfen.
2. Algebraischer Zugang: Die Schülerinnen und Schüler variieren die Terme, indem sie verschiedene Zahlen für die einzelnen Parameter einsetzen und dann die Auswirkungen studieren.

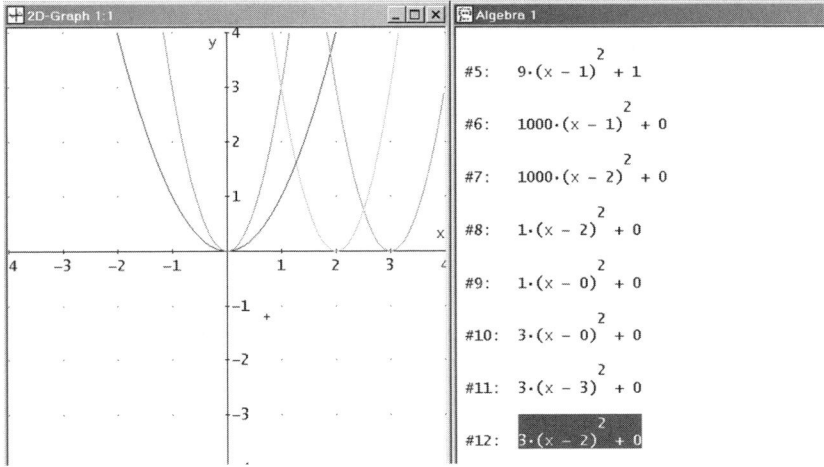

Abb. 2

Natürlich sind die beiden Strategien nicht trennscharf. Sie weisen aber auf unterschiedliche Präferenzen seitens der Lernenden hin, die im Laufe der Arbeit immer mehr ineinander verschmelzen.

Der Screenshot in Abbildung 2 lässt beispielsweise vermuten, dass der Schüler den grafischen Zugang gewählt hat: Zuerst hat er die Parameter variiert, die Graphen dazu erzeugt und erst dann Terme mit einer gemeinsamen Struktur zur grafischen Veranschaulichung ausgewählt, nämlich die Ausdrücke #9 bis #12. Die anderen Graphen hat er vermutlich wieder gelöscht. Auffällig ist hier, dass er nicht nur die Parabel entlang der Rechtsachse verschiebt, sondern auch deren Streckfaktor variiert. Ob der Schüler hier über zwei Parameter variiert oder nur ein Gegenbeispiel erzeugt, ist an diesem Ausschnitt nicht ablesbar. Die anderen auf der Termseite aufgeführten Beispiele beinhalten hinsichtlich der Zahlenwahl zwar eine Systematik, aber offensichtlich keine für den Lernenden strukturgebende. Erst die Entdeckung der Null scheint den notwendigen Anstoß für einen Strategiewechsel zu geben.

Ein Parameter wird untersucht
Folgende Fragen waren in der Regel erkenntnisleitend für diesen Teil der Erkundungen:

▪ Wie hängt die Wahl der Parameter mit dem Aussehen des Graphen zusammen?
▪ Was wird verändert, wenn man einen Parameter möglichst groß oder ganz klein wählt?

Bei der Untersuchung der Parameter bezogen sich die meisten Schülerinnen und Schüler zuerst auf die Scheitelpunktsform. Das Vorgehen ist bei beiden Gleichungstypen jedoch sehr ähnlich. Zur Darstellung ihrer Bemühungen verwendeten die Schülergruppen sowohl symbolische als auch grafische Darstellungen.

Bei der Scheitelpunktform fand der Parameter d zuerst die größte Aufmerksamkeit (vgl. Abb. 3), bei der Normalenform war es der Parameter a (vgl. Abb. 4), wobei die anderen Parameter erst einmal mit dem Wert null belegt wurden. Nach Variation des ersten Parameters wurden Schritt für Schritt die anderen Parameter untersucht und so weitere Zusammenhänge zwischen Parameter und Graph aufgedeckt. Dabei wurden in den Formulierungen immer wieder Aspekte funktionaler Abhängigkeiten berücksichtigt.

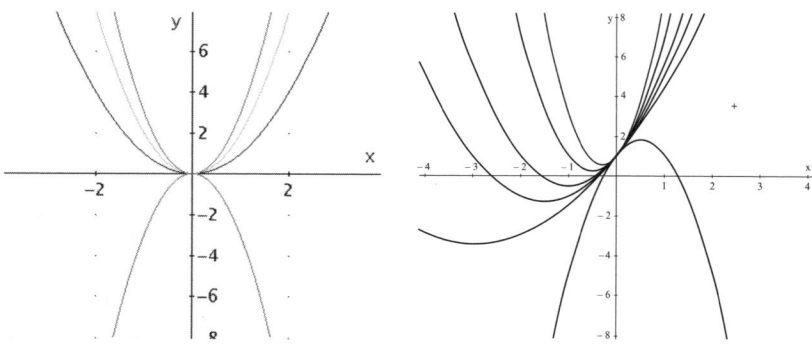

Abb. 3   Abb. 4

Mehrere Parameter gleichzeitig

Sind zunächst einzelne Parameter untersucht worden, stellt der Schritt „Mehrere gleichzeitig" einen systematischen Zugriff auf einem höheren Niveau dar, denn es ist nicht klar, ob die zu erwartenden funktionalen Abhängigkeiten bezüglich mehrerer Parameter lediglich die Summe der Einzelveränderungen sind. Ein Beispiel einer Schülergruppe zeigt, wie die durch die Variation der einzelnen Parameter gewonnenen Ideen in kleinen Schritten zusammengebracht werden können (vgl. Abb. 5).

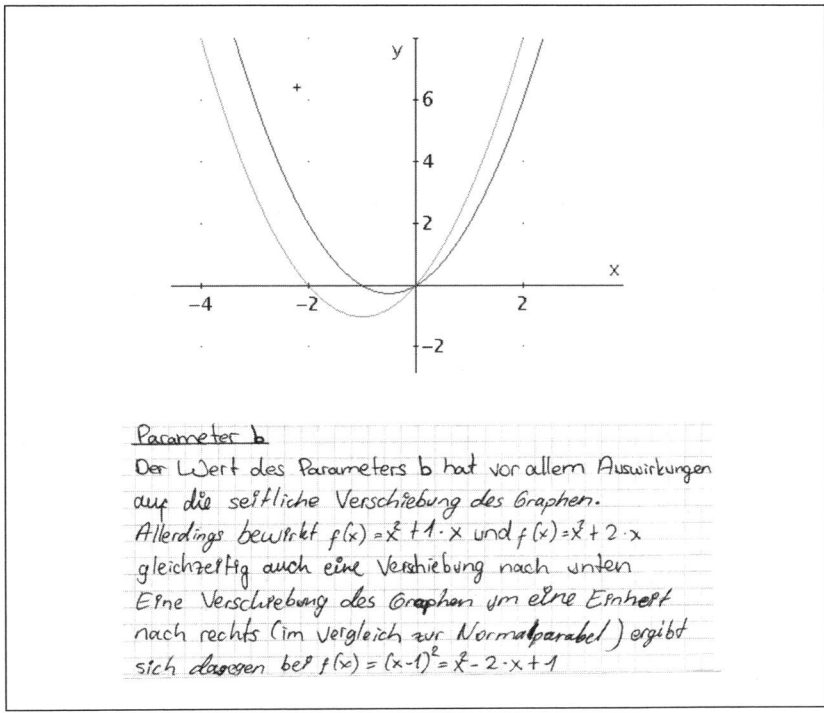

Parameter b
Der Wert des Parameters b hat vor allem Auswirkungen
auf die seitliche Verschiebung des Graphen.
Allerdings bewirkt $f(x) = x^2 + 1 \cdot x$ und $f(x) = x^2 + 2 \cdot x$
gleichzeitig auch eine Verschiebung nach unten
Eine Verschiebung des Graphen um eine Einheit
nach rechts (im Vergleich zur Normalparabel) ergibt
sich dagegen bei $f(x) = (x-1)^2 = x^2 - 2 \cdot x + 1$

Abb. 5

Vergleich der beiden Gleichungsformen

Bei der Betrachtung beider Gleichungen müssen die Erkenntnisse zu den Parametern zueinander in Beziehung gesetzt werden. Es geht nicht mehr darum zu klären, welchen Aussagewert die einzelnen Parameter der jeweiligen Gleichung haben, sondern:

- Welcher Zusammenhang besteht zwischen den Parametern der beiden Gleichungstypen?
- Welche Gleichung hilft mir bei welchen Fragestellungen?
- Wie gelange ich von dem einen Typ zum anderen?

Im Vergleich beider Funktionsterme entdeckten die Schülerinnen und Schüler, dass die Parameter a und d eng zusammenhängen. Ein Zusammenhang zwischen den anderen Parametern der beiden Terme erwies sich als komplizierter. Auch hier ließ sich wieder grafisches als auch algebraisches Systematisieren beobachten.

Bei der *grafischen Lösung* wurden zu beiden Typen konkrete Beispiele erstellt. Dabei wurden die Parameter so variiert, dass zu einer Parabel zwei Terme betrachtet werden können. Auch hier bot es sich an, *a* bzw. *d* erst einmal wieder 1 zu setzen. Und so gingen die Lernenden vor:

▦ Zuerst wird eine Parabel mit ganzzahligen Werten für *d, e* und *f* gezeichnet.

▦ Da bis zu diesem Zeitpunkt bei der Normalenform die Rolle der Parameter für die grafische Darstellung nicht klar ist, wird experimentell ein Term gesucht, der einen ganzzahligen Scheitelpunkt besitzt, d. h., man variiert die Parameter in der Normalenform so lange, bis die Parabel entsprechend aussieht. Dazu reicht es aus, nur den Parameter *b* zu variieren. Jede Veränderung von b hat eine Verschiebung der Parabel zur Folge, die zu keiner der Koordinatenachsen parallel ist (vgl. Abb. 5). Dies liefert einen ersten Hinweis darauf, dass *b* zu den beiden Parametern *e* und *f* in der Scheitelpunktsform in Beziehung steht.

▦ Dann wird die zugehörige Scheitelpunktsform aufgestellt.

▦ Auf diese Weise werden mehrere Beispiele erzeugt.

▦ Das so erzeugte Zahlenmaterial für die Parameter wird gegenübergestellt.

b	4	6	8	…	28	32	…
d	1	1	1	…	7	8	…
e	2	3	4	…	2	2	…

▦ Die Beziehung $2de = b$ lässt sich erkennen.

▦ Konkrete Beispiele aus der Scheitelpunktsform werden in die Normalenform umgerechnet und überprüft.

Alternativ kann natürlich direkt der jeweilige symbolische Ausdruck der Scheitelpunktform genutzt werden, um diesen durch Termumformungen in die Normalenform zu überführen. Dieses Vorgehen ist für Schüler und Schülerinnen der neunten Klasse jedoch eher untypisch.

Jetzt steht noch die Frage nach der Nützlichkeit der beiden Typen aus. Hier ist die Einbettung in die Lernwerkstatt wieder von Bedeutung. Welcher Problemkontext bedarf welcher Darstellungsform? Oder weiter gehend: Gibt es noch weitere Darstellungsformen, die bei anderen Problemen noch besser helfen, wie z. B. die faktorisierte Darstellung mit Hilfe von Linearfaktoren?

Es zeigt sich beispielsweise, dass für den Basketballwurf beide Darstellungen genutzt werden können. Zur Modellierung des höchsten Punktes der Flugbahn bietet sich die Scheitelpunktsform an. Um den Abwurfpunkt zu modellieren, legt man die Parabel durch den Ursprung, um so den Parameter *c* mit dem Wert null zu belegen.

Systematisieren und Dokumentieren
Während des ganzen Bearbeitungsprozesses ist eine ausführliche Dokumentation der Problembearbeitung notwendig, damit die zum Teil sehr komplexen und verzweigten Systematisierungsprozesse auch im Nachhinein nachvollzogen werden können. Sie bieten eine wahre Fundgrube für die unterschiedlichen Gedankengänge und Begriffsbildungen. Dabei sind insbesondere die Aufzeichnungen der Schülerinnen und Schüler zu den Prozessen der Systematisierung von großer Bedeutung. So können die Kriterien der Systematisierung, ebenso die Gedanken zur Reflexion und Beispiele und Gegenbeispiele als besondere Aspekte der Begriffsbildung einer Reflexion zugänglich gemacht werden. Auf diese Weise erhalten die Lernenden nicht nur die konkrete Systematisierung des Parabelzoos als Resultat ihrer Bemühungen, sondern entwickeln auch ihre Systematisierungsfähigkeit zur Anwendung in anderen Bereichen weiter.

Begriffsbildung festigen und sichern
Damit die Schülerinnen und Schüler am Ende des Begriffsbildungsprozesses Sicherheit darüber haben, wie gut sie ihre Erkenntnisse anwenden können, benötigen sie entsprechende Aufgaben zur Selbstüberprüfung. Ein Beispiel für eine solche Aufgabe ist die folgende:

Der „Parabelzoo" (Teil 2)
Bestimme die Funktionsgleichungen (vgl. die Datei parabeln.dfw). Beschreibe, wie du vorgegangen bist.

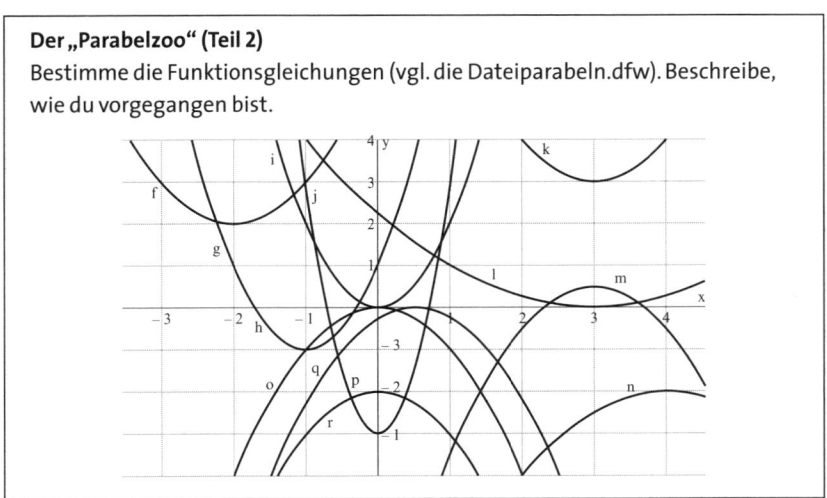

Abb. 7

Ein Blick zurück auf die Rolle des CAS
Die Beschreibung zeigt, dass derartige komplexe Aufgabenstellungen nur möglich sind, wenn ein CAS oder wenigstens ein Funktionenplotter zur Verfügung stehen. Im Einzelnen kann das CAS genutzt werden:

▓ zum Generieren vieler Beispielsgraphen. Das Plotten von Funktionstermen
ist hier ein bedeutendes Instrument und wäre mit Papier und Bleistift zu
langwierig und zeitintensiv.

▓ zur Verwendung verschiedener Darstellungsarten, die auch parallel betrachtet werden können (z. B. Term und Graph).

▓ als Hilfe zum Umrechnen von der Scheitelpunktform in die Normalenform
und umgekehrt.

Mit einem CAS kann man die Fülle an Beispielen als Funktionenschar auch
durch einen Befehl (bei DERIVE der *Vector*-Befehl) erzeugen. Jedoch wären dabei die entsprechenden funktionalen Abhängigkeiten zwischen dem einzelnen
Term und dem zugehörigen Graphen nur schwer zu erkennen. Zur „Ent-
schlüsselung" müssten doch wieder die Einzelgraphiken geplottet werden.
Stattdessen kann man auch einen Schieberegler verwenden, mit dem sich diese Abhängigkeit dynamisch darstellen lässt. Während die Funktionenschar die
Struktur sichtbar macht, fokussiert man mit dem Schieberegler eher die Veränderung. Die Funktionenschar zwingt jedoch dazu, wieder zum Einzelbild zurückzukehren, während der Schieberegler möglicherweise den Blick auf
Strukturen verdeckt.

Zudem hat der Schieberegler bei dem heutigen Stand der Technik noch nicht
den Status eines einfach handhabbaren Werkzeuges. Er ist mehr eine fertige
„Systematisierungsmaschine", die dem Schüler durch die Lehrperson mit einem engen Beobachtungsauftrag an die Hand gegeben wird. Die Erkenntnis in
diesem Beispiel, sich in einem ersten Schritt nur auf einen Parameter zu konzentrieren und die anderen Parameter entsprechend „ungefährlich" zu wählen, hätte sich mit einem Schieberegler vermutlich nicht ausgebildet. Möchte
man als Lehrperson jedoch lediglich die Rolle der Parameter verdeutlichen, so
kann auch der Einsatz eines Schiebereglers sehr produktiv sein.

3.4 Bestand, Volumen, Mittelwert –
Aspekte des Integralbegriffs vernetzen

Guido Pinkernell

Integrale spielen eine Rolle zum Beispiel bei der Berechnung von Flächeninhalten, von Bogenlängen und Mittelwerten oder bei der Bestandsrekonstruktion aus Änderungsfunktionen. Eine Einführung in den Integralbegriff sollte
diesen Facettenreichtum berücksichtigen und ihn nutzen, um die Bedeutung
des Begriffs in seiner Fülle zu Grunde zu legen. Allerdings findet man in traditionellen Unterrichtssequenzen Problemstellungen dieser Art erst nach ausgie-
bigen Übungen zum Thema Rechnen mit Integralen. Ein Grund, dass Probleme

zur Volumenbestimmung oder Mittelwertbildung nicht am Anfang stehen, mag in dem enormen Rechenaufwand liegen. Bei der Verfügbarkeit leistungsfähiger Rechnertechnologien im Mathematikunterricht sieht das nun anders aus. Im Folgenden wird ein Unterrichtsgang dokumentiert, der zur Einführung in den Integralbegriff eine Reihe von Problemen aus unterschiedlichen Sachzusammenhängen behandelt, und zwar unmittelbar aufeinander folgend. Denn die Lösungen dieser Probleme weisen eine ähnliche Struktur auf: Es geht immer um das Approximieren des gesuchten Wertes durch Aufsummieren einer wachsenden Anzahl von immer kleiner werdenden Summanden, von TIETZE, KLIKA/WOLPERS (2000) auch als „Prozess des Aufsummierens" bezeichnet. Ziel dieses Unterrichtsganges ist also die Vermittlung des Integralbegriffs als „approximierende Summation".

Der Rechner spielt bei diesem Vorgehen eine zentrale Rolle. Zunächst wird Tabellenkalkulation eingesetzt, um an einem Sachzusammenhang die Summe immer kleiner und immer zahlreicher werdender Werte zu bestimmen. Mit der automatisierten Hintereinanderausführung der einzelnen Rechenschritte ist ein „Modul" geschaffen, das auch auf andere Problemstellungen und auf andere Funktionen übertragen werden kann. Das Verfahren bleibt im Prinzip gleich, es muss nur dem jeweiligen Sachzusammenhang angepasst werden. Dadurch ermöglicht der Rechner ein relativ schnelles Bearbeiten verschiedener Fälle und lässt Schülerinnen und Schüler erleben, dass ein bestimmtes mathematisches Modell auf viele Situationen anwendbar ist. Damit ermöglicht der Rechner einen schnellen Zugriff auf vielfältige Probleme, deren Lösungen durch eine gemeinsame Struktur gekennzeichnet sind. Das Sichtbarwerden der Strukturgleichheit vieler Beispiele fördert, dass die Bedeutung der Integration als Aufsummieren und Approximieren in unterschiedlichen Kontexten erfasst wird.

Ist neben der Tabellenkalkulation gleichzeitig Computeralgebra verfügbar (wie beim hier verwendeten TI-89), stehen zwei Wege zur Problemlösung zur Verfügung. Auf der einen Seite das beschriebene Modul in der Tabellenkalkulation, und auf der anderen Seite die *Integrate*-Funktion des CAS. Mit der Tabellenkalkulation kann man lediglich nur endlich viele Werte verwenden, womit das Ergebnis immer nur ein Näherungswert ist. Die *Integrate*-Funktion liefert dagegen – soweit dies möglich ist – einen exakten geschlossenen Ausdruck. Das Nebeneinander dieser beiden Wege initiiert die Frage nach dem Zusammenhang und kann zur Idee des Grenzwertes führen.

Als Einstiegsbeispiel, anhand dessen das Modul in der Tabellenkalkulation entwickelt werden kann, bietet sich der manipulierte Fahrtenschreiber aus einem LKW an, wie er zum Beispiel auch bei HUßMANN 2003 beschrieben wird. Hier geht es um Integration als Bestandsrekonstruktion (Abb. 1).

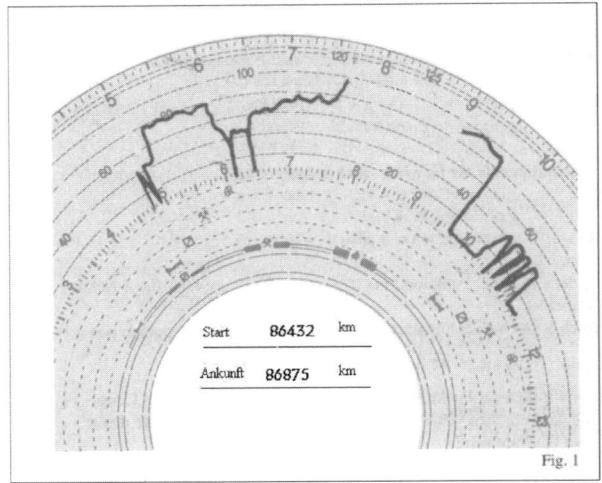

Start   86432   km

Ankunft   86875   km

Fig. 1

In einer Spedition in Bochum sind mehrere Fahrer und Fahrerinnen angestellt, die täglich verschiedene Großmärkte in ganz Deutschland anliefern. Auf der Rückfahrt von München nach Bochum wird Frau Grat, eine Fahrerin der Spedition, von der Autobahnpolizei angehalten. Die routinemäßge Kontrolle gilt der Verkehrssicherheit des LKW. Bei der Überprüfung der Tachoscheibe im Fahrtenschreiber entdecken die Polizeibeamten einen relativ großen Zeitraum, in dem auf der Scheibe keine Geschwindigkeit eingetragen ist. Frau Grat vermutet einen Defekt des Fahrtenschreibers. Auf Nachfrage gibt sie an, dass sie in dieser Zeit eine Pause an einer Raststätte gemacht habe.

Zum Beweis ihrer Behauptung verweist Frau Grat auf die gefahrenen Kilometer.

Abb. 1

Danach werden in der Unterrichtseinheit eine Reihe weiterer Probleme behandelt, deren exakte Lösung ein Aufsummieren immer kleiner und immer zahlreicher werdender Werte erfordert und somit das Tabellenkalkulations-Modul zur Berechnung genutzt werden kann:

▨ Integration zur Flächeninhaltsbestimmung: „Die fehlende Glasfläche"
▨ Integration zur Volumeninhaltsbestimmung: „Wie viel Wein fasst das Weinglas?"
▨ Integration zur Bogenlängenbestimmung: „Wie lang ist der Weg von A nach B?"
▨ Integration zur Mittelwertbildung: „Die mittlere Tagestemperatur"
▨ Doppeltes Integrieren: „Die Größe eines Bootsrumpfes"

Ein Modul zum „Fahrtenschreiber"

Die Problemstellung in Abbildung 1 weist keine explizite Fragestellung aus, jedoch ergibt sich für die meisten Schülerinnen und Schüler aus dem Sinnzusammenhang die Frage „Wie schnell ist der LKW in dem nicht dokumentierten

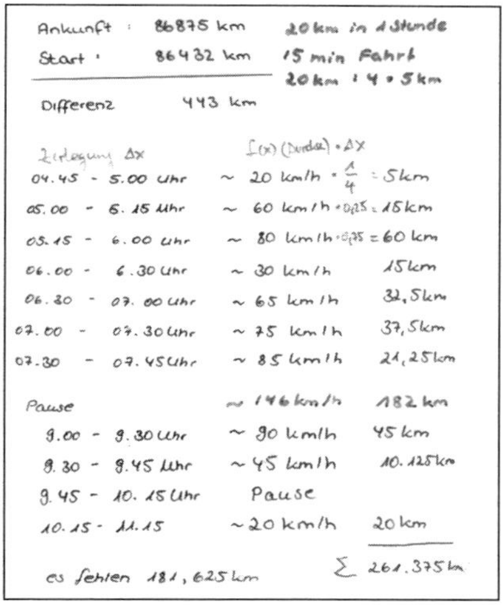

Ankunft : 86875 km   20 km in 1 Stunde
Start : 86432 km   15 min Fahrt
                   20 km : 4 = 5 km
Differenz   443 km

Zitlegung Δx | $f(x)$ (Dudel) $\cdot \Delta x$
04.45 - 5.00 Uhr   ~ 20 km/h $\cdot \frac{1}{4}$ = 5 km
05.00 - 5.15 Uhr   ~ 60 km/h $\cdot$ 0,25 = 15 km
05.15 - 6.00 Uhr   ~ 80 km/h $\cdot$ 0,75 = 60 km
06.00 - 6.30 Uhr   ~ 30 km/h   15 km
06.30 - 07.00 Uhr   ~ 65 km/h   32,5 km
07.00 - 07.30 Uhr   ~ 75 km/h   37,5 km
07.30 - 07.45 Uhr   ~ 85 km/h   21,25 km

Pause   ~ 146 km/h   182 km
9.00 - 9.30 Uhr   ~ 90 km/h   45 km
9.30 - 9.45 Uhr   ~ 45 km/h   10.125 km
9.45 - 10.15 Uhr   Pause
10.15 - 11.15   ~ 20 km/h   20 km

es fehlen 181,625 km Σ 261.375 km

Abb. 2

Zeitraum tatsächlich gefahren?" Um dies zu bearbeiten, ist es notwendig, aus der dokumentierten Geschwindigkeit die gefahrene Wegstreckenlänge zu ermitteln und mit der Differenz aus Anfangs- und Endkilometerzahl zu vergleichen. Die Schülerinnen und Schüler erkennen, dass für einzelne Zeitintervalle die Zeitdauer mit der Geschwindigkeit zu multiplizieren ist, wobei die Geschwindigkeit abgelesen bzw. geschätzt wird. So entsteht eine unregelmäßige Zerlegung des betrachteten Zeitintervalls, und eine Näherung der gefahrenen Kilometer ist schnell ermittelt. Die Abbildung 2 zeigt eine solche Schülerlösung.

Die Schülerin hat ermittelt, dass ca. 180 km nicht dokumentiert sind. Diese müssen über einen Zeitraum von 75 Minuten eingefahren worden sein (auf der Folie als „Pause" bezeichnet), was nur bei einer Durchschnittsgeschwindigkeit von knapp 150 km/h möglich wäre. Die Fahrerin hatte also jeden Grund, diesen Umstand vor den kontrollierenden Polizisten zu verbergen.

Die Forderung nach einer genaueren Lösung ist nun Anlass, die Tabellenkalkulation einzuführen (Abbildung 3). Sie orientiert sich an der tabellarischen Struktur der Schülerlösung. Allerdings ist nun ein Funktionsterm (in Zelle C3) nötig, der die Geschwindigkeit in Abhängigkeit von der Zeit beschreibt. Um diese Vereinfachung deutlich herauszustellen, wurde mit $f(x) = x^2$ eine einfache Funktion gewählt. Über die Programmierung dieses Moduls in der Tabellenkalkulation wird die Definition des bestimmten Integrals als Grenzwert des erfolgreich durchgeführten Näherungsprozesses nahe gelegt. Es ist nämlich

$$\int_a^b f(x)\delta x = \lim_{\triangle x \to 0} \Sigma_a^b f(x) \cdot \triangle x,$$

wobei die Bestandteile des Integralterms sich aus entsprechenden Teilen des Summenterms ableiten. Und deren Bedeutungen sind unmittelbar aus den Spaltendefinitionen der Tabellenkalkulation ersichtlich.

Eine frei gewählte Zerlegung:

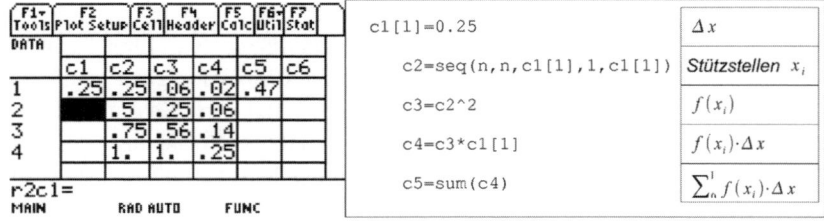

Eine äquidistante Zerlegung mit konstantem $\Delta x = 0{,}25$:

		c5=sum(c4)	
c1[1]=0.25			Δx
c2=seq(n,n,c1[1],1,c1[1])			Stützstellen x_i
c3=c2^2			$f(x_i)$
c4=c3*c1[1]			$f(x_i)\cdot\Delta x$
c5=sum(c4)			$\sum_n^1 f(x_i)\cdot\Delta x$

DATA table:

	c1	c2	c3	c4	c5	c6
1	.25	.25	.06	.02	.47	
2		.5	.25	.06		
3		.75	.56	.14		
4		1.	1.	.25		

r2c1=

MAIN   RAD AUTO   FUNC

Abb. 3

Anwenden des Moduls auf viele Situationen

Die Schülerlösung des ersten Problems führt zu einer Programmierung des entwickelten Näherungsalgorithmus in einer Tabellenkalkulation. Auch die Einführung des Integralzeichens als ein Symbol für den erfolgreich verlaufenen Approximationsprozess liegt nahe. Damit ist auch die ambivalente Bedeutung des Integralzeichens deutlich geworden: Es steht einerseits für den Approximationsprozess in Form einer Folge von konvergierenden Werten, andererseits steht es auch für eine einzelne Zahl, den Grenzwert. Und beide stehen auch im Rechner zur Verfügung, nämlich als mittlerweile programmierte Tabellenkalkulation wie auch als *Integrate*-Funktion. Zwar wurde Letztere nicht explizit eingeführt, doch haben findige Schülerinnen und Schüler bald herausgefunden, dass der TI-89 auch ein Integralzeichen enthält mit schnell durchschaubarer Syntax. Diese können sie bedienen, obwohl sie weder von Stammfunktionen noch von Integrationsregeln eine Ahnung haben. So haben sie diese Funktion bei der Lösung von Problemen zur **Flächeninhaltsbestimmung** angewendet.

Wie viel Wein kann das abgebildete Weinglas fassen?

Aufgabe 1

1.1 Nehmen Sie an, das Profil des Glases werde durch die Funktion $f(x)=-0{,}0001\,x^5-0{,}0028\,x^4+0{,}1009\,x^3-0{,}9063\,x^2+3{,}0624\,x$, $x\in[0\,;7]$ (in cm) beschrieben. Bestimmen Sie das Volumen des Glases möglichst genau.

1.2 Beschreiben Sie ein allgemeines Verfahren, wie man die Volumeninhalte rotationssymmetrischer Körper bestimmen kann.

Abb. 4

Das bloße Benutzen der *Integrate*-Funktion ist bei der **Bestimmung eines Rotationsvolumens** nicht mehr möglich, auch wenn es in der folgenden Problemstellung noch funktionierte.

Dennoch hat eine Schülergruppe auch hier die *Integrate*-Funktion in ihrer Lösung benutzt, ohne die Kreisflächenformel $\pi \cdot f(x)^2$ zu berücksichtigen.

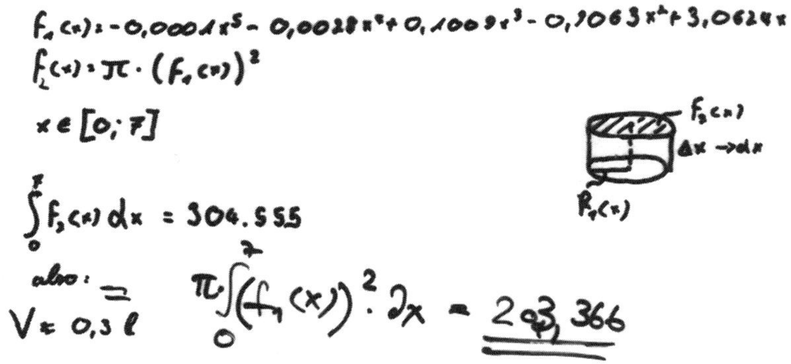

Abb. 5

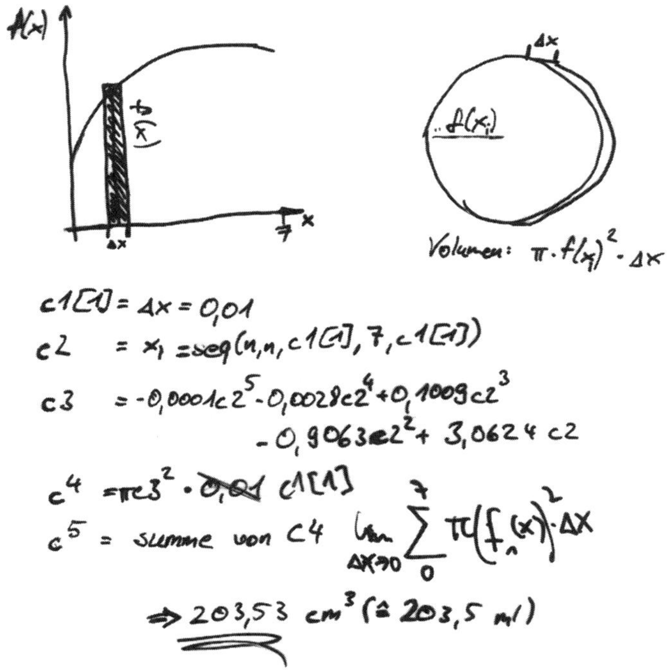

Abb. 6

Der Versuch, den umständlichen Weg des Approximationsalgorithmus zu umgehen und stattdessen gleich das Integral zu verwenden, ist nachvollziehbar. Es hat ja mit dem Flächeninhaltsproblem schon einmal funktioniert. Nur führt es zu einer unrealistischen Lösung, denn welches Weinglas fasst einen drittel Liter Flüssigkeit? Es ist also notwendig, die *black box* des Integrals als approximierende Summation zu öffnen und die Programmierung der Tabellenkalkulation zu modifizieren.

Abbildung 6 zeigt eine solche Lösung. Die Zelle *c1[1]* enthält die Zerlegungslänge, *c2* die Stützstellen. Die Spalte *c3* enthält die den Stützstellen zugeordneten Funktionswerte und *c4* die Volumen der Zylinderscheiben der Zerlegung, die in *c5* aufsummiert werden.

Bereits an diesen Schülerlösungen wird deutlich, dass die Schülertätigkeiten und -kompetenzen nicht bloß auf Rechenfertigkeiten reduziert werden. Noch deutlicher wird dies in der folgenden Arbeit einer Schülerin, die eine tiefere Einsicht in den Begriff der Integration erkennen lässt. Es handelt sich um einen mathematischen Aufsatz, der ohne Rechnung oder Rechnereinsatz auskommt. In dem Aufsatz wird ein Verfahren entwickelt, wie man das Volumen eines Bootsrumpfes berechnen kann. Die Aufgabe bestand darin, ein Lösungsverfahren zu entwickeln. Die Durchführung dieses Verfahrens wurde nicht erwartet, was erfahrungsgemäß wohl zu einer der schwierigsten Aufgaben gehört. Die Aufgabe war lange nach Abschluss der Unterrichtsreihe im Rahmen einer Klausur unter Abiturbedingungen zu bearbeiten. Diese forderte zunächst eine Berechnung der im folgenden Aufgabentext erwähnten Splinefunktion *g*.

Die Bootsbaufirma „Mast- und Schotbruch" bietet ein 20 Meter langes Boot an, dessen Profil an seiner breitesten Stelle durch die acht Punkte $A(0;0)$, $B(1;1)$, $C(2;3)$, $D(3;4)$ und A', B', C', D' festgelegt ist; die letzten vier Punkte sind dabei die Bildpunkte der ersten vier nach Spiegelung an der x-Achse.
1. Berechnen Sie die Querschnittsfläche des Bootes an seiner breitesten Stelle. Das Profil werde dabei durch die Splinefunktion *g* beschrieben.
2. Zum Bug und zum Heck hin verkleinert sich das Bootsprofil. Die vier Punkte und ihre Spiegelpunkte rücken immer näher zur Symmetrieachse. Diese Änderung der Koordinaten wird durch einen Parameter *k* beschrieben:
$A(0;0)$, $B(1;1-0,01 \cdot k^2)$, $C(2;3-0,03 \cdot k^2)$, $D(3;4-0,04 \cdot k^2)$; $k \in [-10;10]$
Beschreiben und begründen Sie ein Verfahren, wie man das Volumen des Bootskörpers berechnen kann. Die konkrete Durchführung Ihres Verfahrens ist nicht verlangt.

Die Teilaufgabe 1 ist gewissermaßen als eine Art Hilfestellung zu verstehen, in der die Aufmerksamkeit auf die Querschnittsflächen des Bootsrumpfes gelenkt werden soll. In der Teilaufgabe 2 ist das Berechnungsverfahren zu entwickeln.

Die Schülerin beginnt nach Bearbeitung der Teilaufgabe 1 sinnvollerweise mit einer Skizze (Abbildung 7). Hier zeigt sie, wie ausgehend von der Splinefunktion g durch Variierung des Parameters k die Verengung des Rumpfprofils erreicht wird.

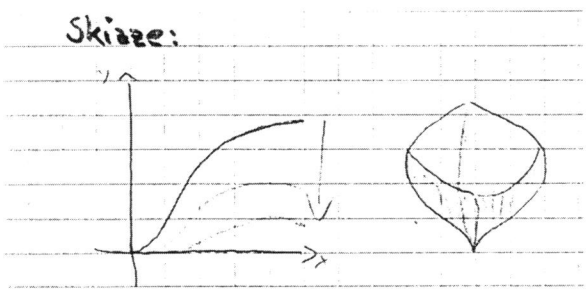

Abb. 7

Anschließend beschreibt sie das Verfahren wie folgt (Abbildung 8):

Zuerst müssen neue Splines berechnet werden. Die Bedingungen, die diese zu erfüllen haben müssen dann nun zu neuen Punkten angepasst werden.

Diese neuen Splines in Abhängigkeit von k heißen $\omega_1(x); \omega_2(x)$ sind $\omega_3(x)$, also:

$$b(x) = \begin{cases} \omega_1(x) & x \in [0;1) \\ \omega_2(x) & x \in [1;2) \\ \omega_3(x) & x \in [2;3] \end{cases}$$

addiert werden also:

$$\sum_{-10}^{10} \left(2 \cdot \int_0^3 b(x)\,dx\right) \cdot \Delta k$$

Skizze 2:

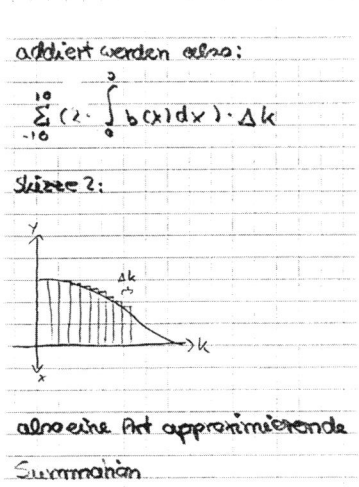

also eine Art approximierende Summation

Die Querschnittsfläche Q berechnet sich:

$$Q = 2 \cdot \int_0^3 b(x)\,dx$$

wobei $\int_0^3 b(x)\,dx =$

$$\int_0^1 \omega_1(x)\,dx + \int_1^2 \omega_2(x)\,dx + \int_2^3 \omega_3(x)\,dx$$

nun müssten die Querschnittfläche von allen k, wobei $k \in [-10; 10]$

nun müsste man nur nach Δk immer kleiner werden lassen:

$$\lim_{\Delta k \to 0} \sum_{-10}^{10} \left(2 \cdot \int_0^3 b(x)\,dx\right) \cdot \Delta k$$

oder

$$\int_{-10}^{10} \left(2 \cdot \int_0^3 b(x)\,dx\right) dk$$

Abb. 8

Wie man sieht, läuft das Verfahren auf die Formulierung eines Doppelintegrals hinaus. Insgesamt wird aus dieser Arbeit ein Verständnis des Integralbegriffs deutlich, das weit über das hinausgeht, was man sonst in langwierigen Rechengängen zu Flächen- und anderen Inhaltsbestimmungen beobachten kann, sei es mit Rechnereinsatz oder ohne. Nur ist dieser Klausuraufgabe ein Unterricht vorausgegangen, der deshalb eine fundierte Grundlegung des Integralbegriffs leisten konnte, weil er auf den Rechner zurückgegriffen hat.

3.5 Mit Dynamischer Geometriesoftware Begriffe bilden

Thomas Gawlick

Dynamische Geometriesoftware (DGS) hat mittlerweile ihren festen Platz im Klassenzimmer gefunden. Häufig beschränkt sich ihr Einsatz jedoch auf eine bloß illustrierende oder verifizierende Funktion (HÖLZL 2001). Langzeitstudien (z. B. LABORDE 2001) belegen jedoch, dass das volle Potenzial dieser Software erst dann nutzbar wird, wenn sie als legitimes *Werkzeug zur Erkenntnisgewinnung* genutzt werden kann. Die heuristische Funktion der DGS als Mittel zur Satzfindung ist mittlerweile unstrittig, und auch im Hinblick auf Möglichkeiten der Beweisfindung kommt der DGS etwa im Konzept der visuell-dynamischen Beweise (ELSCHENBROICH, s. S. 74 ff.) eine mehr als bloß empirisch prüfende Rolle zu. Klarerweise kann aber der Nachweis geometrischer Eigenschaften, sei es im Rahmen einer informellen Argumentation oder – daran anschließend – in einem deduktiven Beweis dann am besten durch DGS unterstützt werden, wenn bereits zuvor die Bedeutung der verwendeten Begriffe durch eine dynamische Veranschaulichung verdeutlicht wurde – und von da aus ist es nur noch ein kleiner, aber signifikanter Schritt zur *rechnergestützten Einführung* von geometrischen Begriffen. Gedacht ist dabei keineswegs an eine begriffliche Aufweichung durch Auslagerung des kognitiven Gehalts einer formal sauberen Definition in ein bewegtes Bild – vielmehr soll durch Interaktion mit einer dynamischen Visualisierung die Eigenaktivität der Schülerinnen und Schüler im Prozess der Begriffsbildung gestärkt werden. Die entscheidende Idee, warum dies gelingen kann: Die Veränderung einer dynamischen Figur im Zugmodus erfolgt nicht zufällig, sondern theoriegestützt. Dadurch kann die Allgemeinheit geometrischer Begriffe am Verhalten solcher Figuren konkret erfahrbar werden.

DGS-gestützte Einführung geometrischer Begriffe

Nach HOLLAND (1996) betrachten wir hier folgende Möglichkeiten zur *Einführung* von Begriffen:

A) Durch Spezifikation aus einem Oberbegriff

B) Konstruktiv

C) Durch Abstraktion

D) Durch Idealisierung und Komplettierung

Für das *Begriffsverständnis* lassen sich mit FRANKE (2000) folgende Stufen unterscheiden:

1. Intuitives Begriffsverständnis:
   Es lässt sich in Beispielen entscheiden, ob sie unter den Begriff fallen – die Entscheidung erfolgt „nach Augenschein".

2. Inhaltliches Begriffsverständnis:
   Es werden Eigenschaften des Begriffs erfasst und mit ihnen begründet, ob er von einem Beispiel repräsentiert wird oder nicht.

3. Integriertes Begriffsverständnis: Relationen von Begriffen (Ober-, Unterbegriff) werden verstanden und können verwendet werden, um einen Begriff durch eine minimale Anzahl seiner Eigenschaften zu charakterisieren.

4. Formales Begriffsverständnis: Der Umfang eines Begriff wird durch eine formale Definition im Rahmen einer axiomatisierten Theorie festgelegt.

Für die Schule kommen die ersten drei Stufen in Betracht. Methode A) und B) sind bereits auf der ersten Stufe anwendbar, C) erst ab der zweiten, D) beginnend mit der dritten. DGS kann dabei durch die Interaktion mit einem Repräsentanten des Begriffs, der nicht nur seine visuellen, sondern auch seine relationalen Aspekte verkörpert, einen entscheidenden Beitrag dazu leisten, dass ein Begriffsverständnis auf höherer Stufe möglich wird. Im Folgenden wird dies an Beispielen zu den verschiedenen Methoden der Begriffseinführung auf den ers-ten beiden Stufen demonstriert, für die DGS-gestützte Vertiefung des Begriffsverständnisses auf höheren Stufen (vgl. GAWLICK, 2005).

Begriffseinführung durch Spezifikation aus einem Oberbegriff

Hier wird der zu erwerbende Begriff durch Angabe spezifischer Merkmale aus einem bereits erworbenen Oberbegriff abgeleitet. Dies kann auf zweierlei Weise erfolgen:

a) deduktiv: durch Angabe einer Definition oder

b) induktiv: durch Angabe von Beispielen und Gegenbeispielen.

Bei der zweiten, aber auch bei der ersten Methode ist darauf zu achten, dass der volle Begriffsumfang erworben wird, d. h., die Beispiele sind hinreichend allgemein zu wählen.

Beispiel zu a): *Ein Rechteck ist ein Viereck, in dem die benachbarten Seiten aufeinander senkrecht stehen.*

Beim Erwerb dieses Begriffs ist mit typischen „Fehlvorstellungen" zu rechnen:

▨ Auf der ersten Stufe kann es leicht dazu kommen, dass „senkrecht" mit „lotrecht" verwechselt wird – und selbst wenn zu Beginn entsprechendes Beispielmaterial gebracht wurde, schleicht sich in der Folge doch gern aus Bequemlichkeit die „Fehlvorstellung" ein, dass alle Seiten mehr oder weniger parallel zum Heftrand zu sein haben. Entsprechend ist ein Dreieck nur rechtwinklig, wenn der rechte Winkel „oben" liegt. Solche Vorstellungen lassen sich durch die Arbeit mit dynamischen Zeichnungen gut in Frage stellen, denn

- standardmäßig enthalten DGS-Bilder kein Koordinatensystem – während im Heft das Linienmuster leicht vom Stützkorsett zu mentalen Käfigstangen wird ...,
- mit der Maus fällt es schwerer, Linien parallel zum Bildschirmrand zu erzeugen – auch wenn dies aus optischen Gründen oft noch im Nachhinein zu arrangieren versucht wird ...,
- aufgrund der Beweglichkeit dynamischer Figuren kann (und soll, s. u.) der Lernende zu Konfigurationen gelangen, die sich vom auf Papier befolgten „Grundmuster" unterscheiden.

▣ Auf der zweiten Stufe geht es darum, ein genaues Verständnis der verwendeten Eigenschaften zu erwerben. Die Gretchenfrage könnte hier lauten: Ist ein Quadrat ein Rechteck?

Solange es hier Zweifel gibt, wiegt der optische Eindruck schwerer als das Verständnis in Bezug auf die Beziehung von Begriffen. Oftmals ist dieses aber auch durch zu enge Vorprägungen behindert – so wird oftmals von der „längeren" und der „kürzeren" Seite eines Rechtecks gesprochen, in wenigstens einem (Grund-)Schulbuch findet sich dies sogar in der Definition.

Dynamische Zeichnungen können hier zu einem erweiterten Verständnis führen. Wichtig ist dabei, dass

▣ die Lehrkraft entsprechende Erkundungen als *Eigenaktivität* anstößt

▣ und diese anschließend *seitens der Lernenden* verbalisiert und reflektiert werden.

Ohne diese beiden Voraussetzungen wird es allenfalls zu einer passiven Rezeption bewegter Bilder kommen, aber nicht zu einem erweiterten Begriffsverständnis.

An dieser Stelle wird deutlich, dass die unterrichtliche Rahmung einer Aktivität entscheidend dafür ist, inwieweit das Potenzial der Software dabei nutzbar gemacht werden kann.

Veränderte Unterrichtsgestaltung beim Einsatz von DGS

Im deutschen Sprachraum hat besonders ELSCHENBROICH darauf hingewiesen, dass das von ihm propagierte Konzept der interaktiven elektronischen Arbeitsblätter (vgl. etwa ELSCHENBROICH & SEEBACH 1999), in dem die Lernenden einzeln oder in kleinen Gruppen entsprechend präparierte Lernsituationen erkunden, eine veränderte Rolle des Lehrers erfordert: Dieser wird vom Wissensvermittler zum Moderator. Nachdem die Schüler und Schülerinnen die Ergebnisse ihrer individuellen Lernprozesse am Rechner anschließend im Unterricht präsentiert haben, hat er die Aufgabe, sie aufeinander zu beziehen, sie miteinander zu vernetzen und sie in den übergreifenden Kontext zu integrieren. Für die prozessuale Komponente der Unterrichtsgestaltung, insbesondere hinsichtlich möglicher Fehlvorstellungen und des Umgangs mit ihnen, sei zudem auf BATTISTA (2003) hingewiesen, der mit „Shapemakers" einen DGS-basierten Lehrgang zur Drei- und Viereckslehre vorstellt und um detaillierte Vorschläge zur Durchführung von Diskussionsphasen ergänzt.

Hier soll aber nun nicht einer möglichen Feinsteuerung des Lehrerverhaltens das Wort geredet werden – vielmehr geht es darum, Handlungsspielräume zu einer veränderten Unterrichtsgestaltung zu eröffnen und dafür ein Repertoire möglicher Methoden und Verhaltensweisen bereitzustellen, aus dem individuell und situationsadäquat ausgewählt werden kann.

Zielsetzung der veränderten Unterrichtsform ist es dabei, eine *forschende Unterrichtskultur* zu etablieren, in der es in der Verantwortung des Schülers liegt, die gestellten Probleme mit Sinn zu erfüllen und zu versuchen, sie zu lösen, seine Überlegungen den Mitschülern darzulegen, die ihren zu verstehen und mit ihnen zu einem Konsens über das Erreichte zu gelangen. Die Verantwortung des Lehrers ist es, entsprechende Aufgaben auszuwählen, die den Schülerinnen und Schülern Lernfortschritte ermöglichen, das tatsächlich Erreichte zu bewerten, für einen konstruktiven Meinungsaustausch zu sorgen und ggf. den Denkprozess der Lernenden voranzutreiben.

Beispielhaft deutlich wird die Umsetzung dieser Ziele anhand der Anleitung zur Diskussion der o. a. Frage: Ist ein Quadrat ein Rechteck? BATTISTA schildert dabei ein wirkungsvolles Mittel, das bei einem solch ungewohnten Auftrag die zu erwartende Zurückhaltung der Schülerinnen und Schüler überwindet: Jede(r) hat sich für eine der Alternativen ja/nein zu entscheiden – und dies dadurch zu dokumentieren, dass er sich auf die entsprechende Seite des Klassenzimmers begibt. In den wiedergegebenen Unterrichtsdialogen wird sehr schön deutlich, dass das die Schülerinnen und Schüler nicht nur äußerlich, sondern auch innerlich in Bewegung bringt: Das Aushandeln von Bedeutungen *durch die Lernenden untereinander* dürfte dabei den größten Veränderungs- als auch Behaltens-Effekt bewirken – äußerlich gerahmt wird dies dadurch, dass bei geänderter Meinung auch die Seite des Raumes zu wechseln ist. Dabei kommt es nicht zu einem – wohl zu befürchtenden – Gruppendruck, wenn auch das mit Begründung zu erfolgen hat. Beeindruckend ist, wenn in einer der folgenden Aktivitäten wiederum dieselben (schwächeren) Schülerinnen und Schüler sich auf der Minderheitsposition einfinden – und den Mut haben, diese auch argumentativ zu vertreten und nicht einfach mit der

Masse mitzuschwimmen. Und dazu bedarf es einer Unterrichtskultur, die falsche Sichtweisen der Lernenden nicht zu früh oder gar als bloße Fehlvorstellung abtut. Sicherlich braucht es seine Zeit, diese zu etablieren, aber das Ergebnis dürfte den Aufwand rechtfertigen.

Konstruktive Begriffseinführung

Diese Methode eignet sich insbesondere für Begriffe, die in der Schule nicht aus einem Oberbegriff abgeleitet werden können, jedoch handelnd erfahrbar sind. Ein typisches Beispiel dafür ist die Spiegelung: eine (gar axiomatische) Kennzeichnung dieser Abbildung durch einen Satz von Eigenschaften ist nicht angebracht. Die konkrete Durchführung von Spiegelungen ist aber nicht ausreichend für einen vollen Begriffserwerb: Denn wie vollzieht sich dann der Schritt vom Verständnis des *Spiegelbilds einer Figur* zur Erfassung der *Spiegelung als einer Abbildung, die auf Figuren operiert?* DGS-Modelle sind hier hilfreich, insofern sie die *Eigenschaften* einer Spiegelung zu untersuchen gestatten, was sicherlich zu mehr und schnelleren Einsichten führt als der händische Nachvollzug der Konstruktionsanleitung – durch die Möglichkeit, auf Knopfdruck diverse Objekte zu spiegeln, verschiebt sich der Fokus von der Durchführung des Verfahrens auf die Beziehung von Figur und Spiegelfigur. Dabei erfährt man die Wirkung geometrischer Begriffe, die an statischen Repräsentationen nur schwer zu erfassen sind: Sichtbar ist ja nicht die Spiegelung selbst, sondern nur ihre Wirkung auf konkrete Figuren. Das DGS-Modell einer Spiegelung macht diese dagegen als eigenständiges Objekt erfahrbar, etwa als *black box* in Gestalt eines Makros, das auf andere Objekte anwendbar ist. Mit Hilfe der Spurfunktion macht man sich zunächst ein Bild von seiner Wirkung auf Punkte (linke Abb.). Vom Wiedererkennen der Abbildung ist es dann nur ein Schritt dazu, diese nachzumachen – dazu ist aber zunächst die Spiegelachse vonnöten. Auch diese lässt sich hier handelnd ermitteln – indem Punkt und Bildpunkt zur Deckung gebracht werden (Mitte). Die konstruktive Beschreibung der Achse als Mittelsenkrechte *eines* Punktes P und seines Bildes P' lässt sich nun ebenfalls mit Hilfe der DGS überprüfen (rechte Abb.)!

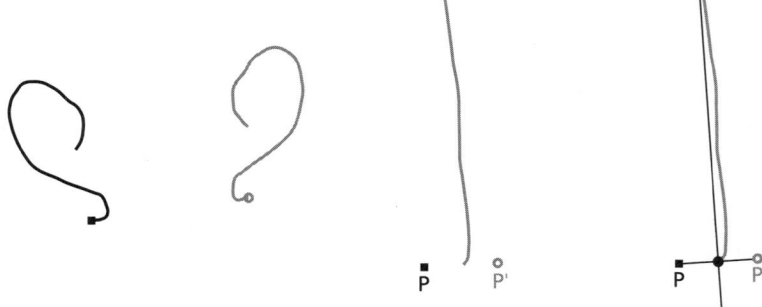

Begriffseinführung durch Abstraktion

Hier geht es um die Einführung von Begriffen, die sich nicht durch Spezifikation aus einem Oberbegriff, aber auch nicht handelnd ergeben. Zu denken ist hierbei insbesondere an die Genese des Begriffs *Figur* – sicherlich wird er im Rahmen der Schulgeometrie nicht allgemein definiert, allenfalls implizit durch Beispiele verkörpert. Aber schon im Fall konkreter Figuren ist dabei mehr erforderlich: „Ein wichtiges Ziel, das im Geometrieunterricht erreicht werden soll, ist schließlich auch ein tieferes Verständnis für die Idealität der geometrischen Figuren, die eben noch etwas anderes ist als bloß retouchierte visuell wahrnehmbare Zeichnung, … erstens, weil die empirische Realität nur unvollkommene Quadrate kennt, und zweitens, weil die ideale Figur ein Allgemeinbegriff ist, für den etwa eine bestimmte Seitenlänge gar keine Rolle mehr spielt" (STRUNZ 1968).

Im Hinblick auf das Quadrat wird es also beispielsweise darum gehen,

a) den „Allgemeinbegriff" des Quadrats zunächst an konkreten Repräsentanten zu erfahren – auch dabei ist DGS hilfreich. Während ein auf Papier gezeichnetes Quadrat durchaus „quadratischer" wirken kann als ein konstruiertes, ist mit Hilfe des Zugmodus die Überlegenheit des Letzteren schnell etabliert: Beim Verziehen einer Ecke wird aus einem konstruierten Quadrat wieder ein Quadrat – ein bloß gezeichnetes Quadrat verliert dagegen seine „Quadratizität"! Das ist hilfreich für den Übergang zur zweiten Stufe,

b) verschiedene Grade von Allgemeinheit anhand des Quadrates zu erleben – anknüpfend an das Arbeiten auf Papier wird oft zunächst mit festen Seitenlängen operiert, die ersichtlich(!) nicht den vollen „Allgemeinbegriff" des Quadrats repräsentieren,

c) den Quadratbegriff auch wieder von konkreten Konstruktionsvorschriften abzulösen – etwa anhand der Erfahrung, dass ganz unterschiedliche Konstruktionen durchaus dasselbe Zugverhalten zeitigen können. Das ist entscheidend für das Fortschreiten zur dritten Stufe,

d) den relationalen Aspekt des „Allgemeinbegriffs" Quadrat durch das Zusammenfallen verschiedener Definitionen (hier etwa: Viereck mit vier gleich langen Seiten und einem (zwei, drei, vier) rechten Winkeln zu konstituieren.

Das Experimentieren mit DGS kann dabei auf zwei verschiedene Weisen hilfreich sein:

▪ Unvollständige Definitionen (hier z. B.: Viereck mit vier gleich langen Seiten) liefern Ergebnisse, die nicht unter den betrachteten Begriff fallen.

▪ Überbestimmte Definitionen lassen sich abspecken, denn Bedingungen (hier: die vorgeschriebenen rechten Winkel) können abgeschwächt werden, solange kein vom Zielbegriff abweichendes Ergebnis auftritt.

So leistet DGS eine wirkungsvolle Unterstützung für das lokale Ordnen.

Begriffseinführung durch Idealisierung und Komplettierung

Die Grundbegriffe Punkt und Gerade lassen sich nicht auf die zuvor genannten Weisen erwerben – hier geht es vielmehr um ein Verständnis der verwendeten Darstellungsmittel an sich, um das Ausbilden innerer Vorstellungsbilder, die sich von den äußeren unterscheiden:

a) Geraden sind als beliebig ausgedehnt zu denken.

b) Punkte sind als ausdehnungslos zu denken (Euklid: „Punkt ist, was keine Teile hat."), Geraden als unendlich dünn.

In beiderlei Hinsicht kann ein DGS zu einem adäquaten Begriffserwerb beitragen:

a) Zieht man die obere Gerade mehr und mehr parallel zur unteren, lässt sich der Abstand des Schnittpunkts vom Zugpunkt beliebig vergrößern.

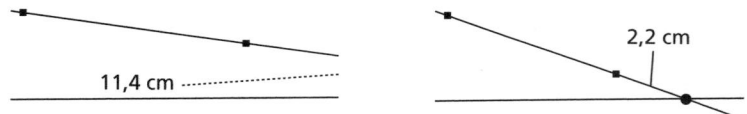

b) Hinsichtlich der Ausdehnung nehmen DGS-Objekte eine Zwischenstellung zwischen üblichen Zeichnungen und idealen Figuren ein: Der voreiligen visuellen Evidenz, dass sich die Mittelsenkrechten immer schneiden (linke Abb.), lässt sich durch Ausschnittsvergrößerung der DGS-Zeichnung mit einem Grafikprogramm wehren (Mitte): Schneiden sich wirklich die „echten" Geraden – oder nur ihre visuellen Repräsentanten? Andererseits ist die Idealität eines DGS-Objekts doch größer als die einer Papier- oder Computer-Zeichnung: Die programmseitige Vergrößerung des Ausschnitts (rechte Abb.) zeigt zwar wieder nur eine Annäherung – aber mit maßstabs*unabhängiger* Präzision!

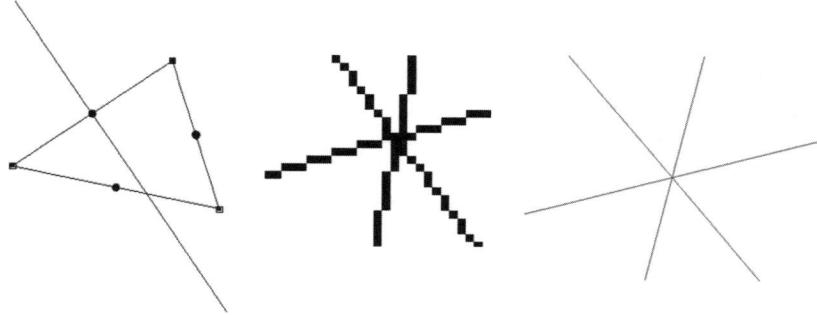

DGS-spezifische Einführung geometrischer Begriffe: Grundkonstrukte als Ortslinien

Durch den Zugmodus und die Ortslinienfunktion ist DGS ein besonders geeignetes Mittel, um den Punktmengencharakter geometrischer Figuren einzusehen. Umgekehrt basieren aber später auch erfolgreiche heuristische Problemlösestrategien mit DGS auf der Bestimmung von Ortslinien, die alle Punkte mit einer gewünschten Eigenschaft umfassen. Auch im Hinblick auf die spätere Verwendung von DGS als Werkzeug bei der Lösung solcher Aufgaben ist es wünschenswert, von Anfang an die begriffliche Basis entsprechend auszulegen und insbesondere den Ortsliniencharakter der Grundkonstrukte Gerade und Kreis wieder stärker in den Vordergrund zu rücken – etwa durch den folgenden problemorientierten Zugang:

Gleicher Abstand von einem Punkt – der Kreis

Einem Vorschlag zur Methodenvariation von SCHUPP folgend, kann man die Grundkonstrukte der Elementargeometrie sowie weitere geometrische Objekte und Eigenschaften durch die Lösung von Abstandsaufgaben einführen (vgl. GAWLICK 2002, wo sich auch dynamische Figuren zu den folgenden Beispielen finden). Die Gestalt des Kreises ist dem Lernenden natürlich weit vor jedem Geometrieunterricht bekannt. Es kommt daher darauf an, den Kreis einerseits als *geometrisches Objekt* einzuführen, andererseits als *Werkzeug* für weitere Aufgaben verfügbar zu machen, und zwar sowohl durch eine *Konstruktion* mit geeigneten Hilfsmitteln als auch über seine *charakterisierende Eigenschaft* der Gleichabständigkeit von einem Punkt.

Dazu kann folgende nur in Teilen skizzierte Sequenz von Aktivitäten dienen:

1. Stellt euch der Reihe nach möglichst gleich weit von mir auf. Auf was für einer Linie steht ihr?
2. Markiere einen Punkt auf dem Blatt. Zeichne 2, 4, 6, 8, ... Punkte, die den gleichen Abstand von ihm haben.

Die punktweise Konstruktion des Kreises als Ortslinie liegt jetzt nahe:

3. Bastele einen Faden mit zwei Schlaufen am Ende. Befestige ein Ende mit Hilfe einer Reißzwecke, stecke die Spitze eines Bleistiftes durch das andere. Spanne den Faden straff und markiere mit dem Bleistift einige Punkte. Auf was für einer Linie liegen sie?

Diese Fadenkonstruktion schlägt die Brücke von der Konstruktion einer Ansammlung von Punkten auf einem imaginären Kreis zur konventionellen Zirkelkonstruktion des Kreises als visuell repräsentierter Linie – und sie vermittelt zugleich eine Idee von der Approximation des *Kontinuierlichen* (der Linie) durch das *Diskrete* (die Punktmenge).

Lässt sich dieser Approximationsprozess nun besser mit Hilfe eines DGS visualisieren? „Im Prinzip ja", ist man nach einigen Versuchen geneigt zu antworten: Naheliegend ist natürlich, die Spur eines Endpunktes einer Strecke zu zeichnen – das erweist sich aber als etwas schwieriger als gedacht, wie untenstehend gezeigt.

Natürlich ist eine übliche DGS-Strecke hierfür ungeeignet, da sie „zu" dynamisch ist: Beim Ziehen an der Ecke verändert sie ja ihre Länge (linkes Bild). Man benötigt also eine Strecke fester Länge, die es aber z. B. in CABRI oder CINDERELLA nicht gibt. EUKLID DYNAGEO sieht dieses Konstrukt vor, aber es zeigt beim Ziehen an einem Endpunkt überraschend ein noch nicht zielführendes Verhalten: Beide Eckpunkte bewegen sich! (mittleres Bild). EUKLID bietet jedoch die Möglichkeit, einen Eckpunkt der Strecke zu fixieren und so das Gewünschte zu erreichen (rechtes Bild).

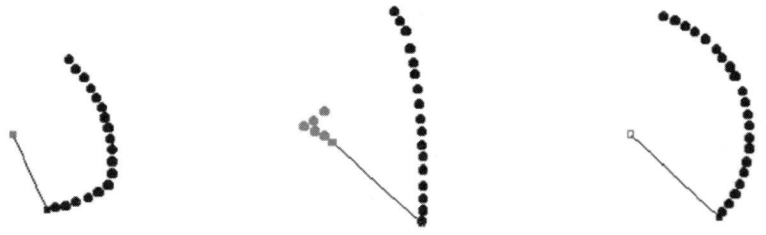

EUKLID ermöglicht auch per Mausklick eine adäquate Visualisierung des Übergangs von der Punktmenge *auf* einem geometrischen Ort zur Linie als *Verkörperung* des geometrischen Orts, indem (wie hier gezeigt) die Approximation des Orts durch Bezier-Kurven ein-(und aus-)geschaltet wird.

Anzumerken bleibt, dass das die Herstellung dieser dynamischen Visualisierung doch so DGS-typische Kenntnisse erfordert, dass sie von den Lernenden jedenfalls weder erwartet noch mit Gewinn vollzogen werden kann. Als Demonstrationswerkzeug in der Hand des Lehrers, aber auch zum Nachvollzug durch den Schüler kann sie aber von Wert sein.

Gleicher Abstand von zwei Punkten – die Gerade

Offenbar kann man jede Gerade der Ebene als Lösung eines Abstandsproblems erhalten, nämlich als Menge der Punkte gleichen Abstands zu zwei geeignet gegebenen Punkten. Sicher ist dies keine sinnstiftende Definition, sie hat aber ihre Berechtigung – nicht nur als Bestandteil des oben angegebenen Rekonstruktionsprogramms, sondern als Mittel zur Verdeutlichung des Ortsliniencharakters der „Gleichabstandslinie". Bei einer vorschnell vorgenommenen Verdinglichung kommt dieser Aspekt zu kurz, da nur die Eigenschaft einer auf dem Mittelpunkt der Verbindungsstrecke senkrecht stehenden Geraden fokussiert wird, nicht aber die Abstands- oder auch die Symmetrieeigenschaften dieses „reduzierten" Objekts.

Das Abstandsproblem sollte im Hinblick auf die zu fördernde Anwendbarkeit des im Mathematikunterricht erworbenen Wissens aber nicht „vom Himmel fallen", sondern kann mit Gewinn aus einem Sachkontext abgeleitet werden. Gerade bei einem dann fälligen kleinen Modellbildungsprozess lassen sich die neuerdings verstärkt geforderten argumentativen Kompetenzen fördern und vielfältige Lösungswege (an)diskutieren.
Die Lehrperson stellt dazu etwa folgendes Problem:

Zwei benachbarte Bauern haben Apfelbäume der gleichen Sorte gepflanzt. Nun hat ein Sturm viele Äpfel von den Bäumen gerissen. Wie kann das Fallobst gerecht verteilt werden?

Die mathematische Modellierung als geometrisches Problem sollte nun nicht wie bei einer eingekleideten Aufgabe zwischen den Zeilen hervorschimmern, sondern schrittweise erarbeitet werden. In jedem Schritt werden dabei Entscheidungen getroffen, die auch anders ausfallen könnten. Die Mathematik steht erst am Ende, nicht am Anfang dieses Prozesses – und ist von ihm abhängig in Art und Ergebnis ihrer Methoden. Dieser Aspekt kann allerdings nur angedeutet werden, da hier der Erwerb einer spezifischen Methode im Vordergrund steht.

Konkret werden bei dieser Aufgabe die Lernenden verschiedene Beiträge liefern, die entweder gar nichts mit Mathematik zu tun haben („Apfelmus kochen!") oder sich eher mit rechnerischen Verfahren lösen lassen („Die Äpfel einsammeln und dem Gewicht nach durch zwei teilen!"). Generell ist zu beobachten, dass besonders bei Jüngeren „gerecht" häufig mit „jeder bekommt gleich viel" gleichgesetzt wird. Hiergegen lässt sich allerdings aus der Problemsituation z.B. einwenden: „Was ist, wenn der eine Baum mehr Äpfel als der andere getragen hat?" Dementsprechend kann das Problem darauf fokussiert werden, dass jeder „das Seine" erhält:

Wie kann man die Äpfel so verteilen, dass jeder Bauer möglichst die Äpfel von seinem Baum erhält?

In diesem Stadium kommen durchaus Schülerbeiträge mit Bezug zur Geometrie, die aber noch unvollständig sind wie „Kreise um die Bäume ziehen" (man lasse die Lernenden probieren, ob das Kriterium funktioniert!) oder willkürbehaftet: „Eine Grenzlinie zwischen den Bäumen ziehen" (Wo muss diese Linie verlaufen?). Die Beschäftigung mit solchen Ideen bereitet aber den Boden für eine Argumentationskette, die etwa wie folgt aussehen kann:

Bei einigen Äpfeln kann man scheinbar leicht entscheiden, zu welchem Baum sie gehören. Dabei wird es sich um die Äpfel handeln, deren Abstände zu den beiden Bäumen sehr unterschiedlich sind. Auch das ist schon ein mit Unsicherheiten verbundener Schluss, denn aufgrund von Windrichtung, Fallhöhe, Gewicht, Beschaffenheit der Wiese usw. kann ein Apfel ja durchaus „weit von seinem Stamm fallen".

Entscheidet man sich aber trotz derartiger Unsicherheiten für die Regel: „Ein Apfel gehört zu dem Baum, der am nächsten steht!", ist der weitere Gang der Dinge vorgezeichnet, was oft auch von den Schülern und Schülerinnen erkannt wird („Wir müssen die Abstände messen!").

Damit ist die Modellierung methodisch in den Rahmen des Geometrieunterrichts gerückt, dennoch stehen weitere Entscheidungen an: Von wo aus wird gemessen? Offenbar hängt die Zuordnung eines Apfels zu einem Baum in einigen Fällen von der Beantwortung dieser Frage ab! Dies lässt sich mit EUKLID gut demonstrieren – die obige Grafik kann dazu als Hintergrund geladen werden:

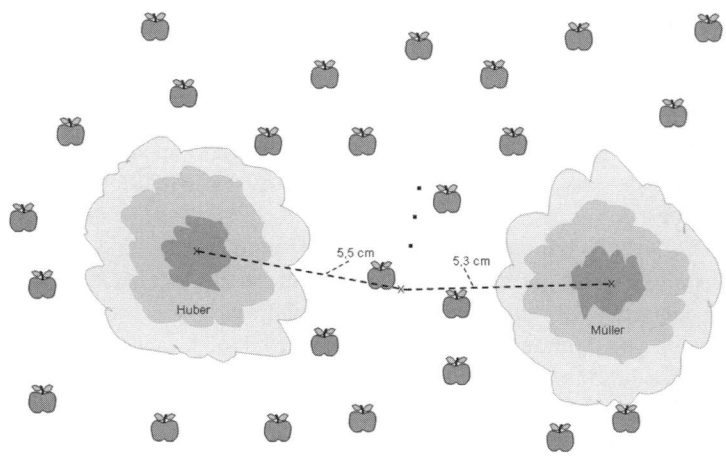

Dabei sollte für die Lernenden deutlich werden, dass allein das Anwenden „objektiver" mathematischer Verfahren noch kein eindeutiges Ergebnis garantiert, und mehr noch, dass im Einzelfall eine geschickte Wahl der Voraussetzungen durchaus von Vorteil sein kann.

Deutlich wird daran auch die Notwendigkeit, ein solches (hier natürlich sehr simples) Verfahren nicht einfach unreflektiert anzuwenden, sondern sich über den Handlungsspielraum dabei Gedanken zu machen und anschließend auch die getroffenen Entscheidungen anderen (und sich selbst!) deutlich zu machen.

In diesem speziellen Fall könnte eine Diskussion der Lerngruppe zu folgendem Ergebnis führen:

Jeder Bauer darf sich *einmal* einen „Baumpunkt" aussuchen, von dem aus er messen möchte.

Die Grafik zeigt die Bäume aus der Vogelperspektive (das ist wichtig wegen der Abstandstreue!) und das verführt natürlich in vorschneller Mathematisierung dazu, die Messpunkte in die „Mittelpunkte" zu legen. Mag man auch eine Exaktifizierung dieses Begriffs hier für entbehrlich halten, so sollte doch nicht unerwähnt bleiben, dass mit seiner Anwendung die Dimension der prinzipiellen praktischen Durchführbarkeit im Beispiel endgültig verlassen wird. Hierfür wäre ein Punkt an der Peripherie (des Stammes? oder der Baumkrone?) doch geeigneter – und würde auch dem betreffenden Bauern Vorteile bringen.

Ist nun ein praktikables Verfahren der Problemlösung abgesprochen, kommt es bei seiner Durchführung zu einem neuen Problem – und dieses ist die Wurzel der intendierten Begriffsbildung:

Die Schülerinnen und Schüler sollen bei Anwendung des Abstand-Kriteriums herausfinden, dass man bestimmte Äpfel nicht eindeutig zuteilen kann, da sie zu beiden Bäumen den gleichen Abstand haben.

Und nun sollten diese „Problemäpfel" *nicht* durch geschickte Variation der Messmethodik wegdiskutiert, sondern selbst zum Gegenstand der Analyse gemacht werden, z. B. über den Auftrag:

Ein Apfel gehört zu dem Baum, zu dem der Abstand am geringsten ist. Wo muss ein Apfel liegen, der damit keinem Baum zugeordnet werden kann?

An dieser Stelle hat sich die einleitend angeführte Abstandsaufgabe organisch aus dem Einführungsbeispiel entwickelt. Ein alternativer Zugang könnte stärker die Idee der Grenzlinie verfolgen und diese mit Hilfe der Abstandseigenschaft bestimmen:

Die Grenze zwischen den beiden Bäumen besteht aus den Punkten, die von ihnen gleich weit entfernt sind. Wie kann man solche Punkte finden?

In dieser Version wird noch etwas deutlicher, dass als Endprodukt des Lösungsprozesses eine *Linie aus Punkten* entsteht.

Gleicher Abstand von zwei Halbgeraden – die Winkelhalbierende

Bei dieser Konstruktion fällt es etwas schwerer als bei der Mittelsenkrechten, Beispiele aus Sachkontexten zu finden, die tatsächlich auf den Ortslinienaspekt der Winkelhalbierenden abheben. Für den hier vorgeschlagenen gestuften Aufbau eignet sich gut eine historisch belegte Anwendung der Winkelhalbierenden (nach VAN MAANEN 1986). Der mittelalterliche Jurist Bartolus entschied Streitfragen bei der Verteilung angeschwemmten Lands gemäß den Prinzipien des römischen Rechts:

1. Schwemmland gehört demjenigen, an dessen Land es angeschwemmt wurde.
2. Das Schwemmland wird bei dem Land angeschwemmt, dem es am nächsten liegt.

Die konsequente Anwendung dieser Prinzipien führt auf die Winkelhalbierende. Wieder sind aber zunächst einige Modellierungsschritte zu bewältigen. Wieder geht es darum, die noch etwas vage Bedingung „am nächsten liegen" durch Betrachtung einzelner Punkte zu konkretisieren. Um ein Handwerkszeug dafür zur Verfügung zu haben, ist es aber vonnöten, die betrachteten Grenzlinien stückweise zu linearisieren. Erst dann ist das vorher erarbeitete Verfahren zur Minimierung des Abstandes eines Punktes zu einer Geraden anwendbar. Erneut sind zwecks mathematischer Modellierung Entscheidungen für Vereinfachungen verbunden, die Konsequenzen für das Ergebnis des Verteilungsverfahrens haben. Diese Variabilität des Ergebnisses in Abhängigkeit von den Vorannahmen kann DGS gut erfahrbar machen. Beginnen kann man wiederum mit der Suche nach Grenzpunkten:

Ziehe die Strecken so zurecht, dass sie den alten Küstenverlauf in der Nähe der Grundstücksgrenzen gut annähern. Zeichne dann nahe des Messpunktes M Grenzsteine für das Schwemmland.
Auf was für einer Linie liegen diese Steine? Überprüfe deine Vermutung mit einer Messung!
Bewege dann den Grenzpunkt G zur Schulze/Huber-Grenze und zeichne dort auch Grenzsteine ein. Was fällt dir auf?

Diese Grenzpunkte werden aber bei jeder Veränderung der linearisierten Küstenlinien ungültig. Das motiviert das Verwenden einer Konstruktion: Beim Ziehen an den Stützstellen für die Messstrecken wird deutlich, dass auch bei größeren Abweichungen vom angenäherten Verlauf der alten Küste sich die Lage der Grenzlinie kaum verändert.

Ziehe am Abst., um den Abstand der Geraden vom angenäherten alten Küstenverlauf zu verändern. Zeichne dann mit ihrer Hilfe Grenzsteine für das Schwemmland. Beobachte, wie sich die Grenzlinie ändert, wenn du die Messstrecken bewegst.

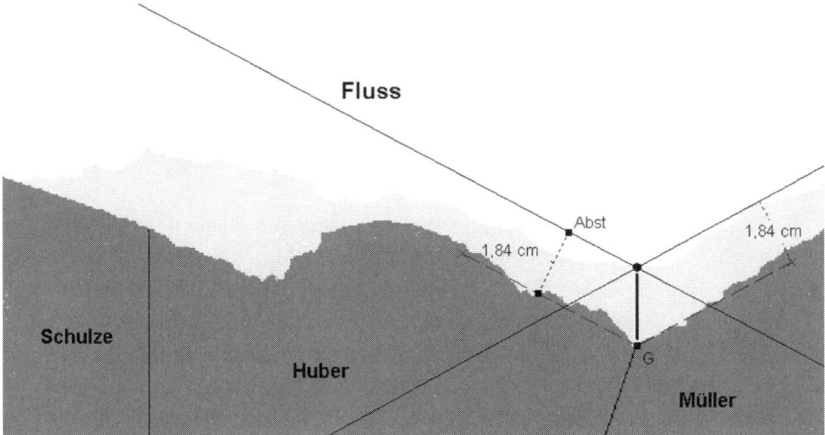

Das liefert nachträglich auch einen pragmatischen Grund für die Zulässigkeit der Annäherung. Solche Argumente werden ja auch in der Ingenieursmathematik bei der Verwendung von Näherungslösungen benutzt.

3.6 Ich sehe was, was du nicht siehst – Computerdarstellungen reflektieren

Anselm Lambert

Computer sind aus unserem Leben kaum noch wegzudenken. Wer möchte das auch schon? Sie erleichtern uns die Arbeit, nehmen uns sogar Arbeit ab. Dabei sollten natürlich immer wir die Computer beherrschen und nie die Computer uns. Dies gilt insbesondere auch im Mathematikunterricht als einem wichtigen Ort des Lernens – primär des Lernens von Mathematik, aber heute unvermeidlich auch des Lernens eines (reflektierenden) Umgangs mit dem Computer.

Wir setzen Computer gezielt zur Unterstützung von Lernprozessen ein – etwa durch die nun einfachere Erzeugung vielfältiger(er) und reichhaltiger(er) Darstellungen mathematischer Objekte – und lassen uns von ihnen mathematische Arbeit abnehmen –, etwa wenn wir von ihnen symbolische Kalkulationen durchführen lassen, um uns selbst vermehrt wieder der Bedeutung dieser Symbole zuwenden zu können (vgl. Hischer & Lambert 2002, S. 165).

Wir lagern Denkfähigkeiten auf mathematische Symbole aus. Bisher haben wir selbst mit diesen operiert, heute können wir Computer für uns operieren lassen und dadurch unsere eigenen Möglichkeiten erweitern. Das macht den Computer so neu. Er ermöglicht es, Denkprozesse vom Menschen auf eine Maschine auszulagern (vgl. Hischer 2002, S. 68 f.). Diese Maschine – der Computer – kann nun automatisiert Dinge, die wir zuvor als Leistungen des menschlichen Geistes angesehen haben: u. a. Schach spielen und Gleichungen algebraisch lösen. Zu solch einem in geeigneter Weise formalisierbarem Denken können wir heute Computer heranziehen, sie für uns denken lassen. Das bedeutet aber nicht, dass uns Computer *vom* Denken befreien; eher im Gegenteil: Computer befreien uns zum Denken.

Wenn uns Computer tatsächlich zum Denken befreien sollen, so müssen wir auch verstehen, wie wir ihr Denken und umgekehrt auch sie unser Denken beeinflussen. Einerseits können Computer mit ihren Darstellungen unsere Vorstellungen erweitern. Eine „Funktion" etwa ist nicht nur das, was eine mathematische Definition hergibt, sondern darüber hinaus bilden alle Beispiele, die man bewusst oder unbewusst zuordnet, wie man mit diesen umgeht und nicht zuletzt auch alle Bilder, die man sich dazu macht, diesen Begriff. Andererseits prägen uns Computer deshalb auch mit ihren Darstellungen, so dass wir uns nicht blindlings auf Computer und die über sie erzeugten Bilder verlassen dürfen. Wir müssen deren Zustandekommen (wenigstens grob) verstehen und die Grenzen des Computers kennen und reflektieren, um ihn verständig einsetzen zu können. Dieser medienerzieherische Auftrag erstreckt sich auch auf den Einsatz des Computers im Mathematikunterricht. Die folgenden Beispiele, die

als Anregungen für den Unterricht zu verstehen sind, dienen schwerpunktmä-
ßig dieser Absicht.

Blicke auf den Bildschirm: Darstellungen mathematischer Objekte
Der Computer als neues Medium und Werkzeug liefert uns vielfältige (neue)
Möglichkeiten zu Darstellungen mathematischer Objekte. Die mit Bleistift auf
Papier erstarrten Zeichnungen lassen sich – wo nötig! – durch bewegliche
Zeichnungen auf dem Bildschirm ersetzen: etwa bei Funktionenplottern mit
Schiebereglern oder im Zugmodus bei DGS.

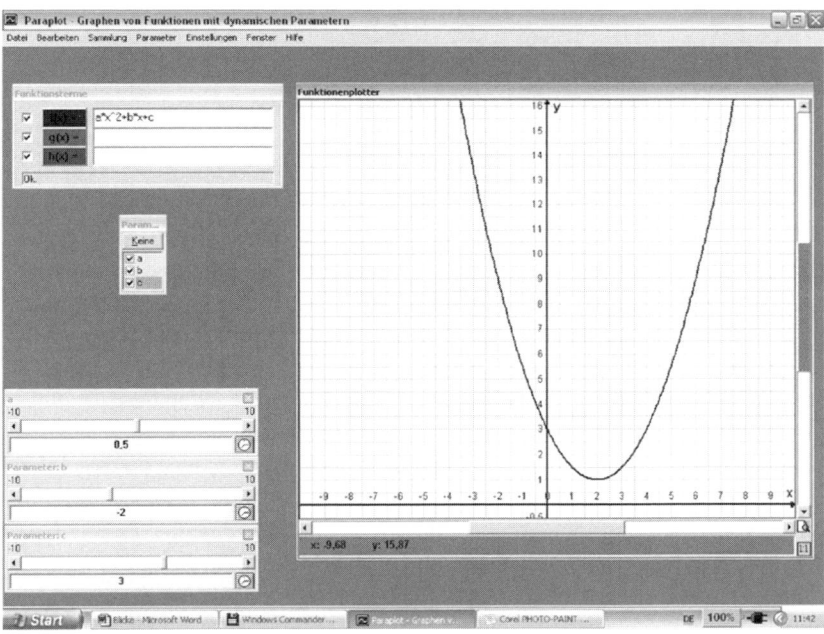

Abb. 1: Beweglicher Funktionsplot mit PARAPLOT von Robert Triftshäuser (Freeware)

Über diese beweglichen Darstellungen mathematischer Objekte wird die Mathematik selbst beweglich. Mathematik lebt in den Vorstellungen der Mathe-
matiktreibenden und wird von diesen über Darstellungen kommuniziert. Die
zugänglichen Darstellungsformen beeinflussen dadurch direkt die individuelle und die gemeinsame Mathematik; mehr Darstellungsmöglichkeiten erlauben uns mehr Mathematik. Ein einfaches Beispiel: Es ist uns heute zum Beispiel
ein Leichtes, im Mathematikunterricht mit einem DGS die Parabel als den geometrischen Ort aller Punkte wieder zu entdecken, die von einem gegebenen
Punkt und einer gegebenen Gerade jeweils den gleichen Abstand haben – eine

klassische Vorstellung von Parabel, die wir bei den alten Griechen finden, lange vor der Erfindung des Funktionsterms!

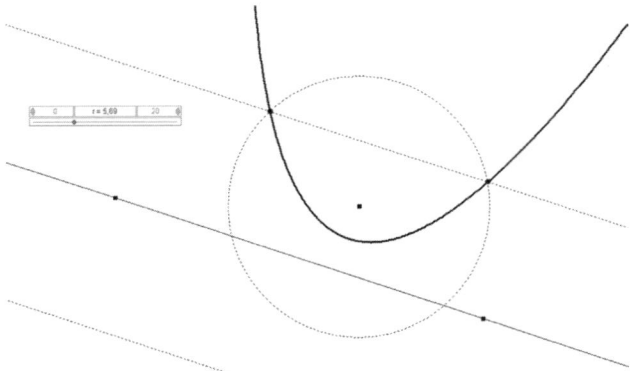

Abb. 2: Klassische Parabelkonstruktion mit einem DGS

Durch diese Darstellung – neben(!) der Darstellung als Funktionsgraph zu einem Polynom zweiten Grades – enthält der Begriff Parabel im Mathematikunterricht eine neue Reichhaltigkeit. Und diese durch das Neue Medium (wieder-)gefundene Beschreibung von Parabeln erinnert uns auch an einen computerfreien, handlungsorientierten Zugang zur Parabelkonstruktion mit alten Werkzeugen: Die Lernenden sollen sich mit Hilfe eines Bandmaßes (aus einem Baumarkt) jeweils so positionieren, dass sie gleich weit etwa von der Schulhauswand und der Lehrperson entfernt sind – das Produkt lässt sich mit dem neuen Werkzeug Digitalkamera festhalten. Das Bandmaß ist der Zirkel, der in den Konstruktionen mit Zirkel und Lineal ja primär zum Abtragen von Streckenlängen da ist, was bei dem faszinierenden sekundären Phänomen, dass man mit dem Zirkel Kreise zeichnen kann, leicht in Vergessenheit gerät. Diese Handlung des Einmessens lässt sich auf verschiedenen Wegen – die Lernenden sind (nicht nur) dabei sehr einfallsreich – mit einem DGS nachzeichnen.

Eine weitere Möglichkeit bei der Darstellung mathematischer Objekte ist die einfachere Verwendung von Farben (oder Graustufen) als Informationsträger.

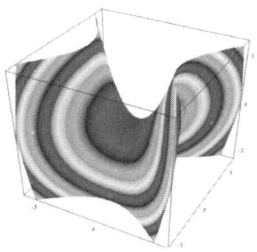 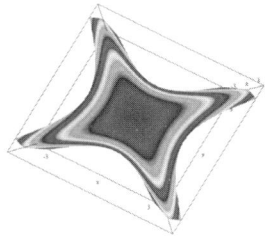

Abb. 3: Der Schnitt einer Sattelfläche mit einer Kugelschar aus verschiedenen Blickrichtungen (3-D-Plot erzeugt mit DPGRAPH)

Sowohl bewegliche Darstellungen als auch die Verwendung von Farbe sind natürlich nicht neu, aber nun doch sehr viel einfacher im Alltag zu verwirklichen.

Genauere Blicke auf den Bildschirm: Diskretisierungsphänomene

Wir können also heute mit Hilfe des Computers auf dessen Bildschirm leichter vielfältigere Darstellungen mathematischer Objekte erzeugen, als dies früher mit den klassischen Medien und Werkzeugen Papier und Bleistift bzw. Tafel und Kreide möglich war. Doch schauen wir uns diese Neuen Darstellungen einmal genauer an.

Beginnen wir dazu mit dem Beispiel einer klassischen Konstruktionsaufgabe: „Konstruiere ein Quadrat mit seinem Inkreis! Konstruiere in eine der Ecken einen Kreis, der zwei Quadratseiten und den Inkreis berührt!" Mit Zirkel und Lineal kein Problem. Aber bei einem DGS kann es hier vorkommen, dass der Eckkreis trotz sauberer Konstruktion scheinbar den Inkreis und/oder das Quadrat schneidet oder gar nicht erst berührt.

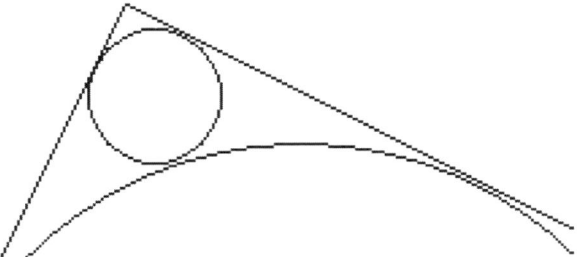

Abb. 4: Berühren sie sich oder berühren sie sich nicht?

Und genau betrachtet sehen wir auch keine richtigen Strecken als Quadratseiten und der mit dem klassischen Zirkel auf Papier gezeichnete Kreis ist auch viel schöner, da runder als der auf dem Bildschirm. Diese Beobachtungen könnten wir nun schulterzuckend zur Kenntnis nehmen. Wir sollten aber doch lieber nachhaken und zu verstehen suchen. Denn:

▪ Erstens können Schülerinnen und Schüler durch Fehldarstellungen mathematischer Objekte in die Irre geführt werden und unverstandene Fehldarstellungen können ihre Lernprozesse behindern.

▪ Zweitens können wir ja annehmen, dass es dafür einen mathematischen Grund geben muss, denn der Computer führt ja lediglich mathematische Operationen durch. Damit liegt hier ein nahe liegendes und geeignetes Thema für den Mathematikunterricht vor.

Wir sehen, was wir wissen

Uns Lehrpersonen ist bei den in der Schule diskutierten Objekten (meist) klar, wie wir die computererzeugten Darstellungen zu interpretieren haben, wir kennen die behandelten Objekte und erkennen sie daher wieder. Die Lernenden haben natürlich keine Chance, ihnen unbekannte Objekte wiederzuerkennen: In einem siebten Schuljahr habe ich Schülerinnen und Schüler mit dem Funktionenplotter eines Taschencomputers durch Terme gegebene Geraden auf dem Display des Taschencomputers erzeugen und auf Papier abzeichnen lassen. Die Geraden kannten sie, und so war dies eine leichte Aufgabe: Sie benutzten wie zuvor auch das alte Werkzeug Lineal und produzierten auf diese Weise schöne Geraden. Mit dem Taschencomputer lag es nun nahe, auch mit anderen Graphen zu weiteren Termen weiterzuspielen, und so ließ ich sie das, was wir Normalparabel nennen, ihnen aber gänzlich unbekannt war, plotten und gab ihnen den Auftrag, dieses Schaubild möglichst genau abzuzeichnen.

Und da passierte es: Einige Schülerinnen und Schüler und gerade die gewissenhaften produzierten „treppige" Parabeln, eben genau die, die man wirklich auf dem Bildschirm sieht, wenn man unschuldig genau hinsieht. Hier muss man dann, um Verständnis zu ermöglichen, im Unterricht darauf eingehen, wie der Computer eigentlich seine Bilder zeichnet.

Versuchen wir also den Funktionsplot besser zu verstehen. Eine einfache Aufgabe besteht darin, die Lernenden auch einmal selbst gepixelte Graphen auf Papier zeichnen zu lassen.

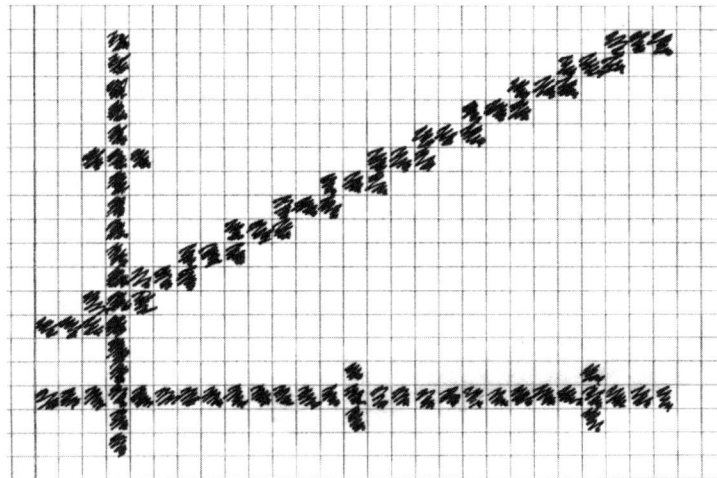

Abb. 5: Welche Funktion ist hier dargestellt? Nach welchem Algorithmus wurden die Pixel gesetzt?

Dabei müssen sie viele Überlegungen selbst anstellen, derart, wie sie im Rechner beim Plotten auch berücksichtigt sind: Welche Kästchen müssen gefärbt werden? Welche Steigungen sind leicht darstellbar? Wie geht man bei schwierigen Steigungen vor? Das erklärt den Schülerinnen und Schülern die Struktur der Treppengeraden. Aber auch bei weiteren Fehldarstellungen ist Verstehen möglich, wenn wir dazu unsere Mathematik zu Hilfe nehmen.

Unvermeidliche Fehldarstellungen bei Funktionenplottern
Betrachten Sie periodische Funktionen: Sie erkennen auf einem Taschencomputer-Display die Sinusfunktion zunächst für $f_a(x) = \sin(ax)$ mit $a = 1$ über dem Intervall $[0;2\pi]$ sofort wieder, wenn Sie sie plotten lassen. Mit zunehmendem Frequenzfaktor wird das aber schwieriger und letztlich unmöglich. Sie sehen etwas deutlich anderes als das, was Sie eigentlich sehen müssten. Die Darstellung widerspricht heftig der Idee einer harmonischen Schwingung. Aber sie enthält eine gewisse Regelmäßigkeit, und eine solche ist der typische Angriffspunkt für Mathematik als Wissenschaft von den Strukturen – sie führt, wenn man sie systematisch weiterverfolgt, in diesem Fall zur Theorie des *Aliasing* (vom lateinischen *alius: „ein anderer"*), mit der man solche Fehldarstellungen beschreiben kann. Im Folgenden werden erste Schritte in diese Richtung für den Unterricht skizziert (vgl. dazu auch HISCHER/LAMBERT/SELZER/STROBEL 2004).

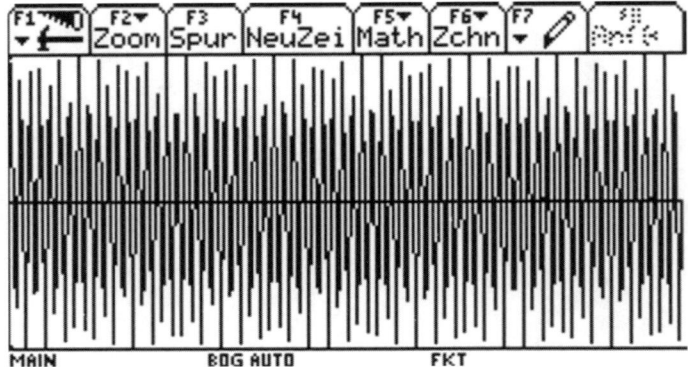

Abb. 6: Der Funktionsplot zu sin(69x) über [0;2π] mit dem VOYAGE 200

Sammeln Sie eigene Erfahrungen: Spielen Sie mit dem Parameter a. Irgendwann kommen Sie dabei zur überraschenden Beobachtung, dass der Plot bei einem gewissen Frequenzfaktor mit dem Plot zu sin(x) übereinstimmt! Das kann doch nicht mit rechten Dingen zugehen! Der CLASSPAD 300 von CASIO z. B. suggeriert sin(x) = sin(155x), der VOYAGE 200 von TEXAS INSTRUMENTS dagegen sin(x) = sin(239x). Was ist denn nun richtig? Erkunden Sie das Phänomen mit einem Taschencomputer in der Hand selbst weiter, bevor Sie weiterlesen (es genügt auch ein einfacher grafikfähiger Taschenrechner)!

In der Klasse lassen sich leicht viele Beobachtungen an der Tafel festhalten und die entdeckten Phänomene anschließend gemeinsam analysieren. Das Display zeigt bei den erwähnten Geräten sin(2x) = sin(156x) bzw. sin(2x) = sin(240x) und sin(3x) = sin(157x) bzw. sin(3x) = sin(241x) usw. Die erste Entdeckung ist offenbar Teil eines Systems und die Phänomene wiederholen sich periodisch: Es scheint sin(x) = sin(155x) = sin(309x) bzw. sin(x) = sin(239x) = sin(477x) zu sein. Interessant ist auch der Fall sin(154x) bzw. sin(238x), in dem der Taschencomputer auf den ersten Blick scheinbar gar nichts zeichnet.

Was „denkt" sich der Rechner dabei? Was macht er eigentlich, wenn er einen Funktionsgraphen zu einem ihm übergebenen Term zeigen soll? Nun: Er tastet die Funktion an ausgewählten Stützstellen ab, bei Taschencomputern in der Regel in Abhängigkeit von der Bildschirmauflösung. So erzeugt er sich – so wie wir es ohne Rechner (in der Sekundarstufe I zunächst) auch machen würden – eine Wertetabelle. Dann verbindet er die so gewonnenen Punkte auf dem Bildschirm. (Eine detailliertere Analyse finden Sie in HISCHER 2004, S. 40 f.)

Das erklärt die Struktur: Die Stützstellen wählt der Rechner äquidistant, die Sinusfunktion ist periodisch und so überlagern sich hier jeweils zwei regelmäßige Muster zu den regelmäßigen Mustern (wie z. B. dem in Abbildung 6), die

Sie beim Variieren des Frequenzfaktors beobachten können. Es liegt also kein Programmierfehler vor, sondern ein prinzipiell unumgängliches Problem, das durch Abtastung entsteht! Richtig ist also: Der Rechner zeigt uns nicht $\sin(x) = \sin(155x)$ bzw. $\sin(x) = \sin(239x)$ usw. für alle $x \in [0;2\pi]$, sondern nur für die Stützstellen. Hinterher ist man meist klüger! Die Situation kann man nun auch formal beschreiben. Der Rechner tastet eine Funktion an $s + 1$ Stellen x_σ ($\sigma = 0, \ldots, s$) äquidistant ab. Der Abstand zwischen zwei benachbarten Stützstellen beträgt hierbei $\frac{2\pi}{s}$. Der Rechner stützt seine Darstellung also auf die Funktionswerte $\sin(ax_\sigma) = \sin(a\sigma\frac{2\pi}{s})$. Nun lässt sich wie oben beschrieben eine periodische Wiederholung der Phänomene beobachten und es liegt nahe zu vermuten, dass diese Wiederholung von der Abtastrate s abhängt. Für beliebige Vielfache der Abtastrate gilt dank eines Additionstheorems an den Stützstellen x_σ:

$\sin((a + ks)x_\sigma) = \sin(ax_\sigma + ksx_\sigma) = \sin(ax_\sigma)\cos(k\sigma 2\pi) + \cos(ax_\sigma)\sin(k\sigma 2\pi)$.

Sie sehen also $\sin((a + ks)x_\sigma)$ als $\sin(x_\sigma)$, da von der Summe rechts in dieser Gleichung wegen $\cos(k\sigma 2\pi) = 1$ und $\sin(k\sigma 2\pi)$ nur der Term $\sin(ax_\sigma)$übrig bleibt.

Am PC lassen sich diese Untersuchungen am schönsten mit dem Freeware-Programm *Paraplot* von Robert Triftshäuser und dessen Schiebereglern, die sowohl die Variation des Parameters als auch die Variation der Stützstellenzahl ermöglichen, durchführen (vgl. dazu HISCHER 2005, S. 9 ff.), aber auch z. B. mit *MuPAD* oder *Maple* und etwas schwieriger mit *Derive* geht es.

Verwandte Fehldarstellungen

Wir dringen bei dem erfolgreichen Versuch, die computergenerierten Fehldarstellungen von Funktionsgraphen besser zu verstehen, zu interessanter Mathematik vor. Wem Mathematik allein nicht Motivation genug ist, dem sei gesagt: Die hier mathematisch beschriebenen Abtastphänomene finden wir auch andernorts in unserer Umwelt. Sie sehen sie bei den bekannten sich scheinbar rückwärts drehenden Wagenrädern in Filmen und sie müssen beim Digitalisieren von Audiosignalen (z. B. auf Musik-CDs) bzw. beim Digitalisieren von Bildern berücksichtigt werden, damit sie dort nicht zu hören oder zu sehen sind. Nebenbei bemerkt: Der Ausweg ist, zur Abtastung mindestens die doppelte Frequenz des kleinsten abzutastenden Signals zu verwenden; dies folgt aus dem SHANNON'schen Abtasttheorem der Signalverarbeitung (siehe z. B. BABOVSKY & BETH, NEUNZERT, SCHULZ-REESE 1987, S. 78). Schauen wir uns das letztgenannte Beispiel ein wenig genauer an: Scannen wir ein Bild mit einem handelsüblichen Scanner, der ein Bild zeilenweise äquidistant abtastet, dann können wir leicht das Folgende erleben – entsprechende Phänomene entstehen auch durch die zeilenweise Darstellung von Bildern auf einem Bildschirm (Sie können sie z. B. durch Einlesen eines jpg-Bildes in die Textverarbeitung *Word* und Verändern der Dokumentskalierung beobachten):

Abb. 7: Scan eines einfachen, zur Horizontalen parallelen, periodischen Streifenmusters, bei dem das Original auf dem Scanner nur ein wenig verdreht wurde.

Wir sehen ein weiteres regelmäßiges Streifenmuster, hier von links oben nach rechts unten. Dieses ist im Original nicht enthalten. Wo kommt es her? Liegt ein technischer Defekt vor oder wieder ein prinzipielles, mathematisch beschreibbares Phänomen?

Erkundende Analyse des Phänomens

Sich überlagernde periodische Strukturen kann man in einem vereinfachenden, greifbaren Modell realisieren: Durch Overheadfolien mit äquidistanten Streifenmustern, die man übereinander legt und gegeneinander verdreht.[1]

Abb. 8: Überlagerung von Overheadfolien mit Streifenmustern

---

1 Download unterschiedlicher Vorlagen finden Sie unter www.schul-mathe.de/cico

Dabei lassen sich wieder neue Muster entdecken, die auf keiner der Folien allein zu sehen sind, die erst durch Überlagerung entstehen – hier: schwarze Linien, die steil von links unten nach rechts oben verlaufen, oder alternativ schräge Stapel weißer Parallelogramme. Und diese Muster gleichen dem beim Scannen zu beobachtenden Phänomen, das man *Moiré* – vom französischen *moiré* für schillernd – nennt (siehe AMIDROR 1999, S. 1). Bei der Überlagerung periodischer Muster entstehen also offensichtlich – genau wie oben beim Plotten der Sinusfunktion – neue periodische Muster. (Ein Füllhorn an weiteren Streifenmustern finden Sie in GRAFTON (1976) und CASSIN (1997), eine Überlagerung einer parallelen Streifenschar mit einer Schar sich in einem Punkt schneidender Streifen ergibt übrigens neue Moirékurven. Welche? Warum? Vielleicht können Sie die Frage ja später selbst beantworten.)

Durch den Einsatz weiterer Medien und Werkzeuge lassen sich Phänomene sammeln, die durch Überlagerung periodischer Strukturen entstehen, um mehr Material für einen Erklärungsversuch zur Verfügung zu haben. Eine mögliche Darstellung der Situation ist die folgende: Die Overheadfolien mit den Streifenmustern können durch Funktionen beschrieben werden, die den Wert 1 an den lichtdurchlässigen Stellen und den Wert 0 an den nicht lichtdurchlässigen Stellen annehmen. Hier hilft also das klassische Medium und Werkzeug Mathematik. Zu beobachten ist nun die Überlagerung mathematischer, periodischer Strukturen als Darstellung realer Strukturen. Die Lichtdurchlässigkeit beim Übereinanderlegen kann man als Produkt der Lichtdurchlässigkeitswerte an jedem Punkt definieren: Wo immer schon eine der beiden Folien lichtundurchlässig ist, also den Wert 0 hat, kommt bereits kein Licht mehr hindurch. Diese formale Darstellung ermöglicht uns weiterführende Gedankenspiele: Stellen Sie sich nun eine Folie vor, die einen differenzierteren Lichtdurchlässigkeitsverlauf hat, auch zwischen den Werten 0 und 1 und periodisch in eine Richtung, etwa in x-Richtung, dargestellt durch die nur von einer Ortsvariablen x (und einem Parameter a) abhängige Durchlässigkeitsfunktion $\frac{1}{2}(\sin(ax) + 1)$. Auch hier bestimmt man die bei der Übereinanderlegung mehrerer solcher Folien sich ergebende Lichtdurchlässigkeit wieder durch das punktweise Produkt. Schauen Sie sich das mit einem Funktionenplotter mit Schiebereglern auf dem Bildschirm modellierte Resultat für zwei Folien gleicher Orientierung an.

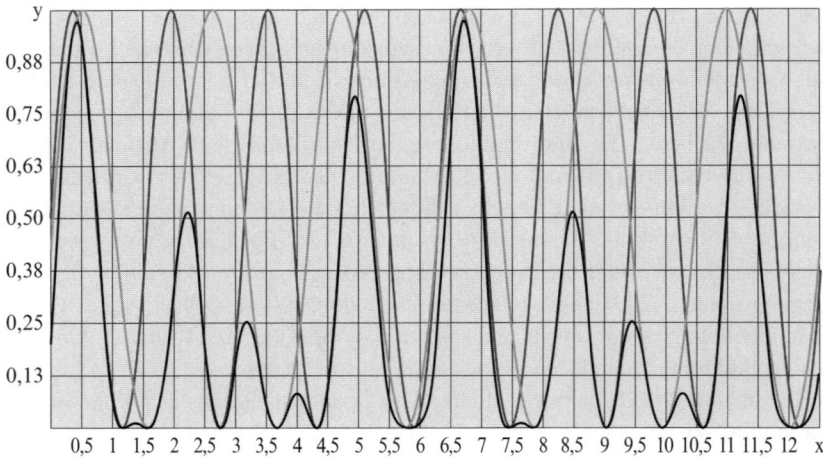

Abb. 9: $f(x) = \frac{1}{2}(\sin(4x) + 1)$, $g(x) = \frac{1}{2}(\sin(3x) + 1)$ und $f(x) \cdot g(x)$ geplottet mit Paraplot

Mit dem Computer lassen sich leicht viele verschiedene Kombinationen der Parameter a und b durchspielen (Tipp: Bei der Beschränkung auf natürliche Parameter lassen sich die resultierenden Phänomene zählen.)

Hier wird exemplarisch der Fall $a = 4$ und $b = 3$ dargestellt. Abbildung 9 zeigt im Intervall $[0;2\pi]$ die drei Helligkeitsspitzen von $\frac{1}{2}(\sin(3x) + 1)$ und die vier von $\frac{1}{2}(\sin(4x) + 1)$. Wie viele (nun unterschiedlich große) Helligkeitsspitzen hat das Produkt? Dies ist nicht ganz so naiv zu zählen, der Funktionsplot muss dazu genauer gelesen werden, er ist ja immer nur eine informationsreduzierte Darstellung. Fünf Spitzen sind auf den ersten Blick zu sehen, eine weitere auf den zweiten: zwischen 1 und 1,5. Aber die Funktion hat noch ein weiteres Maximum, das aus dem Plot nur indirekt herauszulesen ist. Immer dort, wo ein Maximum der Produktfunktion vorliegt, schneiden sich die beiden Ausgangsfunktionen. So kann man schließen, dass zwischen 5,5 und 6 ein weiteres Maximum liegt, das zu klein ist, um vom Funktionenplotter noch dargestellt werden zu können. Insgesamt sind also 7 Maxima zu finden. Zu diesen Maxima führen auch andere Wege – man braucht dazu auch nicht unbedingt trigonometrische Funktionen. Finden Sie weitere Begründungen!

Das hier Vorgebrachte ist sicherlich alles andere als eine rigorose Schlussweise, aber liefert uns dennoch wichtige Einsichten. Wer möchte, kann gerne formal sauber die Behauptung beweisen und findet sich in einer interessanten, unterschiedliche Lösungswege ermöglichenden Kurvendiskussion, die händisch und/oder mit Computeralgebrasystemen angegangen werden kann. Ingesamt liefern die interpretierenden Beobachtungen mit dem Funktionenplotter: Überlagern wir hier ein Muster mit Parameter a mit einem mit Parameter b, dann erhalten wir ein neues mit dem Parameter $a + b$. Kurz: die (räumlichen) Frequenzen addieren sich einfach.

Eine Erklärungsmöglichkeit

Mit diesem Vorwissen lassen sich die Beobachtungen bei den gegeneinander verdrehten Folien erklären: Kann man aus dem Drehwinkel die Richtung des Moirés vorhersagen? Das geht – und man kann ein DGS zu Hilfe nehmen. Dazu eine Vorüberlegung: Die Muster haben ja nicht nur eine Frequenz, sondern auch eine Richtung. Die geht wie folgt ein: Die Frequenzen werden vektoriell addiert, ihnen ist die Richtung der Ausbreitung des Phänomens zugewiesen. Diese Idee findet sich auch im Physikunterricht, wo man mit Federwaagen zunächst Gewichtskräfte nur nach Größe addiert und anschließend Kräfte auch in unterschiedliche Richtungen wirken lässt. Auf diesem Weg entdeckt man das Kräfteparallelogramm. Hier liegt in Analogie dazu ein Frequenzparallelogramm vor. Mit einem kleinen Unterschied: Es gibt nicht nur eine Richtung für das Muster. Das liegt daran, dass man die Richtung der Ausbreitung nicht eindeutig festlegen kann, sondern immer ebenso gut auch die Gegenrichtung wählen könnte, was zwei unterschiedliche Vorhersagen für Ausbreitungsrichtungen dieses Überlagerungsphänomens liefert.

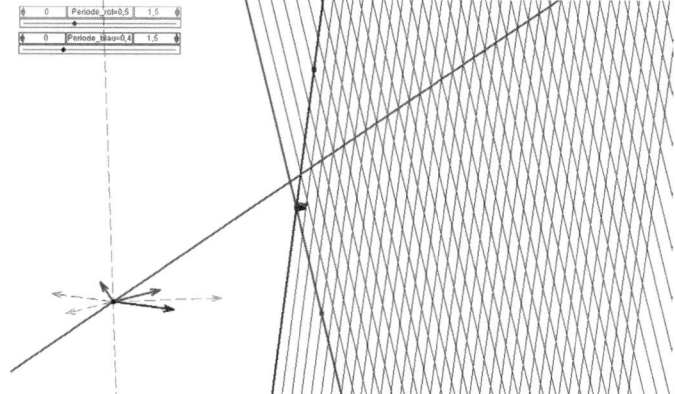

Abb. 10: Vorhersage des Moiréeffekts mit einem DGS

Aber warum kann man nur eines davon sehen? Hier ist die Mathematik am Ende! Hier kommt die Psychologie ins Spiel: Wahrnehmen lassen sich nur die Moirés, deren Frequenzvektor eine gewisse Größe nicht überschreitet, der innerhalb des so genannten Sichtbarkeitskreises liegt (siehe AMIDROR 2000, S. 13), und dieser ist eine empirische Größe, die u. a. auch vom Betrachtungsabstand abhängt und davon, ob man die Folien in das Moiré hineindreht oder aus dem Moiré hinausdreht.

Zwei Bemerkungen noch: Hier wurde nur die einfachste Klasse von Moirés, die beim Spielen mit den Folien auftreten kann, beschrieben (vgl. für weitere z. B. AMIDROR 2000, S. 27), da gibt es im Unterricht noch viel zu entdecken. Und nicht zuletzt: Der skizzierte heuristisch-experimentelle Zugang lässt sich mathematisch vom höheren Standpunkt rechtfertigen. Was hier vorgestellt wurde, ist eine stark didaktisch reduzierte und aufbereitete Fourieranalysis.

Integrative Medienpädagogik

Warum sollten wir Beispiele wie die gerade beschriebenen im Mathematikunterricht einsetzen? Sicher tragen sie zur verständigeren Nutzung von Computern im Mathematikunterricht bei. Aber das allein kann es nicht sein. Ein allgemeinbildender Mathematikunterricht darf nicht beim mediendidaktischen Einsatz des Computers stehen bleiben. Das medienkundliche Wissen um die Funktionsweisen des Computers ist ebenso bildungsbedeutsam. Die Lernenden haben ein Recht darauf, genauer zu wissen, womit sie da arbeiten, um schließlich offen darüber diskutieren zu können, welche Möglichkeiten und Grenzen ein Computer hat und prinzipiell haben muss. Denn nur so ist es ihnen möglich, als mündige Bürger die Rolle, die Computer in der Welt spielen, zu bewerten, um ihre eigene Zukunft aktiv gestalten zu können.

Ein allgemeinbildender Mathematikunterricht sollte Mediendidaktik, Medienkunde und Medienerziehung integrieren, die Neuen Medien und Werkzeuge nicht nur einsetzen, sondern auch zum Unterrichtsgegenstand machen (vgl. HISCHER 2002, 55 f. und HISCHER 2002, 238 ff.). Die gerade beschriebenen Beispiele demonstrieren, dass dies im Mathematikunterricht möglich ist.

3.7 Wie schnell ist Tom gefahren? – mit digitalen Forschungsheften dokumentieren und reflektieren

Stephan Hußmann

In der Regel begegnet man mathematischen Begriffen in Gestalt mathematischer Definitionen. Dort sind sie klar und präzise definiert, am besten noch mit einem Beispiel illustriert. Der lange Prozess, den der Begriff hinter sich hat, um so zu werden, wie er in der Definition niedergeschrieben ist, ist nicht mehr sichtbar. Zu diesem Prozess gehört der Anlass, der die Erfindung des Begriffes notwendig gemacht hat, dazu gehören die verschiedenen Gestalten, die der Begriff im Laufe der Zeit angenommen hat, die Objekte, auf die der Begriff sich bezieht, mitsamt ihren charakteristischen Merkmalen, und dazu gehören auch die Irrwege, die auf dem Weg zur Präzisierung beschritten wurden. Um den Begriff in seiner Kraft und Notwendigkeit zu verstehen, reicht es nicht aus, die Definitionen auswendig zu lernen, sondern man sollte an möglichst vielen Aspekten dieses Prozesses teilhaben, natürlich nicht in seiner Gänze, das wäre allein vom zeitlichen Aufwand nicht zu bewältigen, jedoch in den zentralen Schritten. Anlass zur Begriffsbildung schaffen in der Regel konkrete Problemkontexte, zu denen die Fragen im Idealfall von den Lernenden selbst kommen. Die Bearbeitung der Probleme erfordert dann die Anwendung von bekannten Begriffen oder die Entdeckung bzw. Erfindung von neuen Begriffen. Dieser Prozess lässt sich im Unterrichtsgespräch gemeinsam beschreiten. Dann besteht aber die Gefahr, dass der einzelne Schüler nicht ausreichend Raum hat, entsprechend seinen Vorerfahrungen, Lerndispositionen u. a., das Problem angemessen zu erkunden. Begeben sich die Schülerinnen und Schüler auf eigenen Wegen an die Erkundung, ist der individuelle Handlungsspielraum größer, jedoch müssen sie selbstständig verschiedene Anforderungen bewältigen:

- Die Lernenden müssen das Problem verstehen, gegebenenfalls selbst Fragen formulieren, eben einen eigenen Standpunkt finden (vgl. z. B. RUF & GALLIN 1999).
- Sie müssen Lösungsstrategien entwickeln, wobei sie erkennen müssen, was relevant ist, wo ihre Wissenslücken sind. Da sie dabei immer wieder in Sackgassen laufen können, ist nicht nur die Begleitung durch die Lehrperson wichtig, sondern auch eine kontinuierliche Reflexion durch den Lernenden.
- Da in diesem Design nicht nur die Problemlösung Ziel der Bearbeitung ist, sondern auch die Begriffsbildung, müssen die Lernenden Beobachtungen verallgemeinern und daraus einen über das Problem tragfähigen Begriff formulieren.

Jede dieser Anforderungen lässt sich in einer zentralen Tätigkeit verwirklichen, die dem Lernenden helfen kann, seinen eigenen Lernweg produktiv zu beschreiten: **das schriftliche Dokumentieren** des Lernprozesses und der Lernergebnisse. Die Formulierung eines eigenen Standortes und die Bearbeitung von Problemen, die jederzeit einer Reflexion zugänglich sein müssen, bleiben allein auf der Ebene der mündlichen Mitteilung recht vage. Zudem sind unsere Vorstellungen von der jeweiligen Situation und damit auch von jedem neuen Argument abhängig. So wie die Vorstellungen des Individuums sich in jeder neuen Situation ändern, so verändert sich auch der Ausdruck der Versprachlichung. Mit dem Aussprechen verflüchtigt sich die Aussage schnell und verbleibt in der Erinnerung des Zuhörers, der jedoch dem Gehörten eine andere Bedeutung gibt, als dies durch den Sprecher intendiert war. Eine Auseinandersetzung allein auf der Ebene des verbalen Diskurses unterliegt somit der großen Gefahr von fundamentalen Missverständnissen.

Die schriftliche Dokumentation verlangt nach Präzisierung. Gedanken, die in der mündlichen Verbalisierung noch schlüssig wirkten, können im schriftlichen Ausdruck ihre Stringenz verlieren. Die Entschleunigung der Gedanken durch die geschriebene Sprache offenbart möglicherweise Fallstricke, die in der losen Gedankenreihung übersehen wurden. Eine fundierte Rückschau auf den Lernprozess und eine Reflexion desselben ist somit ohne eine schriftliche Dokumentation gar nicht möglich. Aber auch wenn das schriftlich Ausgedrückte präziser ist, ist damit nicht sichergestellt, das der Sinn durch den Lesenden unmittelbar erschlossen werden kann.

Digitale Forschungshefte

Übliche Mittel für diese Art der Dokumentation im Unterricht sind Lerntagebücher, Forschungshefte, Berichtshefte, Logbücher oder auch Portfolios. Jedes davon hat seine spezifischen Vorteile und natürlich auch Nachteile, sie eignen sich aber alle für die Dokumentation von Lernprozessen – solange die Schüler und Schülerinnen nicht mit dem Computer arbeiten. Die mit dem Computer erzielten Ergebnisse müssen nämlich gleichermaßen dokumentiert werden. Formeln lassen sich noch ins Heft übertragen, bei den Diagrammen ist das schon schwieriger. Müsste man diese immer vom Bildschirm des Rechners abzeichnen, wäre ein Vorteil des Rechners schon wieder aufgegeben. Ein Ausdrucken und Einkleben ist jedoch auch sehr aufwändig. Für weitere Überarbeitungen könnte man nicht in einem Dokument weiterarbeiten, da sich die erzeugten Produkte an verschiedenen Orten befinden, der Ausdruck im Heft und die weiter bearbeitbare Datei auf der Festplatte. Die Situation spitzt sich noch zu, wenn man nicht nur mit *einer* Software arbeitet und deswegen Ergebnisse aus verschiedenen Kontexten zusammenbinden bzw. langfristig Übersicht darüber behalten muss. Ein Textverarbeitungsprogramm kann hier helfen, jedoch auch nur bedingt, da die Ergebnisse aus den anderen Programmen nur als Screenshots eingebunden werden können, was eine Nachbearbeitung ausschließt und so wiederum verschiedene Arbeitsplätze erforderlich macht.

Benötigt wird also idealerweise eine Software, die Textverarbeitung mit Computer-Algebra-System (CAS), Tabellenkalkulation (TK) und Dynamischer Geometriesoftware (DGS) verbindet. Solche Software wird künftig immer breiter zugänglich sein. Zurzeit stellt das Programm *TI-Interactive* ein solches digitales Forschungsheft zur Verfügung, das Textverarbeitung, CAS und TK integriert (DGS ist noch unberücksichtigt). Am Beispiel eines Problems aus der Differentialrechnung wird der Nutzen eines digitalen Forschungsheftes für die Dokumentation und Reflexion des Begriffsbildungsprozesses exemplarisch diskutiert.

Ein Problem aus der Analysis[1]

Tom fährt Rad. Tom behauptet, er könne beim Radfahren seine Geschwindigkeit langsam, aber kontinuierlich steigern, so dass er nach einer gewissen Zeit eine Geschwindigkeit von nahezu 60 km/h erreiche. Zum Beweis fährt er über etwa 15 Minuten eine Strecke von gut 8 km. Freudestrahlend berichtet er im Anschluss an die Fahrt, dass er sogar schneller als 60 km/h gewesen ist.

Zeit		Weg
1 min		200 m
2 min	4 s	500 m
4 min	54 s	1400 m
8 min	10 s	3000 m
9 min	56 s	4400 m
13 min	8 s	6700 m
15 min	4 s	8200 m

Entlang der Strecke haben sich seine Freunde an festen Orten postiert, um festzuhalten, wie schnell Tom gefahren ist. Sie runden ihre Beobachtung immer auf ganze Sekunden. Diese Werte sind in der Tabelle festgehalten.

Diese Aufgabe soll die Entwicklung einer Facette des Ableitungsbegriffes initiieren, und zwar die Vorstellung der Ableitung als Änderungsrate. Dabei soll an die Vorerfahrungen der Schülerinnen und Schüler bezüglich Geschwindigkeiten angeknüpft werden. Dieses Experiment lässt sich auch real durchführen, dann allerdings könnten die Funktionsterme zur Approximation des Kurvenverlaufes deutlich unangenehmer werden und die Modellierungen auf Seiten der Lernenden könnten sich unangebracht erschweren.

Die Bearbeitung des Problems soll den Lernenden ermöglichen, selbstgesteuert die Unterscheidung von durchschnittlicher und momentaner Geschwindigkeit zu erkunden und damit eine erste grundlegende Vorstellung zum Begriff der Ableitung aufzubauen.

---

1 Für eine vergleichbare Aufgabe und entsprechende unterrichtliche Erfahrungen vgl. Hub-mann 2003.

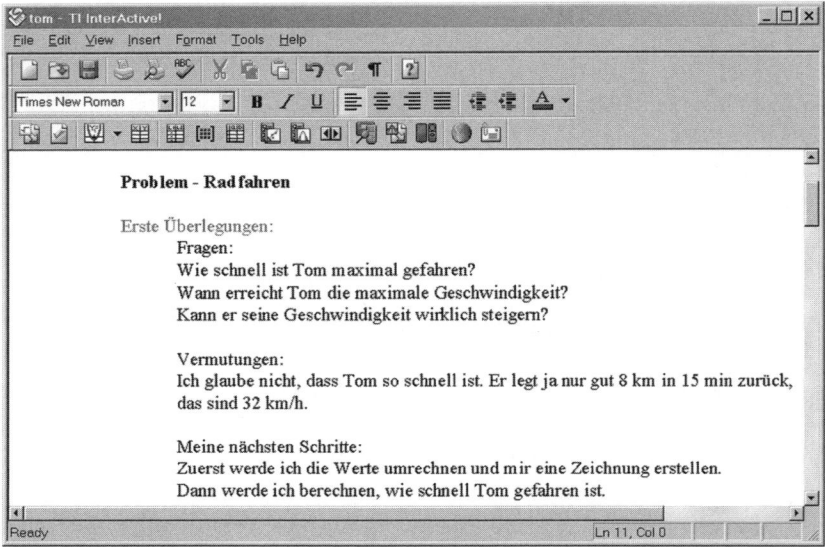

Abb. 1: Ausschnitt aus einem Forschungsheft

Um den Schülerinnen und Schülern einen ersten Zugang zum Schreiben eines Forschungsheftes zu erleichtern, erhalten sie eine Übersicht mit Strukturierungshilfen eines solchen Heftes (vgl. HUßMANN 2003, S. 51). Die erste Strukturierungshilfe sind die „Ersten Überlegungen". Darunter fallen eigene Fragen, Vermutungen, erste Lösungsansätze. Die schriftliche Fixierung solcher Ankerpunkte des Lernprozesses gestattet den Lernenden zu jeder Zeit, zu den Ankern zurückzukehren und sich ihrer Zielrichtung zu vergewissern bzw. erste Ideen wieder in Frage zu stellen und neue Formulierungen zu wagen. Da sie an jeder Stelle in den Text hineinschreiben und ihn somit ergänzen und modifizieren können, können sie alte Vorstellungen revidieren und durch neue ersetzen. Sie können aber auch – und das ist meist hilfreicher – die alten Ideen kommentieren und reflektieren, warum sie nicht erfolgreich waren. Damit kommt dem „Fehler" als konstruktives Element im Lernprozess eine besondere Bedeutung zu. Die Bemerkung in Abb. 2 beispielsweise deutet darauf hin, dass hier möglicherweise ein erstes falsches Ergebnis gelöscht und durch das korrekte ersetzt wurde. Der Hinweis soll vermutlich helfen, diesen Fehler kein zweites Mal zu machen.

Es besteht jedoch die Gefahr, dass nicht mehr der Lernprozess im Vordergrund steht, sondern nur noch das Ergebnis dokumentiert wird, da alles vorher Geschriebene gelöscht wird. Hier benötigen die Schülerinnen und Schüler Hilfestellung in Form von Rückmeldungen durch den Lehrer, der darauf aufmerksam machen sollte, dass es sich lohnt, manche Fehler festzuhalten und zu kommentieren.

Im Fall des hier dargestellten Forschungsheftes wird sich die Aussage, dass Tom nur ca. 32 km/h fahren kann, im Laufe des Lernprozesses als Objekt intensiver Reflexionen herauskristallisieren.

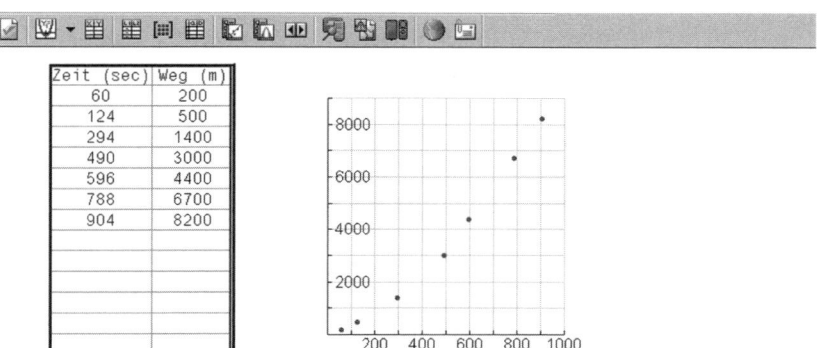

Zeit (sec)	Weg (m)
60	200
124	500
294	1400
490	3000
596	4400
788	6700
904	8200

Da Geschwindigkeit gleich Weg durch Zeit ist, ist Tom 32.65 km/h gefahren.
Bemerkung: Ich habe erst nicht bemerkt, dass man die Einheiten umrechnen muss.
Also stimmt meine Vermutung.

Nächste Überlegung:
Jetzt steht noch im Text, dass Tom seine Geschwindigkeit langsam steigert.
Das überprüfe ich, indem ich die Geschwindigkeiten zwischen den Messstellen bestimme. Dazu muss ich immer die zwischendrin gefahrene Strecke durch die Zeit teilen. (siehe Tabelle)

Abb. 2: Tabellenkalkulation, Funktionenplotter und Textverarbeitung in einem

Durch die Einbindung einer Tabellenkalkulation, die direkt mit dem Funktionenplotter verknüpft ist, lassen sich Sachverhalte in unterschiedlichen Darstellungsformen erkunden, was das Vorstellungsspektrum zum Aufbau des Ableitungsbegriffes erweitert. Zudem können die einzelnen Elemente, Tabellenkalkulation und Funktionenplotter, im Dokument selbst immer wieder neu aktiviert und modifiziert werden. Es besteht auch die Möglichkeit, die Tabelle zu kopieren und an einer anderen Stelle des Dokuments zu überarbeiten, so wie das in Abb. 3 dargestellt ist.

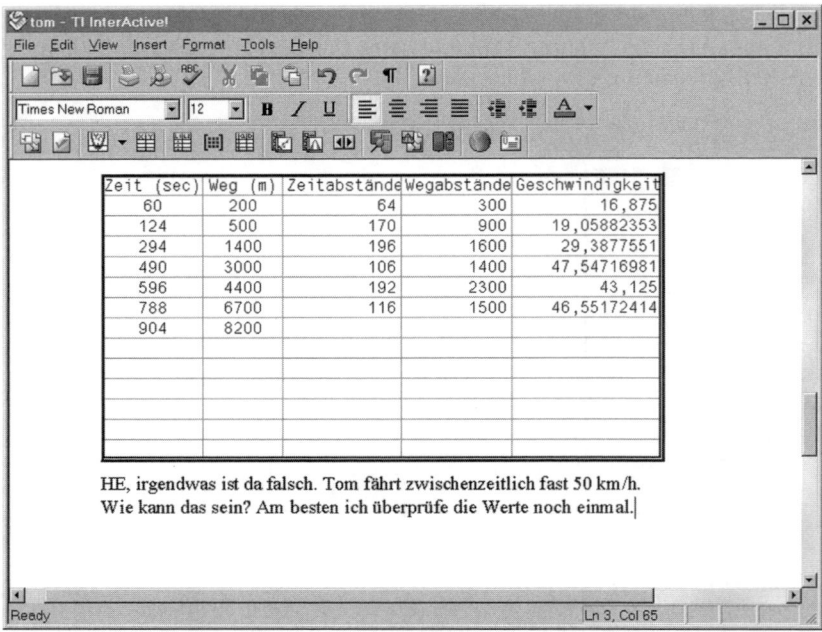

Zeit (sec)	Weg (m)	Zeitabstände	Wegabstände	Geschwindigkeit
60	200	64	300	16,875
124	500	170	900	19,05882353
294	1400	196	1600	29,3877551
490	3000	106	1400	47,54716981
596	4400	192	2300	43,125
788	6700	116	1500	46,55172414
904	8200			

HE, irgendwas ist da falsch. Tom fährt zwischenzeitlich fast 50 km/h.
Wie kann das sein? Am besten ich überprüfe die Werte noch einmal.

Abb. 3

Die Tabelle in Abb. 3 zeigt den Versuch, die Geschwindigkeiten zwischen den gegebenen Zeitpunkten zu bestimmen. Aufgrund der zu Beginn geäußerten Vermutung werden Geschwindigkeiten kleiner als 32 km/h oder zumindest nicht deutlich größer als 32 km/h erwartet. Leider bietet die überarbeitete Tabelle nicht das Erwartete. Diese wichtige Stelle im Lernprozess bedarf einer Kommentierung, so dass sie auch im Rückblick wieder in dieser Bedeutung ausgemacht werden kann. Das „all-inclusive"-Angebot der Software gestattet den Lernenden, ihre Verwunderung direkt im Anschluss an die Tabelle, dem Auslöser der Überraschung, zu artikulieren. Hätte die Lernende möglicherweise nur eine Tabellenkalkulation zur Hand gehabt, hätte ein solcher Kommentar losgelöst von der Tabelle niedergeschrieben werden müssen. Dieses Angebot an vielfältigen Funktionen in einer einzigen Umgebung verschafft den Lernenden Gelegenheit, zu jeder beliebigen Stelle im Lernprozess zurückzukehren und zu reflektieren. Auch in diesem Fall beschließt die Schülerin, ihren gegangenen Weg noch einmal zu überprüfen. Sie geht im weiteren Verlauf sogar noch einen Schritt weiter: Obwohl sie die neuen Berechnungen mit Hilfe von Zellenverweisen bestimmt hat, berechnet sie die Werte noch einmal zu Fuß, bevor sie die Grafik genauer studiert, um an ihr dann zu erkennen, dass die Werte tatsächlich ihre Berechtigung besitzen.

Andere Schüler waren nicht so überrascht, weil ihnen klar war, dass Tom, zu Beginn langsam fahrend, gegen Ende schneller fahren musste, um im Mittel 32 km/h zu fahren. Doch dass die Geschwindigkeiten so groß sein können, erstaunte auch diese Schüler.

Wie kann es sein, dass Tom zwar am Schluss „insgesamt" 32 km/h gefahren ist, während der Fahrt aber deutlich schneller war? Mit dieser durch das Problem initiierten Überlegung wird direkt ins Herz des Ableitungsbegriffes gezielt. „Wir müssen das genauer untersuchen, wir brauchen mehr Werte" ist der nächste Impuls zur Weiterarbeit.

Im Folgenden versuchen die Schülerinnen und Schüler geeignete Funktionen zu finden, die das Radfahren angemessen modellieren. Dabei nutzen sie den Funktionenplotter. Für die ersten Modellierungen verwenden die Lernenden meist lineare Funktionen. Dabei können sie entdecken, dass ihnen lineare Funktionen an dieser Stelle nicht bedeutsam weiterhelfen, da sie nur unbefriedigend den Verlauf modellieren, was im Wesentlichen darin begründet ist, dass eine lineare Funktion, die den Verlauf über den gesamten Zeitraum modelliert, ungefähr die Steigung vom Wert 9 besitzt, was der mittleren Geschwindigkeit von 32 km/h entspricht.

Trotzdem verspricht die Beschäftigung mit linearen Funktionen nicht umsonst gewesen zu sein, denn sie eröffnet die Erkenntnis, dass die Steigung einer (linearen) Funktion gerade die Geschwindigkeit in dem jeweils betrachteten Zeitraum angibt. Wenn die Schüler und Schülerinnen die linearen Funktionen für jeden gegebenen Zeitabschnitt bestimmen, erkennen sie den Zusammenhang in der Regel recht schnell. Diese Einsicht ist dann häufig so beeindruckend, dass sie als Aha-Erlebnis formuliert wird, eine Kategorie im Forschungsheft, die nicht nur das Selbstvertrauen stärkt, sondern auch als Grundlage dient, später Begriffe präzise zu formulieren.

Das weitere Vorgehen ist durch zwei zentrale Alternativen gekennzeichnet, die wiederum durch die funktionale Breite des Programms erst ermöglicht werden. Schüler auf dem einen Weg betrachten die Intervalle zwischen den Messpunkten und fügen dort weitere Punkte ein, gemäß einem hypothetischen Streckenverlauf. Dieser wird natürlich nicht als linear angenommen, sondern eher in Gestalt einer Kurve, die ohne große Schlenker durch alle Punkte gezogen werden kann. Zur Bestimmung der entsprechenden Geschwindigkeiten nutzen die Schüler wieder die Tabellenkalkulation.

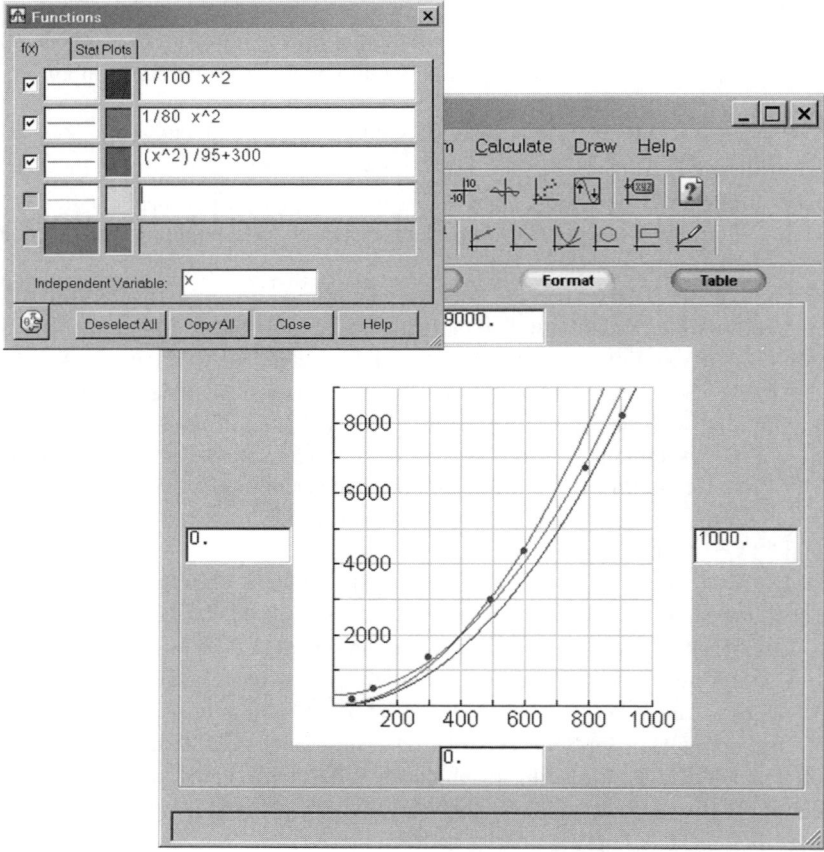

Abb. 4

Schülerinnen auf dem anderen Weg erkennen diese Kurve als Parabel und modellieren den Kurvenverlauf, suchen also nach geeigneten Parametern. Da Tom sowohl hinsichtlich der Zeit als auch hinsichtlich der Strecke bei null startet, muss man eine gestauchte oder gestreckte Normalparabel nehmen. Da diese jedoch die ersten Messwerte nicht so gut erfassen und der letzte Wert – vermutlich wegen Erschöpfung – zu vernachlässigen ist, wird die Parabel von den Lernenden in der Regel noch etwas nach oben verschoben. Eine Funktionsgleichung wie z. B. $f(x) = x^2/95 + 300$ erscheint als eine geeignete Modellierung. Die Schülerinnen und Schüler arbeiten in dieser Phase auch immer gerne mit verschiedenen Termen.

Mit Hilfe der Parabel können nun konkrete Punktepaare erzeugt werden, zwischen denen die Steigung bestimmt wird. Dabei fällt in der Regel schnell die

Konzentration auf das steilste Stück der Parabel, da durch die Erfahrung mit der linearen Funktion und die Reflexion dieser Arbeit die Vorstellung gewachsen ist, dass die Steigung die Geschwindigkeit angibt. An dieser Stelle argumentieren die Schüler in der Regel sehr ausführlich und immer sehr nah an der grafischen Darstellung, was ihnen wiederum durch die gleichzeitige Verfügbarkeit der Darstellungen ermöglicht wird.

Im Gegensatz zum ersten Weg, in dem einige Punkte diskret ergänzt wurden, hat diese Variante den Vorteil, dass man Punkte erhält, die beliebig nah beieinander liegen. Solche Punktepaare lassen sich zwar auch mit der ersten Variante erzeugen, jedoch haftet denen in den Augen der Schüler der Geruch der Beliebigkeit an.

Das weitere Vorgehen kann aufgrund der reichhaltigen Werkzeuge unterschiedlich fortgesetzt werden. Mit der Tabellenkalkulation können beliebig viele Punktepaare bestimmt werden, um einen Eindruck über die Steigungsverteilung zu gewinnen. Mit dem Funktionenplotter kann man mit Hilfe des Zeichenwerkzeuges Geraden in das Diagramm legen und dann die Steigung ablesen. Mit dem CAS kann man auch symbolisch arbeiten, wobei man sich mit einer oder zwei Unbekannten befassen kann. Die Schüler und Schülerinnen wählen in der Regel den Weg über die Tabellenkalkulation oder die symbolische Darstellung mit einer Unbekannten (vgl. Abb. 5).

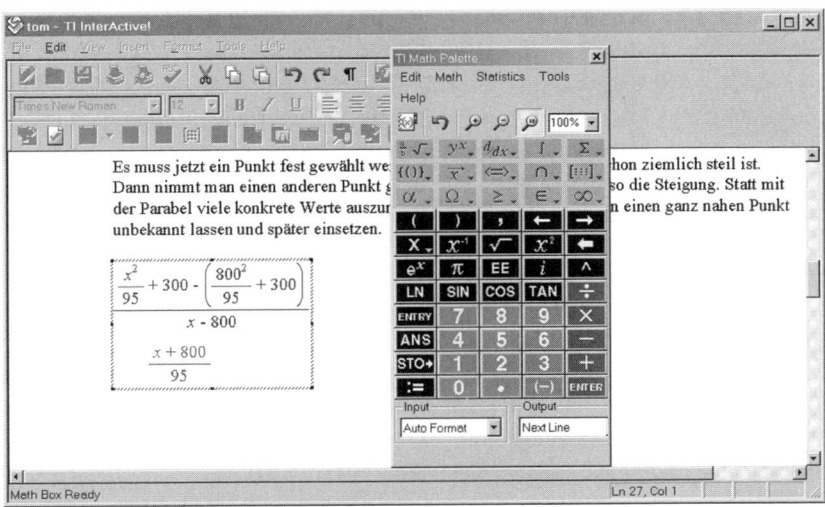

Abb. 5: Auch als CAS nutzbar

Sowohl mit einer als auch mit zwei Unbekannten können die Schülerinnen recht schnell erkennen, dass der Ausdruck für die Steigung zwischen den Stellen x_1 und x_2 gerade $(x_1 + x_2)/95$ lautet. Damit lässt sich nun gut argumentieren:

Man muss möglichst große Werte für x_1 und x_2 nehmen, um die Geschwindigkeit maximal werden zu lassen, da die Funktion in beiden Variablen wächst. Da nach den gemessenen Werten die Kurve im letzten Abschnitt nicht mehr so steil anwächst, scheint 800 ein angemessener Wert für eine Schätzung der maximalen Geschwindigkeit zu sein. Bei diesem Wert erreicht Tom tatsächlich eine Geschwindigkeit von knapp über 60 km/h, womit die Behauptung von Tom zutrifft.

Und welche Mathematik steckt in der Bearbeitung? Am Ende der Bearbeitung des Problems steht nun die Aufgabe für die Lernenden an, in einer Reflexion die über das Problem hinausreichende Mathematik zu extrahieren, beobachtete Phänomene so in Worte zu gießen, dass sie zum einen kommunizierbar sind mit anderen, zum anderen eine Anwendung auf verwandte Problemkontexte ermöglichen.

In der Rückschau zeigen sich den Lernenden die vielen Facetten, die der Ableitungsbegriff genommen hat. Das Problem wirkt erst einmal unverdächtig, es gibt Anlass, über Geschwindigkeiten nachzudenken, und knüpft dabei an die Alltagserfahrung von Durchschnittsgeschwindigkeiten an. Diese Vorstellung setzt auch den ersten Anker, den zentralen Orientierungspunkt für die weitere Bearbeitung. Das Erlebnis, dass in kleineren Abschnitten durchaus andere Geschwindigkeiten gefahren werden können, führt zu Zweifeln an der Richtigkeit der Vermutung und eröffnet gleichzeitig einen Weg für die weitere Erkundung, die schließlich in dem Konstrukt mündet, die Abstände möglichst klein zu wählen und jenen auszuwählen, in dem die Steigung – und damit die Geschwindigkeit – maximal ist. Zusätzlich werden Episoden gesammelt, die das Vorstellungsspektrum erweitern und Grundlage für eine klare und präzise Definition des Begriffes aus Schülerhand werden. Dazu gehören die Episode der Modellierung mit linearen Funktionen, die Episode, Geschwindigkeiten als Steigungen auszumachen, die Episode, lineare Funktionen als Modellierung zu verwerfen, usw.

Und jede Episode spielt sich in einem Raum ab, in dem verschiedene Darstellungsformen jederzeit und zueinander kompatibel zur Verfügung stehen. Und den Zugriff auf diese vielleicht dem Gedächtnis schon entschwundenen Episoden bekommen die Lernenden durch ihre eigenen Aufzeichnungen.

Eine Definition aus Schülerhand, die aus einer solchen Reflexion entstehen kann, ist die folgende:

> *Eine Geschwindigkeit kann Verschiedenes sein.*
> *1. Sie kann eine Geschwindigkeit über einen Zeitraum sein oder*
> *2. sie kann eine Geschwindigkeit zu einem bestimmten Augenblick sein.*
> *Im ersten Fall bestimmt man die Geschwindigkeit, indem man die Steigung der Geraden bestimmt, die durch die zwei Punkte geht. Oder als Formel*
>
> $$m = \frac{y_1 - y_2}{x_1 - x_2}$$
>
> *Im zweiten Fall bestimmt man die Steigung in einem Punkt. Den nimmt man und sucht einen zweiten Punkt möglichst nah an dem ersten Punkt. Und dann bestimmt man wieder die Steigung der Geraden durch diese ganz nah beieinander liegenden Punkte.*

Daneben sind noch zwei Abbildungen mit den entsprechenden Punktekonstellationen gezeichnet. Und darunter der Kommentar: „Eigentlich ist es ja beides dasselbe. Immer hat man einen Zeitraum. Doch wie kann ich die Geschwindigkeit zu einem Zeitpunkt bestimmen? Denn irgendwie ist mein Ergebnis nicht genau genug. Doch immer wenn ich denselben Punkt nehme, kommt null raus."

Natürlich hat die Definition aus fachspezifischer Sicht noch Schwächen, aber sie ist eben nur ein Schritt im Begriffsbildungsprozess. Das soll ihren Wert aber keineswegs schmälern, denn sie zeigt gleichermaßen, dass die zentrale Vorstellung zur Ableitung als Änderungsrate schon weitgehend entwickelt wurde. Zudem enthält die Definition noch die wesentlichen Schritte eines Begriffsbildungsprozesses und bietet der Lernenden dadurch immer wieder einen Zugriff auf die zentralen Ankerpunkte ihres individuellen Begriffsbildungsprozesses, denn Begriffe und Vorstellungen sind immer ein ganz individuelles Gut.

Literaturverzeichnis

AEBLI, HANS (1994): Denken: Das Ordnen des Tuns, Bde. I/II, Stuttgart.

AIGNER, MARTIN/BEHRENDS, ERHARD (Hrsg.) (2002): Alles Mathematik. Braunschweig: Vieweg.

ALBERS, REIMUND (o. Jg.): Dynamisch unterrichten mit Excel – oder: Wie erstelle ich einen Schieberegler in Excel? online: http://www.kohorstlemgo.de/helmut/anleit_schieberegler.doc.

AMIDROR, ISAAC (2000): The theory of the Moiré Phenomenon. Dortrecht; Kluwer Academic Publishers.

ARNHEIM, RUDOLF (1972): Anschauliches Denken. Zur Einheit von Bild und Begriff. DuMont Schauberg, Köln.

BABOVSKY, HANS/BETH, THOMAS/NEUNZERT, HELMUT/SCHULZ-REESE, MARION (1987): Mathematische Methoden in der Systemtheorie: Fourieranalysis. Stuttgart; Teubner.

BAPTIST, PETER (1997): Pythagoras und kein Ende. Klett, Leipzig.

BARROW, JOHN D. (1992): Pi in the Sky. Oxford University Press. Dt. Taschenbuchausgabe (1999): Ein Himmel voller Zahlen, Rowohlt, Reinbek.

BARZEL, BÄRBEL (2001): Unterricht morgen: Strukturen, Lernumgebungen, Medien. In: GDM-Mitteilungen Nr. 72, Hamburg 2001, S. 66 - 71.

BARZEL, BÄRBEL (2002): „Mensch-ärgere-dich-nicht" oder das Volumen einer Spielfigur. In: Ministerium für Schule, Wissenschaft und Forschung (Hrsg.): Mathematikunterricht mit Computeralgebrasystemen (CAS). Frechen: Ritterbach, online: http://www.learn-line.nrw.de/angebote/cas/barzel1.htm.

BARZEL, BÄRBEL (2005): Offener Unterricht? Rechner? ... Dafür bleibt keine Zeit ... In: GDM-Tagungsband 2005.

BATTISTA, MICHAEL (2003): Shapemakers. Emeryville: Key Curriculum Press.

BECKER, JERRY P./SHIMADA, SHIGERU (Hrsg.) (1997): The open-ended approach: a new proposal for teaching mathematics. A New Proposal for Teaching Mathematics. NCTM.

BEHRENDS, EHRHARD (2004): Was ist Mathematik? – Beitrag für das Mathematikportal der Deutschen Mathematiker-Vereinigung. www.mathematik.de.

BENDER, PETER (1989): Anschauliches Beweisen im Geometrieunterricht – unter besonderer Berücksichtigung von (stetigen) Bewegungen und Verformungen. In: Kautschitsch/Metzler: Anschauliches Beweisen. Hölder-Pichler-Tempsky, Wien.

BESCHERER, CHRISTINE (2002): WebQuests – eine Projektmethode auch für den Mathematikunterricht, mathematica didactica 24 (2001), 1, 71 - 81, Franzbecker, Hildesheim.

BESCHERER, CHRISTINE (2003): WebQuests – eine Projektmethode für den Mathematikunterricht, Der Mathematikunterricht 4/2003, 28 - 32, Friedrich Verlag, Velber.

BLUM, W./KIRSCH, A. (1989): Warum haben nicht-triviale Lösungen von f' = f keine Nullstellen? Beobachtungen und Bemerkungen zum 'inhaltlich anschaulichen' Beweisen. In: Kautschitsch, H./Metzler, W. (Hrsg): Anschauliches Beweisen. Wien: Hölder-Pichler-Tempsky und Stuttgart: B.G. Teubner.

BÖER, HEINZ (1999): ARRA – Analysis für Realistische und Relevante Anwendungen. In: J. Maaß u. a. (Hrsg.): Materialien für einen realitätsbezogenen Mathematikunterricht Band 5, Hildesheim 1999, siehe auch unter: www.mued.de.

BÖER, HEINZ (2004): Anwendung und Modellbildung: Steuern. In: Leuders (Hrsg.): Materialien für einen anwendungsorientierten Mathematik- und Informatikunterricht. Franzbecker, Hildesheim.

CASSIN, CRAIG (1997): Visual Illusion in Motion with Moire Screens. New York; Dover Publications.

CHARRIERE, P.-M. (1995): Boîtes Noires. abraCA daBRI N°9 Mai-Juni 1995, S. 12 - 15. online: http://icosaweb.ac-reunion.fr/GeomJava/abraCAda/Docs/college/abra09_3.pdf, Zugriffsdatum: 22.05.2005.

CHARRIERE, P.-M. (1994): Apprivoiser la géométrie avec Cabri-géomètre. online: http://wwwedu.ge.ch/cptic/publications/cabri/download/cabri.pdf, Zugriffsdatum: 22.05.05.

CLAIRAUT, A.-C. (1773): Des Herrn Clairaut Anfangsgründe der Geometrie. Aus dem Französischen übersetzt von F. J. Bierling. Christian Herolds Witwe, Hamburg.

DAVIS, PHILIP J./HERSH, REUBEN (1985): Erfahrung Mathematik. Basel.

DEVLIN, KEITH (2000): Das Mathe-Gen. dtv.

DEVLIN, KEITH (2000): The Maths Gene. London.

DODGE, BERNIE (1997): Some Thoughts about WebQuests, 1997, online unter http://webquest.sdsu.edu/about_webquests.html, Zugriffsdatum: 22.4.2005.

DOPFER, GÜNTHER/ROLF REIMER (1995): Tabellenkalkulation im Mathematikunterricht. Eine Einführung in den Gebrauch eines dynamischen Unterrichtsmediums. Klett, Stuttgart.

DÖRING, NICOLA (2000): Online-Lernen. In Issing, Ludwig J./Klimsa, Paul (Hrsg): Informationen und Lernen mit Multimedia und Internet, S. 247 - 264.

DRIJVERS, PAUL (2003): Learning algebra in a computer algebra environment – Design research on the understanding of the concept of parameter. Utrecht: reudenthal Instiute.

ELSCHENBROICH, HANS-JÜRGEN/SEEBACH, GÜNTHER (1999): Dynamisch Geometrie entdecken. Elektronische Arbeitsblätter mit Euklid. Köln: Stam.

ELSCHENBROICH, HANS-JÜRGEN (1997): Dynamische Geometrieprogramme: Tod des Beweisens oder Entwicklung einer neuen Beweiskultur? MNU 50/8.

ELSCHENBROICH, HANS-JÜRGEN (1999): Visuelles Beweisen – Neue Möglichkeiten durch Dynamische Geometrie-Software. In: Beiträge zum Mathematikunterricht 1999. Franzbecker, Hildesheim.

ELSCHENBROICH, HANS-JÜRGEN (2001): DGS als Werkzeug zum präformalen, visuellen Beweisen. In: Elschenbroich/Gawlick/Henn: Zeichnung – Figur – Zugfigur. Franzbecker, Hildesheim.

ELSCHENBROICH, HANS-JÜRGEN (2002): Visuell-dynamisches Beweisen. In: mathematik lehren Heft 110.

ELSCHENBROICH, HANS-JÜRGEN (2003): Ein dynamischer Zugang zu Funktionen und Gleichungen. In: MNU 56, Heft 8, S. 454- 460.

ELSCHENBROICH, HANS-JÜRGEN/SEEBACH, GÜNTER (2003): Dynamisch Geometrie entdecken, Klasse 7 - 10. Elektronische Arbeitsblätter für Euklid-Dyna-Geo. CoTec, Rosenheim.

ELSCHENBROICH, HANS-JÜRGEN/SEEBACH, GÜNTER (2002 - 2005): Dynamisch Geometrie entdecken. Elektronische Arbeitsblätter mit Euklid DynaGeo. Klasse5/6, 7, 8, 9, 10. CoTec, Rosenheim.

ELSCHENBROICH, HANS-JÜRGEN: Dynamische Visualisierung durch neue Medien. In: Heinze, Aiso/ Kuntze, Sebastian (Hrsg.): Beiträge zum Mathematikunterricht 2004. Vorträge auf der 38. Tagung für Didaktik der Mathematik vom 1. bis 5. März 2004 in Augsburg. Franzbecker, Hildesheim und Berlin.

FILLER, ANDREAS (2001): Dreidimensionale Computergrafik und Analytische Geometrie. Vorschläge für den Mathematikunterricht in der S II, mathematica didactica, 2, S. 21 - 56.

FISCHLI, FREDY/ROHRBACH, CHRISTIAN (1998): Mathematik 9. Lehrmittel für mittlere Anforderungen. – Zürich: Interkantonale Lehrmittelzentrale. Lehrmittelverlag des Kantons Zürich.

FRANKE, MARIANNE (2000): Didaktik der Geometrie. Heidelberg/Berlin/Oxford: Spektrum Akademischer Verlag.

FREUDENTHAL, HANS (1973): Mathematik als pädagogische Aufgabe. Band 1, 2. Stuttgart.

FREUDENTHAL, HANS (1979): Konstruieren, Reflektieren, Beweisen in phänomenologischer Sicht. In: Dörfler/Fischer: Beweisen im Mathematikunterricht.

FUGLESTAD, ANNE BERIT (2006): Students' choice of tasks and tools in an ICT rich environment. In: Proceedings of the Fourth Conference of the European Society for Resarch in Mathematics Education.

GALLIN, PETER/RUF, URS (1999): Dialogisches Lernen in Sprache und Mathematik, 2 Bde. Kallmeyer.

GAWLICK, THOMAS (2002): Selbstständiges Lernen mit Dynamischer Geometrie-Software. Teil 1. Soest: Landesinstitut für Schule. online

GAWLICK, THOMAS (2005): Connecting Arguments to Actions – a Means to Foster the Attainment of Higher van Hiele Levels. Zentralblatt für Didaktik der Mathematik.

GIERHARDT, HORST ET.AL. (2000): Lernen mit Multimedia; Methodenhandbuch DFU, Varus Verlag Bonn.

GLASERSFELD, ERNST VON (1995): Radical Constructivism. A Way of Knowing and Learning. London, Washington.

GOURDON, XAVIER (2004): The 1013 first zeros of the Riemann zeta function, and zeros computation at very large height. Online: numbers.computation.free.fr/Constants/Miscellaneous/zetazeros1e13-1e24.pdf, (10/ 2004).

GRAFTON, CAROL BELANGER (1976): Optical Designs in Motion with Moiré Overlays. New York; Dover Publications.

GUIN, DOMINIQUE/RUTHVEN, KENNETH/TROUCHE, LUC (eds.) (2004): The didactical challenge of symbolic calculators turning a computational device into a mathematical instrument. New York: Springer.

GUTZMER, AUGUST (1908): Bericht betreffend den Unterricht in der Mathematik an den neunklassigen höheren Lehranstalten. In A. Gutzmer (Hrsg.): Die Tätigkeit der Unterrichtskommission der Gesellschaft deutscher Naturforscher und Ärzte. Leipzig und Berlin, Teubner 1908, S. 104-111.

HANDSCHEL, GÜNTER (1988): Eine Ausgangsbasis für das Beweisen im Geometrieunterricht der Sekundarstufe I. In: MNU 41/7.

HEFENDEHL-HEBEKER, LISA/HUßMANN, STEPHAN (2003): Beweisen – Argumentieren. In: Leuders, Timo (Hg). Mathematikdidaktik. Cornelsen Scriptor.

HEFENDEHL-HEBEKER, LISA (2003): Erkenntnisgewinn in der Mathematik. In: Leuders, Timo (Hg). Mathematikdidaktik. Cornelsen Scriptor.

HEFENDEHL-HEBEKER, LISA (2004): Selbstgesteuertes Lernen im Dialog. In: Selbstgesteuertes Lernen (Hrsg.: Stephan Hußmann). Der Mathematikunterricht. Heft 3. Friedrich-Verlag.

HEFENDEHL-HEBEKER, LISA (2005): Perspektiven für einen künftigen Mathematikunterricht. Erscheint in: Bayrhuber, H./Ralle, B./Reiss, K./Schön, H./Vollmer, H. (Hrsg.): Konsequenzen aus PISA – Perspektiven der Fachdidaktiken. Innsbruck: Studienverlag.

HEINTZ, BETTINA (2000): Die Innenwelt der Mathematik. Springer, Wien/New York.

HELMKE, ANDREAS (2003): Unterrichtsqualität erfassen, bewerten, verbessern. Kallmeyer.

HENN, HANS-WOLFGANG (1988): Einkommensbesteuerung aus mathematischer Sicht, ZDM 88/4.

HENTIG, HARTMUT VON (1993): Die Schule neu denken. München, Hanser.

HENTIG, HARTMUT VON (1995): Die Menschen stärken, die Sachen klären. Ditzingen, Reclam.

HENTIG, HARTMUT VON (2002): Der technischen Zivilisation gewachsen bleiben. Beltz, Weinheim und Basel.

HERGET, WILFRIED/SCHOLZ, DIETMAR (1998): Die etwas andere Aufgabe. Mathematik-Aufgaben Sek. I aus der Zeitung. Seelze: Kallmeyersche Verlagsbuchhandlung GmbH.

HERGET, WILFRIED/MALITTE, ELVIRA/RICHTER, KARIN (2000): Funktionen haben viele Gesichter. In: Flade, L./Herget, W. (Hrsg.): Mathematik lehren und lernen nach TIMSS. Volk und Wissen, Berlin.

HERGET, WILFRIED/JAHNKE, THOMAS (2001): Produktive Aufgaben im Mathematikunterricht in der Sekundarstufe I, Berlin: Cornelsen.

HERGET, WILFRIED/KEUNECKE, KARL-HEINZ/MALITTE, ELVIRA/STACHNISS-CARP, SIBYLLE (2001): Sinus-Graphen und Rechner-Grenzen. – In: Amelung, Udo (Hrsg.): Neues Lernen – Neue Medien – Neuer Blick auf Standardthemen. Pfingsttagung 2000, ZKL-Texte Nr. 15. – Münster: Zentrale Koordination Lehrerausbildung, Westfälische Wilhelms-Universität, S. 165-174.

HERGET, WILFRIED/LEHMANN, EBERHARD (Hrsg.) (2001): Stochastik. Schroedel Hannover.

HERGET, WILFRIED/MALITTE, ELVIRA (2002): Sinus-Schwächen und Rechner-Grenzen. – In: Herget, Wilfried/Lehmann, Eberhard (Hrsg.): Neue Materialien für den Mathematikunterricht. Exponential- und Winkel-Funktionen in der Sekundarstufe 1 mit dem TI-83/-89/-92. – Hannover: Schroedel, S. 57-64.

HERGET, WILFRIED/MALITTE, ELVIRA/RICHTER, KARIN (2001): Dem ersten Eindruck trauen? – In: Herget, Wilfried/Lehmann, Eberhard (Hrsg.): Neue Materialien für den Mathematikunterricht. Lineare Funktionen in der Sekundarstufe 1 mit dem TI-83/-89/-92. – Hannover: Schroedel, S. 27-34.

HEUGL, HELMUT/KLINGER, WALTER/LECHNER, JOSEF (1996): Mathematikunterricht mit Computeralgebrasystemen. Bonn: Addison Wesley.

HEUVEL-PANHUIZEN, MARJA VAN DEN (2000): Mathematics education in the Netherlands: A Guided Tour. Freudenthal Institute CD-rim for ICME-9 Utrecht: Utrecht University.

HEYMANN, HANS-WERNER (1996): Allgemeinbildung und Mathematik. Weinheim und Basel: Beltz.

HISCHER, HORST (2005): Aliasing und Neue Medien: Ein Beitrag zur Integrativen Medienpädagogik. Universität des Saarlandes, Fachrichtung 6.1 Mathematik. Preprint 130 http://www.math.uni-sb.de/preprints.html

HISCHER, HORST/LAMBERT, ANSELM/SELZER, PIA/STROBEL, STEFAN (2004): Virtuelles Praktikum „Taschencomputer". Universität des Saarlandes, Lehrstuhl für Mathematik und ihre Didaktik. http://mathematikunterricht.info.

HISCHER, HORST/LAMBERT, ANSELM (2002): Begriffs-Bildung und Computeralgebra. In: Hischer (2002), S. 138-166.

HISCHER, HORST (2002): Mathematikunterricht und Neue Medien. Hildesheim: Franzbecker.

HISCHER, HORST (2002): Treppenfunktionen und Neue Medien – medienpädagogische Aspekte. In: MU 50(2004)6, S. 36-45.

HISCHER, HORST (2002): Mathematikunterricht und Neue Medien: Hintergründe und Begründungen in fachdidaktischer und fachübergreifender Sicht: mit Beiträgen von Anselm Lambert, Thomas Sandmann und Walther Ch. Zimmerli. Hildesheim, Berlin; Verlag Franzbecker.

HISCHER, HORST (2002): Zur Geschichte des Funktionsbegriffs. Preprint No. 54, Universität des Saarlandes. online: http://hischer.de/uds/forsch/preprints/hischer/Preprint54.pdf.

HOLE, VOLKER (1998): Erfolgreicher Mathematikunterricht mit dem Computer. Methodische und didaktische Grundfragen in der Sekundarstufe I. Auer Verlag. Donauwörth.

HOLLAND, GERHARD (1996): Geometrie in der Sekundarstufe – Didaktische und methodische Fragen. Heidelberg/Berlin/Oxford: Spektrum Akademischer Verlag.

HÖLZL, REINHARD (2001): Using DGS to add Contrast to Geometric Situations. Int. J. Computers for Math. Learn., vol. 6(1), p.63-86.

HÖLZL, REINHARD (1999): Qualitative Unterrichtsstudien zur Verwendung dynamischer Geometrie-Software. Augsburger mathematisch-naturwissenschaftliche Schriften 32. Augsburg, Wißner Verlag. http://www.learnline.de/angebote/selma/medio/dgs/dgseinleitung.htm

HUßMANN, STEPHAN (2002): Konstruktivistisches Lernen an intentionalen Problemen. Mathematik unterrichten in einer offenen Lernumgebung. Hildesheim, Berlin: Franzbecker.

HUßMANN, STEPHAN (2003): Mathematik entdecken und erforschen. Berlin: Cornelsen.

HUßMANN, STEPHAN (2004): Selbstgesteuertes Lernen – ein Grundbedürfnis des Menschen. In: Hußmann, Stephan (Hrsg.): Selbstgesteuertes Lernen. Der Mathematikunterricht, Heft 3. Friedrich Felber.

JONASSEN, DAVE H. (1993): Thinking technology: The trouble with learning environments. Educational Technology., 33(1), 35-37.

KATZENBACH, MICHAEL (1999): Medaillenspiegel. Die Mathematik bestimmt die Rangfolge. Mathematik lehren, Heft 95, 1999: S. 19 - 20.

KERRES, MICHAEL (2002): Multimediale und telemediale Lernumgebungen – Konzeption und Entwicklung; München, Wien: Oldenbourg.

KLIMSA, PAUL/ISSING, LUDWIG J. (Hrsg.) (2002): Information und Lernen mit Multimedia und Internet. Weinheim.

LABORDE COLETTE/CAPPONI, BERNARD (1994): Cabri Géomètre constituant d'í- un milieu pour l'apprentissage de la notion de figure géomètrique, Recherches en Didactique des Mathématiques, Bd. 14, Nr. 1.2, S. 165 - 210, Ed. La Pensée Sauvage, Grenoble.

LABORDE, COLETTE (1996): „Le cabrikon". Bulletin - APMEP (Paris). (Juni 1996) v. 75(404) pp. 331 - 346.

LABORDE, COLETTE (1998): Factors of integration of dynamic geometry software in the teaching of mathematics. A paper prepared as part of the Technology and NCTM Standards 2000 meeting, Arlington, Virginia, June 5th and 6th, 1998. online: http://mathforum.org/technology/papers/papers/laborde/laborde.html

LABORDE, COLETTE (2001): Integration of Technology in the Design of Geometry tasks with Cabri-Geometry. Int. J. Computers for Math. Learn., vol. 6(3), 283 - 317.

LAKATOS, IMRE (1976): Proofs and Refutations. Cambridge.

LANGE, JAN DE (1996): Using and Applying Mathematics in Education. In: Bishop, Alan J. u. a. (Hrsg). International handbook of mathematics education, Part one. Kluwer Academic Publisher.

LEUDERS, TIMO (2002): Das Internet verbreitet Mathematikunterricht. In: Herget, Wilfried/Sommer, Rolf/Weigand, Hans-Georg/Weth, Thomas (Hrsg.): Medien verbreiten Mathematik. Hildesheim: Franzbecker.

LEUDERS, TIMO (2004a): Kernideen für die Raumgeometrie. Der Mathematikunterricht 3/04.

LEUDERS, TIMO (2004b): Kreatives geometrisches Konstruieren mit Ray-Tracing Software. In: Leuders, Timo (Hrsg.): Beiträge für einen anwendungsorientierten Mathematik- und Informatikunterricht. Hildesheim: Franzbecker.

LEUDERS, TIMO (2005): Mathematik Lernen und Lehren mit dem Internet – zwischen instruktivistischem und konstruktivistischem Paradigma. In: Bender, Peter (Hrsg.): WWW und Mathematik – Lehren und Lernen im Internet. Hildesheim: Franzbecker.

LEUTNER, DETLEV/KLIEME, ECKHARD/MEYER, KATJA/WIRTH, JOACHIM (2003): Problemlösen. In: PISA 2003. Hrsg. v. PISA-Konsortium Deutschland, Münster: Waxmann, 2004, S. 147 - 175.

MAANEN, JAN VAN (1986): Verteilung angeschwemmten Lands. Mathematik lehren 32.

MAJEWSKI, MIREK (1997): Ray tracing in the classroom. International Journal of Mathematical Education in Science and Technology. v. 28(2) 211 - 223.

MALLE, GÜNTER (1984): Problemlösen und Visualisieren in der Mathematik. In: Kautschitsch, H./Metzler, W. (Hrsg): Anschauung als Anregung zum mathematischen Tun. Wien: Hölder-Pichler-Tempsky und Stuttgart: B.G. Teubner.

MALLE, GÜNTER (2000): Zwei Aspekte von Funktionen: Zuordnung und Kovariation. mathematik lehren 103, S. 8 - 11.

MATOS, JOÃO FILIPE DE LACERDA/MOR, YISHAY/NOSS, RICHARD/SANTOS, MADALENA (2006): Sustaining interaction in a mathematical community of practice. In: Proceedings of the Fourth Conference of the European Society for Resaerch in Mathematics Education. CERME 4.

MATURANA, HUMBERTO R./VARELA, FRANCISCO J. (1987): Der Baum der Erkenntnis. Berlin, München, Wien: Scherz Verlag.

MOSER, HEINZ (2000): Abenteuer Internet, Lernen mit WebQuests, Auer Verlag, Donauwörth.

MOUSOULIDES, NICHOLAS/PHILIPPOU, GEORGE (2006): Developing new representations and mathematical models in a computational learning environment. In: Proceedings of the Fourth Conference of the European Society for Research in Mathematics Education. (cerme4.crm.es)

NOSS, RICHARD/HOYLES, CELIA (1996): Windows on mathematical meanings. Dordrecht, Netherlands: Kluwer Aademic Publishers.

NCTM (2000): National Council of Teachers of Mathematics: Principles and Standards for School Mathematics, „The National Council of Teachers of Mathematics", Reston, VA., USA, online: http://standards.nctm.org: Zugriffsdatum: 24.4.2005. Online veröffentlicht unter www.wfu.edu/~mccoy/NCTM 1999, Zugriffsdatum 21.4.2005, übersetzt durch die Verfasserin.

PALLACK, ANDREAS (2003): Erprobung einer rechnergestützten Lernumgebung unter Berücksichtigung von Aspekten der Handlungsorientierung am Beispiel der Behandlung von Korrelation und Regression in der Jahrgangsstufe 11; Münster, ZKL-Staatsarbeiten Bd. 2.

PALLACK, ANDREAS (2005): Integration des Internets im Mathematikunterricht unter Berücksichtigung von Aspekten der Handlungsorientierung am Beispiel der Behandlung von Korrelation und Regression in der Jahrgangsstufe 11; erscheint im Tagungsband des Arbeitskreises Mathematik/Informatik 2003.

PIAGET, JEROME (1977): The development of thought: Equilibration of cognitive structure. New York: Viking Press.

PINKERNELL, GUIDO (2005): Einführung in den Integralbegriff: Eine Unterrichtseinheit für Leistungskurse. In: Beiträge zum Mathematikunterricht 2005. Hildesheim: Franzbecker.

POLYA, GEORGE (1949): Schule des Denkens. Francke, Tübingen.

POLYA, GEORGE (1964): Die Heuristik. Versuch einer vernünftigen Zielsetzung. In: Der Mathematikunterricht 10, Heft 1.

RETTER, HEIN (2002): Studienbuch Pädagogische Kommunikation. Bad Heilbrunn: Klinkhardt.

ROTH, GERHARD (1997): Das Gehirn und seine Wirklichkeit. Frankfurt: Suhrkamp.

RUF, URS/GALLIN, PETER (1999): Dialogisches Lernen in Sprache und Mathematik. Band 2: Spuren legen – Spuren lesen. Unterricht mit Kernideen und Reisetagebüchern. Seelze: Kallmeyersche Verlagsbuchhandlung.

RUSCH, GEBHARD (Hrsg.) (1999): Wissen und Wirklichkeit. Beiträge zum Konstruktivismus. Eine Hommage an Ernst von Glasersfeld. Heidelberg: Carl Auer Systeme Verlag.

SAUTOY, MARCUS DU (2004): Die Musik der Primzahlen. München: Beck.

SCHOENFELD, ALAN H. (1991): What's all the fuss about problem solving. Zentralblatt für Didaktik der Mathematik 23(1), S. 4.

SCHUPP, HANS (2002): Thema mit Variationen. Aufgabenvariation im Mathematikunterricht. Hildesheim: Franzbecker.

SCHWARTZE, H. (1990): Zur Stellung der Kongruenzabbildungen im Lehrgang der Kongruenzgeometrie. In: MNU 43/7.

SEEL, NORBET M./DÖRR, GÜNTER (1997): Die didaktische Gestaltung multimedialer Lernumgebungen. In: H.F. Friedrich, G. Eigler, H. Mandl, W. Schnotz, F. Schott, N. M. Seel (Hrsg.): Multimediale Lernumgebungen in der betrieblichen Weiterbildung (S. 73 - 163). Neuwied: Luchterhand.

STEWART, IAN (2001): Die Zahlen der Natur. Heidelberg/Berlin.

STRUNZ, KURT (1968): Der neue Mathematikunterricht in pädagogisch-psychologischer Sicht. Fünfte, völlig umgearbeitete und stark erweiterte Auflage der „Pädagogischen Psychologie des mathematischen Denkens". Heidelberg: Quelle & Meyer.

Tietze, Uwe-Peter/Klika, Manfred/Wolpers, Hans (2000): Mathematik in der Sekundarstufe II, Band 1, Braunschweig: Vieweg.

Vollrath, Hans-Joachim (1989): Funktionales Denken. In: JMD10, Heft 1/1989, S. 3-37.

Vollrath, Hans-Joachim (2001): Grundlagen des Mathematikunterrichts in der Sekundarstufe. Spektrum Akademischer Verlag.

Weigand, Hans-Georg (2001): Zur Bedeutung didaktischer Prinzipien im Entschleunigungsprozess beim Lernen mit neuen Technologien. In Elschenbroich, H. J./ Gawlick, Th./Henn, H.-W. (Hrsg.): Zeichnung, Figur, Zugfigur. Franzbecker: Hildesheim. S. 195-205.

Weigand, Hans-Georg (1999): Eine explorative Studie zum computerunterstützten Arbeiten mit Funktionen. In: Journal für Mathematikdidaktik 20 (1999), H. 1, S. 28-54.

Weigand, Hans-Georg/Weth, Thomas (2002): Computer im Mathematikunterricht. Heidelberg/Berlin: Spektrum.

Weinert, F. E. (1999). Konzepte der Kompetenz. Paris: OECD.

Weinert, F. E. (2001). Vergleichende Leistungsmessung in Schulen – eine umstrittene Selbstverständlichkeit. In: Weinert, F. E. (Hrsg.), Leistungsmessungen in Schulen. Weinheim und Basel: Beltz Verlag, S. 17-31.

Weizenbaum, Joseph (1977): Die Macht der Computer. Frankfurt/M: Suhrkamp.

Weth, Thomas (1999): Kreativität im Mathematikunterricht. Begriffsbildung als kreatives Tun. Hildesheim: Franzbecker.

Winter, Heinrich (1983): Über die Entfaltung begrifflichen Denkens im Mathematikunterricht. In: Journal für Mathematik-Didaktik 3/83.

Winter, Heinrich (1991): Entdeckendes Lernen im Mathematikunterricht. Braunschweig: Vieweg.

Winter, Heinrich (1995): Mathematikunterricht und Allgemeinbildung. In: Mitteilungen der GDM 61.

Wittmann, Erich Ch. (1981): Grundfragen des Mathematikunterrichts. Braunschweig/Wiesbaden: Vieweg

Wittmann, Erich Ch./Müller, Gerhard N. (1988): Wann ist ein Beweis ein Beweis? In: Mathematikdidaktik: Theorie und Praxis. Festschrift für Heinrich Winter. Berlin: Cornelsen.

Stichwortverzeichnis

Die Autorinnen und Autoren

Bärbel Barzel ist Lehrerin für Mathematik, Musik und Religion sowie Fachleiterin für Mathematik. Zurzeit ist sie an der Universität Duisburg-Essen in der Arbeitsgruppe für Didaktik der Mathematik tätig und koordiniert das Lehrerfortbildungsprojekt T³ *(Teachers Teaching with Technology)*.

Prof. Dr. Christine Bescherer ist Juniorprofessorin an der Universität Flensburg am Institut für Mathematik und ihre Didaktik. Sie befasst sich besonders mit den Möglichkeiten, Computer und Internet für den Mathematikunterricht zu nutzen.

Heinz Böer unterrichtet Mathematik am Ricarda-Huch-Gymnasium in Gelsenkirchen. Er hat die MUED gegründet und arbeitet nach wie vor intensiv in diesem Zusammenhang an Innovationen für den Mathematikunterricht.

Hans-Jürgen Elschenbroich ist Lehrer für Mathematik und Informatik und Fachleiter für Mathematik an einem Studienseminar Sek. II. Zurzeit ist er abgeordnet in die Medienberatung NRW beim Medienzentrum Rheinland.

Dr. Thomas Gawlick bildet als Akademischer Rat in Landau Grund-, Haupt- und RealschullehrerInnen in Mathematik und ihrer Didaktik aus.

Prof. Dr. Wilfried Herget, Dr. Elvira Malitte und Prof. Dr. Karin Richter lehren an der Martin-Luther-Universität Halle-Wittenberg Mathematik und ihre Didaktik. Sie entwickeln u. a. Ideen und Materialien für den Unterricht, insbesondere bezüglich Modellbildung, Anwendungsorientierung und Geschichte der Mathematik.

Dr. Volker Hole lehrt an der Pädagogischen Hochschule Schwäbisch Gmünd Mathematik und ihre Didaktik. Er befasst sich vor allem mit dem Einsatz des Computers im Mathematikunterricht und leitet an der Hochschule das Medien- und Informationstechnische Zentrum.

Prof. Dr. Stephan Hußmann lehrt an der Pädagogischen Hochschule Karlsruhe Mathematik und ihre Didaktik. Er befasst sich u. a. mit selbstgesteuertem Lernen und koordiniert das Lehrerfortbildungsprojekt T³ *(Teachers Teaching with Technology)*.

Prof. Dr. Christine Knipping ist Juniorprofessorin am Institut für Mathematik der Carl-von-Ossietzky Universität in Oldenburg und ist dort für die Lehrerausbildung in der Sekundarstufe I und II zuständig. Sie hat zuvor an verschiedenen Gymnasien und einer Gesamtschule in Hamburg Mathematik und Philosophie unterrichtet.

Heinz Laakmann ist Lehrer am Annette-von-Droste-Hülshoff-Gymnasium in Münster und außerdem als Mitarbeiter am Lehrerfortbildungsprojekt T³ *(Teachers Teaching with Technology)* an der Westfälischen Wilhelms-Universität Münster tätig.

Dr. Anselm Lambert forscht und lehrt als Wissenschaftlicher Assistent am Lehrstuhl für Mathematik und ihre Didaktik an der Universität des Saarlandes. Außerdem hat er einen Lehrauftrag an einer Realschule.

Hubert Langlotz ist Mathematiklehrer an einem Thüringer Gymnasium und engagiert sich als Länderkoordinator für Thüringen im Lehrerfortbildungsprojekt T³ *(Teachers Teaching with Technology)* der Westfälischen Wilhelms-Universität Münster.

Dr. Timo Leuders lehrt und forscht als Professor für Mathematik und ihre Didaktik an der pädagogischen Hochschule in Freiburg und ist Verfasser zahlreicher Praxishandbücher für Lehrerinnen und Lehrer. Er arbeitet in Projekten der Aufgaben- und Unterrichtsentwicklung, der Standardsetzung und -überprüfung und ist Mitherausgeber der Zeitschrift „Praxis der Mathematik in der Schule".

Berthold Mersch ist Schulleiter am Johannes-Kepler-Gymnasium in Ibbenbüren und unterrichtet die Fächer Mathematik und Informatik.

Burkhard Meuser unterrichtet die Fächer Mathematik und Bautechnik an einer beruflichen Schule in Wetzlar und ist auch als Mitarbeiter bei Lehrerfortbildungen von T³ *(Teachers Teaching with Technology)* tätig.

Dietmar Meyer arbeitet als Mathematiklehrer an der Deutschen Schule Helsinki. Er organisiert regionale Fortbildung für deutsche Auslandsschulen in Nordeuropa.

Dr. Andreas Pallack ist wissenschaftlicher Referent für Mathematik und Naturwissenschaften am Landesinstitut für Schule des Landes Nordrhein-Westfalen und hier u. a. zuständig für qualitätssichernde und qualitätsentwickelnde Maßnahmen im Mathematikunterricht (z. B. Lernstandserhebungen, zentrale Abschlussprüfungen, SINUS-Transfer NRW, …).

Dr. Guido Pinkernell ist Lehrer für Mathematik und Musik an einem Gymnasium und Betreuer des Qualitätsnetzwerks Mathematik der Landesschulbehörde Niedersachsen im Bereich Emsland und Grafschaft Bentheim.

Prof. Dr. David A. Reid unterrichtet an der Acadia University (Kanada) und ist dort mit der Lehrerausbildung betraut. Sein Forschungsschwerpunkt liegt im Bereich des Beweisens und des Einsatzes Neuer Technologien im Mathematikunterricht.

Kathrin Richter ist Lehrerin an einer Gesamtschule in Willich und Fachberaterin für Mathematik in der Bezirksregierung Düsseldorf. Außerdem arbeitet sie am Landesinstitut für Schule in Soest zu standardorientierter Unterrichtsplanung und ist Mitarbeiterin beim Lehrerfortbildungsprojekt T[3] *(Teachers Teaching with Technology)*.

Nicole Roth-Sonnen war in der Mathematik und ihre Fachdidaktik an der TU-Darmstadt tätig. Nun ist sie Fachbereichsleiterin für Mathematik und Naturwissenschaften an einem Darmstädter Gymnasium, außerdem ist sie T[3]-Länderkoordinatorin für Hessen.

Guido von Saint-George ist Mathematiklehrer an einer Gesamtschule und außerdem als Mitarbeiter am Lehrerfortbildungsprojekt T[3] *(Teachers Teaching with Technology)* an der Westfälischen Wilhelms-Universität Münster tätig.